结构保护系统的应用与发展

陈永祁　马良喆　主编

中国铁道出版社

2015年·北京

图书在版编目(CIP)数据

结构保护系统的应用与发展/陈永祁，马良喆主编. —北京：中国铁道出版社，2015.5

ISBN 978-7-113-20314-6

Ⅰ.①结… Ⅱ.①陈…②马… Ⅲ.①桥梁工程—防震设计 Ⅳ.①U442.5

中国版本图书馆 CIP 数据核字(2015)第 087796 号

书　　名：**结构保护系统的应用与发展**
作　　者：陈永祁　马良喆

策　　划：陈小刚
责任编辑：冯海燕　　　　**编辑部电话**：010-51873193
封面设计：王镜夷
责任校对：王　杰
责任印制：郭向伟

出版发行：中国铁道出版社(100054，北京市西城区右安门西街 8 号)
网　　址：http://www.tdpress.com
印　　刷：三河市宏盛印务有限公司
版　　次：2015 年 5 月第 1 版　2015 年 5 月第 1 次印刷
开　　本：787 mm×1 092 mm　1/16　印张：16.25　字数：405 千
书　　号：ISBN 978-7-113-20314-6
定　　价：39.00 元

前 言

始于20世纪80年代末在美国创建起的结构保护系统，在世界工程领域大量应用已近三十年。在我国，从1999年北京火车站结构保护系统的阻尼器工程应用开始，至今也有十几年的历史。作为结构保护系统，或称为结构控制系统的减隔振装置，如黏滞阻尼器(FVD)、屈曲约束耗能支撑(BRB)以及基础隔振的铅芯橡胶垫和摩擦摆支座都有了广泛的发展和应用。

随着国内对工程结构安全防范意识的日益增长，国家政策倾斜以及设计规程规范的指引，相关领导大力倡导下，在短时间内一大批从事研究和设计的教授、工程师队伍涌入到这个领域内。在巨大的人员投入下，一大批减隔振建筑和桥梁投入使用。据周福霖院士介绍，2014年我国已建成隔振建筑4 000余幢。宫海等人介绍估算2013年房屋建筑减隔振行业产品总产值6.5亿元，建筑减振行业产品约3亿元。毫无疑问，目前，我国是世界上结构保护系统发展较快，同时也是完成结构控制工程最多的国家之一。

一、发展中遇到的问题

目前，结构保护系统还是个不完全成熟的新事物，在我国这十几年的应用发展过程中也有很多问题出现，很多问题上仍然在重复美国、日本已有结论的错误和误区，而没有能真正在产品质量、产品测试以及设计思路的诸多方面实施严格控制。这些问题主要体现在如下方面：

一是减隔振产品的测试。目前，我国测试设备和人员有所发展，但仍然很不健全，对产品性能吃不透，致使一些产品无法准确检测。此外，我国目前虽已经有了几套大型阻尼器的动力测试设备，但还没有对超大的大受力型全尺寸装置的动力测试设备，也缺少先进的测试软件和公正的一丝不苟的测试队伍及体制。一些大型的原型减隔振装置几乎不进行动力检测；不进行公开透明的测试，不公布测试结果，使众多的使用者一头雾水。这些已经成为我国减隔振产品健康发展的主要障碍。国内已有近20个大型阻尼器生产厂，但很少能拿出有一定权威性、具有相关认证资质(如CMA)的测试报告。本书第12章引入并翻译了美国土木工程师学会(ASCE)组织的HITEC(美国高速公路创新技术评估中心)的联合预测试的公开报告。虽然这次测试已经过去近20年，但这次测试的思路、内容以及完全由第三方完成并公开发表的方法仍是值得学习的。此外书中还介绍了几项减隔振产品的特殊鉴定，特别是在日常运营中对已经安置在建筑和桥梁上液体黏滞阻尼器的鉴定测试，以及产品上百万次的往复荷载测试和考虑1.5～2.0倍的安全系数的测试，这些测试和鉴定都非常有实践意义。

二是关于设计理念。结构保护系统的设计和使用确实能够使结构抗震能力提高，但在我国，当下仍然有很多不确定性不能澄清的前提下，对于减隔振结构实施降度设计的理念，真能保证安全吗？我国的隔振支座几乎都没有经历过世界其他国家均强调的动力测试，也没有做过公开的、国家统一组织的对产品的第三方预检测，实施降度设计应该说是十分危险的。一些厂家将防屈服支撑(BRB)设计为小震屈服耗能，甚至风振下屈服耗能，不得不说这种做法一方面违反了"小震不坏"的设计原则,使结构的重要部件过早屈服,如果不能置换,就会使结构置于长期带屈服后的构件工作的状态;另一方面,一旦屈服后的承载力改变(这是允许的),无疑对结构的安全是十分不利的。如果再粗制滥造、未经严格测试检验就成了更危险的产品。我国在几年间就成立了多家黏滞阻尼器厂家,而实际上阻尼器的一些产品原理和技术往往需要几十年的技术积累和经验,才能真正理解和掌握。产品又都没有经过起码的第三方联合预检测,特别是动力检测、疲劳检测,就匆忙上房上桥,如果再降低设计烈度,无疑是很危险的。对阻尼器的设计使用上也有一些问题不能得到共识,一些温度变形很大的大跨度桥梁,有的设计者在阻尼器上不适当地加上初始受力或初始刚度,这些初始力如果远大于规范对阻尼器慢速测试的要求,就将严重影响了结构的正常使用。还有的设计者喜欢采用 0.2 或 0.2 以下的速度指数,需要提醒的是,这不仅仅是有限元程序中存在计算和优化的问题,而且这些产品在设计中的问题也早有结论。这种速度指数在 0.2 及 0.2 以下的阻尼器只有采用阀门,才能确保各测试点满足阻尼器的本构关系,而这种带阀门的落后的阻尼器技术不仅很难通过阻尼器的测试,也已经导致了大部分国外阻尼器厂家的破产,需要引以为戒。

对于早期使用的大多数结构保护系统,仅做个"备份"、"第二道防线"加在结构上。这种设计虽然有时显得多余,但对于产品和施工都没有把握控制质量的情况下还是个能保证安全的权宜做法。随着世界抗震工程的发展,加上去的结构保护系统参加定量设计是完全应该的,如果能确保产品和结构同寿命地工作几十年,也完全是可行的,应该被接受。而在对理论和产品都没有十分把握的情况下,我们应先停下脚步,认真理清这个领域的产品的原理、测试要求,对被工程采用产品实施公开预检测并由权威机构发放准入证。

一些技术看似非常先进,但在国际上被否认或存在很大争议,在并无进一步研究发展的前提下这些所谓的"先进技术"在我国被广泛推广应用,这一做法是值得商榷的。如:

(1)半主动控制的产品,如磁流变阻尼器、磁涡流 TMD、半主动或主动 AMD。

(2)利用 BRB 小震屈服,被用于抗风、常遇地震耗能减振。

(3)没有防止塌落的设备和措施的柱间、柱顶隔振系统。

(4)在我国已经大量应用的带金属耗能装置和速度锁定器的桥梁支座。

(5)内置阀门的流体阻尼器。

(6)不能精确计算、局限性很大的阻尼锅,用于控制桥梁涡激风振的 TMD。

(7)不能严格证明的 TMD 抗震系统。

上述这些做法在技术上尚有争议,且出现的一些问题已经被国际工程界多次证明,为了提醒使用者慎重考虑、研究后再在工程中应用这些产品,本书也简单介绍了部分我们和国际上的一些不同意见,以及以往的研究和争议,希望大家引以为戒,并能广泛地进行讨论。

在 1999 年土耳其地震中,附加金属耗能的弹塑性支座出现了严重破坏。这是现代结构保护系统问世以来所遭受到的最为严重的一次地震破坏,这种装置的问题根本在于其没有足够安全储备用于抵御强烈地震所产生的巨大位移。全世界工程界都吸取了这一教训:这种通过金属屈服耗散地震能量的桥梁支座系统,如果不加改进是不适宜用于桥梁隔振的。目前,在我国一些新建高速铁路专线桥梁中也大量采用了这一支座产品,那么它们会带来什么样的地震表现呢?

让我们再来看一下在欧洲发生的另一起结构保护系统事故。2009 年,意大利拉奎拉 6.3

级地震造成308人死亡，4 600套住房倒塌、破坏，17 000人无家可归的悲惨景象。在震后重建过程中查明，完成了7 300个摩擦摆的Alga、FIP支座和阻尼器生产厂生产的基础隔振装置存在严重的质量问题。

我国已经完成了很多"世界第一"的减隔振工程，这些工程能否由国家权威部门组织进行几次公开的鉴定测试，一方面，公开严格地审查是对成功项目的肯定和推广；另一方面，对测试中以小代大、使用劣质材料、整体装置的转移分包，取代进口名牌产品等恶劣作假行为的追查和处理；同时也是对失败或有问题的项目追踪责任，才能真正地贯彻终身负责制。李克强总理带领我国高铁、核能等工业走向世界，投标并承接墨西哥、土耳其、罗马尼亚等世界著名地震区的高铁工程。在这种环境下，我们高铁工程的结构保护系统的科技水平是十分重要和值得我们注意的。回忆一下2011年，世界银行对我国一冶承接孟加拉摩哈卡利立交桥项目招投标工程的"欺诈行为"的处罚。一冶提出从美国Techstar采购STU减振装置(结构保护装置)的做法并没有得到世界银行的谅解，他们被"禁止其未来三年内参加世界合同竞标"。在我们投标世界高铁工程中，不该引起警惕吗?

二、观点和建议

在2006年12月7日《人民日报》第14版登载笔者的一篇题为《五大乱象困扰建筑抗震工程》的文章，指出目前在结构保护系统领域存在设计施工错误百出，产品测试缺少章法，获奖成果名不副实，伪劣产品通行无阻，科研人员为利所诱等五个方面的问题。此外，设计原则是一个更为普遍、更为危险的问题，在一个没有严格管理和约束体系之下，结构保护系统加在传统的设计结构上，盲目降低设计标准，这能使结构更安全吗?

为了促进行业的发展，防微杜渐，在此建议：

(1)建议国家成立独立的"结构控制"专项小组，专业审查结构保护系统上的主要规范、规程；审查重大工程项目和重大决策。

(2)由国家或专业协会组织召开公益性、学术性专业研究讨论会，广泛征集不同意见的讨论。

(3)解决测试设备和测试人员培训问题，建立严格测试资质审批制度。

(4)建立产品信息公开、统一第三方型检(预检测)制度，从而建立经审批者市场入门制。

(5)严肃处理重大工程事故，公开重大项目的结果调查及评估；对最近已宣布破产的国内外公司，都应该认真总结经验。

(6)对关于结构保护系统的相关专利和论文进行公开审批，进行讨论盘点。

(7)对已安装减隔振装置的重要工程进行重新评估审查，可在全国范围内对有重大影响的项目进行工程现场取样抽检。

本书的主要内容和重点包括：对结构保护系统已取得的成绩、所遇到的问题和经验进行盘点，对理论进一步澄清、对不合格的伪劣山寨产品予以揭露，对结构保护系统的发展提出下一步的工作意见。书中所涉及的一些问题，仍在讨论之中，也有一些是既成事实，但也愿意提出供读者、特别是年轻人参考讨论。

书中引入并翻译了纽约州立大学Constantinou教授的一些研究课题和报告，如第6章桥梁弹塑性隔振支座的研究(Study of elastoplastic bridge seismic isolation system)，第8章阻尼器系统结构中的附属结构反应(Response of Nonstructural Components in Structures with

Damping Systems)，其他章节如缸筒流体阻尼器的适用范围、国外减隔振桥梁和阻尼器的失效分析也主要是根据 Constantinou 教授的相关文章综合写成的。在征得了他的同意后，我们对文章进行了整理和翻译，在一些发表的文章中引述了其中一些重要内容，书中的一些观点和看法也都多次和 Constantinou 教授进行过讨论。对于他的帮助，在此我们表示衷心感谢！

本书的部分翻译和文字整理工作由同事彭程、薛恒丽完成，在公司实习的秦志远同学、陈静同学、陈漪铭同学协助完成了一些翻译、英文校核和其他工作，在此一并表示感谢。

陈永祁　马良喆

2014 年 8 月

康斯坦汀诺教授写给中国读者的话

Since starting my studies in engineering some 40 years ago earthquakes resulted in countless casualties and enormous economic losses worldwide. During this period of 40 years China's share of earthquake-caused deaths of over a quarter million is the greatest in the world, starting with the great Tangshan earthquake of 1976.

It is thus with great interest to welcome and endorse this collection of articles on seismic protective systems that has been put together in the Chinese language. Apart from my interest in seismic protective systems, which has been the focus of my research, teaching and practice since starting my academic career, I have a particular interest in China where my eldest son Alexander has been living for the last year, working and learning to speak Chinese.

Seismic protective systems, consisting of seismic isolation and damping systems, represent the only technologies available today that offer the possibility to design a structure for continued functionality. The articles of this collection cover important issues in seismic protective systems, including failures and lessons drawn from these failures, nonstructural element response in structures with damping systems and various aspects of viscous dampers. They should be of great interest to practicing engineers and researchers.

Michael C. Constantinou

May 31, 2014

目　　录

1　从工程的眼光看结构保护系统的应用和发展

1.1　引　　言

近二十年来古老的地震工程领域焕发出勃勃生机，其所获得的巨大发展应归功于以基础隔振和消能减振为主要内容的结构抗震保护系统的出现和投入使用。结构保护系统对工程抗震所产生的影响和发展具有划时代的意义，它完全改变了工程师对传统结构工程抗震的理念和手段，进而转向通过附加装置保护结构自身的安全，给破坏性大、发生概率小的工程抗震找到了一个好的解决办法；它使工程师认识到以结构破坏为代价的延性设计的不足，合理地设置结构保护系统完全可以避免结构延性的产生；它使我们认识到"强柱弱梁"、"大、中、小地震"的设计理念的欠缺和不足，并且提供了一种可以替换笨重但被广泛应用的剪力墙体系的有效途径。

20 世纪 90 年代美国 T. T. Soong 和 M. C. Constantinou 教授对各种保护系统作了全面的论述。在我国，周锡元、欧进萍、周福霖、周云等多位专家对结构保护系统进行了综合评述，所发表的著作对我国这一领域上的发展起了重要的引路作用。国际上结构保护系统无论是理论还是工程实践的成熟发展也对我国的结构保护系统发展和应用起了很大推动作用，仅液体黏滞阻尼器类减振产品，就在我国重要的桥梁和建筑上有了可观的应用，而发展较早的基础隔振产品短时间内在我国已经有了几百个建筑工程案例。

和国际上的发展过程类似，应该认识到这项技术在我国的发展和应用中也存在很多问题需要讨论和解决。为了促进结构保护系统在国内的健康发展，使我国的建筑结构更为安全可靠，笔者希望在这里结合几年来的工程实践和中外交流的心得体会，并结合美国这一领域发展的同时，提出观点并以此和大家讨论，也算是抛砖引玉吧！

本章的标题给出了讨论问题的出发点——从工程应用上讨论结构保护系统应用中的一些问题。对于结构保护系统，在美国二十多年的发展进程中一直存在着不同的观点和看法，但在不同版本文字的背后都有一个相同的准则，即工程应用的行为准则。这一应用准则并不是完全取决于产品理论上的先进性，甚至不取决于土木工程中短时间的使用和减振效果，而是更为注重结构工程师认可的想法和产品，而更多的是取决于下述几点：

(1)消能减振产品在各种环境下计算的准确性。结构保护装置是要参与到结构受力分析的定量装置，而绝不是一个能起作用就可以的定性产品，它应该在结构分析中与其他构件具有相同精度、相匹配的精确构件。

(2)产品应是免维护的，并且能重复使用。相信房屋的所有人并不希望所采用的结构保护装置如同空调、电梯、暖气一样需要经常维护和打理，而是希望它能和其他结构构件相同，属于基本上是免维护的装置，并且在数次地震、大风和其他振动后仍然能够恢复到初始状态并可以重复使用。

(3)产品在不同的环境中要求可靠、稳定和耐久。在产品应用到使用周期 50～100 年的结构所处各种环境下,系统的主要性能和参数都要能与初始结果保持基本一致。

(4)产品的实用性。产品必须便于施工、安装调试;容易理解,实用的产品应与现有的工程结构构造接近并相匹配。

(5)产品的经济性,产品在市场竞争中能胜出。

对于上述标准,相信并不能获得完全赞同,特别是一些教授很乐于对所有产品进行全面、平均的理论介绍,归纳总结,而很少给出实际应用结果的评述,对一些产品在应用中所出现的问题,甚至被淘汰则秘而不宣、听之任之。这样的结果是:对于那些没有时间和机会作深层研究的众多学生以及初出茅庐的工程师,在罗列成堆的结构保护系统中无从判断,甚至把国际上早已否认的理念和产品,作为“创新”和“发明”应用在实际工程中。

很显然,讨论教授避而不谈的这些问题是费力不讨好的,而作为这一行业的参与者和初期主要推广者,笔者希望从这一角度大胆地去讨论该问题,用上述几个标准衡量一下目前存在的不同结构保护系统,判断它们的发展应用前途,希望对工程师们有所帮助,可以通过自身的判断衡量要使用的产品是否能用、是否好用、是否经济。

1.2 结构保护系统的发展过程简述

20 世纪 80 年代末期,在美国、加拿大和日本等国,被动保护系统、主动保护系统以及后来诞生的半主动保护系统都有了很大的发展,并且有的研究人员把这一理论引入到土木工程中,这期间经历了一个百花齐放的发展阶段。在这个时期的最初几年内,有很多新的想法诞生,新的装置被试用。图 1-1 可用来说明这一阶段的发展。

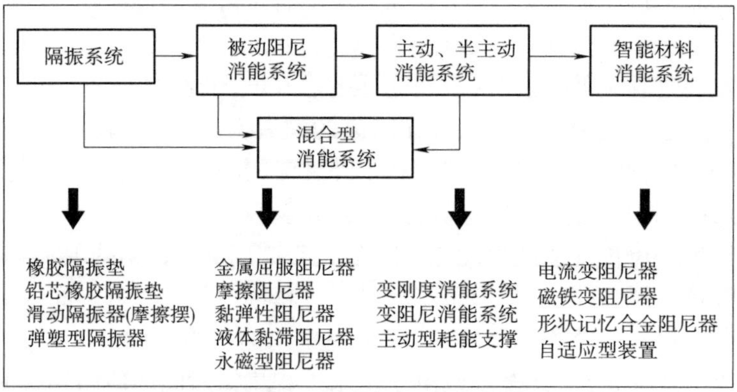

图 1-1 结构的保护系统

在经过大量地震工程的考验后,一些从事实际工程的结构工程师们很快对这些新的想法中的一部分产生质疑,认为不适用或时机尚不成熟,如结构的主动和半主动抗震保护系统发展在实际应用中所出现的困境就基于这个原因;而一些被动结构保护装置虽然从理论上证明是可行的,并且通过了实验室内简单的测试,但在经过大量的成品测试和工程检验后,被结构工程师们认为有严重缺欠,不能满足工程要求而被列入待发展的行列,摩擦阻尼器、黏弹性阻尼器等都属这类产品。这几类产品在经过大量测试,以及在美国、日本、加拿大、新西兰等地的几个甚至十几个工程后而最终被否定。一些生产商因产品的诸多问题，或是将产品转型，或是选择兼并或已经破产。

经过二十年的淘汰和工程师们的反思，经过各种工程事故、地震、大风的检验，工程界已经用“工程应用”作出了选择。用事实说明，在美国已经有了较一致的看法，本文将分别介绍这些常被提到的结构保护装置的成功和问题所在。

到了20世纪90年代中期，工程师们希望对这些“百花齐放”的结果作一个鉴定，希望有人能正确地告诉他们“能否使用”和“是否好用”，当然最希望的是让试验和工程说话。美国由官方——美国国家科学基金会(NSF，National Science Foundation)或半官方——美国土木工程师学会(ASCE，The American Society of Civil Engineers)出面组织了两次非常重要也非常经典的联合鉴定测试，其中最有代表性的应该是美国土木工程师学会组织的美国高速公路创新技术评估中心(HITEC，Highway Innovative Technology Evaluation Center)的联合测试。测试是在上述前期理论推导和振动台理念试验的基础之上进行的。工程师们选择了已经完成了大量测试和振动台试验研究并从概念上得到肯定的基础隔振和液体黏滞阻尼器的两类产品进行预检测。世界上最先进的十一个生产厂家的产品被邀请参与了这一测试，其中八个为基础隔振产品，包括铅芯橡胶垫隔振垫、摩擦摆隔振垫，三个为液体黏滞阻尼器。测试由第三方组成的一个专门小组负责。当时，所有要想进入市场的产品都需要经过这一预检测。测试的结果是对产品的鉴定，也给了工程师们一个可以信赖的数据依据。

测试内容包括：

(1)基本性能检验/时变性测试(Performance benchmark)。

(2)频率相关性测试(Frequency Dependent Characterization)。

(3)疲劳及磨损测试(Fatigue and Wear)。

(4)环境老化测试(Environment Aging)。

(5)极限温度下的动力测试(Performance at Temperature Extremes)。

(6)耐久性测试(Durability Test)。

(7)超载测试(Ultimate Performance)。

这次测试对结构保护系统这种新技术的推广和应用是一次重要的鉴定，测试的目的不是为了说明基础隔振和阻尼器在建筑结构中使用的效果，而实际上这一效果早已在之前的振动台模型测试中得到肯定，并在后来作为一个特殊单元被编制在SAP2000和ETABS等结构计算机程序之中。这次测试的不同之处在于，美国土木学会规定的这些试验内容就是为了鉴定所测试的装置本身，检验其是否能在土木工程所遇到的各种环境下正确工作；是否能满足土木工程所要求的可靠性和稳定性。还有一点很有趣，专家鉴定小组由官方或半官方组织，所有生产厂家均不能参与其中。在试验报告中，只是客观写出试验的结果，并不作任何结论，甚至对于在一些测试中测试装置出现破坏的情况，专家组也并未作出任何结论，而只是给出测试数据和图表。然而，对于细心的使用者来说，这些试验结果就已经完全说明问题了。

所有相关的美国规范规程包括美国联邦紧急管理局(FEMA，Federal Emergency Management Agency)主编的FEMA系列规范、美国州级公路与运输协会(AASHTO，American Association Of State Highway And Transportation Officials)主编的AASHTO美国公路桥梁设计规范以及美国土木工程师学会(ASCE，The American Society of Civil Engineers)主编的ASCE系列规范均以这一测试为前提，编制测试要求并作为其产品可以应用的前提条件。对于希望进入美国市场新近成立的厂家，如果没有做过 HITEC 测试的，也都希望按 HITEC 的测试过程进行自检或者进行第三方测试。实际上这已经成为了工程师们选用的试金石，对于不是属于基础隔振和阻尼器的其他新型产品，也按照上述测试内容，自行组织相应试验，这应该是起码的要求。

结构保护系统正式进入实际工程领域是在联合测试后，并得到美国相应规范规程的肯定之后开始的。由于被动结构保护系统减振控制效果好、可靠且耐久性较高，世界上越来越多重要的建筑和桥梁工程均安置了这类产品。事实证明，只有确保产品质量，保护系统才能真正被广大工程师们真正接受，才可能为结构保护系统带来长期的发展和广泛的应用。

结构保护系统的发展并没有止步，2007 年美国 Constantinou 教授在美国科学基金会和美加州交通部等单位要求和资助下完成了题为《在日常运营及地震作用下结构抗震保护装置的性能表现》的研究总结，报告对这二十多年来结构保护系统的发展作了系统地盘点和总结归纳。值得说明的是，他们的侧重和研究的目的不是理论的完整和先进性，而是工程中应用的相关问题。结构保护系统全部发展过程可采用图 1-2 简单概述。

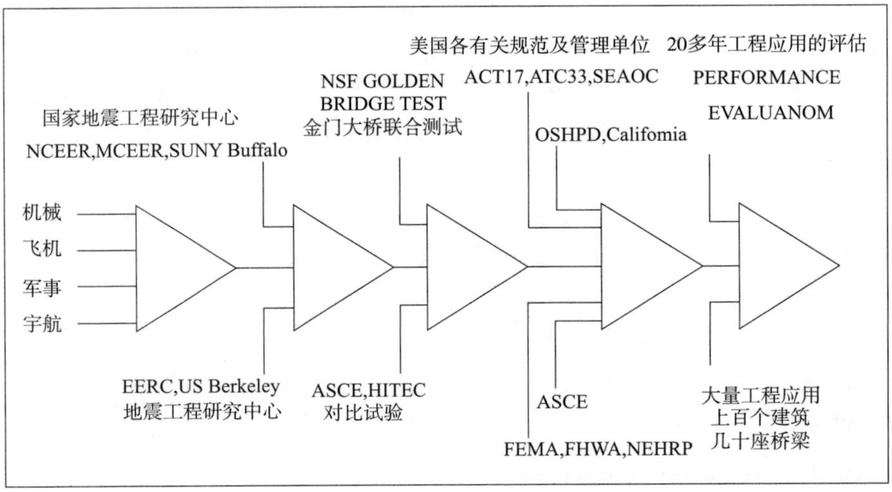

图 1-2　结构保护系统发展过程

1.3　在实践中最被肯定的三种产品

在经过一系列基础性研究开发之后，美国地震工程界已经不再热衷于建立新的想法和新的装置，而更重视提高使用办法的可靠性和稳定性并扩大其应用范围。经过近十年的淘汰发展，在美国被工程界所认可的理念和先进的产品是：液体黏滞阻尼器所构成的耗能减振系统，结构基础隔振系统（特别是摩擦摆隔振系统），以及首创于日本并得到美国工程界认可的屈曲约束支撑（UBB 或 BRB）系统。

1.3.1　液体黏滞阻尼器的耗能技术

液体黏滞阻尼器（Fluid Viscous Dampers，Energy Dissipation），是一种看上去很像车辆减振器的活塞筒状装置，装置内设硅油，在活塞的往复运动中液体起黏滞作用，耗散地震能量，对结构起到减振控制作用。这种内置硅油的速度型阻尼器，性能相对可靠稳定，已经发展成从规范、设计规程到分析计算程序、产品检验完整的系统。它完全可以很好满足上述工程中应用的应用准则。其中，最使工程师们青睐的世界最好的美国泰勒公司的液体黏滞阻尼器(图 1-3)，产品性能稳定，提供三十五年(抗震阻尼器)的保质期并终身免维护。在结构保护系统发展的短短二十几年里，美国和世界各地已经有近四百多座桥梁和建筑结构上使用了这一产品。

图 1-3 美国旧金山海湾大桥上设大型阻尼器

同时我们也要指出的是：结构工程所要求的液体黏滞阻尼器是个技术要求很高的产品，在工作上，它有以下几个要求和特点：

(1)它应是个准确定量的产品，才能满足我们工程计算的需要。

(2)它是在可能的高速下工作。在地震作用下，有时高达每秒一至两米以上。

(3)在动力超高压下工作，其内压经常高达 100 MPa 以上。

(4)要能在各种环境下长期、可靠、稳定的工作，要求与结构同寿命。

液体黏滞阻尼器的制造有两个大多数生产厂家难于解决的难题：①保证液体黏滞阻尼器在长期动力荷载下不漏油；②保证液体黏滞阻尼器满足设计参数的要求。正因为这两个难题，致使国际上一些液体黏滞阻尼器厂家的产品在质量上频频发生问题，使这类产品的发展呈现两极：一是由于技术困境使一些国际上知名的阻尼器厂家难以突破，最终走向破产(如英国 Colebrand，法国 Jarret)或停止生产(如美国 Enidine)；此外则是世界最好的阻尼器生产厂在发展和应用上呈明显上升趋势。

当然，结构保护系统毕竟是在传统的结构构件之外额外施加的外来装置，了解这个装置的真正作用、找到合适的安装空间、熟悉它的存在、确认它的经济效益、判断在使用上它是否稳定、耐久、可靠，都是所有建筑和桥梁结构工程师必须考虑的。

1.3.2 基础隔振技术

基础隔振技术是采用一个具有足够竖向刚度，同时允许一定程度的位移运动并可以耗散地震能量的装置，把地面运动和结构自身隔离，可以很好地对结构起到隔离减振作用，在隔振系统上配合使用液体黏滞阻尼器可以使结构起到隔振作用，又避免了过大的位移，是一个常被采用的设计方案，其中发展较早并经过不断完善的铅芯橡胶支座技术得到了成功的应用，在美国，动力隔振系统公司(Dynamic Isolation Systems Inc)已经在世界各地为近 300 座桥梁安装了橡胶隔振支座。工程师对于这种橡胶类支座在使用时仍然心存顾虑：有机的橡胶装置在长期工作环境中的稳定、耐久性究竟如何。在日本，研究人员证明在温度变化时其性能将发生改变，在日本所做的较高尺寸橡胶支座上发生折断试验也不能不引起警惕。

在 20 世纪 90 年代初研发的摩擦摆式支座(Friction Pendulum Bearing，FPB)显示了更为迅速的发展态势，这是一种原创于美国地震保护系统公司(Earthquake Protection System，EPS)的通过钟摆式的左右振动的金属材质的隔振产品。相对于铅芯橡胶支座，这种纯粹采用金属制成的支座可以在更广泛的环境下承受更大的垂直荷载和更大的允许水平位移，并能在更长的时间内可靠稳定的工作。摩擦摆支座外形与传统的桥梁支座相近，但抗震性能上确有着本质的不同，更容易受到工程师的欢迎。近几年已经有近 50 多个工程在美国和世界各地使用这一产品，如图 1-4 所示。

图 1-4　美国 Benicia-Martinez 大桥上设置的世界最大隔振垫(40 000 lb，13 ft)*

在我国已经大量采用橡胶隔振系统，工程案例很多，摩擦摆支座相对较少，北京万国城各楼间连廊上安置了我国首例美国 FPB 摩擦摆拉压支座，也在其他工程上安置了我国仿制的抗震 FPB 支座。存在的最大问题是目前国内具有的垂直压力下能高速水平推进的动力试验设备性能尚有局限，已经大量应用的隔振系统几乎都没有经过真正符合实际地震波标准的动力测试。

隔振支座在实际工程中出现问题的案例很多，其中常被提及的是土耳其高架高速公路上金属弹塑性隔振支座，因设计和产品的双重问题在 1999 年 Duzce 7.2 级大地震中严重破坏，这不能不让人对基础隔振工程的安全性提出质疑和警惕。

当然，考虑到倾倒危险等问题，各种隔振系统用在高层或超高层建筑上都受到应用局限，同时如何处理隔振层与地下管线衔接问题也值得商榷，隔振支座是对传统牢固基础的一个观念上的改变，真正全面接受它也要有个长期的适应和发展过程。

1.3.3　防屈曲耗能支撑

由日本 Nippon 公司研究出的金属防屈曲耗能支撑(Buckling Restrained Brace，BRB)也称为无黏结屈曲支撑(Unbonded Brace，UBB)，是在结构工程师早已熟知的普通结构支撑构件基础上改进发明的产品，如图 1-5 所示。它在普通金属支撑上加上软钢芯和可靠的保护层，芯材在强烈地震中软钢可以率先屈服，起到屈服耗能作用，软钢外设的保护装置将屈服约束在

* 本书部分数据引自国外的文献资料，所涉及的英美制单位维持原样。

软钢上，对整个的系统和结构是个很好的保护。这种位移型阻尼器是在美国本土之外发明而又得到了美国工程界认同的好产品。美国本土也有两家公司购买了 Nippon 公司的专利，开始并大量生产防屈曲耗能支撑(STAR SEISMIC 公司和 CoreBrace 公司)。

防屈曲约束支撑获得成功的重要因素在于其不改变传统结构设计的基本思路，便于被设计人员所接受。BRB 产品在工程应用得到认可并快速发展的同时，也衍生出几类略有差别的产品，其主要差别在于通过控制芯材屈服点的大小从而实现不同控制目标。而对于完全通过金属弹塑性变形、滞回进行耗能的一类产品其实质与位移型金属阻尼器是完全一致的。

防屈曲约束支撑相对于黏滞阻尼装置而言，在安置到结构中后，要改变结构原设计的周期，可能引起地震荷载的加大；对结构长期往复抗震能力提高有限。但它在我们传统建筑的形式上的改变很少，应该最容易被结构工程师接受，也就应该有广泛的应用前景。

图 1-5 正在安装中的 UBB 装置

对于一种产品，在美国、日本等抗震研究先进的国家，基本上没有人出来说“什么产品不好，什么产品不能用”，而是通过规范肯定好的产品。通过不宜采用，淘汰不成熟的产品。给设计人员明确的指导，也给不成熟的产品留下发展改进的余地。作为我们后来启动的研究者，首先要了解他们为什么肯定以上三种产品，也更要了解为什么有的产品被淘汰或需要进一步的工作。当然，结构保护系统的其他产品从来没有停止过发展，新的理念和产品层出不穷。因此，要想真正发展并广泛应用某一产品，应该首先要看看过去做过的试验、工程教训。也更要看看大家公认的欠缺问题是否已经被解决。无论新的产品还是重新启用的老产品，都应该作过类似上述 HITEC 试验的鉴定，并得到满意的结果。

1.4 尚需发展的几种产品

下面介绍笔者在结构振动控制的学习和应用过程中对尚需发展的各种结构保护系统的一些体会和看法。

1.4.1 结构主动控制

结构主动控制(Active Control)，即在结构上采用探测和传感系统通过计算机系统捕捉地震或风振可能给结构带来的振动信息，将其传送到计算机内进行分析，计算出需要在一个预先设置的外加力(或外加阻尼、外加刚度，从而更改结构频率)装置上施加反效应荷载的数据，同时正确地启动这一装置，起到人为地主动控制结构反应。这种主动控制的想法并不陌生，工程师们早就在建筑室内温度控制中成熟地采用了这一理念和方法。这一系统用在短时间的航空等其他领域上也可能是一个好的建树，要想用于结构工程，不要说用在发生概率很低的罕遇地震，就是用于结构抗风都是十分困难的。从目前的应用、管理和维护技术水平来看，都与传统的土木结构行业目前状况相差太远。很难做到几十年的可靠性和稳定性。无论地震和飓风的到来都可能使电源、线路等受到致命的威胁而终止控制工作。仅想做到在灾害中保证一个可靠的电源和维护整个控制系统的稳定可靠就已经十分困难。主动控制的理论和装置虽然在日本有了一定的发展，已经用了几十个工程，但也很难看到继续发展下去的前景。到目前为止，我国鲜见的电视塔主动控制或半主动工程都未见成功的结果。

1.4.2　半主动控制的磁流变阻尼器

磁流变阻尼器(Magneto-Rheological Damper)是一种半主动控制装置，它以智能材料(磁流变材料)为驱动材料的可调参数阻尼器，在磁场的作用下，流变液中的固体颗粒会形成一束束纤维状的链，横架于磁场两极之间，这样对于平行于电极的剪切力而言，流变液在磁场的作用下就会发生磁流变效应，即从流动性良好的具有一定黏滞度的牛顿流体转变为具有一定屈服力的黏塑体，从而达到比被动阻尼器更好的减振效果。如图 1-6 所示。

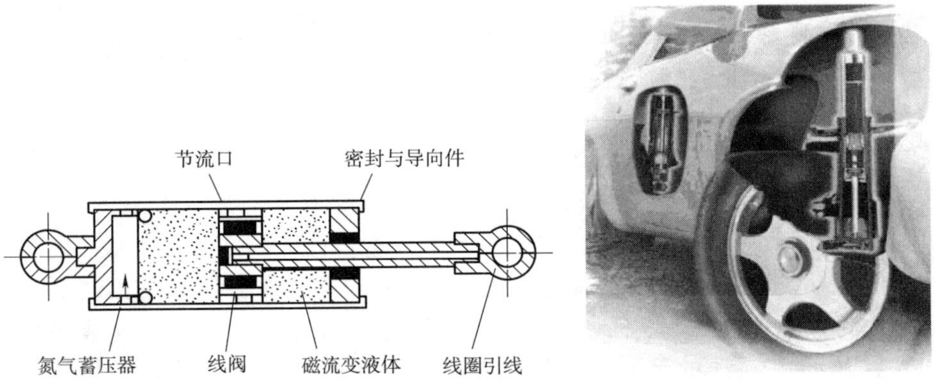

图 1-6　磁流变阻尼器示意图

首先生产出这种产品的美国 Lord 公司最先在飞行员座椅、汽车悬挂减振系统上应用这一技术。毫无疑问，这是项好的科技发展研究题目。而对于土木工程中所要求的长期、可靠、稳定的需要下大量应用，就是另一回事。国内已经有了好几个生产厂家开始生产这一产品，并在一些桥梁斜拉索上得到应用。可是，它真的适合结构工程中使用吗？实际上，这种装置存在三个值得考虑的问题：

(1)和主动控制一样，这种装置上使用的传感器、线路系统、电源等，都需要日久天长的维护，这给日常性能的保持带来巨大困难。

(2)磁流变阻尼器内磁流粉的长期稳定和克服沉淀。

(3)和液体黏滞阻尼器类似，存在缸体漏油的问题。

有人认为，就是半主动控制系统失效，也可以当被动阻尼器使用。其实，除了同样有漏油的问题以外，如果能看到控制系统的维护和稳定问题难以解决，效果又很有限，那还不如直接用被动阻尼器。最先生产出这种产品的美国 Lord 公司在我国洞庭湖大桥上应用，却从来没有在世界桥梁工程中应用过。就是至今，也没有在美国和欧洲工程中有所应用。生产各种先进阻尼器的美国泰勒公司，最初曾试产过这种产品，在发现无法保证其可靠的应用以后，毅然放弃了这一产品的生产。实际上在我国，最初已经在斜拉索上使用了磁流变阻尼器和控制系统的工程，有的仅仅几年就已经停止使用并拆除了。但基于此类装置的研发并未停止，最近，国内一些科研单位将其用于控制铁路机车带来的桥梁纵向振动。目前尚不知这些用于实际工程的产品是否经过性能上的严格检验,其长期甚至中期的可靠性也是令人担心的。

1.4.3 固体黏弹性阻尼器

固体黏弹性阻尼器(Viscoelastic damper,VE),常见的型式为在金属板之间放置上有黏滞性能的固体材料,就可以构成与速度和位移两种因素变化的速度型阻尼器,如图 1-7 所示。阻尼力大小可以表示为:

(a)

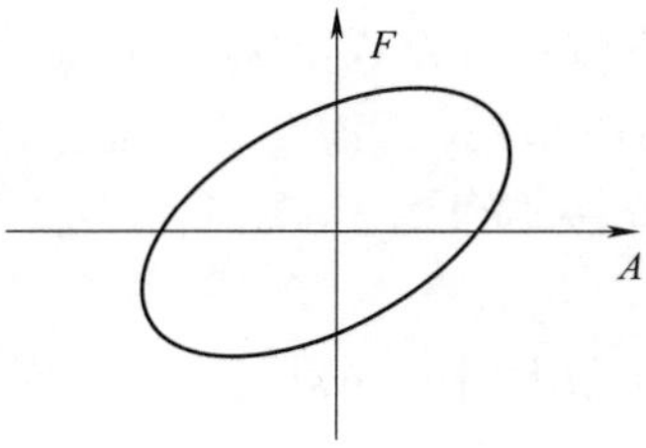

(b)

图 1-7 固体黏弹性阻尼器和恢复力曲线

$$f(u,\dot{u})=f_s+f_d=k_1u+\frac{\eta k_1}{\omega}\dot{u} \tag{1-1}$$

其中,$f(u,\dot{u})$为黏弹性阻尼器受力函数,u 为阻尼器两端的相对位移,$\dot{u}$ 为阻尼器两端的相对运动的速度;f_s 为阻尼器中黏弹性材料变形产生的弹性力;k_1 为黏弹性材料的变形刚度,在此定义为阻尼器的存储刚度;f_d 为黏弹性材料变形产生的阻尼力,η 为黏弹性材料的损耗因子;ω 为激励的频率。

这种阻尼器在研发中也作了大量试验研究,但其试验结果却不能令人满意。

这种阻尼器工程应用的典型案例是在美国世贸中心双塔大楼抗风工程,一些工程师认为这种固体黏弹性阻尼器目前还不适于继续在结构工程中应用:

(1)试验显示出它对环境温度和荷载频率有很高的依赖性,这在多次试验中都显示了有高达 70%甚者几倍的变化率。

(2)随着负载的大小,阻尼器参数的改变量非常可观。

(3)随时间变化性能改变,减振作用减退。即在长期工作中,耐疲劳性、稳定性很差。

由于这种黏弹性阻尼器的研究结果未被工程师们看好,在美国 HITEC 联合测试时并未被选入测试的范畴。随着大量应用的困难,固体黏弹性阻尼器(VE)也逐渐退出了美国工程师的选择范围,其核心技术在海外被转卖到日本。在日本其性能是否得到实质性的提高和改进尚未可知,但从其断断续续的工程应用来看,这可能是分歧最大的一种阻尼器,其不可克服的缺点却是有共识的。为了克服阻尼器随温度变化的缺点,在日本一些研究学者甚至提出在黏弹性系统外增设昂贵的温控体系,以便在环境温度很低的情况下将黏弹性材料的平均温度控制在 20℃附近,据报道这种装置已经用于一些加固工程上。

在我国,发展至今这种产品无论从工程应用或是生产制造都尚未形成规模。

即便其有减振效果也很有限,并同时具有受温度影响很大、长期使用作用衰减等缺点,作为一个特例，这种剪切型固体黏弹性阻尼器在我国的许多斜拉桥上被用于斜拉索外置阻尼器，并持续应用多年，目前仍然占据了我国很大的斜拉索减振阻尼器市场。但遗憾地是，几乎没有见过关于这种装置较为完整的试验报告或在实际应用中减振效果的测试情况介绍。其能够在斜拉索减振领域普及的一个重要原因，在于我国一些桥梁业主对斜拉索阻尼器的要求不高、国产的产品又价格便宜，形成了黏弹性阻尼器应用上的一支独秀。这种状况是否继续发展下去，还有赖于它和其他类型的减振阻尼器的发展和进一步试验。

1.4.4 摩擦阻尼器

无论是节点型、板式或是筒式摩擦阻尼器，其基本原理都是一致的，即采用不同材料、摩擦介质和不同机械组合方式，在一定预紧力下将摩擦片和组合构件组成可以产生滑动和摩擦力的机构，利用滑动摩擦力消耗地震能量。与钢屈服阻尼器类似，摩擦阻尼器虽然可以减轻在地震下结构的位移、降低结构损伤，但均不能对结构的附属系统有任何帮助，且不能降低或阻止其破坏。

最初由加拿大研究并得到一定应用的摩擦阻尼器(Friction Damper)，如图 1-8 所示，是基于库仑摩擦阻尼原理发明、生产的阻尼器。只要经过简单的试验研究就已经被美国大多数结构工程师所怀疑：①在摩擦过程中因为阻尼力取决于金属间正压力大小，而正压力又受到温度、湿度变化、金属表明锈蚀的影响难以控制。预紧力或螺栓拉力会随着时间而降低，其程度依赖于螺栓应力以及装置发生的位移量，并且通过试验无法对其进行预测和估算，即便是有了短期内的测试数据，但也无法判定其长期的表现究竟如何。②摩擦系数是最难定量的一个参数，即使在采用最佳的材料其摩擦也会在结构设计期内至少发生 50%的变化，如果采用较差的材料，则变化更多。

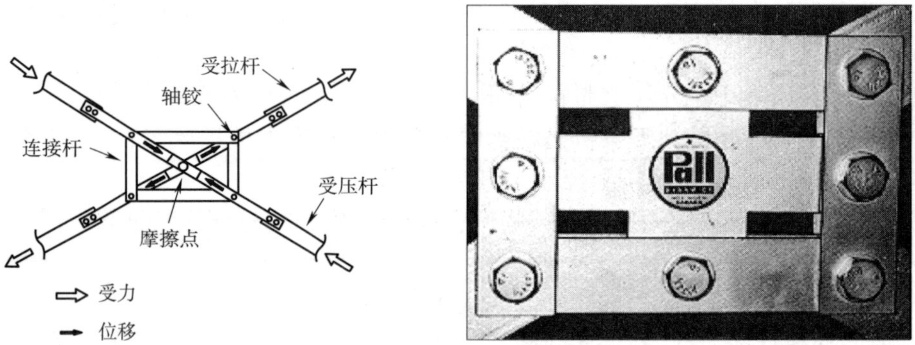

图 1-8　Pall 摩擦阻尼器

这些因素都带来了摩擦系数和摩擦力可能的变化，摩擦阻尼器最大的问题在于性能是不可靠的。摩擦装置不能在其预期的出力区间提供可靠的摩擦力。使我们很难在计算分析中作为一个稳定的定量作用来考虑，再加上它所承受阻尼力太小的限制，使它从来没有得到多数美国工程师的广泛认可。对这种已经夭折的装置，要想在工程上重新启用，一定要十分小心。

1.4.5 金属阻尼器

伴随结构保护系统的发展，出现了多种可归于位移型阻尼器的金属耗能装置(Metallic

Dampers)，其中包括 Whittaker 提出的 X 型加劲耗能装置 ADAS、开孔式耗能装置 HADAS、低屈服点钢耗能器、无黏结支撑以及铅阻尼器等。这些装置利用软钢在进入塑性后具有滞回特性，人为在结构中设置薄弱环节并在地震中率先屈服耗能，起到结构保护作用。通常金属阻尼器力学性能较为稳定，而且不会破坏周围环境。如图 1-9 所示。

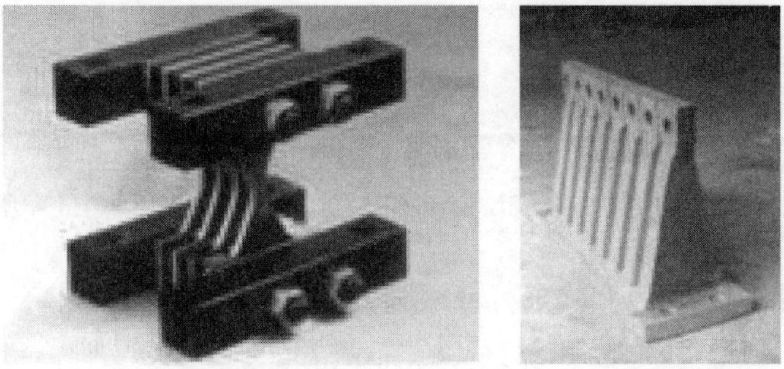

图 1-9　金属阻尼器

美国加州在 2006 年基于结构性能设计，提出了对于减小具有建筑意义的建筑结构、重要设施、医院、博物馆和包含重要的电子设备的建筑物中的非结构构件的损坏要求。Eleni 以及 Constantinou 对附加包括金属阻尼器、黏滞阻尼器在内的多种耗能装置的非结构系统响应进行了评估。通过分析发现，相对于黏滞阻尼器而言，位移型阻尼器不能对结构上附属结构的反应减少起到很好的帮助作用。增加屈服支撑阻尼装置(适用于一些位移相关型装置)，导致刚度的增加周期的减小，从而增加了加速度和辅助系统的反应。

容易得到的结论是：如果仅仅考虑通过金属阻尼器屈服耗散能量，实际上其使用效果并不太好；而相对于黏滞阻尼器(FVD)和无黏结支撑(UBB)，其优势是价格便宜。虽然，从使用性能上，美国的工程师更喜欢初始刚度为零的液体黏滞阻尼器(FVD)和实际施工应用上简单方便的防屈曲耗能支撑(BRB，UBB)。

1.4.6　质量调谐阻尼器

质量调谐阻尼器(Tune Mass Damper，TMD)以及主动调谐质量阻尼器(Active Mass Damper，AMD)，是利用外加质量、刚度和阻尼器组成的谐振系统来减少主体结构振动的巧妙办法，该系统是靠 TMD 和主体结构谐振起到减振作用，可以说是"以动制动"。国内外在高层结构抗风、行人桥、铁路桥梁的横向振动、楼板减振上都得到一些成功的应用。不容怀疑，结构谐振阻尼系统可以很好地减少主结构的振动，加拿大 Motioneering 公司对世界上一些重要工程的 TMD 计算分析起了很大作用。

TMD 装置对于高纵结构的抗风减振作用非常有效。然而，从我们的计算分析和运用的经验来看，它有下列几个问题值得考虑：

(1)它是频率敏感性很高的系统，只有频率非常接近结构受控振型的频率时，抗风效果才会很好。系统中一些有摩擦的阻尼器、黏弹性阻尼器、带有非线性的橡胶支座都会引起系统频率的变化，都不适于应用在 TMD 系统中。考虑到结构在日常运行中的屈服和荷载变化，引起结构周期的改变，如不及时调整，TMD 也会改变效果，甚者失去作用。

(2)TMD 系统特点决定其阻尼器要求很高，这种阻尼器需要常年处于运动状态、发挥作用，因此很容易因为过热而发生破坏。图 1-10 给出的三种不同的 TMD 工程实例图片，三种 TMD 所使用的阻尼器功率不同，大小各异价格天壤之别。对于大质量、大功率的 TMD 系统，应该尽量采用无摩擦或小摩擦的金属密封阻尼器。美国纽约王牌世界大厦(Trump world Tower)TMD 系统的漏油检修就说明了它的问题和困难。

图 1-10　不同 TMD 系统

(3)几百甚至上千吨的质量块附加在结构上，控制不好，会使结构的地震等动力反应增大。TMD 如果失去作用，结构无用质量增加，从而造成结构反应放大，特别是在地震中，失效的 TMD 会引起严重的副作用。

(4)考虑到地震作用是个多频率的复合激励，TMD 甚至多频率 MTMD 都很难起到很好的减振作用。

(5)TMD 系统的质量块均应按照设计的运动方向和幅值进行严格的导向和限制，任意振动使减振效果难于控制。

(6)TMD 通常拥有用于避免质量块和结构主体发生碰撞的限位系统，但一旦限位系统在大风或强震中由于破坏而失效，后果将十分危险。日本 3 · 11 地震中就有质量块冲出控制的实例。

(7)超高层建筑的 TMD 的质量块通常成百甚至上千吨，再加上悬挂等系统，所占空间庞大，安装不便。整个 TMD 系统的造价也十分昂贵。

在日本，很多高层建筑安装 TMD 的基础上附加电液伺服作动器的主动控制 AMD 系统，提高减振效果，但这种系统有价格昂贵和难于维护的困难。日本设计投资建设的上海环球金融中心大厦上运用了两套 AMD 减振系统。如图 1-11 所示。

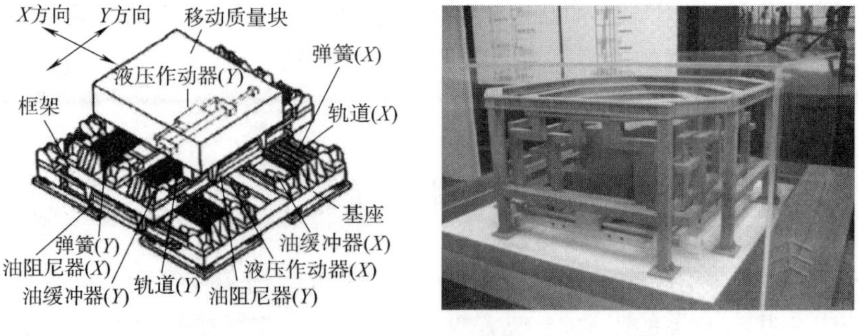

图 1-11　日本的 AMD 系统构造及上海环球金融中心 AMD 系统

目前，关于 TMD 真实减振效果和可靠性的试验仍然鲜有公开。实际上，对于既可以用 TMD 又可以用阻尼器直接减振的结构(如高层抗风、铁路桥梁横向减振)，从计算分析、价格分析和长期运行的维护管理来说，直接运用阻尼器减振要可靠得多。这几年我国在高纵结构中考虑 TMD 或 AMD 装置的结构包括：台北 101 大楼；广州电视塔；上海环球金融中心 AMD；杭州湾海洋平台观景塔；目前正处于设计阶段的还有：上海中心大厦调谐质量阻尼器；深圳平安大厦 AMD。

笔者认为，目前国内很多结构设计都采用了 TMD 系统减振。尽管从理论上容易理解，计算简单。但这些 TMD 系统是否真有必要、是否真能起到作用，它还有太多的产品和构造问题，特别是对于寄希望于在高层结构上设置抗风 TMD 系统和 AMD 的推崇者，一个草率的应用可能带来十分危险的设计和后患。在我国已经实际安装的 TMD 和 AMD 工程，从公开看到的设计原理、实测资料和国外已经有结论的 TMD 理论有很多矛盾之处，笔者希望在国内引起更多的讨论。

1.5 确保工程质量的管理体系

考虑到对多数工程结构保护装置是一项新技术，美国在编制设计规范时，有明确要求完成下列程序：结构设计并配合提出测试报告；由具备设计和安装经验的第三方专家进行全面的结构和产品的设计审查；严格的产品检测。所有用于实际工程的装置均需要提出明确的测试要求，均要进行产品的原型测试，而不能采用小样品模型代替，建立结构保护系统的监督管理体系是确保工程质量的关键。目前我国在编制相关的规程过程中也提出产品的检测要求，但整个行业仍然缺乏管理和监管，当下最为急切的是能够有管理这一领域的独立专业机构，同时建立和完善的第三方专家审查制度。

能够进行大尺寸原型设备检验的试验设备，并且掌握严格的测试方法、技术和手段，则是实现这一审查制度的重要环节。我国测试设备能力不足严重制约着行业发展，表 1-1 中列出了美国目前主要的几个设备情况，其中以圣地亚哥大学 2003 年改造后的设备最为突出，如图 1-12 所示。它已经成为世界大型结构保护系统，包括隔振支座和阻尼器的主要测试基地。我国要想使该领域的发展达到世界先进水平，测试设备是必不可少的。

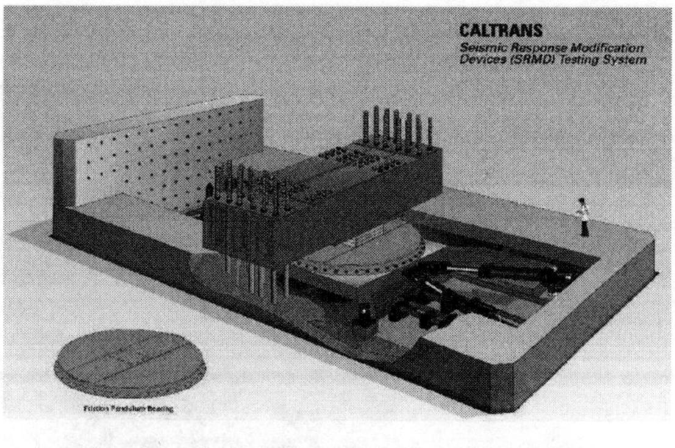

图 1-12 美国圣地亚哥大学三维测试设备

表 1-1 美国大型动力测试设备列表

编号	设备所在地	水平方向			垂直方向			备 注
		力(kN)	最大冲程(mm)	速度(mm/s)	力(kN)	最大冲程(mm)	速度(mm/s)	
1	ETEC(Boeing North America Corp)	±1 067	±380	±1 270	3 560	±102	±254	HITEC 试验
2	EERC	335	±152	635	890	—	—	Golden Bridge 的联合测试
		—	—	—	±533	±254	±508	

续上表

编号	设备所在地	水平方向			垂直方向			备　注
		力(kN)	最大冲程(mm)	速度(mm/s)	力(kN)	最大冲程(mm)	速度(mm/s)	
3	San Diego University	±8 900	±1 220	±1 778	53 400	±127	±254	水平垂直双向受力最先进的动力测试设备
		±4 450 横向	±610 横向	±762 横向				
4	Taylor Device	6 672/1 334	±500/±635	889/2 286	—	—	—	泰勒公司主要测试设备之一
		—	—	—	17 792	±1 000	11 430	
5	Earthquake Protection System	22 246	±2 000	1 524	67 000	±1 000	1 000	地震保护系统公司的主要测试设备

1.6　最新研究发展

美国在结构保护系统百花齐放的发展和汇总鉴定的 HITEC 联合测试以后，在结构保护系统上不断发展完善，做了以下几方面的深入研究：

(1)附加保护系统的结构性能评估。图 1-13 为在美国多学科地震工程研究中心(MCEER)所做的振动台上钢结构模型试验，请注意这都是 1/3～1/5 缩尺试验，试验目的是评估结构保护系统对主体结构和对附属结构的影响，位移和速度型阻尼器的对比在这一试验中可以示出。

图 1-13　MCEER 基础隔振和阻尼器耗能结构试验

(2)设计规范的完善。在美国，关于结构保护系统的最有影响的规范包括：① ATC33 (Applied Technology Council 1995)；② FEMA273/274/(Federal Emergency Management Agency，1997)；③ NEHRP 2000 Proposal 12-7(National Earthquake Hazards Reduction Program 2000)；④对 FEMA273/274 中的简化计算办法，美国专业委员会在 2000 年又作了补充修改，发表在 FEMA368 中；2003 年又通过了新修改的 Chapter 15，Structures with

Damping Systems 将公布在 NEHRP2003 中；⑤特别是 2005 年美国 ATC 委员会通过了 2004 年美国土木工程学会起草的 ASCE 7-05 Seismic Provisions。这一通过的设计标准将成为全美地震设计规范和指南。

《抗震结构加固指引 FEMA1997》或被广泛称为 FEMA273，给出了适于加固结构附加耗能装置的设计办法，其中包括四种可用于附加耗能装置的加固结构设计办法：线性静力、线性动力、非线性静力以及非线性动力方法。区别于以往的传统基于抗力的设计方式，这四种办法均为基于位移的设计方法，设计成果为结构的位移和变形，因此可用于基于性能的抗震设计。

在 2000 年版新一轮规范的更新过程中，为配合并将结构保护系统融入到 NEHRP2000 新版的规程，房屋地震安全委员会第 12 技术分委会(Technical Subcommittee，TS-12)开展了关于改进阻尼系统和装置的分析、设计以及测试方法的工作。在 NEHRP2000 规程中给出了通过残余振型考虑高振型影响、采用线性弹性方法分析屈服结构的算法，这一设计理论已经完全与传统结构设计实现真正意义上的融合。在优化设计方法的同时，明确提出包括隔振支座、位移相关型、速度相关型耗能器在内的结构保护系统的测试和验收方法。

(3)结构保护系统性能和安置方法的发展。随着工程应用的需求，结构保护系统的性能和安置方法上也在不断发展。美国泰勒公司又发明了多种新型专利阻尼器：在我国苏通大桥上的新型带限位的超大阻尼器的开发和应用；为铁路桥梁设计的控制火车车辆荷载和地震荷载双重作用的阻尼器；为 TMD 和行人桥上研发的金属密封无摩擦阻尼器；为斜拉索设计的新型单出杆带油库阻尼器。在安置方法上采用了放大阻尼器位移、提高阻尼器使用效率的套索式连接(Toggle)、剪刀型连接(Scissior)以及跨层连接的办法，提高整个保护系统方案的性价比和功效，赢得越来越多的工程应用。

在双层摩擦摆之后，美国 EPS 公司又创新提出三层摩擦摆系统，大大提高了摩擦摆的效率和应用范围，如图 1-14 所示。开展了橡胶支座扭曲问题、抗老化、温度稳定的性能改进研究。

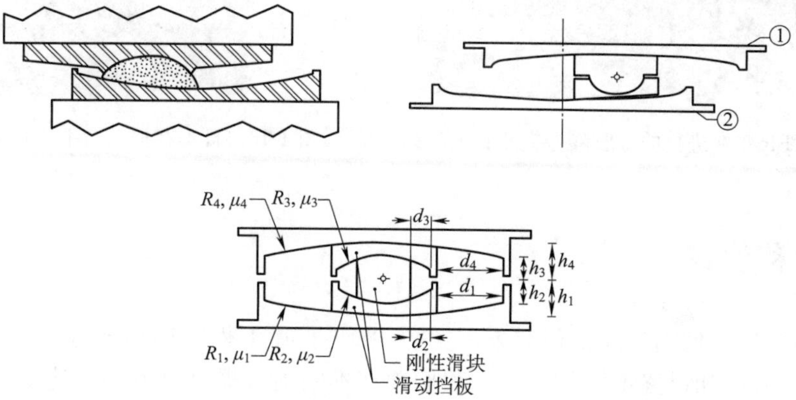

图 1-14 单层、双层以及三层摩擦摆支座构造

(4)特种结构上的应用。区别于传统土木工程结构，一些工业用的特种设备，如海洋平台、水塔、储油罐、核电站等特种结构所处的环境更为复杂，在地震作用下结构破坏所产生的次生灾害更为严重，结构保护系统在特种结构上的应用具有广阔前景，也将是未来特种结构工程抗震的开拓方向。

(5)实际工程震害剖析。结构保护系统用于实际工程至今已经近二十年的时间,随之也暴露出诸多问题,一些装置在正常使用过程中就出现质量问题,一些装置在地震作用下未能达到应有的设计目标。在土耳其地震中安置了保护系统的机场、高架桥梁遭到破坏,通过灾后分析发现所设计的金属弹塑性抗震支座位移量严重不足,在加固过程中采用摩擦摆隔振系统代替被破坏的金属耗能隔振垫。

(6)新型结构体系的建立。剪力墙是高层结构的主要水平受力构件,但剪力墙是以破坏为代价的抗震办法。最近美国太平洋地震工程研究中心(Pacific Earthquake Engineering Research Center, PEER)与 Weidlinger、Taylor devices 等公司合作,研究一个 42 层超高层钢筋混凝土结构设计中用阻尼器替代剪力墙的方案。如果这个方案得到实施,会给我们的结构设计带来革命性的影响。

(7)支座长期可靠性的原型测试。最近,美国 MCEER 开展了一项在长期荷载作用下桥梁全尺寸以及铅芯橡胶隔振支座的耐久性研究测试,如图 1-15 所示。

(8)在日本 Kazuhiko Kasai 等人完成了包括黏滞型(FVD)、日本油型(Oil)、固体黏弹性(Viscoelastic)、金属防屈曲耗能(UBB)、金属摩擦(Friction)在内的多种耗能器的振动台大型原型对比测试。如图 1-16 所示。

图 1-15　MCEER 正在进行的橡胶隔振支座长期耐久测试

图 1-16　日本在振动台上 5 种阻尼器原型测试

1.7　结论和建议

笔者并不排斥任何新产品的研究发展,只是强调实际工程应用与实验室的研究和创新截然不同,不同的标准和最终不同的结果。我们曾在不同地方提过以下几个建议,这里不妨再重复一下。

(1)尽快组织对使用结构保护系统的土建工程的排查,对已安置阻尼器和其他保护系统的几百个工程作一次系统调查和审查,审核一下使用的阻尼器产品设计是否合格,产品是否经过质量检测而合格验收,工程是否满足抗震要求。

(2)尽快组织一至两次产品联合质量测试,可以由已经决定使用或有意向提供产品的厂家按产品的技术要求生产出样品,组织由第三方负责的公开预检测。将通过测试作为中国市场的准入条件，只有符合设计规范要求的产品才能使用。

(3)对于本文认为目前还不适于推广使用的产品，特别是一些在国外测试中早已淘汰或问题很多的产品。如金属摩擦阻尼器，磁流变阻尼器，对抗震中打算应用的固体黏弹性阻尼器，对不论计算、产品和效果上了解不深的 TMD 系统都应该尽快组织包括生产厂家在内的讨论、试验，在有了较一致的结论前谨慎使用。

2 黏滞阻尼器在工程应用中相关问题讨论

2.1 引　　言

结构工程用液体黏滞阻尼器在发展进程中可以按照如下三个阶段排序：最初以胶泥为填充材料，称为第一代黏滞阻尼器；采用各种阀门控制阻尼器参数并使用蓄能器，可称为第二代阻尼器；最新发展形成的以小孔激流方式控制阻尼器参数的第三代阻尼器。

这三代产品的技术差异十分明显，其性能表现和耐久性也是良莠不齐。根据笔者的理解，目前可以在百年大计的建筑和桥梁上安全使用，具有最高技术含量的结构工程用阻尼器所应具有的特质是：准确的定量产品；能确保至少 35 年不漏油的产品；内部没有过多的配件和活动部件需要维护并避免损坏；在低速状态出力较小并通过低速测试；可适用于抗震并在风振作用下能够良好工作；阻尼器能满足功率的要求和测试的产品；具有 1.5～2 倍以上安全系数的产品。只有这样的阻尼器才能在结构整个设计周期内放心安全的使用，只有这样的产品才能适应超高层结构、大跨度悬索桥以及巨型 TMD 的复杂要求和苛刻工作环境。

根据阻尼器的性能特点和产品构造，本文将阻尼器发展总结为三代产品，即以弹性胶泥为介质的第一代产品、以机械式阀门为基础的第二代产品以及通过射流孔控制阻尼参数的第三代产品。

2.2 以弹性胶泥为介质的第一代产品

2.2.1 工作原理

弹性胶泥是一种由有机硅高分子化合物、填充剂、抗压剂、增塑剂、着色剂等化学成分组成的材料。弹性胶泥是利用胶泥的黏弹性、流动性和体积可压缩性来工作的。上述特点必然将其置于密闭的容器中，以一定的机械结构来实现其减振、平衡、缓冲功能。将弹性胶泥装入密闭容器中，根据需要使之产生一定的预压力，当活塞柱受到的外压力小于预压力时，活塞柱静止不动；当外压力大于预压力时，活塞柱向容器内移动，部分活塞柱进入容器内，此时弹性胶泥被压缩，体积缩小，并对活塞柱产生反作用力，直至与外压力相等，在这一过程中弹性胶泥接收部分外力动能并转化为胶泥的弹性势能；同时在外力作用下胶泥通过活塞与容器壁之间的间隙产生流动时发生摩擦以及弹性胶泥的分子运动、分子链段和分子链的移动都要消耗部分外力动能并转化为热能而散失，从而起缓冲、减振作用。当外力减小或撤消后，弹性胶泥自行体积膨胀，将活塞推向或推回原位。弹性胶泥工作原理如图 2-1 所示。

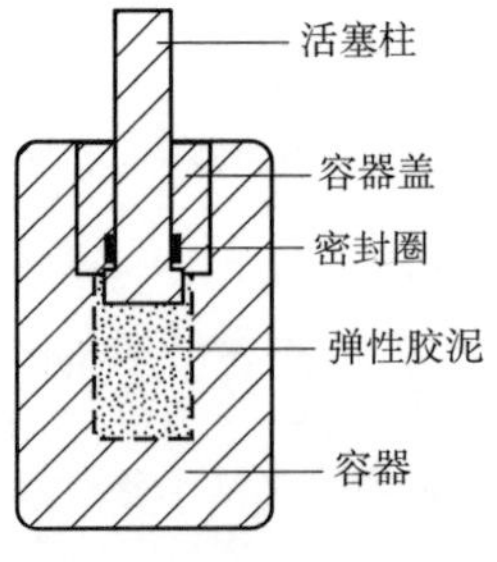

图 2-1　弹性胶泥工作原理图

Jarret 阻尼器(图 2-2)是最为典型的利用胶泥作为介质的阻尼器产品。这种阻尼器不仅给结构附加阻尼,同时给结构附加刚度。通常,在制作过程中对阻尼材料施加预压力,这样当阻尼器受到压力小于预压力时,阻尼装置提供刚度,当阻尼器受到的压力超过预压力时,活塞杆就将挤压阻尼介质,从而可以提供阻尼和刚度。当外载撤销后,黏滞弹簧阻尼器由于对阻尼介质施加了预压力从而会回到阻尼器未变形的初始状态。

Jarret 阻尼器只能在受压状态下工作,为使其可在拉压状态下都能工作,需要专门加工阻尼器外套装置,使耗能器核心部分在拉压荷载下都处于受压状态。Jarret 阻尼器的滞回曲线图仅在Ⅰ、Ⅲ象限消耗能量,这与其构造特点和原理吻合。如图 2-3 所示。

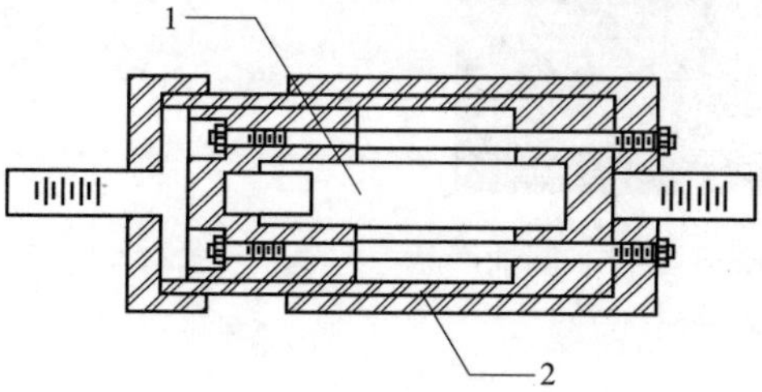

图 2-2　Jarret 阻尼器外套结构简图
1—黏滞-弹簧阻尼器;2—外部保护铸件

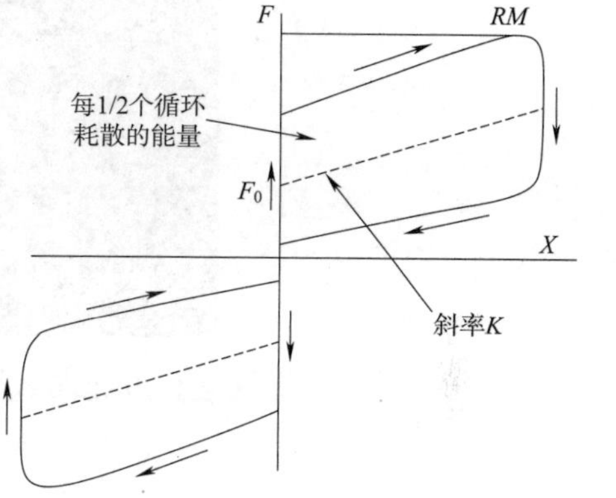

图 2-3　Jarret 及耗能器滞回曲线

2.2.2　第一代产品的性能及现状

第一代产品装置内填充硅胶材料(Putty)来实现黏滞作用,不适合用于长期使用的锁定装置,更不适合于需要长期稳定性能的阻尼器,其理由是:

(1)硅胶在冷热中的性能变化非常大,当受冷(如－10℃)时,硅胶变成很硬的固体,丧失活动性,起不了黏滞作用。当加热时(如 30℃),硅胶会变得很稀,流动性很大,黏滞性能也会一定程度减弱。

(2)导热性差,当某部分变热,温度会上升得很快,但其他地方却变化不大,至使装置内固液不均。因为胶泥是由橡胶粉和硅液组成,这种局部热量会使硅胶分解成原来的固液两部分,导致了不均匀的物理特性。

(3)长期使用性能差,在最初使用的 1～2 个受力循环内,硅胶作填充材料的锁定装置,看上去还可以工作。但几个循环过去,填充材料发热,就会产生硅胶变质和材料分离的现象,其滞回曲线迅速变化。阻尼器处于失控状态。

(4)使用这种硅胶材料,最初生产出的产品不存在漏油问题,用一段时间后,在冷热环境下油固分离,就会产生漏油。韩国高速铁路上使用的第一代阻尼器产品在安装不久后的漏油问题就足以证明。

硅胶温度稳定性能极差,无法达到有高精度要求的液体弹簧和阻尼器的要求。在减振装置中,仅能用于那些缓冲器仅提供单向减振且没有很高参数要求。

在欧洲这项技术被一些公司一直采用，英国 Colebrand Device 生产的内置硅胶的速度锁定装置在漏油声中破产(图 2-4)；法国 Jarret 公司由于阻尼器不能达到设计要求，而不得不在 2005 年选择放弃，该公司在购买了美国 Endinine 技术后仍生产不出性能稳定的阻尼器，最终导致在 2005 年宣布破产。在国内阻尼器技术初步形成阶段，Jarret 公司是主要的仿制对象，Jarret 公司在国内影响很大，在其破产后在我国留下了诸多无人维护的工程，甚至一些国家级的重点工程。

图 2-4　韩国高速铁路 Colebrand Device 漏油产品

2.3　以机械式阀门为基础的第二代产品

2.3.1　工作原理

油阻尼器通过流体的惯性力实现阻尼功效，单位时间内通过的流体流量是改变阻尼器出力的关键要素，通过机械手段实现流体流量改变的方式是设置阀门，即在油路中设置控制阻尼力特性的阀，称之为流量控制阀(Flow Control Valve 或 Pressure Control Valve)，流量控制阀根据作用在阀上的压力与阀弹簧力的平衡关系改变流体通过的面积。

由于需要根据流量控制阀的开启量达到压力与流体流量的特定关系，流量控制阀要经过精确设计加工较为困难，其后期的耐久性也备受关注。正因如此，多数生产厂均不生产这种线性阻尼器。

为了获得不同的功效，则需要更多的利用阀门的机械原理。通常的做法是低速调压阀以及高速调压阀两种装置，从而使油阻尼器呈现双线性特性。这种高速调压阀门被称为溢流阀(Pressure Relief Valve)。

图 2-5 为采用蓄能器的阻尼器，蓄能器是油压阻尼器的重要部件。在阻尼器受到冲击时，内部的换向阀突然换向、执行元件运动的突然停止都会在液压系统中产生压力冲击，使系统压力在短时间内快速升高，造成设备内部元件和密封装置的损坏。蓄能器用在阻尼器一般作为温度补偿、油介质的泄漏补偿以及活塞杆在往复运动时的体积变化调节的功能。

图 2-5　外置蓄能器的阻尼器

2.3.2 第二代产品的性能及现状

日本和欧洲的几家公司采用在阻尼器中加设阀门和油库(蓄油器),控制油压的技术生产被称之为“油阻尼器”的产品,其中速度指数多数在 0.05～0.2 之间变化。这种技术其阻尼器内部设置预压弹簧和流量控制阀门,靠惯性力产生黏滞作用并使阻尼器达到设计的参数。油库设置显然增大了油腔内的油体积,这有利于向外界耗散更多的热量,同时也便于那些不能做到严密封闭或者需要进行定期维护的厂家作为油库来补充。早期的第二代阻尼器采用外部设置油罐和阀门的方式,在改进后被放置在阻尼器内部,因此相对体积较为庞大,也是分辨这种阻尼器的标志。

Jarrett-Enidine 合资企业在加州政府工程和台湾工程中生产的阻尼器在检测中的大量失效,所导致的破产已经完全证明了这种技术的失败。

2.4 射流孔控制阻尼参数的第三代产品

实际上,仅是钻一个简单的圆孔符合基本流体力学基本公式——伯努利(Bernoulli)方程,阻尼器出力只是限制在与速度平方成比例。

由于速度平方阻尼在用于消耗地震能量时受到限制,这时需要设计更加鲁棒性(Robust)及复杂的孔隙。如果需要改变速度平方阻尼关系,制作速度指数小于 2.0 的阻尼出力则需要通过小孔控制通过活塞头的流体压力,采用相对复杂的设计。第二代阻尼器采用的办法是利用弹簧压力球、提升阀等机械手段。

另外一种办法则是将小孔制成复杂并经过机加工的通道,通过流液控制,采用一系列获得专利技术准确定型的通道控制,依据这些通道的形状及面积可使速度指数在 0.3～1.0 范围内变动,而不需要在小孔内设置任何活动的部件。这类阻尼器成孔属于第二类非伯努利型小孔,采用射流型方法,射流型控制小孔没有可动的部件,装置出力可随流体速度的非平方幂指数变化。射流型阻尼器内部构造如图 2-6 所示。

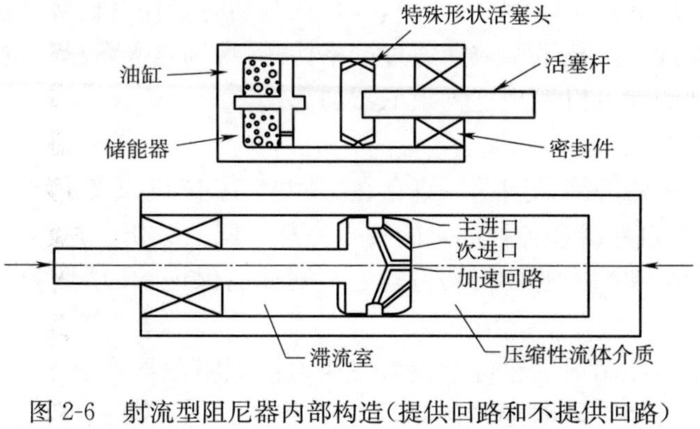

图 2-6 射流型阻尼器内部构造(提供回路和不提供回路)

第三代产品所采用的小孔射流技术是在 20 世纪 80 年代发明并开始大量使用的,阻尼器介质通过活塞头上特制的小孔获得所需要的参数。这种新技术使阻尼器得到世界工程师的广泛认同,并能安全稳定地工作几十年,也就带来了今天阻尼器的大发展。

从 20 世纪 80 年代末期开始，美国桥梁工程师把在机械航天等领域上已经应用的液体黏滞阻尼器开始引入建筑和桥梁工程中，将其用于结构抗震的保护系统，并取得了预想不到的发展。20 世纪 90 年代，为了证明其在土木工程中的可用性，美国科学界与工程界共同组织了两次具有历史意义的第三方联合预检测，其中特别需要提到的是美国土木工程学会组织高速公路新技术评估中心（HITEC）的大型集中对比测试。

为了判定结构保护系统的性能，HITEC 提出的测试难度极大。在这次测试中，只有第三代阻尼器，实际只有美国泰勒公司完整地通过了计划内规定的九项检测。工程师们从 HITEC 的测试报告中充分了解并掌握了各种产品的差别，并在以后二十多年的产品测试和工程使用中进一步明确了阻尼器产品的差异所在。其中一些产品由于性能不合格导致公司破产或放弃生产。

相对于前两代产品，第三代阻尼器技术从应用的角度来看到底有什么不同，如何分辨和其他阻尼器的区别，下面列出的几点是分辨的关键所在。

1. 准确定量的产品

从 HITEC 测试要求就已经看出，设计人要求准确定量的产品。结构工程师应该一致认识到：准确定量计算的建筑和桥梁上使用阻尼器的前提是要长期耐久性能稳定地定量产品，并保证其在各种环境条件下都能满足 $F=CV^{\alpha}$ 的本构关系，其中要求速度指数在 0.3～2.0，是可由设计者优化结果指定的速度指数。

阻尼器的加工制造看似简单，而如何按照设计要求，加工一个定量化的产品实际上并非易事，这主要归于在一些关键环节的认识和经验累计。通过生产商所进行过的产品性能测试，就不难看出这一点。一些厂家不能根据设计提出的参数去进行制造加工，以致设计方只能按照厂家已有的参数进行设计，根本无法进行阻尼器的参数优化。例如除第三代阻尼器外，第一代和第二代产品很难提供速度指数在 0.6～0.8 的阻尼器测试报告。

2. 不设阀门和油库的产品

三十年前，世界很多的阻尼器厂家都在设备外（或内）设置储能器、储油库以及控制阀门，这也是第二代产品的关键技术。设有阀门、油库的阻尼器存在的问题主要是耐久性较差、过载后所引起的副作用、具有频率相关性以及不能进行缩尺试验、由于连接间隙所造成的微小振动盲区等诸多问题。

这种三十年前使用的技术、落后的产品，容易在振动时受损并破坏。国外一些企业的破产均由此落后的产品设计生产技术所致。通过严格检测，特别是大量试件的超载测试、本构关系测试和长期使用的观测就可以发现这种阻尼器的弊端。

3. 实现不漏油的产品

不能否认液体阻尼器的漏油问题一直存在，一些厂家仅仅以普通的液压技术处理阻尼器的密封问题，而实质上阻尼器和各种油泵的技术完全不同。分析阻尼器出现漏油的原因，使用先进的设计理念和产品和精密的加工和检验是不漏油的保证，高压油腔的密封几十年不漏油是其技术的关键。

采用上百万次以上的循环试验可以较为快速地模拟阻尼器在真实情况下的运行情况，进而可用于评估其密封性能。同时通过测试阻尼器腔体的内压可以使阻尼器是否漏油得到量化，是分辨其是否漏油的关键措施。

4. 测试体现出的阻尼器性能优势

（1）敏感性测试

区别于其他类型减振装置，第三代阻尼器对于多遇地震、常遇以及罕遇地震均具有减振功效，是既抗震又抗风、在出力范围内均能准确工作的产品。作为结构保护的阻尼器，要求其在各种频率的环境下，无论抗风抗震都能很好准确地工作。在桥梁上无论车辆行走的荷载还是大的地震荷载都要能做到按本构关系工作。在实际运行中阻尼器的工作速度可能很低，在这种条件下要求阻尼器仍然能很好地满足设计要求。由于风荷载相对地震而言频率较低，峰值力较小，因此要求所用阻尼器在较低速度时可以正常工作，即既能在大荷载、大冲程、短时间下，又能在小荷载、小冲程、长期连续工作下有效工作。较小并适度的阻尼器内摩擦就是这种阻尼器的关键技术。

在 San Bernardino 法院项目中，泰勒公司在测试阻尼器在高速工作时的性能后，也对阻尼器的低速进行了测试，从接近 0 到 0.17 in/s(4.335 mm/s)。这对于要求抗震所需要的受力很大阻尼器又能在风荷载下满足本构关系的阻尼器的鉴定是个有益的测试。在极低速度下阻尼器可以进行反馈，也从侧面反应不采用阀门的泰勒阻尼器的低速下灵敏度和敏感性。阻尼器测试设备如图 2-7 所示。

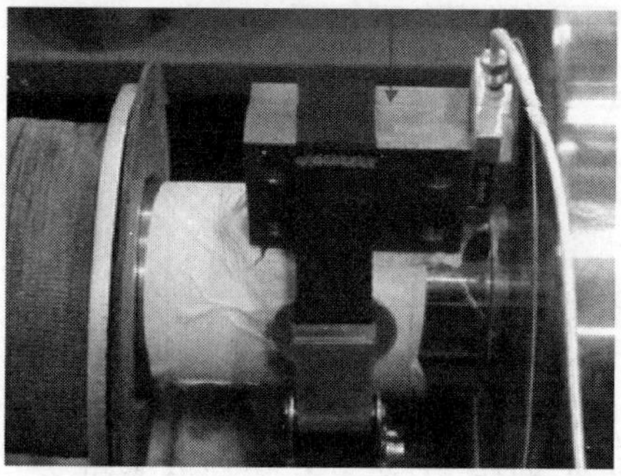

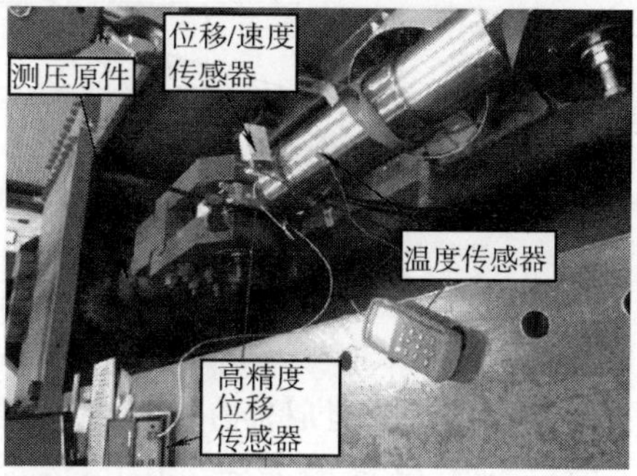

图 2-7 阻尼器测试设备

阻尼器参数为 C=150 kip · s/in(26 269.027 6 kN · s/m)，α=0.5。图 2-8 为阻尼器速度范围在±10 in/s(±255 mm/s)时的实验数据点和理论的峰值阻尼力-峰值速度关系曲线。从测试报告来看，第三代产品可以从 0.02 mm/s 的速度时开始，并直到其最大工作速度，如 2～3 m/s 下都能准确工作，满足测试要求。

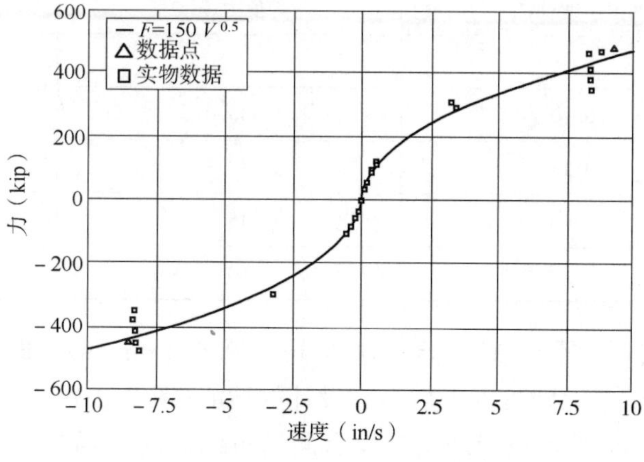

图 2-8 峰值力-峰值速度关系(速度范围±10 in/s)

图 2-9 为图 2-8 当阻尼器速度在±0.8 in/s(±20.4 mm/s)范围内的放大图。数据点之间的直线为附加的两条线性阻尼器力-速度参考线，分别为当阻尼系数 C=290 kip · s/in (50 786.787 kN · s/m)且速度低于 0.2 in/s(5.1 mm/s)，以及 C=234 kip · s/in(40 979.683 kN · s/m)且速度低于 0.6 in/s(15.3 mm/s)。图中所示数据是在考虑设备密封件摩擦力[测试为 6.3 kip(28.022 4 kN)]的情况下得出的。当把摩擦力从峰值力中减去以后，计算出的阻尼系数将比图中所示的偏低。

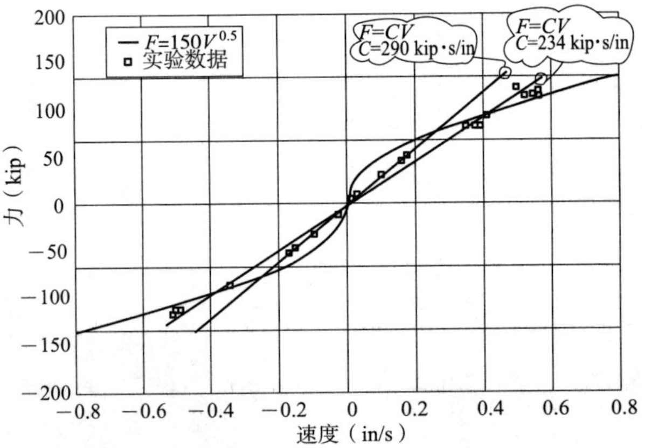

图 2-9 峰值力-峰值速度关系(速度范围±0.8 in/s)

从图 2-9 可以看出，阻尼器在速度不到±0.2 in/s(5.1 mm/s)时已然可以正常工作，尽管此时的力-速度行为更接近 C=290 kip · s/in 的线性阻尼器。表 2-1 为速度在 0.2 in/s (5.1 mm/s)以下的低速试验数据，数据的 C 值与图 2-9 中进行摩擦力修正后的 C 值(290×0.2−6.3)/0.2=259 kip · s/in 一致。通过对比阻尼器的输出力给出小摩擦力的值，此阻尼器在 0.5 in/s(12.75 mm/s)以下且 C=235 kip · s/in(41 154.81 kN · s/m)时(不包含摩擦力)可以被模拟成线性黏滞设备。

表 2-1 低速试验数据

测试编号	峰值速度(in/s)	峰值力(kip)	阻尼系数 C(kip · s/in)
1	~0	6.3	摩擦力
2	0.10	35.0	(35−6.3)/0.1=287
3	0.15	42.6	(42.6−6.3)/0.15=242
4	0.16	46.0	(46−6.3)/0.16=248
5	0.17	50.0	(50−6.3)/0.17=257

这些数据表明，该阻尼器在速度达到 0.026 in/s(0.663 mm/s)时即可开始工作，且在速度达 0.10 in/s(2.55 mm/s)时即可以表现出其设计的性能(图 2-10)。需要注意的是，在普通抗震阻尼器的测试中这部分低速反应通常是没有测试过的。此外，如果要求阻尼器的内摩擦更低，可以采用无摩擦金属密封阻尼器。当然，和普通抗震阻尼器相比，这种阻尼器的成本要高得多。

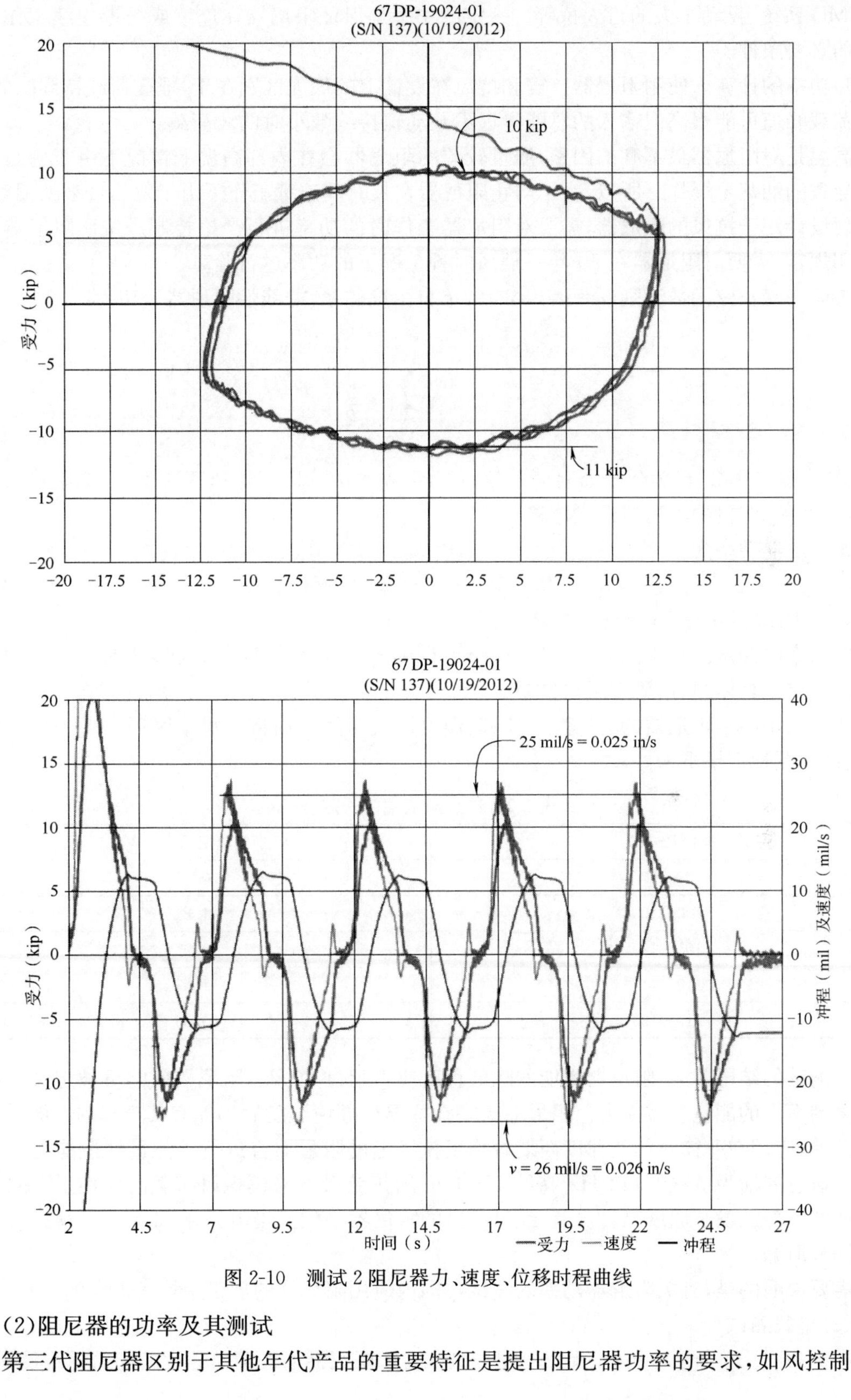

图 2-10 测试 2 阻尼器力、速度、位移时程曲线

(2)阻尼器的功率及其测试

第三代阻尼器区别于其他年代产品的重要特征是提出阻尼器功率的要求，如风控制的建

筑、TMD系统、晃动很大的行人桥等。一定的功率是保证阻尼器在连续或接近连续工作下不破坏的必要条件。

1)功率的计算。使用阻尼器抗震和抗风在设计上的最大区别在于:地震荷载持续时间短，虽然荷载峰值可能很高但输入的总能量远不及动辄持续数小时的风荷载。

高温是对阻尼器最不利的因素，质量较差的阻尼器会在内部高温的情况下由于密封装置软化导致漏油甚至爆炸。所以，为了防止阻尼器在长时间连续工作下由于发热带来的损害，对于主要设计用于抗风的阻尼器，需要对阻尼器工作时的功率进行严格控制。按照阻尼器的设计使用规定，需要对阻尼器在50年一遇风时程工况下的功率进行验算。

考虑一受正弦函数激励($u=u_0\sin\omega t$)的单自由度体系，非线性阻尼器做功为:

$$W_{\mathrm{D}}=\int F_{\mathrm{D}}\mathrm{d}u=\int_0^{2\pi/\omega}C\mid\dot{u}\mid^{1+\alpha}\mathrm{d}t=\lambda C\omega^{\alpha}u_0^{1+\alpha} \tag{2-1}$$

$$\lambda=4\cdot 2^{\alpha}\frac{\Gamma^2\left(1+\dfrac{\alpha}{2}\right)}{\Gamma(2+\alpha)} \tag{2-2}$$

式中，Γ为伽马函数;C为阻尼器阻尼系数;ω为角频率;α为阻尼器速度指数;u_0为阻尼器振幅(常取0.2~0.3倍的阻尼器最大位移)。

则阻尼器功率为:

$$P_{\mathrm{D}}=W_{\mathrm{D}}\cdot f \quad (单位:\mathrm{W}) \tag{2-3}$$

式中，f为阻尼器安置方向结构的一阶频率。

2)功率的测试。在美国Pinnacle Marina Tower项目中，设计者对阻尼器提出了有关功率的测试要求。具体内容:所有阻尼器要接受180 min的测试程序，见表2-2，并假设一次激励循环的周期为10 s。阻尼器的力、速度、位移、温度以及时间数据将以每个循环100个数据的频率，连续不断地记录下来。

表2-2 连续测试幅值一览表

时间(min)	所需输出功率(kW)
0~100	0.86
100~105	1.24
105~110	0.95
110~115	1.33
115~180	0.86

在测试的结尾部分，阻尼器效能的降低程度应不超过30%。阻尼器效能可被定义为在一致速度剖面下的能量耗散能力。阻尼器需要在降温至环境温度后仍保有其全部的性能。

此外，应用在菲律宾的圣弗朗西斯香格里拉塔上的阻尼器曾进行了能量耗散能力(功率)测试。通过周期为7 s(0.142 Hz)持续180 min的正弦激励来模拟风荷载的作用。在阻尼器外表面的中部加设了温度测量设备，经过测试的阻尼器平均温度升高了22℃。经观察没有发现渗漏或泄漏。

需要说明的是，有关阻尼器功率的测试在国内应用阻尼器的项目中均尚未实施。

(3)超载测试

在HITEC联合预检测中，提出的超载测试要求阻尼器通过两倍速度的超载速度测试，超载情况下第二代产品的性能则很难达到要求，除非制造商为通过超载测试将实际设计的阻尼器吨位提高。第二代阻尼器的瓶颈在于其内部的机械阀门系统，在超载情况下阀门超出设计范围后不能正常工作，而使介质压强与速度之间恢复平方关系。第三代产品在设计中内部各个部件受力均匀，只有第三代产品最终顺利通过。这在超大地震发生时阻尼器不破坏、还能起到抗震作用至关重要。近几年来，发生在我国汶川、智利等比预估大出很多的地震，破坏严重。国内外都在考虑结构遭受这类“巨震”后的结构反应。显然，抗震阻尼器能有两倍以上的安全系数是阻尼器耗能抗震结构工程抵御巨震的必要条件。在测试中如果能够进行阻尼器两倍以上的速度测试当然是最理想的。

在 HITEC 的测试报告第 9 项测试为“极限测试”，分别测试了阻尼器最大速度的 0.5 倍、1 倍、1.5 倍、2 倍，表 2-3 为泰勒阻尼器测试结果。

表 2-3 极限性能测试

测试产品 ID	DV (in/s)	获得最大速度 (in/s)	指定速度下(in/s)的激振力(kip)			
			0.5× DV 激振力（速度）	1.0× DV 激振力（速度）	1.5× DV 激振力（速度）	2.0×DV 激振力（速度）
（试样 1）50 kip	19	35.4	30(9.5)	46(19)	62(28.5)	76*(38)
（试样 2）150 kip	28	◆	◆			
（试样 3）150 kip	28	44.3	78(14)	122(28)	153(42)	182*(56)
（试样 4）150 kip	28	43.5	80(14)	125(28)	160(42)	188*(56)
（试样 5）240 kip	38	42.0	110(19)	169(38)	222*(57)	**

* 测试设备并不能达到的目标速度。激振力通过测试数据推断决定。

** 超过了测试设备能力。所要达到的速度通过现有数据不足以允许推测。

◆ 由于试件原因未进行测试。

对于速度型阻尼器这当然是最为准确的安全系数测试。这种测试经常如 HITEC 测试一样可能会超过了设备的承受能力。但这对于有阀门的阻尼器性能检验是非常重要的测试。

在最新(JGJ 297—2013)《建筑消能减震技术规程》中，要求黏滞消能器其他性能实验要达到 1.5 倍最大阻尼力的静力过载试验。对于小孔激流的第三代液体黏滞阻尼器，内部静压能力代表了阻尼器各种受力的能力，这种测试是可以替代超载速度的测试。津秦高铁速度锁定装置中做过了 1.8 倍最大锁定力的静压测试，就显示了阻尼器可以承受 1.8 倍以上的安全系数。

(4)耐久性测试

多次往复的阻尼器的疲劳测试是其耐久性的一个检验和验证。在大桥上考虑到车辆运行和刹车的往复次数，泰勒公司做过的津秦高速铁路 10 万次循环疲劳测试（图 2-11）和台湾高速铁路 100 万次的阻尼器抗疲劳测试（图 2-12）。津秦高速铁路 10 万次循环疲劳测试：以 5%最大额定输出力进行 100 000 次振幅±2.5 mm 的循环试验。不允许有任何可见的结构损害、损坏、变形或泄漏。

台湾高速铁路 100 万次循环疲劳测试：在 1/10 荷载下完成了 1 000 000 次循环疲劳测试，为世界类似产品的最高循环测试（ASCE 要求 1 800 次）。在 1 Hz 的频率、10%最大额定载荷(300 kN)下循环 1 000 000 次。数据中体现每 100 000 次循环的力值。该过程中不允许有任何可见的结构损害、损坏、变形或泄漏。

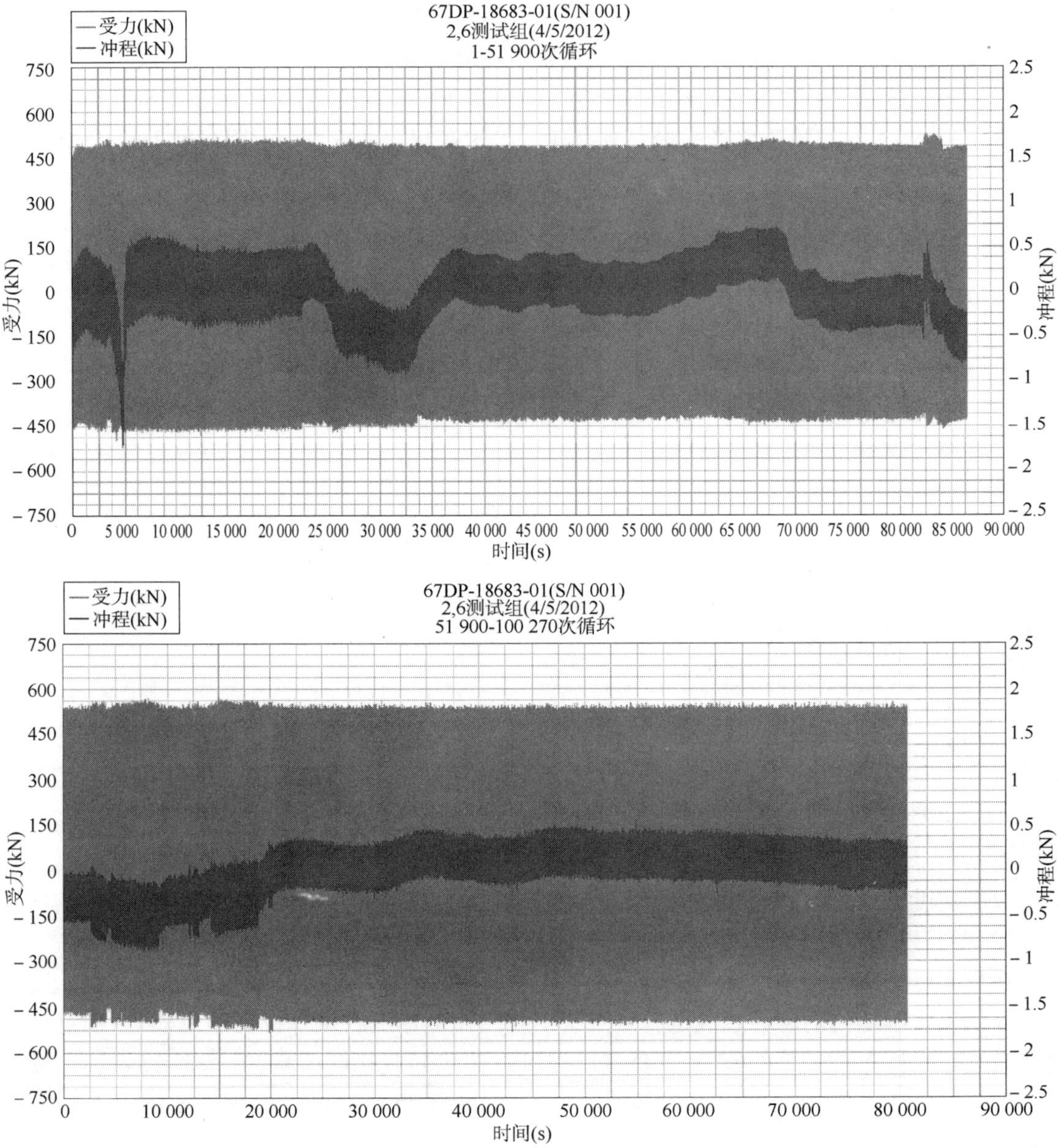

图 2-11　津秦高速铁路 10 万次循环疲劳测试

5. 各种特殊需要的阻尼器

能够顺应工程需要，针对桥梁和建筑工程的不同应用情况，研发生产多种类型的的阻尼器，这也是第三代产品领先于与其他阻尼器的领域，如：

(1)可用于连续工作的金属密封的阻尼器。

(2)带限位的大型阻尼器。

(3)悬索桥运用的大运动量的阻尼器。

(4)特大受力、特大冲程的阻尼器。

上述观点是本文认为第三代阻尼器最显著的性能特点，也是工程中的要求。

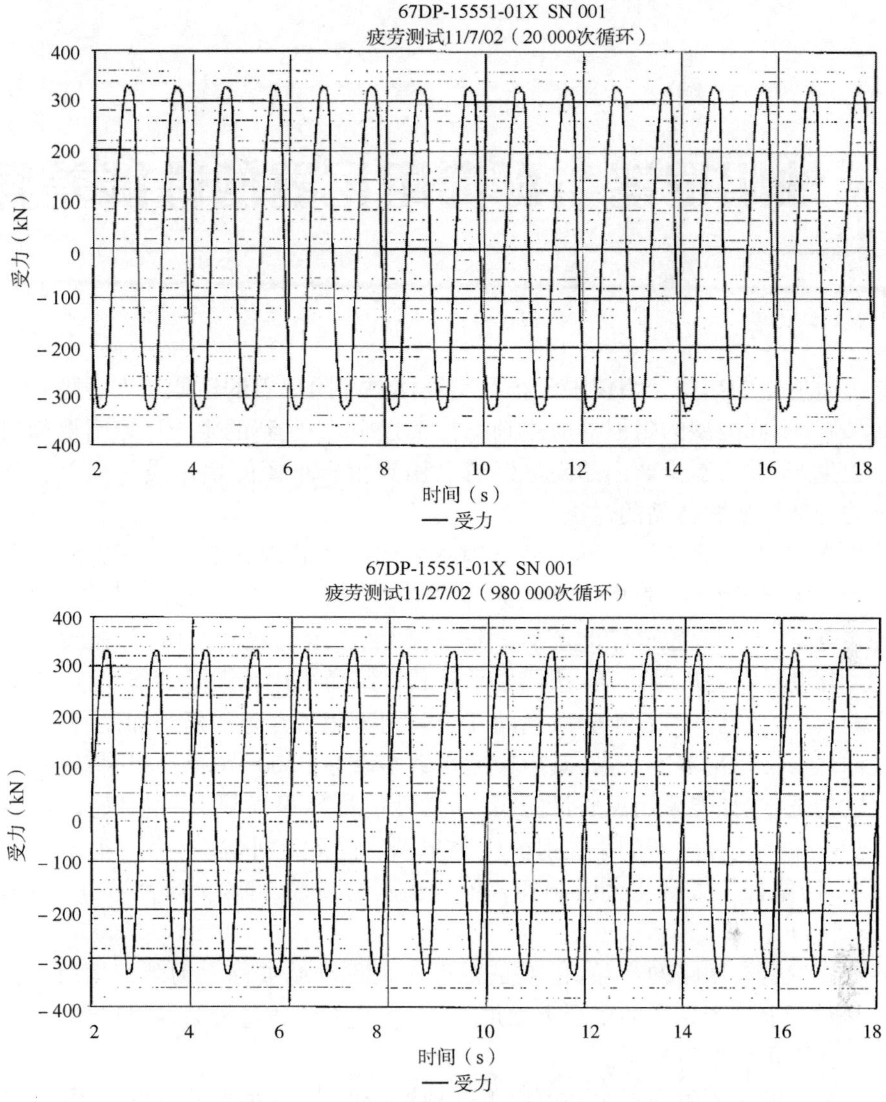

图 2-12 台湾高铁部分阻尼力循环时程曲线

2.5 结 论

在国家对结构减隔振技术的支持和鼓励下，阻尼器行业在不断壮大，但也给我们提出问题：什么样的阻尼器是我们应该使用的。这些阻尼器可以安全地使用几年？当然，这也是个认识问题。

使用不合格阻尼器的后果不仅可能达不到设计的目的，在特定情况下还会产生副作用。国际上阻尼器使用中的历次重大事故和厂家破产的历史教训无不给结构工程的发展带来重大影响。2012 年世界结构保护系统发生的重大事故不能不引起我们的警惕。在意大利安置的 7400 多个摩擦摆，两年以后，在抽样测试中达不到设计要求。主要生产厂的总裁、设计者、施工者、负责人被告上法庭。如果把我国已经安置的第一代和第二代阻尼器拆下来检测或作在位检测，也可能会发现大量不合格的产品。

这里提出的阻尼器技术要点和质量的测试观察办法，供大家讨论。

3 油阻尼器与黏滞阻尼器的性能差异

3.1 引　　言

目前关于阻尼器的相关介绍仅限于小孔型液体黏滞阻尼器的性能特点。随着越来越多的国内外不同品牌、不同类型的阻尼器应用到结构工程中，一些新的生产厂家需要面对的情况是一边研制一边生产，并将新生产出的阻尼器成品用到很多重要的生命线工程上。这就需要我们作进一步的构造分析和产品的讨论。

近十几年来，我国建筑和桥梁等大型结构所采用的油腔内置活塞——流体型阻尼器作为抵抗冲击和振动吸能的装置，阻尼器产品大体有以下三类：1）在 2008 年破产的法国以 Jarret 为代表的公司，所生产的内置硅胶的产品，用于代替液压阻尼器的使用，并在我国多个重要的建筑、桥梁上得到应用。到 2005 年，该公司承认其产品所采用胶泥的性能不佳，不能通过阻尼器的相关检测，自动放弃。2）日本和欧洲的几个公司采用了在阻尼器中加设阀门，控制油压的技术生产被称之为油阻尼器的产品，其中速度指数多数在 0.05～0.2。美国泰勒公司 30 年前也是采用过这种技术，如能采用高质量的阀门，其性能虽然很局限，却相对稳定。3）美国泰勒公司 20 世纪 80 年代研究生产的小孔射流性阻尼器。除此之外，还有另一类不提供流体回路构造较为简单，活塞杆位置变化会影响到装置的输出的装置，可称为缓冲器(Buffer)或液体弹簧(Liquid Spring)。

本章节将讨论具有回路的产品，也就是在土木工程领域被称之为阻尼器(Damper)、耗能器的装置。而对于上述产品中的第一类阻尼器，由于其无法通过最简单阻尼器测试，其生产厂已经破产。本文不再多做讨论了。

用于工程减振的液压阻尼器主要有以下两种构造形式，一种是通过设置阀门产生阻尼力，这里的阀门是指由预压弹簧阀门阻塞的小孔所组成，通过孔隙的流量借助阀门和它的预压弹簧来计量控制，可同时采用多个弹簧预压阀芯。另一种是通过不同形状和位置的孔道实现阻尼，即射流型阻尼器，射流型控制小孔没有可动的部件，而是采用一系列特殊形状的通道通过流体速度来改变流特性。对这类产品，泰勒公司拥有自主专利技术，装置出力可随流体速度和幂指数变化。

日本隔振结构协会指出，由于流体流动时的运动分成主要由黏滞力引起和主要由惯性力引起的两大类。利用黏滞力的称为黏滞阻尼器，利用惯性力的称为油阻尼器，二者均属于速度相关型阻尼器，普通的油阻尼器内部设置流量控制阀门，其阻尼出力与速度呈线性关系，设置溢流阀后阻尼器动力表现为双线性特性。

关于油阻尼器的讨论，公开发表的资料较少，以下章节关于油阻尼器的计算公式和特性讨论的主要内容，均摘录自日本隔振结构协会编写的《被动减震结构设计・施工手册》。

3.2 油阻尼器的设计与特性

3.2.1 普通圆孔的流体特性

小孔用于控制通过活塞头的流体压力。小孔可由经过机械加工的复杂通道制成，也可采用钻孔、弹簧压力球、提升阀或卷筒制成。如需制作速度指数小于 2 的阻尼出力则需要相对复杂的设计。

$$F_d=\left(8\pi vL+\frac{A\dot{u}_d}{2C_D^2}\right)\cdot\frac{A^2\rho}{A_0^2}\cdot\dot{u}_d \tag{3-1}$$

式中，F_d 为阻尼力(N)；A 为节流孔面积$\frac{\pi}{4}D^2$(m^2)；v 为流体动粘度系数(m^2/s)；ρ 为流体密度 kg/m^3；L 为节流孔长度(m)；C_D 为流量系数；$\dot{u}_d$ 为活塞速度(m/s)。

式(3-1)中大括号内的第 1 项表示由黏滞引起的流动阻抗，第 2 项表示由涡流引起的阻抗。对于普通油阻尼器，介质采用低黏度油，在较小的节流孔长度 L 下，第一部分黏滞阻抗可忽略不计，则只考虑由于流体惯性力引起的阻尼，即：

$$F_d=\frac{A^3\rho}{2C_D^2A_0^2}\cdot\dot{u}_d^2 \tag{3-2}$$

式(3-2)符合伯努利(Bernoulli)方程的圆孔形式，阻尼器出力只与速度平方成比例，这种形式在高速情况下表现阻尼过大，而在低速下则出力过小，因此对于大多数情况下并不适合土木工程。

3.2.2 油阻尼器的工作原理

油阻尼器通过流体的惯性力实现阻尼功效，单位时间内通过的流体流量是改变阻尼器出力的关键要素，通过机械手段实现流体流量改变的方式是设置阀门，即在油路中设置控制阻尼力特性的阀，称之为流量控制阀(Flow Control Valve 或 Pressure Control Valve)。流量控制阀根据作用在阀上的压力与阀弹簧力的平衡关系改变流体通过的面积。图 3-1 中的调压阀为流量控制阀或低压阀。

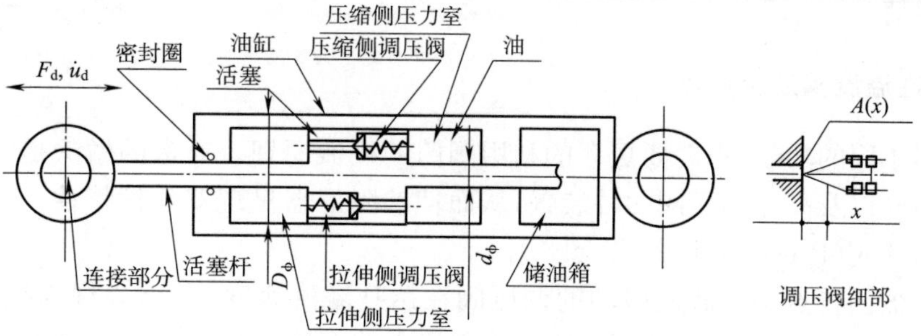

图 3-1 设置预压阀门的油阻尼器详细构造

设流体通过的面积 $A(x)$ 与阀的升程 x 的平方根成正比并设形状系数为 λ，即：

$$A(x)=\lambda\sqrt{x} \tag{3-3}$$

设阀孔的受压面积为 A_v、阀弹簧系数为 K_g，则作用在阀上的压力与阀弹簧力的平衡关系为：

$$P \cdot A_v = K_g \cdot x \tag{3-4}$$

同时设活塞受压面积为 A，则作用在活塞上的阻尼力 F_d 与压力 P 的关系为：

$$P = \frac{F_d}{A} \tag{3-5}$$

综合式(3-2)～式(3-5)，可得：

$$F_d = \sqrt{\frac{\rho K_g A^4}{2A_v \lambda^2 C_D^2}} \cdot \dot{u}_d \tag{3-6}$$

假设

$$C_d = \sqrt{\frac{\rho K_g A^4}{2A_v \lambda^2 C_D^2}} \tag{3-7}$$

则式(3-6)可表示为线性油阻尼器表达式：

$$F_d = C_d \cdot \dot{u}_d \tag{3-8}$$

上述过程即为采用流量控制阀的油阻尼器阻尼特性的基本设计公式，图 3-2 为该装置的动力特性曲线。

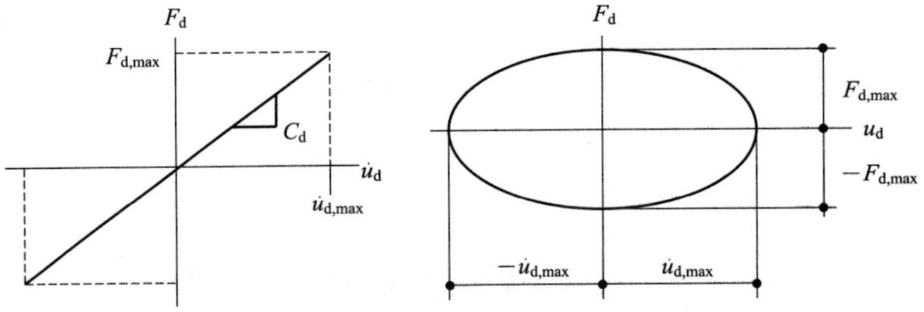

图 3-2　具有流量控制阀的线性油阻尼器动力特性

由于需要根据流量控制阀的开启量达到压力与流体流量的特定关系，流量控制阀必须要经过精确设计，加工较为困难，其后期的耐久性也备受关注。正因如此，多数生产厂均不生产这种线性阻尼器。

3.2.3　双线性溢流阀油阻尼器

为了获得不同的功效，则需要更多的利用阀门的机械原理。通常的做法是安装前文中提到的低速调压阀以及高速调压阀两种装置，从而使油阻尼器呈现双线性特性。这种高速调压阀门被称为溢流阀(Pressure Relief Valve)。

这种阻尼器的特点是在低速启动的调压阀在达到溢流速度 $\dot{u}_{dy}$ 前表现为线性阻尼特性，而在速度超过溢流速度后溢流阀工作，阻尼器阻尼力的上升速度明显下降，表现出不同的速度和阻尼力线性关系，如图 3-3 所示。

溢流阀油阻尼器可采用如下的阶段函数表示阻尼特性：

$$F_d < F_{dy} \qquad F_d = C_d \cdot \dot{u}_d \tag{3-9}$$

$$F_d > F_{dy} \qquad F_d = C_d \cdot \dot{u}_{dy} + p \cdot C_d \cdot (\dot{u}_d - \dot{u}_{dy}) \tag{3-10}$$

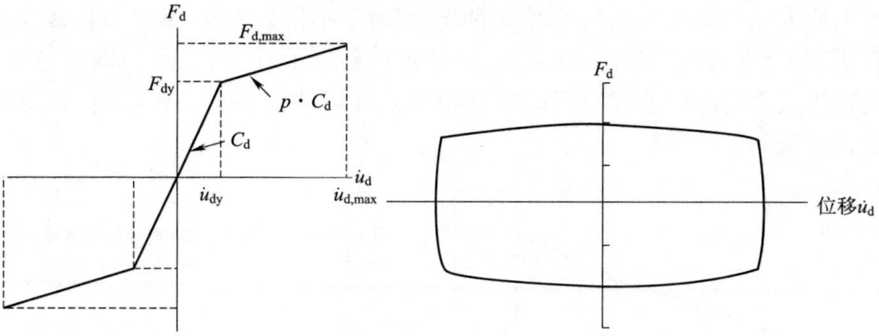

图 3-3　具有溢流阀的双线性油阻尼器动力特性

在实际应用中，为了降低阀门失效所带来的不利影响，一些阻尼器生产厂实际的做法是采用两个平行的流体孔道，其中一个仅为小孔，另外一个设置溢流阀。在低速时，虽然流体通过小孔阻尼器出力按照平方关系，但由于平方值在低速运动时与线性关系非常接近，这种方式很容易满足其误差控制要求。而当速度达到设定值后，其压力达到溢流阀设定值，过多的流量通过开启阀门流走而使阻尼器泄压。于是虽然运动速度增大，而阻尼器的出力增长很少，由此构成了双线性的第二个阶段。这类阻尼器的速度指数通常很小，一般为 0.05 或 0.1。

3.2.4　双线性曲线和幂指数的近似表述

通常大多数阻尼器是非线性的，即阻尼力和速度的本构关系构成一个幂指数函数。当速度指数较小，如 α 为 0.05、0.1、0.2 时，这些曲线具有明显的类似于带拐点的双线性油阻尼器的曲线的特点。只要参数合适，二者非常相近，如图 3-4 所示。可见，油阻尼器通过调整压力阀门、控制溢流速度、调整溢流阀，并考虑到阻尼器的 15％公差带后，可以用双线性的分段直线近似地模拟出幂指数曲线形式，如图 3-4 中的双折线与 0.05 和 0.1 的幂指数曲线已经十分接近了。

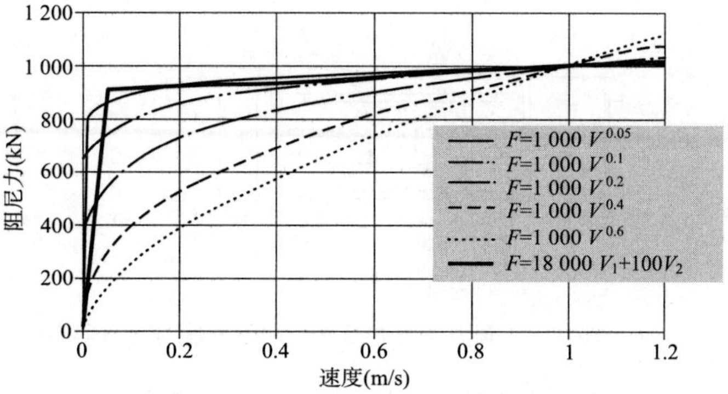

图 3-4　幂指数和双线性曲线的对比

因计算结果的收敛问题，一些有限元计算软件，如 SAP2000、ETABS 或 MIDAS 均指出其非线性单元（或边界条件）并不适用于计算速度指数在 0.2 及以下的阻尼器产品。为此，一些生产厂家都试图研发生产速度指数在 0.3 及以上的阻尼器。

通过比较，发现用双线性模型是可以模拟出 0.3 以上速度指数的曲线。图 3-5 为双线性曲线模拟幂指数为 0.4 幂指数曲线的对比曲线，相对于小指数情况，采用双折线模拟的误差从图形上看有所加大。但通过仔细对比发现，虽然速度较小时误差较大，但随着速度增大，一般双折线以及幂指数之间的误差控制还可以不超过允许偏差值在±15%以内，采用双线性模拟幂指数曲线是可能的。

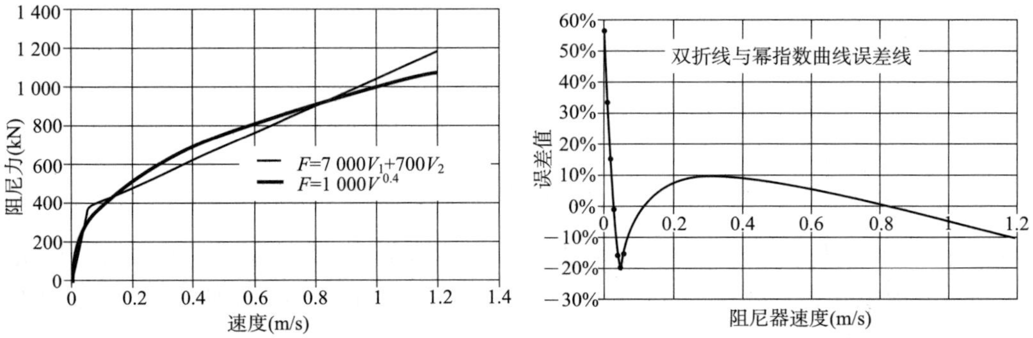

图 3-5　幂指数和双线性曲线的对比

此外，虽然从理论上这种拟合可以实现，在实际研发和生产中即使可以实现，经过反复测试、改进生产的样品也可以通过简单的测试，但也不能代表其长期使用的表现。

3.2.5　工程用油压阻尼器

根据资料显示，目前只有日本将采用阀门的油压阻尼器进行单独归类，在实际工程中多采用具有溢流阀的双线性油阻尼器，图 3-6 为日本某公司生产的双线性油阻尼器内部基本构造，表 3-1 为具体设计参数，其主要部件包括：①圆筒管；②活塞杆 A；③活塞杆 B；④活塞；⑤、⑥阻尼阀门；⑦作动油。其中②、③、④连接为一整体，作动油被密封在圆筒管内。油压阻尼器通过安装点振动引起的变位差形成伸缩来进行工作。

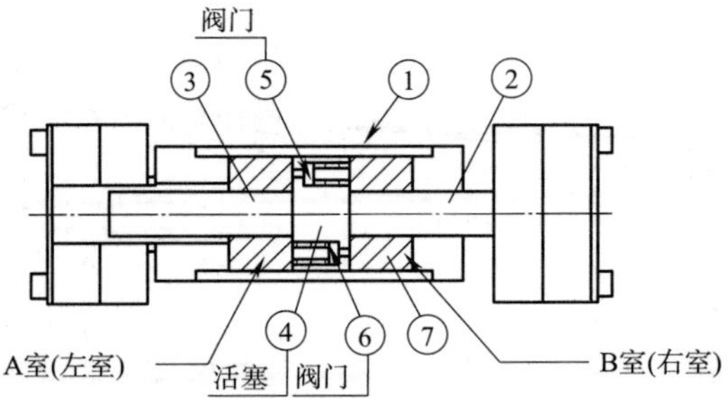

图 3-6　具有调压阀溢流阀的双线性油阻尼器内部基本构造

表 3-1　具有溢流阀的双线性油阻尼器设计参数

阻尼特性	双线性 Bilinear System	
作用方向	受拉、受压双向	
主要参数	数　值	单　位
阻尼器行程	160(±80)	mm
阻尼系数 C_1	250.0	kN/(cm · s)

续上表

主要参数	数　值	单　位
阻尼系数 C_2	16.9	kN/(cm·s)
溢流速度 V_r	3.2	cm/s
最大速度 V_{max}	15	cm/s
溢流阻尼力 F_r	800	kN
最大阻尼力 F_{max}	1 000	kN

3.3　蓄能器功能讨论

3.3.1　蓄能器的作用

油阻尼器内设置油库，油库也称为蓄能器(Accumulator)或储油箱等。其作用主要在于：①在单出杆(阻尼器活塞杆仅一端支撑，另一端活塞头滑动)的阻尼器内部，活塞杆占油室的体积在运动中要保持平衡，必须通过设置油库来调解油腔内油量的变化，及时补给或收回；而双活塞杆型在活塞内运动时容积不发生变化所以一般不需要设置；②油库设置显然增大了油腔内的油体积，这有利于向外界耗散更多的热量；③一些不能做到严密封闭、不漏油的厂家用油库来补充漏油；蓄能器是油压阻尼器的重要部件，在阻尼器受到冲击时，内部的换向阀突然换向、执行元件运动的突然停止都会在液压系统中产生压力冲击，使系统压力在短时间内快速升高，造成设备内部元件和密封装置的损坏。图 3-7 为采用蓄能器的阻尼器。

图 3-7　外置蓄能器的阻尼器

3.3.2　蓄能器分类

油阻尼器所采用的液压油是不可压缩液体，利用液压油无法蓄积压力能，必须依靠其他介质来转换、蓄积压力能。蓄能器中的压力可以用压缩气体、重锤或弹簧来产生，相应的蓄能器分为气体式、重锤式和弹簧式，具体形式如图 3-8 所示。

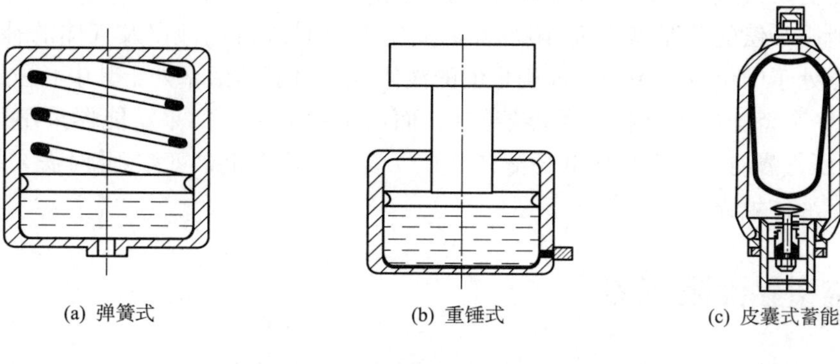

(a) 弹簧式　(b) 重锤式　(c) 皮囊式蓄能器

图 3-8　蓄能器形式和构造

重力及弹簧式蓄能器在应用上都有局限性，现在这种蓄能器已很少使用，目前大量使用的是气体加载式蓄能器，如图 3-9 所示。气体加载式蓄能器的工作原理建立在波义耳定律的基础上。使用时首先向蓄能器充入预定压力的空气或氮气，当外部系统的压力超过蓄能器的压力时，油液压缩气体充入蓄能器，当外部系统的压力低于蓄能器的压力时，蓄能器中的油在压缩气体的作用下流向外部系统。气体加载式蓄能器又分为非隔离式、气囊式、隔膜式、活塞式等几种。

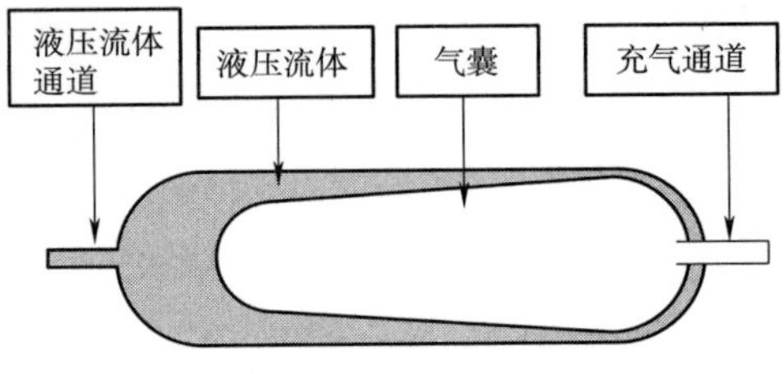

图 3-9　气囊式蓄能器的内部构造

3.3.3　蓄能器使用中的问题

设置蓄能器的阻尼器需要定期进行维护，而且需要保证这种外挂装置不会因为意外而损坏。

蓄能器需要采用一系列包括检查阀在内的各种阀门和细小的空隙，以保证其正常工作不会在往复循环中损坏。在地震发生或者列车在设置阻尼器的梁段刹车时，蓄能器检查阀必须关闭，只有有限流量的油液通过细小空隙流入蓄能器。当需要补偿液压管体积，或者需要通过蓄能器将泄露油液或者温度补偿油液注入阻尼器时，则需要保证检查阀处于开启状态。如果阻尼器没有定期循环阀门、没有工作最终都会发生卡住不动的情况，油阻尼器无论处于何种状态(零阻尼出力或者最大力)都将变得不安全，阻尼器的出力会异常放大到无限以致发生爆炸。

如果连接蓄能器的管路及配件出现损坏，阻尼器会在 1～2 周循环后丧失出力，并将完全失效。一旦蓄能器自身增至其极限，在阻尼器内会形成气泡，导致功能丧失。

如果蓄能器采用充氮气密封的构造，由于气体会缓慢通过密封氮气的 O 形橡胶密封圈泄露，因此这类蓄能器需要定期进行充气。如果蓄能器仅采用简单的螺旋弹簧平衡活塞上的压力，这种设计方式通常会引起活塞锈蚀，阻尼器一旦循环会引起灾难性破坏。采用气囊式的蓄能器每 5 年需更换气囊，这作为地震阻尼器而言并非不常见。

对用于泄露补偿的蓄能器来说，阻尼器需要定期及时进行油液以及气体的补充和更换。这要求阻尼器处于中位时采用非常准确量值的液体保证蓄能器活塞处于其中心位置。在泵送液体时，需要一个特殊的尖杆插入蓄能器缸内，而后重新充气。如果蓄能器采用气囊而非活塞，就需在预压气囊时打开泄压阀卸掉液体。在气囊预压后蓄能器变空，此时需要泵入一定量液体关闭所有液体填充塞。

3.4　射流型黏滞阻尼器

小孔射流型阻尼器是泰勒(Taylor)公司 20 世纪 80 年代逐步研究出的具有独立知识产权的阻尼器产品，图 3-10 为两种较为典型的活塞头截面图。

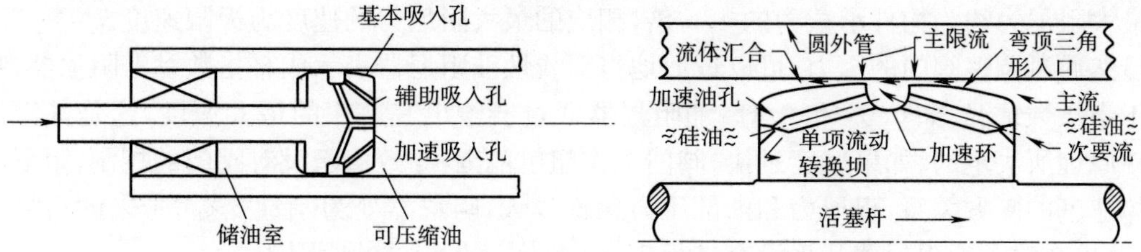

图 3-10　单出杆和双出杆小孔射流阻尼器活塞头的构成

活塞头所设置的小孔采用前文提到的射流孔的形式，这种纯粹通过改变油液流动速度和方向来获得不同速度指数的活塞头构造形式十分巧妙，这种构造已经完全摆脱了阻尼器内的易损零件——阀门，不但延长了阻尼器的寿命，也大大降低了阻尼器的造价。更大的区别是，它的本构曲线变成了光滑平整的曲线。

$$F_d = C_d \cdot \dot{u}_d^{\alpha} \qquad 0.3 < \alpha < 2.0 \tag{3-11}$$

式(3-11)即为结构工程普遍公认的有幂指数关系的液体黏滞阻尼器的本构关系，泰勒公司给出的幂指数 α 应用范围为 0.3 到 2.0，而如果需要获得精确的速度指数更小的($\alpha<0.3$)阻尼出力形式，则只能采用压力阀型的小孔结构。其阻尼力和速度关系如图 3-11 所示。

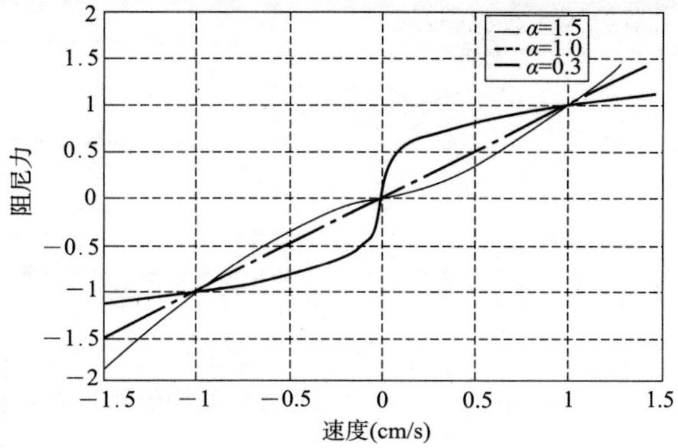

图 3-11　不同速度指数下的阻尼力与速度关系曲线

射流型阻尼器是泰勒公司在 30 年前开始使用的先进技术，已经得到世界的公认，并在 400 多个桥梁和建筑上得到了广泛应用。到目前为止，还没有足够的证据证明已有使用这一技术的其他类似的阻尼器产品。

3.5　油阻尼器性能讨论

大量的油阻尼器在我国及日本和欧洲等地结构工程抗震中所采用，下面探讨这类产品的使用情况，并从工程角度对其性能进行讨论。

3.5.1　过载的副作用

油阻尼器的极限状态包括极限变形、极限速度或极限阻尼力以及环境温度和耐久性等几个方面。极限变形由最大反应变形量、连接部分的误差以及富余值所组成。关于极限阻尼力，规定最大阻尼力约为构件承载力的 1.5 倍，相应的最大阻尼力的速度为极限速度。

虽然通过调整阀门的压力，可以近似地将双线性油阻尼器表示成幂指数黏滞阻尼器，特别是对于小指数情况，如 0.05 和 0.1。油阻尼器通过会给出其适用的最大速度，这是其溢流阀的设计原理所决定的，如果速度过快，阀门工作超出范围，导致由于没有阀门的控制，阻尼器回到流体速度的平方关系，阻尼力和内部压力急剧放大，阻尼器变为刚性支撑，带来的后果可想而知，这也是这类油阻尼器几乎没有进行 150% 速度过载测试的原因。

通过另外一个佐证可以进一步说明这一问题，在 2009 年 3 月东京工业大学 Kasai 等多位教授采用地震模拟振动台对一个五层的全尺寸结构进行的地震模拟实验，在实验中分别设置了金属阻尼器、黏滞阻尼器、油阻尼器以及黏弹性阻尼器，实验的目的是用于检验这些耗能装置的实际功效。图 3-12 为实测得到的附加阻尼器后结构的周期和阻尼比变化情况，其中油阻尼器(Oil Damper)的附加阻尼显著高于其他类型的阻尼装置，在不同地震水准下得到的平均附加阻尼比达到 17%。Kasai 对这一结果给出的解释为：考虑到油阻尼器过载后的趋势(Above Trend)，相对于其他阻尼器，人为将油阻尼器尺寸和参数放大来避免这种现象。这里使用的油阻尼器比起其他阻尼器尺寸要大得多，当然，这一想法从学术研究的角度可以理解，而且在日本有着众多的油阻尼器生产商。

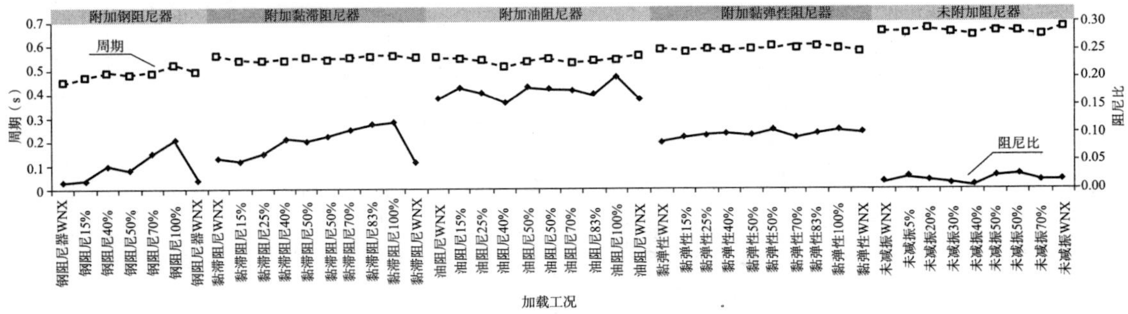

图 3-12　Kasai 实测得到的附加阻尼器后结构的周期和阻尼比

发生在 2008 年我国的汶川地震和 2011 年日本 3·11 的东日本大地震中，地震级别都完全超出预测。这类超载受限的油阻尼器的预测减振效果和震害都难以想象。

3.5.2　频率相关性

与射流阻尼器的一个重要区别是油阻尼器具有频率相关性，这种相关性是由内部介质的可压缩性所产生的。在压力变动较小时油是非压缩性的，而在振动荷载作用下油的压缩性不能忽视。通常油的压缩刚度可以表示为：

$$K_{\mathrm{d}}=\frac{A^{2}}{V}\cdot K_{\mathrm{v}} \tag{3-12}$$

式中，K_{v}为油的体积弹性系数；V 为压力室内油的体积；A 为活塞受压面积。

图 3-13 显示，油的压缩性使产生阻尼力的调压阀流量相对于活塞运动产生相位滞后，表现为在线性阶段由于加速和减速阻尼力不同而丧失线性特性；双线性阶段的第二阶段受到影响较小。图 3-13 所示为实测得到的在不同频率下的阻尼抵抗力，不同频率速度相同阻尼抵抗力有很大区别，测得的数据离散性较大，但总体上高频下阻尼力的变化斜率要大于低频下的变化斜率。

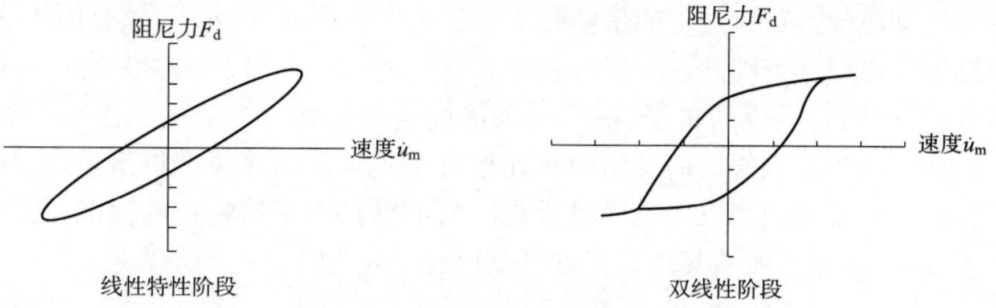

图 3-13 油阻尼器线性和双线性阻尼力-速度曲线

频率相关性是油阻尼器的基本特征，日本隔振结构协会给出了频率相关公式，根据串联的麦克斯韦尔模型，油阻尼器等效阻尼系数 C_m 及等效刚度 K_m 表示为：

$$C_m=\frac{1}{1+(C_d\omega/K_d)^2}\cdot C_d \qquad K_m=\frac{(C_d\omega/K_d)^2}{1+(C_d\omega/K_d)^2}\cdot K_d \tag{3-13}$$

式中，ω 为振动圆频率；C_d 为线性部分的阻尼系数。改写后可得到阻尼系数降低率 C_m/C_d：

$$\frac{C_m}{C_d}=\frac{1}{4\pi^2\ (C_d/K_d)^2 f^2+1} \tag{3-14}$$

基于油阻尼器由于内部刚度引起的频率相关性，在计算分析中必须考虑并模拟阻尼器的刚度，并综合支撑刚度带入麦克斯维尔模型中。可见，这一特征与射流型黏滞阻尼器显著不同。

从图 3-14 可以看出，在不同频率的工作环境下，所得到的阻尼力的误差显然大于美国规范所规定的 15％的误差，这已经超出了允许的误差范围。

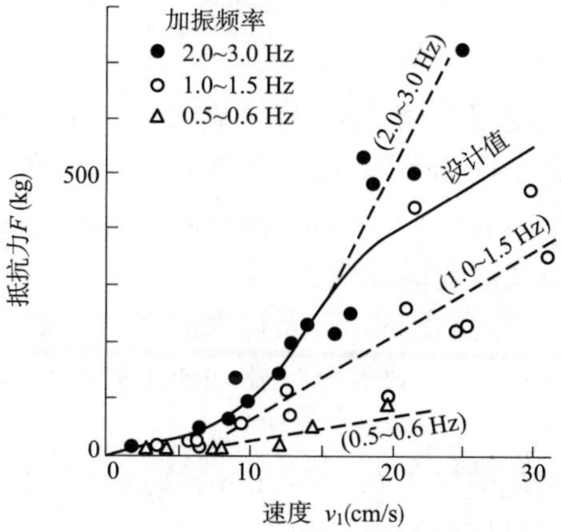

图 3-14 实测的油阻尼力与速度数据

3.5.3 缩尺试验的局限性

在阻尼器进入工程领域之前，相关的测试和工程研究必不可少，而任何压力感应阀型孔类阻尼器的应用都不得不面临全尺寸试验的要求，这些试验往往要测试能预期到的在实际应用过程中阻尼器所能达到的最大速度及频率，但有时设计吨位过大试验设备往往不能满足要求。

采用缩尺模型或仅进行一般性的试验是不能作为性能验证试验的。这是因为液压阀是不能进行比例缩尺的:缩尺后孔隙流通过阀门和阀门弹簧的力仍会以与其相关的一些参数按照平方的关系变化,而同时小球的重量、提升阀和滑阀会按照相关参数的三次幂指数变化。因此,当小孔较大时,由于一侧阀门的关闭而使其相对于其他阀门来说变得沉重,这样阻尼器在脉冲输入下的性能以及其频率反应范围将退化。为了维持阻尼器特定的性能,每个阻尼器的阀门不得不单独设计,而不能从其他尺寸进行缩尺。

3.5.4　耐久性问题

这里讨论的长期工作下耐久性分为两个部分,即长期耐久性和循环耐久性。

在长期的工程环境中,特别是混凝土结构其阻尼器的位移量极低,基本处于不动状态,由于阀门需要依赖螺旋弹簧等可动部分才能工作,在被安置到结构中后,螺旋弹簧由于长期处于负载状态后一般均会产生少量变形难以恢复,这导致弹簧的性能与安置之初有很大不同,而在地震发生时,这将使阻尼器的性能根本无法预测。

此外,阀门在长时间未被触发而处于静止状态时,在阀门打开或者关闭的位置时会出现卡死或者粘连现象。这带来的问题是如果阀门处于打开位置出现粘连时,阻尼力很低其耗能作用大大降低而达不到减振作用。当处于关闭出现卡死时,阻尼器表现出极大的刚性,阻尼出力极大,这也会引起结构的不安全甚至阻尼器发生爆炸。

对于循环耐久性,通常指阻尼器用于抗风和其他振动的环境时,这些阻尼器的好坏则完全依赖于阀门等这些移动部件的连接可靠程度,由于阻尼器存在的功能和目的,这些不可靠因素是不可忽视的。

3.5.5　其他影响因素

众所周知液体阻尼器为速度相关性产品,与位移无关。由于连接节点的间隙或油中混入气泡,油阻尼器在微小速度、微小位移下,前面提到线性关系式变得不再适用。在考虑一定的气泡混入量后,油阻尼器对于 0.25～0.50 mm 的微小振动存在盲区。如何发挥油阻尼器在微幅状态下的运动仍是进一步需要研究的课题。

在极限的温度状态下密封圈的功能降低,而且内部阀门的动作容易失常,内部油质的黏度和比重会发生变化,这些温度因素所导致的阻尼器功能下降,一般均需要采用调整系数考虑公式的修正。

最大油阻尼器速度的工作范围仅为 6～250 mm,这远小于常见地震 10～2 000 mm 的阻尼器工作范围。这也是难于满足抗震要求的因素。

3.6　两类产品的区分和辨别

几个世界出名的阻尼器或锁定装置生产厂家因技术原因已经破产或停止生产。2008 年法国 Jarret 公司发生了两起惊人的因阻尼器阀门引起的事故,并最终导致该公司破产。其一是其为美国加州政府大厦提供了 256 个油阻尼器,其中 30 个因阀门出故障而未能通过检验。同期,Jarret 公司还为我国台湾台北信义计划区克缇国际公司总部工程生产了 200 多个阻尼器,在验收测试中很多未能通过并漏油。最终导致公司破产的严重事故,震动了阻尼器行业,也导致这家公司在我国留下了大批无人保养的重要建筑和桥梁阻尼器工程，由此带来了很坏的影响。在上世纪美国土木工程学会和高速公路创新科技评价中心 HITEC 为世界阻尼器和隔振支座组织的预检验的测试中，美国著名 Enidine 公司的产品在两倍速度加荷测试中严重破坏，目前这家公司已经停止生产这种用于土木工程中的阻尼器产品。

以上情况无论生产厂家还是业主单位都希望避免。然而仅靠简单的测试，按照我国目前对阻尼器的认知和测试能力，想必很难分辨某个装置是使用阀门的油阻尼器还是靠小孔截流的黏滞阻尼器，如使用阀门形成的双线性模拟与小孔制成的 $\alpha=0.4$ 的阻尼器。

根据笔者的初步总结，并结合美国 HITEC 联合预检测的内容，对这两种不同的阻尼器应不难区别。以下几个方面及测试手段可用于分辨这两者的不同之处：

(1)几何尺寸。采用阀门的油阻尼器一般在几何尺寸上比射流型黏滞阻尼器要大得多。这是因为黏滞阻尼器的所有尺寸都是由阻尼器的最大受力所决定的(如油缸、活塞)，而使用阀门的油阻尼器则必须考虑其薄弱环节——阀门，特别是更容易破坏的溢流阀。

(2)从前面 0.4 的幂指数对比误差图(图 3-5)中可以看出，当速度很低时其误差较大，在低速下(如 1～10 mm/s)对比速度指数的就很容易看出区别。实际上，由于油阻尼器连接节点的间隙或油中混入气泡，在微小速度、微小位移下，油阻尼器线性关系式变得不再适用。在考虑一定的气泡混入量后，油阻尼器对于 0.25～0.50 mm 的微小振动存在盲区。

(3)超载测试。有关阻尼器的要求中都要求阻尼器有 1.5 倍的安全系数，这也是分辨油阻尼器最重要的测试。如上所述，对油阻尼器，阀门是阻尼器中最薄弱环节，在考虑安全系数后，速度超出设计值后，阀门很容易因超载破坏，成为没有阀门的黏滞阻尼器，虽然荷载加大它仍可继续工作，直到缸体不能承受为止，但阻尼器的参数早已改变。通常，当阻尼器的运动速度大于 250 mm/s 就已经超出了油阻尼器的工作范围了。

(4)频率测试。如上所述，油阻尼器是频率敏感的阻尼器。在不同工作频率下其误差将大于 15%的规范标准。

(5)测试曲线的光滑性。阀门的启动和关闭，常会给阻尼器带来测试曲线上的突变。注意这一点，也是区分阻尼器的区别。

当然，更为简单实用的办法是询问生产厂家阻尼器中是否使用阀门以及阀门的功能特点。如果可行就不难得到答案。

精心挑选、反复测试调整的个别的双线性模型阻尼器不难凑到近似于目标的幂指数，但批量模拟就会遇到困难。大量的逐个测试就很容易发现使用阀门阻尼器的问题。

3.7 结　　论

在长期工程经验积累后，泰勒公司认识到作为向结构提供更高等级耐久性的阻尼器产品，其自身的耐久性和稳定性是至关重要的。在 20 世纪 80 年代随着射流孔阻尼器的出现，泰勒公司用于土木工程领域的产品均采用了这种更为可靠的结构。

随着液体阻尼器在工程中的不断应用，关于阻尼器的性能差异的讨论很多，究竟何种阻尼器更加适用于土木工程领域，一方面需要通过测试的手段加以区分，此外则需要真正的工程检验才能验证。

4 缸筒流体阻尼器的适用范围

4.1 引 言

采用黏性流体作为减振器在机械行业有着广泛应用。根据不同的设计思路这类减振器的工作原理分为两类，一类是利用流体的高黏度提供黏滞力，另一类则是在利用流体黏度同时利用流体在封闭容器内的流动获得。其中第一类产品被称为缸筒锅式流体阻尼器(Cylindrical Pot Fluid Damper)。对于阻尼锅这类装置，在我国公开发表的论文很少，即使有也很少涉及其基本的性能指标，对公开发表的能查阅的实验数据更是极为少见。以下所列出的一些实验数据均来自一些国外公开发表的论文中，此处均给出索引和出处，以便查阅。

20 世纪 90 年代初，这类阻尼器被用于隔振结构中，但由于当时关于这类产品的理论研究和实验分析都非常有限，在相当长的一段时间(GERB，1986；Higashino 等，1988)，这种性能极为复杂的产品仅依据线性黏滞阻尼来表征(Linear viscous dashpot)。在 GERB 公司和美国国家地震研究中心的资助合作下，Makis 和 Constantinou 等多位学者(1990)对来自于 GERB 厂商的产品进行了系统研究发现，在水平方向与竖直方向这类阻尼锅可表现出完全不同的性能，根据分数导数理论，最终采用麦克斯韦尔模型给出装置的理论公式，并与实验结果相符。如下内容均来自上述的科学实验研究以及最终成稿的 NCEER(美国国家地震工程研究中心)结论性的技术报告。

4.2 缸筒流体阻尼器构造

缸筒流体阻尼器最早被用于管道系统减振以及大型工业设备如冲压锻压设备基础的减振领域，随着土木工程领域减隔振的发展，该装置也被用于建筑物隔振方面。缸筒流体阻尼器通常包括一个浸在高黏度流体的可动部件，这个可动部件一般可采用中空的缸体，为了增大阻尼力通常在缸体外设置凸凹外壁，阻尼器可沿任何方向移动，通过可动部件在液体中的位移依靠剪切摩擦产生阻尼力。图 4-1 是用在日本的一个隔振建筑配合橡胶支座使用的缸筒流体阻尼器(Huffmann，1985；Makris and Constantinou，1990)，包括在一个容器内在黏滞流体上面的环形钢板。

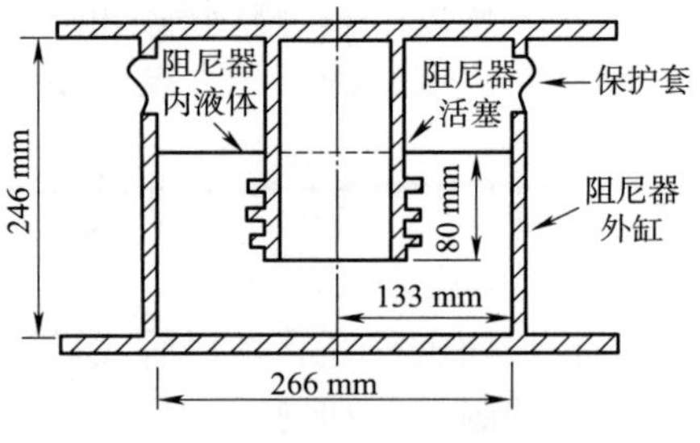

图 4-1 缸筒流体阻尼器内部构造

这类阻尼器的动力性能一方面依靠黏性流体的特性，另一方面由装置的几何尺寸决定。一般情况下这种阻尼器呈现黏性和弹性的特性。为了最大化装置的能量耗散，通常需要利用非常大黏性的流体材料，由于这类材料在一个无压力的自由空间里使用，也引起这类装置同时具有强烈的频率和温度相关性。虽然这类开放性缸筒流体阻尼器在内部构造上存在不同形式，如在日本曾使用过的阻尼墙，但通过人们的研究发现都存在频率和温度相关性，一些情况下其位移相关性也十分显著。而且，阻尼器可动部分是浸在液体中，这一装置特点是在任何方向均可由剪切摩擦和液体压缩产生黏滞力，从而起到减振作用。但根据运动方向不同，如水平方向或者垂直方向，由于液体所受到的剪切运动性质不同，而呈现出不同的性能。缸筒阻尼器的构造决定其与工程结构抗震阻尼器所采用的高压密封流体设计明显不同，导致了其理论和工程应用上的一些缺点和局限。

4.3　缸筒流体阻尼器的特点

以下所讨论的内容包括：阻尼锅温度的相关性；阻尼锅频率的相关性；黏弹性阻尼器特征；阻尼锅不同方向的动力性能差异。

4.3.1　温度相关性

由于阻尼锅的出力是通过内部无高压、非常黏稠的液体如硅凝胶，热胀冷缩导致阻尼锅内部活动的变化，也就不难理解其对温度的敏感程度，而此前的研究也证明如此。

为了获得更大的阻尼出力，一方面可以增大阻尼器外形尺寸，但显然过大的尺寸不便于实际工程应用，所以提高这类阻尼器的能量吸收能力主要依靠增大液体的黏稠程度，但过高的黏度所带来的问题是其温度不稳定性。一种高分子聚丁烯类液体（Polybutane Fluid）在室温条件下在零剪切速率下的动力粘度可达到 10 000 Pa·s，是普通硅胶粘度的 5 倍，但其对温度的敏感程度非常高，如从－20℃到 20℃温度区间，高分子聚丁烯类液体的零剪切速率下的动力粘度会显著下降可达 50 倍。

研究人员分别在五种不同温度下对这种液体的材料特性（如零剪切速率动力粘度）进行研究：－30℃（243K）、－20℃（253K）、0℃（273K）、20℃（293K）和 30℃（303K）。在参考温度为 20℃（293K）时，给出了在不同温度情况下相对于 20℃时相对应的偏移因子，偏移因子用 a_T 表示，详细情况见表 4-1。可见在－30℃下其动力粘度为 30℃时的 305 倍，在对偏移因子取对数后可得到相对应温度其特性的下降程度，如图 4-2 所示。

表 4-1　不同温度下的零剪切速率粘度和偏移因子

温度 T(K)	零剪切速率下的粘度(Pa·s)	偏移因子 a_T
243	1 100 000	142.0
253	420 000	52.30
273	57 600	6.675
293	9 300	1.000
303	3 600	0.375

通过实验测得阻尼锅的动力储存模量和损失模量如图 4-3 所示，同样随温度的改变这两个参数也发生改变，在实验中的测试温度分别为 0℃（273K）、20℃（293K）和 30℃（303K），其中实线是研究人员通过复导数麦克斯韦尔模型给出的估算公式。

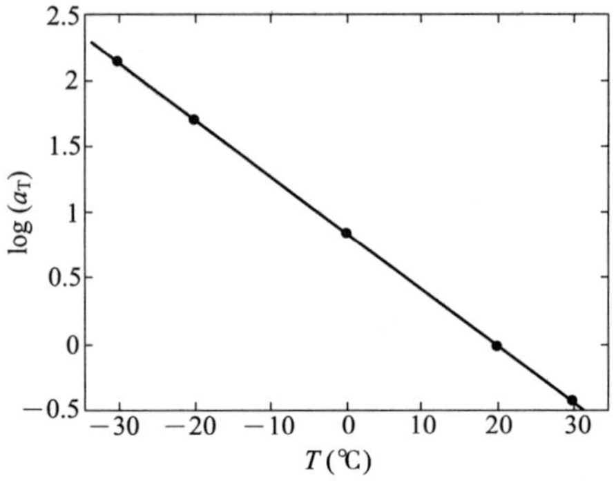

图 4-2　偏移因子的温度相关性计算曲线以及实验值

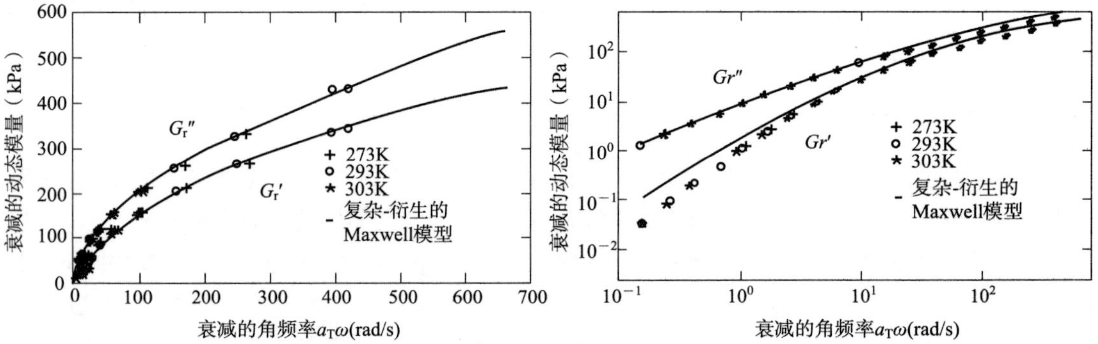

图 4-3　不同温度下的阻尼锅动力性能曲线

为了估算阻尼锅的动态刚度以及流体的动力模量，必须是在设定好的特定的温度环境后，考虑其在一定频率范围内的变化情况。但其温度的严重相关性导致了它不适于在温差变化大的地方，如室外桥梁上的应用。

4.3.2　频率相关性

阻尼锅另一个非常重要的特性是其频率相关性。在同一温度条件下，如室温下，根据实验结果，频率在 0～50 Hz 范围内阻尼系数会十几倍的下降，存储刚度也随频率而呈增大趋势，如图 4-4 所示。

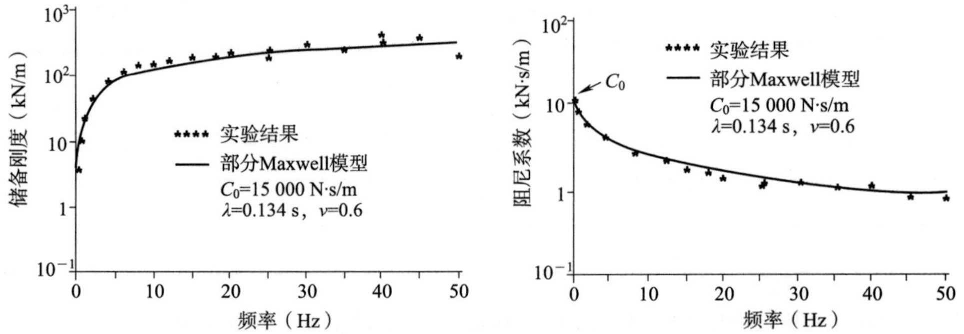

图 4-4　阻尼锅的动力反应及宏观模型的对比(1991)

Makris 和 Constantinou 在不同频率下测试后，得出的结论是频率在 0～5 Hz 之间，阻尼锅的性能改变最为剧烈，而这个频率范围恰恰是大桥箱梁所处的频率范围。

其刚度和阻尼系数的表述公式为：

$$K_1=\frac{C_0\lambda\omega^{1+r}\sin\left(\frac{r\pi}{2}\right)}{d} \tag{4-1}$$

$$C=\frac{C_0\left[1+\lambda\omega^r\cos\left(\frac{r\pi}{2}\right)\right]}{d} \tag{4-2}$$

$$d=1+\lambda^2\omega^{2r}+2\lambda\omega^r\cos\left(\frac{r\pi}{2}\right) \tag{4-3}$$

式中，C_0 为零频率下的阻尼系数，可通过极低频率下（如 0.01 Hz）的晃动试验测定；d 为中间系数。式(4-1)～式(4-3)中的一些参数如 λ、r，需要根据液体的黏稠程度以及装置的尺寸具体给出，如 $\lambda=0.3s^{0.6}$，$r=0.6$。阻尼锅在振动中所表现出的动力性能是非常复杂的，在计算中不可能仅采用一个线性阻尼表达式，而忽略振动频率的影响。

4.3.3　黏弹性阻尼器特征

图 4-5 是在不同频率下阻尼器的力一位移曲线图，可见无论在低频 1 Hz 或者高频 40 Hz 下，其滞回曲线均不同于普通的线性黏滞阻尼，滞回曲线呈现出明显的黏弹性特性。

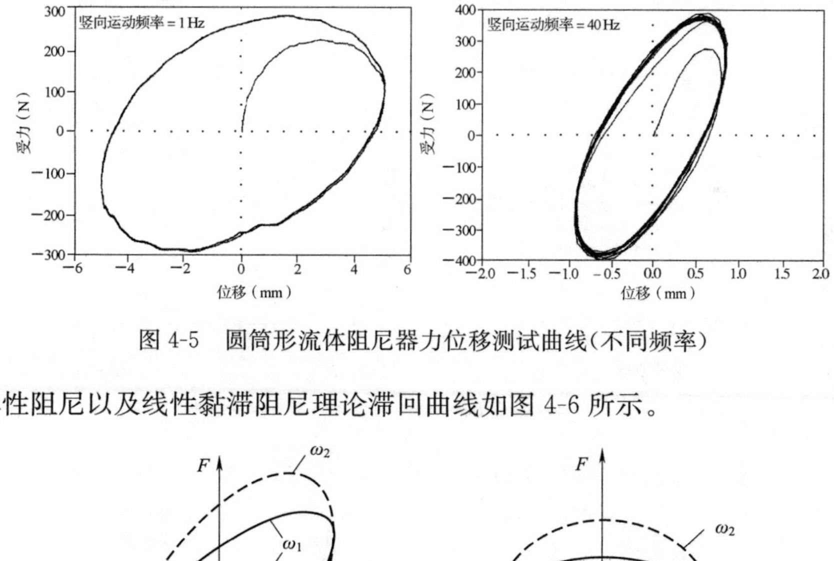

图 4-5　圆筒形流体阻尼器力位移测试曲线（不同频率）

而黏弹性阻尼以及线性黏滞阻尼理论滞回曲线如图 4-6 所示。

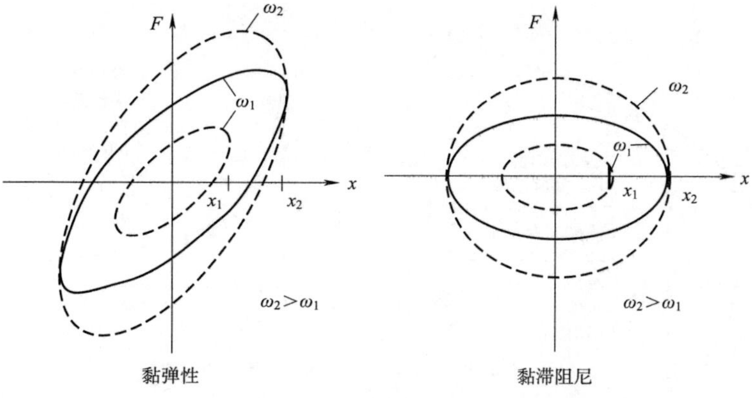

图 4-6　黏弹性以及黏滞阻尼器的理论滞回曲线

如果希望阻尼器是传统意义上的线性阻尼器,那么只有在零频率下才能够实现,在运动过程中阻尼器并不能提供一个稳定的阻尼输出。而一旦产生运动,则其阻尼力的输出与产品的频率和速度均相关。

4.3.4 双向性能的差别

由于阻尼锅可动部分在液体中运动方向的不同,所以引用内部黏滞液体不同的剪切应变特性,在垂直运动方向,阻尼锅最终表现的特性与内部介质的剪切特性基本一致,下图 4-7 是被测试装置在垂直方向和水平方向测试的结果,可见两个方向性质不同,在相同的激励下水平方向出力要远小于垂直方向。

黏弹性流体阻尼器内部所采用液体动态模量对频率和温度具有强烈的相关性,这种阻尼器在建立动力模型时非常困难。20 世纪 90 年代初,经过一系列研究和实验,Makris 和 Constantinou 采用下面的分数导数麦克斯韦尔力-位移模型来描述这类阻尼器特性:

$$P+\lambda D^{r}(P)=C_0 D^{q}(u) \tag{4-4}$$

式中,P 为出力;u 为阻尼器位移;$D^{r}(P)$和 $D^{q}(u)$分别为关于 P 和 u 的 r 阶和 q 阶导数;C_0、λ 和 r 分别为在零频率时的阻尼系数、松弛时间以及导数阶数;q 取值为 1.0。

对于测试阻尼器,两个方向的理论曲线的参数分别为:

在垂直方向,$C_0=15\ 000$ N · s/m,$\lambda=0.3s^{r}$,$r=0.6$,$q=1.0$;

在水平方向,$C_0=6\ 000$ N · s/m,$\lambda=0.15s^{r}$,$r=0.7$,$q=1.0$。测试结果如图 4-7 所示。

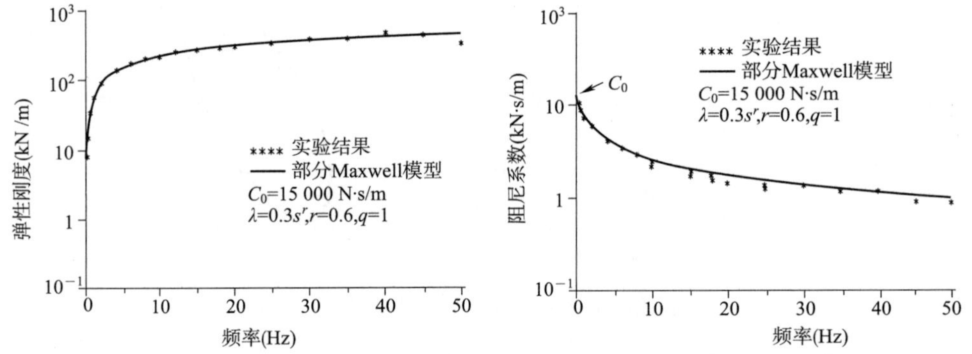

(a) 垂直方向频率 – 刚度和频率 – 阻尼曲线

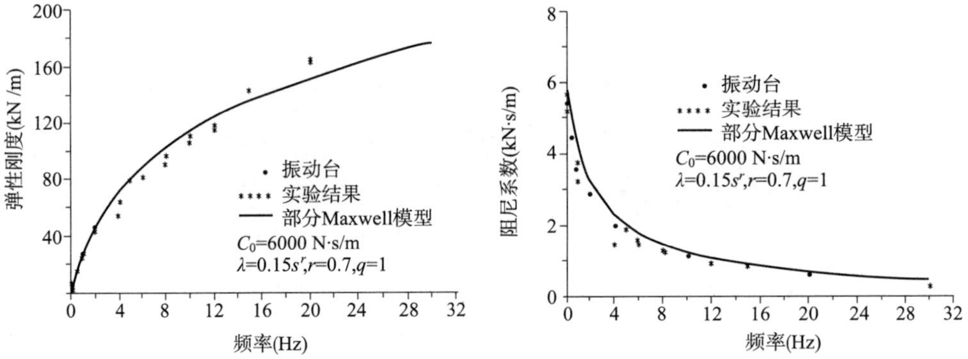

(b) 水平方向频率 – 刚度和频率 – 阻尼曲线

图 4-7　不同方向下的理论曲线与实测数据结论

4.4 不同类型流体阻尼器的对比

在 4.1 节中提到的两类流体阻尼器除阻尼锅外，另一种是在土木工程领域内得到广泛应用的黏滞阻尼器，虽然都是采用液体作为阻尼介质，但两者存在诸多实质性的区别，例如：

(1)阻尼锅构造非常简单，属于无压设计，主要是竖向设置，所以通常不存在漏油问题，并且不需要很高的加工精度；黏滞阻尼器采用高压密封设计，设计的内部压强可达到 100 MPa，必须采用高压动密封技术，需要很高的加工精度，故加工不当时存在漏油问题。

(2)阻尼锅属于黏弹性阻尼器范畴，没有能预测的固定的阻尼系数，黏滞阻尼器属于黏滞阻尼范畴，自身无刚度，可根据设计要求提供固定的阻尼系数。

(3)阻尼锅为非密封性产品，内置油的消失很快，5～10 年内要加一次油，且采用的高分子聚合物在长时间使用后的性能如何，使用寿命如何，耐久性怎样，这些均无法判断。黏滞阻尼器采用的免维护设计，在设计期内不需要对产品进行维护补油等操作，耐久性一般要求达到 35 年以上。

(4)阻尼锅具有温度相关性和频率相关性，不适合用于室外复杂的温度变化条件，以及来自外界(自然环境或者车辆、行人)的多种频率激励情况。黏滞阻尼器对温度和频率均不敏感，在极限低温如－30℃和高温如＋40℃之间，或者在不同频率如 0～50 Hz 之间，产品性能没有明显偏差。

(5)由于采用黏性介质作为出力源，阻尼锅的出力一般较小，如果希望获得较大出力并且振幅要求较大，则整个阻尼锅的外部尺寸将十分庞大。黏滞阻尼器的高压设计充分利用材料的性能，产品的种类和型号跨度较大，从小到几千牛的 D 系列阻尼器，到一些可达万吨的大型抗震阻尼器。

4.5 产品的使用范围

应当指出，阻尼锅这类产品有其独特之处，在工业减振等不需要较为精细的理论数值分析，外部激励以及环境处于已知可控状态时(如安装有调温控温装置，管道的振动频率固定)，这种产品不失为一种良好的缓冲装置，在我国和世界上所完成的工业减振案例很多。

但对于需要精确量化的 TMD 系统，采用这种随温度、随频率产品性能发生改变的阻尼器是不可取的：

(1)随温度和随频率改变的阻尼系数以及刚度完全达不到 TMD 对恒定阻尼的要求，但在实际工程中怎么能够完全保证预先设定的温度和频率不发生变化，同样在大桥通车运营过程中，车辆以及不同脉动风的振动所引起的桥梁振动频率改变会带来的影响均无法估量。

(2)TMD 中所采用的是线性阻尼公式 $F(t)=C_0V$，而阻尼锅没有能预测的固定的阻尼系数，在 TMD 装置上难以定量的缺欠显而易见，所以很难满足设计的要求达到预定的减振效果。

(3)阻尼锅属于黏弹性阻尼器范畴，自身具有刚度，带来的后果是 TMD 整体刚度会随阻尼锅的刚度而发生变化，进而改变 TMD 的频率，降低 TMD 的减振作用，可见这种阻尼锅显然很不适宜用在频率敏感的 TMD 装置。

(4)所能提供的振幅和出力过小,有的桥梁工程要求振幅在±300 mm,如此设计出的阻尼锅缓冲器尺寸将极为巨大,根本无法在狭小的钢箱梁内安装。

(5)桥梁工程一般要求产品免维护,寿命120年,而阻尼锅需要几年就要更换一次油液,不属于免维护产品,况且时间过长油品会变质挥发。

(6)在桥梁上使用的TMD一般要求"适用温度范围−10～+60℃,TMD必须能精确调整至设定频率及阻尼常数,并且频率及阻尼常数将不受环境温度的影响"。由此可以判断:阻尼锅这种产品并不适于用在特别重要的大型TMD桥梁工程中。

4.6 结　论

缸筒锅式流体阻尼器是一种在多个方向可起到减振和缓冲振动作用的装置,但其需要精确定量计算的应用领域自身存在诸多问题,如大型结构工程用减振TMD。

阻尼器在现代TMD里起到减小TMD本身的振动、扩大TMD的工作频率范围以及限制TMD过大运动等重要作用。如果TMD选用不能准确预测参数的定性装置,而温度和频率又极易发生变化的阻尼缓冲装置,那么是不能组成高质量的TMD,产生好的减振效果。因此,一个产品有其自身的适宜应用范围。

5 电涡流 TMD 应用分析

近几年，TMD 技术在我国获得了长足的发展，工程师逐渐将这些技术应用到工程领域，其中也不乏一些重大工程项目，如一些跨江跨海桥梁工程中采用了大量 TMD 装置，一些大型超高层建筑采用了上千吨 TMD 用于抗风减振工程。但不得不承认，国内 TMD 发展已经进入到一个瓶颈地带，一方面是工程应用的迫切需要，另一方面则是 TMD 产品技术的落后无法突破以及监管体系的不健全所导致的无序混乱。在这种情况下，电涡流 TMD 被提上日程也就不难理解了。

电涡流阻尼这种利用简单物理概念的产品在国内外宇航、汽车、机械、土建等领域里已经研究和开发应用上发展了十几年了。目前国际上的现状是：虽然经过十几年的研究和试验，至今国际上并没有、也不认为这种阻尼器适于在实际结构工程中使用。

虽然我国一些教授专家作了一些研究，但到目前为止从理论上仍有很多解决不了的问题；很多人在积极把它推向实际工程的应用，申报了多个有关专利；十分遗憾，笔者认为，现有的成果距离在工程中的推广应用，电涡流 TMD 与工程所需要的 TMD 之间还相距甚远，主要集中体现在以下几点：

(1)不能达到定量计算，即便质量仅是几百公斤的 TMD，也拿不出相对准确的计算数据公式。

(2)不能达到工程应用必不可少的测试要求，类似美国 HITEC 提出的对结构保护系统产品可靠性、耐久性所做过的严格鉴定和测试。

(3)无法提供一个空间位置、方向和时间上稳定的磁场来保证在工程上长期稳定工作，相反会造成在恶劣条件下如地震、雷电风雨中影响结构安全，十分危险。

(4)永磁体提供的磁场有限，造成阻尼力太小，在超高层结构采用电涡流 TMD，而巨大的磁场往往需要采用电源，需要外界提供电源带给结构极大的不确定性，这在美国特别是军用领域是绝对禁止的。

5.1 简　　介

当非磁性导体处于时变的磁场中或者在磁场中切割磁力线运动时，穿过导体的磁通量就会发生连续变化，如图 5-1 所示，根据法拉第电磁感应定律，导体内就会产生相应的感生电动势，从而形成类似漩涡的电流，即电涡流。根据楞次定律，电涡流同时会产生一个与原磁场方向相反的新磁场。对于导体在磁场中切割磁力线运动的情况，还会形成阻碍二者相对运动的阻尼力，如此循环的结构最终导致振动能量通过导体的电阻热效应被消耗。

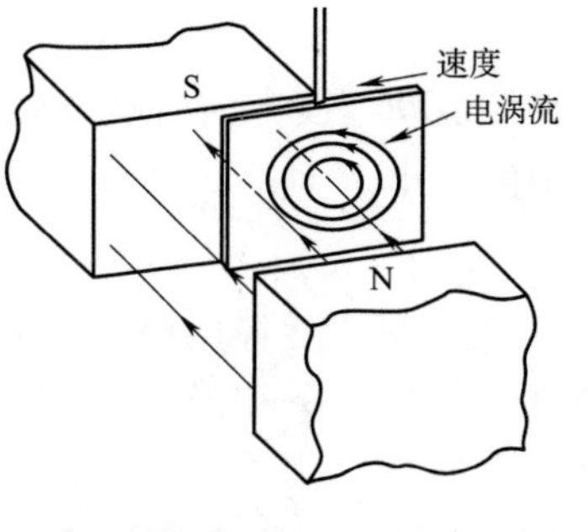

图 5-1　导体材料通过磁场产生电涡流概念图

5.2 电涡流介绍

涡流产生的前提条件为：①导体处于变化的磁场中；②导体在磁场或在非匀强磁场中运动。涡流的本质是电磁感应现象，涡流产生条件是穿过导体的磁通量发生变化，并且导体本身可自行构成闭合回路。同时因为整个导体回路的电阻一般很小，所以感应电流很大，就像水中的漩涡。伴随着涡流现象，其他形式的能转化成电能并最终在金属块中转化为内能。如果金属块放在了变化的磁场中，则磁场能转化为电能最终转化为内能；如果金属块进出磁场或在非匀强磁场中运动，则由于克服安培力做功，金属块的机械能转化为电能，最终转化为内能。

5.2.1 电涡流阻尼特点

电涡流阻尼器的优点在于：

(1)电涡流阻尼器不需要与被控结构接触，不改变被控结构的动力特性，不增加额外的质量和刚度。

(2)不需要黏滞阻尼器的液体介质和密封，也不同其他阻尼和刹车系统需要定期维护。

(3)安装简单，通过改变位置和磁场强度可调整阻尼力大小。

由于上述优点，目前在所有电涡流阻尼器应用领域中最被看好的是航天工程，特别是在外太空这种极冷温度下导体的敏感度大为下降，也使电涡流阻尼器阻尼特性大幅提高。另一个存在商业应用的领域是车辆减振器以及刹车系统。此外，采用电涡流装置作为主动控制机构也是可以发展的方向，一种方式是改变磁体相对位置驱动导体，另一种是通过电磁改变磁场大小控制阻尼力。

5.2.2 电涡流调谐质量原理

当导体以一定速度在均匀磁场中运动，在忽略导体表明电荷运动与集结的影响下，则流过导体的电流密度 J 可表示为：

$$J=\sigma vB \tag{5-1}$$

式中，σ 为导体的导电系数；v 为导体运动速度；B 为磁感应强度。

导体电流在磁场中受到的电磁力为：

$$F=\int JB\,\mathrm{d}V \tag{5-2}$$

导体运动速度方向与磁感应强度 B 的方向相同，在导体全部处于磁场 B 内时，则电涡流阻尼力的大小 f 为：

$$f=-\sigma\delta SB^2 v \tag{5-3}$$

式中，δ、S 分别为导体的厚度与表面积；v 为导体运动速度；负号为电磁力与导体切割磁力线的速度 v 方向完全相反。因此，在理想情况下，电涡流阻尼力呈现为理想的线性黏滞阻尼特性。

在通常情况下永磁体其周围磁场为空间分布，在 X、Y、Z 三个方向都有分量，在空间任意

位置的磁感应强度 B 可表示为：

$$B=B_x i+B_y j+B_z k \tag{5-4}$$

如导体的运动方向沿 y 方向，则磁感应强度 B_x 和 B_z 分量对电涡流有贡献，进而可以得到运动方向的阻尼力为：

$$F_y=-\sigma v_y\int(B_x^2+B_z^2)\mathrm{d}V \tag{5-5}$$

阻尼系数可表示为：

$$c_{\mathrm{v}}=\sigma\int(B_x^2+B_z^2)\mathrm{d}V \tag{5-6}$$

可见，电涡流等效阻尼系数与导体板所处位置处的磁感应强度、导体的导电系数以及导体板的体积有关。

5.3 国外工程研究

本节介绍国外一些研究成果。根据时变磁场的不同方式，可以得到不同形式的阻尼系统，进而形成了不同的电涡流阻尼的研究方向。其中主要的研究方向之一是利用电涡流进行磁力制动，其二是采用电涡流阻尼器抑制机械设备、结构振动，这其中包括结构的旋转横向振动平衡以及结构的水平或竖向振动的抑制等方面。

5.3.1 电涡流刹车

1971 年 Davis 和 Reitz 对电涡流刹车进行了研究，检验一个半无限以及一个有限的导体介质在磁场运动所获得的力值，他们的研究利用了 Sommerfeld 在 1889 年提出的理想概念(允许在一个有限导体盘获得涡流)，并给出了 Green 公式，可用于近似估计在有限传导性的有限尺寸导体的工况，这种情况通常由于产生焦耳热使电涡流密度衰减带来计算困难。

在 20 世纪 80 年代中期和后期，利用计算机技术可以解决在磁力线和结构相互作用时复杂的数学问题，此外，永磁体的强度得到大幅增长，使电涡流刹车系统更为有效，尺寸更小重量更低，从而使其可用于更小的设备上，这也使电涡流刹车技术获得更多关注。随着现代制模技术应用，电涡流刹车器在精确度上有所提高，采用控制技术被用于调节系统刹车力。

5.3.2 转子振动涡流阻尼

电涡流技术的另一个应用领域是转子侧向振动的抑制，转动设备损坏的一个主要原因是一系列转子的自激导致的轻微的不平衡造成的。采用电磁刹车装置类似的结构可抑制转子振动问题。1983 年 Gunter 等人对用于给太空船主要引擎提供液体燃料的低温泵设计了电涡流阻尼系统，泵对涡轮的次同步谐振较为敏感，这些谐振会造成极大损伤，如支座的损坏以及密封的严重摩擦导致引擎提早关闭涡轮泵被限制使用。Gunter 利用了低温下导体传导性降低可以得到更大阻尼力的特性。Gunningham 也采用电涡流阻尼器抑制低温涡轮设备的侧向振动问题，采用三种不同尺寸的磁体后，显示阻尼系数在 X 方向从 70 N · s/m 提高到 500 N · s/m，在 Y 方向从 110 N · s/m 提高到 320 N · s/m。

5.3.3　电涡流和电磁阻尼

根据电涡流产生阻尼力的原理发展起来的阻尼装置被称为电涡流阻尼器(Eddy Current Damper)。电涡流阻尼目前主要应用的领域是航天结构振动控制，在 1994 年，Kienholz 等人利用电涡流开发了一种用于减少太阳帆电池阵的振动的 TMD 系统，在 1996 年利用电磁阻尼系统保护精密光学仪器在发射过程中的振动所带来的损坏。1993 年 Kobayashi 和 Aida 利用被动电涡流阻尼开发了一种仅需要一个质量和阻尼单元的系统，由于这种振动耗能器不需要弹簧因而不改变结构自振频率，故也不需要调谐频率，该系统被用于工业建筑的管道上，以减少其带来的振动和噪声问题。Larose 等人对被动电涡流阻尼器用于抑制桥梁结构振动进行了研究，在研究中建立了一个六跨缩尺悬索桥模型，并通过风洞实验模拟在涡激振动下桥梁的振动，包括一个永磁体在内的电涡流阻尼器安装在梁顶部，其长度可根据刚度要求来调整，并将铝板设置在非常接近永磁体的位置用于产生电涡流。在将电涡流阻尼适时调整后发现，如果将调谐质量设置在最大模态振幅处系统的整体振动会得到衰减。而当为设置在最大模态振幅而调整到特定振型频率时，仅该跨的振动会得到控制。

5.4　我国电涡流 TMD 现状

5.4.1　湖南大学的研究

我国湖南大学利用电涡流提供阻尼采用 TMD 减振技术研制了不同尺寸的电涡流 TMD 系统，并申报了国家专利。

1. 微型永磁式电涡流 TMD

这种微型电涡流 TMD 被用于模型试验中。该项研究是针对四川某 S 形人行曲线斜拉桥的振动问题开展的，为验证 TMD 的有效性，在西南交通大学风工程试验研究中心进行了全桥气弹模型振动控制试验研究。整体设计构思是采用悬臂梁与电涡流阻尼分别作为 TMD 的刚度元件与阻尼元件，悬臂梁采用厚度为 0.5 mm 的锯条，根部通过夹片与固定不动的有机玻璃板相连，并将重为 0.135 kg 的长条形永磁体固定在梁端部，并在永磁体下方的有机玻璃上固定导体铜板，形成电涡流。通过自由振动和强迫振动得到的模型电涡流 TMD 频率和阻尼比，结果显示与预期值近似，只是模型的阻尼比略大。

2. 中型永磁式电涡流 TMD

中等尺寸的永磁体电涡流 TMD 的研究是结合拱桥刚性吊杆的风致振动展开的。TMD 的有效质量为 20 kg，如图 5-2 所示。

设计采用圆柱拉伸弹簧作为 TMD 弹性元件，并通过摩擦较小的直线轴承导向，采用电涡流作为阻尼元件。当 TMD 往复运动时，固定在质量块上的永磁体一起运动，从而在固定到底板的钢板上产生抑制质量块相对运动的电涡流阻尼。通过垫块的厚度调节永磁体和导体板的间隙，或通过变化导体对应磁体的投影面积可以调节电涡流强弱。

这种带导向的 TMD 阻尼分别来自导轨产生的摩擦以及电涡流阻尼，特别是在小幅振动情况下，摩擦阻尼对 TMD 的影响较大。在频率 1.3 Hz、振幅 1 cm 时摩擦阻尼达到 9.4%，而

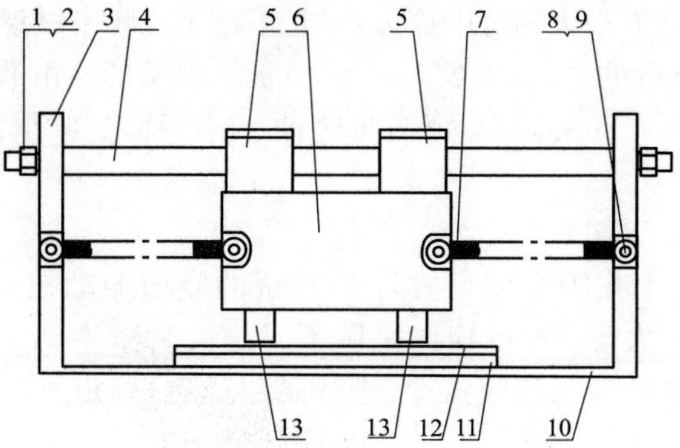

图 5-2 中等尺寸永磁体电涡流 TMD 构造

1,2—螺母螺帽;3—端板;4—圆轴;5—直线轴承座;6—质量块;7—圆柱拉伸弹簧;8,9—螺钉;10—底板;11—垫板;12—铜板;13—永磁铁

在 1.7 Hz、振幅 4 cm 时摩擦阻尼为 1.4%。此外,在较大振幅 4 cm 情况下,对应不同频率 TMD 的固有阻尼也不同,频率越高阻尼比越小。

这种中型永磁式电涡流 TMD 测试分别考虑两种方式进行,一是不设置导体板,二是设置导体板。在不同频率和弹簧刚度时测得的阻尼比见表 5-1、表 5-2。可见,在不设置导体板由于导体板摩擦所引起的阻尼比占的比重远大于电涡流所产生的附加阻尼,如编号为 1 的 TMD 在 1.48 Hz 时在未设置导体板阻尼比为 6.6%,而在设置导体板后为 8.4%。也就是说电涡流所提供的阻尼比仅为 1.8%,远小于摩擦所提供的阻尼。

表 5-1 中型电涡流 TMD 阻尼比测试(未设置导体板)

TMD 编号	弹簧 1		弹簧 2		弹簧 3	
	频率(Hz)	阻尼比(%)	频率(Hz)	阻尼比(%)	频率(Hz)	阻尼比(%)
1	1.33	8.9	1.48	6.6	1.71	5.7
2	1.33	8.4	1.48	6.7	1.70	5.7
3	1.34	9.0	1.49	7.2	1.70	6.2
4	1.33	8.0	1.50	7.0	1.71	6.0
5	1.33	8.2	1.48	6.4	1.71	5.7
6	1.32	8.5	1.51	6.5	1.72	5.8
方差	0.000 02	0.086 67	0.000 15	0.042 78	0.000 05	0.019 17

表 5-2 中型电涡流 TMD 阻尼比测试(设置导体板)

TMD 编号	弹簧 1		弹簧 2		弹簧 3	
	频率(Hz)	阻尼比(%)	频率(Hz)	阻尼比(%)	频率(Hz)	阻尼比(%)
1	1.32	10.4	1.48	8.4	1.71	7.1
2	1.32	11.1	1.49	9.4	1.71	8.2
3	1.35	12.0	1.49	10.0	1.71	8.1
4	1.32	11.3	1.49	9.8	1.70	7.8
5	1.33	11.8	1.48	9.9	1.72	8.6
6	1.32	11.5	1.50	9.4	1.72	7.2
方差	0.000 04	0.209 17	0.000 05	0.244 72	0.000 05	0.299 44

众所周知，摩擦阻尼器有很大的静摩擦力，它是不适于在频率敏感性很强的 TMD 中使用的。采用预先启动摩擦质量的办法，在实际工程中是不现实的。由系统提供(主要为摩擦阻尼)的阻尼远大于电涡流所产生的阻尼，那么将这种 TMD 称之为“电涡流 TMD”未免有些喧宾夺主。

3. 大型永磁式电涡流 TMD

大型电涡流 TMD 用于我国绵阳会客厅一号桥的竖向振动控制，TMD 的质量 715 kg (这和 1 200 t 的上海中心大厦 TMD 相比是微不足道的)，频率在 1.9～2 Hz，摩擦系数取 0.01。为提高导体板位置处的磁感应强度，进行磁路优化，确定永磁体的排列方式，使磁通路最短。

通过对 TMD 样机的测试，相对于理论预测值，试验值偏小，间隙越大，误差越大，原因主要是因为电涡流零边界条件、导体板表面电荷的运动及固定磁体的钢板对磁场影响，而且磁场间隙越大，磁泄漏越严重。

表 5-3　大型电涡流 TMD 阻尼比试验值和计算值

磁场间隙(mm)	试验值(%)	计算值(%)
5	5.21	11.42
10	2.89	7.94
15	2.17	5.7
20	1.31	4.18
25	0.75	3.11
30	0.53	2.34

实验的结果表明，到目前为止还是不能从理论上预测设计 TMD 的主要参数，仍然需要用试验的办法求出。这种试验出的结果随产品的材料、制造的尺寸和精度、使用的环境和时间的变化是很大的。这将严重影响 TMD 的减振效果，甚至会到相反放大振动的作用。

5.4.2　同济大学的研究

在 2002 年同济大学申请了名为电磁涡流耗能调谐阻尼器，该阻尼器由质量振子、电磁铁或永久磁铁、弹性体组合构成，如图 5-3 所示。其磁铁有多个槽口，相邻槽口上导线绕向不同，形成多个磁场，质量振子插入磁场内。弹性体一端与质量振子连接，另一端由支座固定。两组机构可设置在同一底板上，相互平行，方向相反。装置用于高层建筑的抗风、抗震。

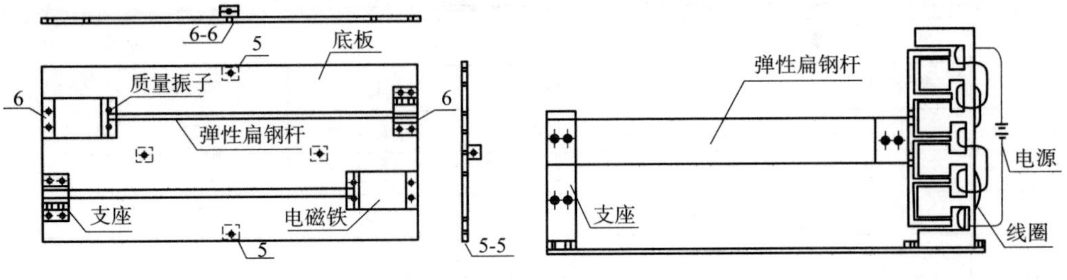

平面图　　立面图

图 5-3　电磁涡流耗能调谐阻尼器平面及立面图

装置分别进行了自由振动和强迫振动两类测试。自由振动的方式是将质量振子具有一定位移后突然释放，然后自由衰减。通过比对多个不同循环峰值振幅得到 TMD 的阻尼比，测得的 TMD 阻尼比在 4%左右，而且，不同初始位移下的 TMD 阻尼比不同，这是因为当振幅较大时，质量振子振动超出电磁场范围，以至质量振子不能全部在电磁场内切割磁力线。

强迫振动是通过振动台面输入地震波，采用白噪声扫描对电涡流耗能 TMD 装置的工作频率以及阻尼比进行测试。得出的结论是 TMD 质量在磁体通电前后振动比较，得出的减振效果在 80%～90%，加速度峰值在有阻尼和阻尼的比值在 0.09～0.64 之间。

应注意，这里提到的减振率仅仅是讨论 TMD 自身，并没有应用到结构中体现真正的减振效果，而且电涡流所能提供的阻尼比相对很小，在考虑到 TMD 自身机构阻尼后，也仅有 4%。很明显，TMD 中 4%的阻尼器的阻尼比是远不能满足一般土木工程 TMD 系统要求。

上述两个学校在电磁涡流 TMD 的理论上进行了探索，并大胆尝试进行了实际工程运用，这是需要鼓励和学习的，要想在工程中应用即便可能但仍有大量工作要做。

5.5　问题讨论

5.5.1　TMD 定量化

作为需要严格进行受力和变形分析的结构工程而言，应用的结构保护或控制系统的定量分析是最重要的问题之一。

通过磁场的导体可以作为 TMD 质量并通过电磁实现阻尼特性，电涡流 TMD 也由此产生。电涡流 TMD 这一思路早在 19 世纪后期就被提出，虽然经过一百多年的开发和利用，但由于磁力线强度的解析过于繁杂，磁场的边界效应所带来的误差，直到今日仍然没有简单实用的数学公式可以采用。电涡流产品的研发目前仍处于半理论半经验的状态，产品的参数仍然需要通过调试、试验测试得到。

在忽略误差的影响，并在磁场完全化的情况下电涡流阻尼力的大小可由本章式(5-5)表示，目前这一公式是关于电涡流阻尼最为简单的表达形式，然而目前的理论分析水平实际上与定量计算电涡流阻尼力还相距甚远，关于大型永磁式电涡流 TMD 的研究实验结果就可见一斑。

这一公式看似简单，但其中存在一系列不能确定的变量，如：①磁场的强度要在导体活动范围内实现完全均匀化的状态是根本不可能的，磁场强度也将受到周围环境的影响，如宇宙中的电磁场，日常的气候变化如打雷，甚至手机的信号；磁场的强度也随时间的变化而改变，特别是发生锈蚀将引起磁场退化；②边界条件是在计算电涡流阻尼时必须考虑的情况，磁场边界效应对阻尼力的影响不能忽略。

或许对于较小的实验用电涡流装置，这一公式可以起到一些定性阻尼作用。但这对于要求极高的减振装置，如果产品不能定量化，则难于准确评估阻尼特性，甚至可能完全失去作用。

一个良好的 TMD 质量调谐系统不但可以进行良好的频率调谐，而且可提供稳定的阻尼比。目前所采用的质量比 TMD 控制通常较低，一般不超过 1%，在这种情况下 TMD 的频率和阻尼比偏差较大，最终带来的结果可能适得其反，引起结构振动的加剧，甚至影响结构正常使用。

5.5.2 产品工程应用的前提条件

究竟什么样的产品可以在土木工程中应用，处于研发、性能不能确定，没有工程实践、没有国家标准来约束的产品能否用于工程中，如果以一个严谨和科学的态度面对，相信不会有太多质疑。那么一个产品工程应用的前提条件有哪些呢，下面我们来看看美国的一些做法。

上世纪末，结构保护系统大力发展时，为了让工程师们判定当时广泛发展的阻尼器和各种基础隔振系统，美国土木工程学会组织了著名的 HITEC 预检测。大家公认，这是使这些原本不是我们土木工程界使用的产品，能在结构工程上应用，通过以下几点测试是必不可少的。

测试内容包括：

(1)基本性能检验/时变性测试(Performance benchmark)。

(2)频率相关性测试(Frequency Dependent Characterization)。

(3)疲劳及磨损测试(Fatigue and Wear)。

(4)环境老化测试(Environment Aging)。

(5)极限温度下的动力测试(Performance at Temperature Extremes)。

(6)耐久性测试(Durability Test)。

(7)超载测试(Ultimate Performance)。

很明显，这些试验的每一条，对结构工程的安全性都是至关重要且必不可少的。电涡流阻尼器这种新型产品没有发展到这一步，也就没有做过 HITEC 类似的质量预检测。

5.5.3 不适于应用发展的产品

电涡流阻尼所涉及的产品在国外的主要发展方向是机械、宇航、汽车等减振和刹车等方面。

从应用的领域来看，所需的输出阻尼力吨位都很小。由于永磁体本身所能提供的磁场强度非常有限，如需要大吨位的电涡流阻尼，一方面是采用非常巨大的永磁体，但带来的问题是场地条件限制以及加工成本过高；此外，则需要通电提高磁场强度，而采用外接电源的形式对于在恶劣环境下仍然可以持续工作的安全性设施以及土木工程领域并不适合，这也是主动和半主动控制技术无法大规模实施的原因之一。

通过电涡流产生阻尼的装置早在很多年前已经存在，但尺寸都非常小，仅用来试验。与其他类型阻尼器相比，如果需要同样的阻尼力则电涡流阻尼器所需要的尺寸非常大，重量惊人。在 2002 年，美国 Taylor 公司参与了 NASA 的一个航天项目，NASA 需要采购一种 100 lb (0.45 kN)、冲程 4 in(100 mm)的阻尼器，采用电涡流阻尼器所需尺寸为 16 in 长(400 mm)、直径 5 in(127 mm)，重量 150 lb(68 kg)，远大于泰勒公司同样规格常规的液体黏滞阻尼器。电涡流阻尼器需要如此长的磁体是为了确保阻尼器内的金属部分(导体)在通过磁场两级时完全处于磁场之中。而在随后的测试中电涡流阻尼器的出力甚至未能达到 75 lb(0.34 kN)，也远未达到所需要的 100 lb(0.45 kN)。此外，由于磁体所产生的巨大磁场带来了诸多问题：①磁场对周围的物体产生了强烈的吸附作用，包括宇航员服装以及所使用工具。这对于飞船而言是很危险的。②磁场干扰了飞船的通信系统，当电涡流阻尼器工作时无线电信号无法正常传送。为此，最终还需采用了 100 lb 的铅保护罩。

美国 Taylor 公司用试验否定了美国宇航局试用研发的电涡流阻尼器的课题，国际上其他试验也都没有离开实验室。这些都表明:从目前的科技水平看,这种产品还是不适于应用的,短期内也看不到发展的可能。我们不得不实事求是地这么说。

5.5.4 作为新型结构保护系统走向应用的其他问题

笔者在本书第1章已经介绍过结构保护系统走向工程应用的必要条件和过程,除了最重要的准确计算外,还需要考虑以下方面。

从被广泛熟悉的建筑材料到较为熟悉、在机械航空等领域已经大量应用的黏滞阻尼器、隔振系统,经过了二十多年的理论发展、振动台测试、实体测试、工程应用及再检测,才有了今天的大量应用。而对于结构工程师完全不熟悉的电磁场,其真正能够适应于土木工程领域,必须要经过实际工程的考验和必要的原型测试,需要一个逐步发展的测试和反复认知和论证的科学实验过程。

除了上面讨论过的问题,还涉及到的问题如采用这一理念是否已经做出了经得起检查的实体设计,这些设备的维护计划、TMD 必不可少的频率调整过程如何考虑,这一装置在地震中、雷电大风以及长期运行如何表现。

在翻阅电涡流的相关文献过程中,大部分人提到电涡流相对于液体黏滞阻尼器的优点在于不存在漏油问题,而这一说辞并不准确,黏滞阻尼器在 TMD 中出现漏油只是一些厂家技术不过关、产品质量问题所致。创新尝试新的发展方向是需要的,但更需要的是应该是找到漏油的原因并加以解决。而事实上,采用液体阻尼的 TMD 系统,是早已经发展出了的技术成熟、安装方便、减振效果准确可测的减振系统,而且在中国台北 101 大楼、芝加哥凯越酒店都成功获得应用。

5.6 结　论

关于电涡流阻尼器的研究有很多方向,并且很多装置研发都处于极为良好的实验室环境,而未经过实际环境考验,对于工程结构这种要求装置或构件具有很强的适应性和安全度的领域,以电涡流阻尼为核心技术的产品是否能够真正起到减振作用,是否能够长期运行,笔者认为仍然存在很大的不确定性。

还有重要的一点是,这种"创世纪"产品的真正应用一定要经过严格负责的第三方检测、公开负责的讨论。

由于没有参与过电涡流阻尼器或 TMD 的实验研究,上述观点的形成主要通过工程积累、公开发表的文章以及国外专家的看法,此处提出的问题仅供讨论。

6 桥梁弹塑性隔振支座的研究

弹塑性隔振支座是一种由支座、锁定装置以及弹塑性单元共同组成的单元，是意大利所特有的一种隔振装置。为了获得更大的市场份额和海外市场，在1994年，意大利米兰的Alga公司选送了四套弹塑性支座，由美国国家地震工程研究中心对其进行了鉴定和振动台模拟测试，Panos Tsopelas和Michael C. Constantinou完成了最终的研究报告。本文是这份报告的主要内容和结论，从这份报告可以对弹塑性隔振支座有一个客观和理性的认知。

由滑动支座和金属阻尼器组成的减隔振支座展现出的弹塑性，以此，它能够将力转移至对地震激励的级别和频率部分相对独立的桥梁下部结构。显然这是一种期望的性能目标，但实现这一目标需要以巨大的永久位移为代价。本文对一种由E形钢阻尼器所组成的体系进行了研究，这一系统目前被用于多个桥梁隔振工程中。通过图表、试验结果指出该系统的确会产生显著的永久性变形，特别是对于具有冲击荷载特征的地震作用。此外，本文指出在隔振系统中明显存在恢复力，由此也证明了目前美国国家公路与运输协会(AASHTO)设计指导中对这些系统是适宜的。

该项工作由美国国家地震工程研究中心和大成建设集团(日本)提供支持，支座是由意大利米兰Alga S. p. A.公司制造。

6.1 简　　介

隔振是一种设计策略，可以实现降低下部基础结构承受的地震力，并可选择性分配下部基础结构承受的地震力至多种不同的单元。目前已经有多种桥梁隔振系统被开发和应用。在美国一大批桥梁采用了隔振系统，其中大多数采用了铅芯橡胶支座；其余的则采用滑动隔振系统(Mayes，1994；Soong和Constantinou，1994)。几乎所有这些系统的特点都是具有强恢复力的滞回行为。

在美国隔振桥梁设计以设计基准地震作用为基础，而隔振系统单元需要根据增加的位移变形能力提供产品，并以最大基准地震作用进行测试(AASHTO，1991)。这一设计理念是源于过去在地震中毁坏桥梁的观测评估，桥梁发生的破坏主要表现在支座发生过度的位移并使桥梁丧失支座的支承，而不是基础结构发生倒塌。该设计理念所要求的强恢复力设计可以防止出现严重的永久位移累积，并且给出的支座峰值位移以及基础结构受力估算更为可靠。美国公路与运输协会(AASHTO，1991)指导性规范要求隔振设计采用强恢复力设计方法，同时禁止在设计中采用较小恢复力。

意大利工程师青睐另一种桥梁隔振设计方法，他们采用的近弹塑性性能的隔振装置所设计的桥梁总长度超过150 km(Medeot，1991；Martelliet al.，1993)。这一体系通常要求隔振单元传递到下部结构的水平力限制在某一特定值，使下部结构不受地震作用的影响。因此，意大利工程师可选取某一水平的确定性力值进行下部结构的设计，而换来的高昂代价是支座峰值位移的大量分散，以及永久变形的大幅增长。这种情况可能在具有特定特征的强震下发生。这种罕遇情况发生后，桥梁要计划进行检查、重新将支座位移调回中心位置，如有必要需要更换支座。

桥梁弹塑性隔振支座通常由润滑过的滑动支座以及在该滑动支座顶部和底部相连的软钢单元所组成。因此，在工作荷载下该支座起到一个固定支座的作用。考虑到纵向的变形，一些支座配套使用了冲击锁定装置。这些锁定装置在地震作用下锁定，使软钢单元进入工作状态，屈服并可以产生一个典型的滞回曲线(Marioni，1991)。如图 6-1 所示为一装有 E 形金属软钢阻尼器支座的构造和性能特征，每一 E 形金属阻尼器的中心支腿直接或通过锁定装置(纵向)与下支座板连接；其余两支腿与上支座板连接。在慢速纵向运动如温度变化引起桥面伸长的情况下，这个 E 形金属阻尼器不会变形，只进行无约束的自由运动。在地震冲击下，如图 6-1 所示，锁定装置锁死，E 形金属阻尼器变形并产生弹塑性滞回变形。应该注意的是对于双向滑动支座，E 形阻尼器也被安装在横桥方向(Marioni，1991)。

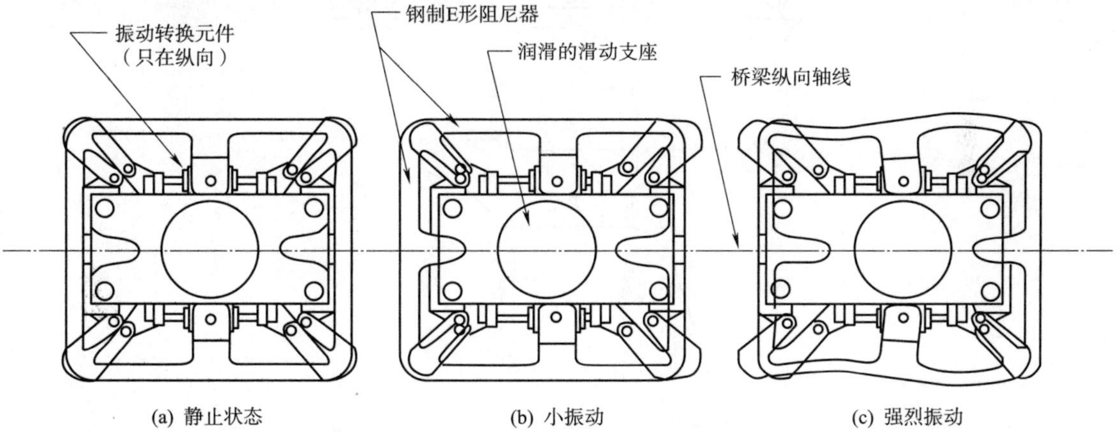

图 6-1 操作 E 形阻尼器下缓慢和动态纵向运动

E 形阻尼器的作用是双重的。一是工作荷载状态在指定位置提供刚度，二是通过屈服消耗地震作用产生的能量。E 形阻尼器变形引起在整个横梁上产生一个恒定的弯矩。如横梁的所有横截面相同，塑化作用同时发生在整个横梁的材料中。E 形阻尼器的两个门形部分的柔性弯矩和轴力方向相反，这一特性有助于减小几何变形和轴向应变累积带来的影响，延长设备的低循环疲劳寿命。E 形阻尼器的支腿设计形式是为了能够一直保持弹性状态，本质上起到杠杆臂的作用(Ciampi 和 Marioni，1991)。

与附加 E 形钢装置的隔振系统性能特征类似，研究人员开发并使用了多种这类的隔振系统，比如采用月牙形(Ciampi 和 Marioni，1991)和锥形管状悬挑装置(Medeot，1991)。此外，在这些装置开发前，新西兰的工程师们就已经研发并安置了各种类型的钢屈服耗能装置(如扭转棒或悬挑锥形)。所有这些设备的形状和受力的方式都是为确保装置在其全长范围内发生屈服，从而使装置更为紧凑、具有良好的能量吸收能力。

在意大利，这种弹塑性桥隔振系统被普遍应用于桥梁中(Medeot，1991)。而在其他领域和地区(地震观测)或实验室(振动台测试)，并没有关于装备这种系统的桥梁相关性能的有关信息。下文给出的研究，更详细的说明可以参阅 Tsopelas 和 Constantinou(1994)的报告。

6.2　E 形软钢阻尼器的性能

被测试的隔振支座为单向支座，如前面图 6-1 所示。该系统的基本构造包括支承上部的桥面板、润滑的平面滑动支座以及提供能量耗散机制的 E 形软钢装置。

E 形装置的性能可通过几何和材料特性的函数关系表示。其性能十分接近弹塑性，其屈服后刚度很小。Ciampi 和 Marioni(1991)给出了装置工作的基本表述。图 6-2 描述了装置的几何特性及理想状态下的性能曲线，在开始屈服时力 P_Y和变形 δ_Y为：

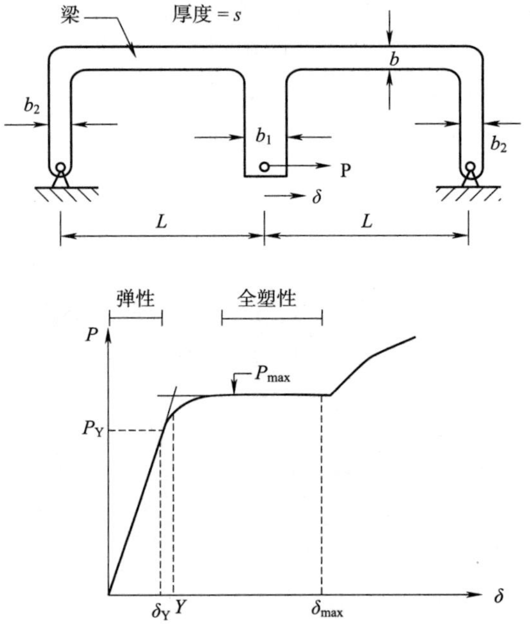

图 6-2　E 形装置几何和理想化的行为

$$P_Y=\frac{1}{3}\sigma_Y\frac{sb^2}{h} \tag{6-1}$$

$$\delta_Y=\frac{2hL}{b}\varepsilon_Y\left(1+\frac{a}{3}\cdot\frac{h}{L}\right) \tag{6-2}$$

$$a=2\left(\frac{b}{b_1}\right)^3+\left(\frac{b}{b_2}\right)^3 \tag{6-3}$$

式中，σ_Y，ε_Y分别为材料的屈服应力和极限应变。弹性变形刚度 K 随之可表示为：

$$K=\frac{P_Y}{\delta_Y}=\frac{Esb^3}{6h^2L(1+\frac{ah}{3L})} \tag{6-4}$$

其中，E 为弹性系数，中心支腿受力为 P，在门形达到充分塑化(图 6-2)时为：

$$P_{max}=\frac{\sigma_Y sb^2}{2h} \tag{6-5}$$

此外，在相同条件下门形达到充分塑化时，装置支腿的位移 δ 与表面应变 ε 相关：

$$\delta=\frac{2hL\varepsilon}{b}(1+\frac{ah\varepsilon_Y}{2L\varepsilon}) \tag{6-6}$$

最大允许位移 δ_{max} 可根据等式 $\varepsilon=\varepsilon_{max}$ 得到，对于这类装置通常钢材的应变最大值 $\varepsilon_{max}=0.03$。其他参数包括局部延性系数 μ_l 和整体延性系数 μ 定义为：

$$\mu_l=\frac{\varepsilon_{max}}{\varepsilon},\mu=\frac{\delta_{max}}{Y} \tag{6-7}$$

式中，Y 为屈服变形，假定为 $1.5\delta_Y$。Ciampi 和 Marioni(1991)给出：

$$\mu=\frac{2}{3}\mu_l\frac{1+\dfrac{ah\varepsilon_Y}{2L\varepsilon_{max}}}{1+\dfrac{ah}{3L}}\approx\frac{2\mu_l}{3\left(1+\dfrac{ah}{3L}\right)} \tag{6-8}$$

6.3　被测试隔振系统的设计要求和性能

被测试隔振系统的设计要求是将传递给下部结构即桥墩和基础的力值降为最低，而缩尺模型支座的位移不超过 50 mm(长度比例因子为 4)。这些规定是为了满足加州(加州交通部)(Gates,1979)、日本(2 级)(海岸工程研究中心 1992,CERC 1992)对所有场地条件下桥梁设计反应谱的要求，通过设计反应谱可表述地面运动的特征。此外，在弱地震激励如日本第一等级地震(海岸工程研究中心 1992,CERC 1992)，对于下部结构的传力，隔振桥梁的性能应比同类非隔振桥梁更好。

初步分析表明，当设计每个支座的特征强度 P_{max}(图 6-2)等于其所支承重量的 0.16 倍时，上述要求是可以满足。在考虑到滑动支座的摩擦系数后，这个特征强度大致为承载重量的 0.18 倍。

隔振系统由四个隔振支座组成，设计如图 6-3 所示。每个隔振支座由两个 E 形阻尼器和一个润滑的滑动支座组成。E 形阻尼器的两侧外支腿安装(销连接)在隔振支座的顶板。装置的中间支腿与一个滑块相连，滑块通过活塞与底板连接。活塞含有橡胶圆盘因此能为支座器提供转动功能。顶板接触面为经过抛光的不锈钢板，这个盘面与圆柱顶的润滑聚四氟乙烯(PTFE)薄层相接触。滑动接触面可以实现连续润滑，主要通过四氟乙烯薄层凹坑里的润滑脂实现。

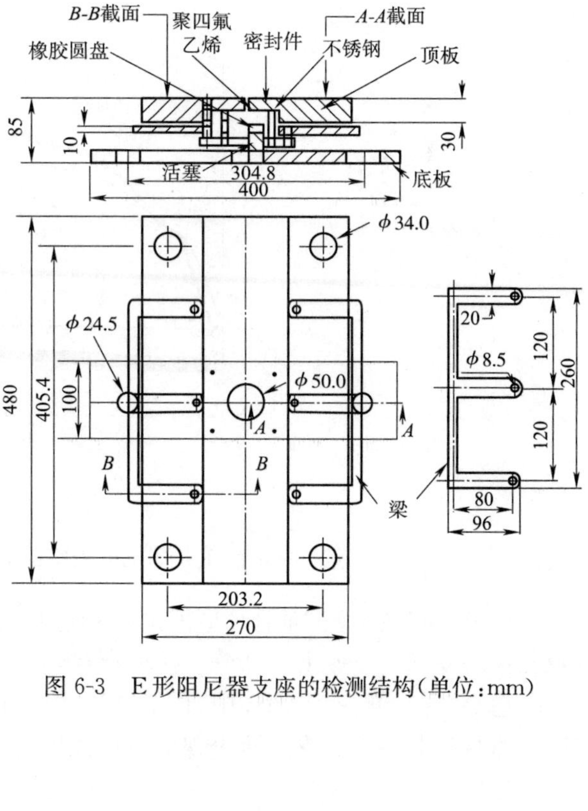

图 6-3　E 形阻尼器支座的检测结构(单位：mm)

为确定隔振系统的力-位移曲线特征，必须进行装置的鉴定检验。此外，在模拟地震测试最后一个环节，仍需进行一项鉴定测试，即鉴定支座对大批次往复运动的能力。可以在 Tsopelas 和 Constantinou (1994)的报告中找到详细的测试结果。

图 6-4(a)所示为在振幅分别为 12.7 mm 和 38.1 mm、频率在 0.03 Hz 的正弦运动时，附加两套 E 形阻尼器支座的力(通过承载重量进行归一化处理)与位移的循环记录。另一个支座所展示的性能十分相似但不完全相同。测试表明，整体上屈服位移(图 6-2 中的 Y)约等于 7.5 mm。充分塑化每个支座的最大力在 6.5～7 kN 的范围，或 0.185～0.2 倍的承载重量(这些数值考虑了支座摩擦力)。对于摩擦系数，在取值 0.01～0.02 的范围时，与实验结果较为一致(四个支座中摩擦均不同)。在完全塑化时力 P_{max} 在 0.175～0.18 倍的承载重量范围内，或 6.1～6.3 kN。屈服应力在 400 MPa 并采用公式(6-5)计算，P_{max} 理论值为 6.05 kN(采用两套 E 形装置)。这与实验结果达成较好的吻合。

在测试结束后进行了一项测试，如图 6-4(b)所示的力-位移循环记录，装置在振幅 50 mm 和频率为 0.1 Hz 条件下持续运动 25 个周期。支座的 E 形装置在振动中性能比较稳定，应该说性能较为良好。但在最后一个周期支座的其中一个 E 形装置发生破坏。阻尼器在 50 mm 的位移的表面应变大约为 0.03。给定屈服应变 $\varepsilon_Y = 0.002$，局部延性系数等于 15，整体延性系数约等于 9。

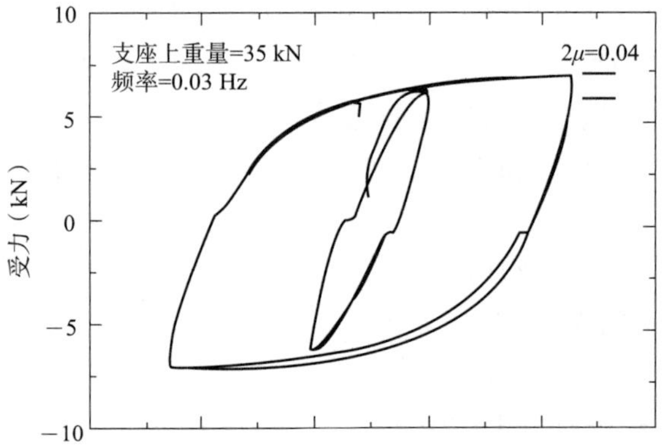

(a)

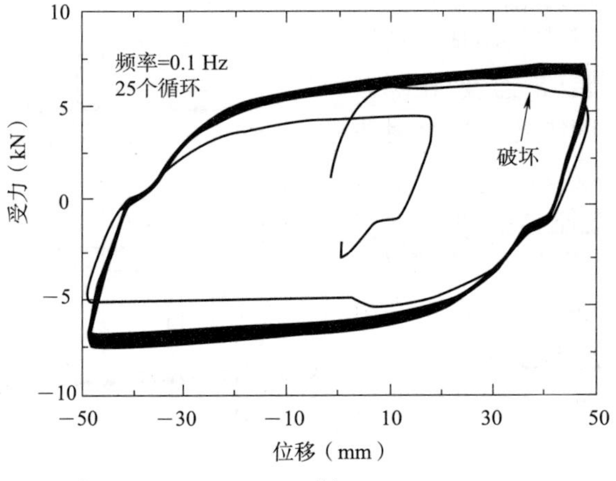

(b)

图 6-4　E 形阻尼器支座在正弦运动下力-位移循环记录

应该注意的是，滞回曲线呈现出弹塑性特征，并有一些轻微的滑移。滑移是由于 E 形阻尼器中心支腿与支座滑块部分连接处存在勾缝造成的。

总之，在一共 50 个循环中(包括鉴定和地震测试)，在整体延性系数自 10 左右时，支座可以一直保持其性能。支座所表现的特征强度为 7 kN 或 0.2 倍的承载重量，装置没有明显的屈服后刚度。在经过支座的鉴定测试后，由聚四氟乙烯滑块控制的摩擦系数下降。在动态条件下，其中两个支座摩擦系数估计为 0.02，其余两个为 0.01。

6.4　桥梁模型

模型桥梁的设计基于人工质量相似的相似定律(Sabnis 等，1983)。在四分之一的长度比例下，桥净跨度为 4.8 m，高度为 2.53 m，总重为 157.8 kN，桥面板重 140 kN。模型如图 6-5 所示。桥模型设计采用柔性支墩，模型在非隔振情况下其纵向基本振动周期为 0.25 s(原结构为 0.5 s)。

在满载的情况下(包括力传感器和下部的支座)，支墩在处于独立的悬臂状态时其周期为 0.1 s(原结构为 0.2 s)。此外，考虑重力荷载(每个墩柱 40 kN)，并在每个支座位置施加相当于 50%重力载荷的水平力，在这种复合效应作用下支墩会开始屈服。模型的识别，基于白噪声激励试验，确定独立支柱的基本周期等于 0.096 s 和非隔振情况下桥梁沿纵向基本周期等于 0.26 s。这些值与设计值非常一致。模型中独立支墩的阻尼估计为 0.015 的临界阻尼，在非隔振以及在小振幅运动的状态下模型整体的临界阻尼为 0.02。

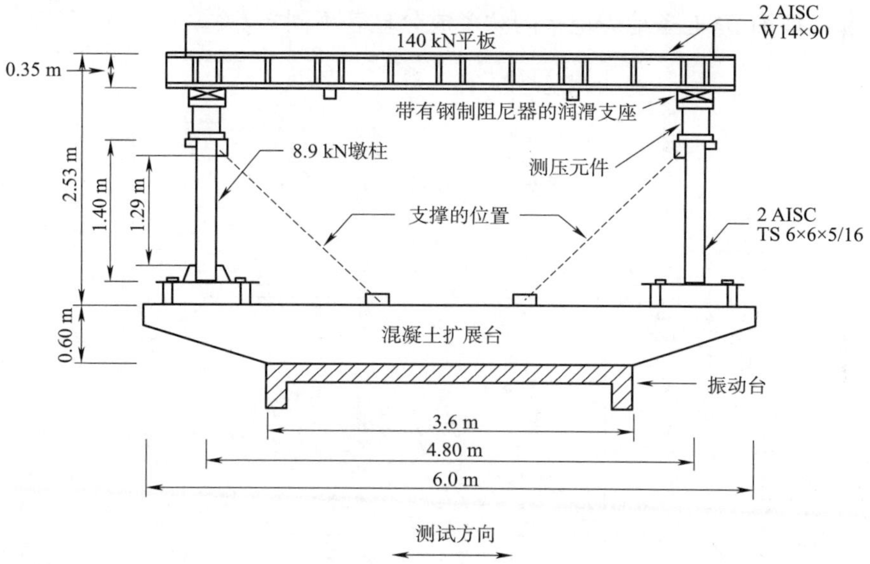

图 6-5　1/4 比例桥模型

6.5　实验办法

隔振桥梁模型分别采用两种构造形式进行地震模拟实验。采用柔性支墩构造进行了九组测试，代表多跨度桥结构的一部分。此外，对桥墩采用斜撑加固进行了七组测试，表示支承在两桥台处的单跨桥。此外，又额外采用七组缩小的地震激励对非隔振构造的桥梁模型进行测试。地震输入仅考虑水平方向。地震输入信号包括历史上的一些地震记录，如 El Centro 等(1940)，Taft(1952)以及日本 hachinohe(1968)。人工拟合的地震运动符合：日本桥梁设计谱 2 级，场地条件分别为 1(岩石)、2(冲积层)和 3(深冲积层)(CERC，1992)；加州规范反应谱

(Gates,1979)。每条地震记录的时间按照两倍的因子进行压缩,以满足模拟要求。这些地震的详细描述可参见 Tsopelas 和 Constantinou 的报告(1994)。应该注意的是,其中一些地震输入对隔振系统有特定要求。特别是日本 2 级地震,在 3 级场地条件下几乎 0～2 s 范围内的加速度峰值均为 1g 常数。

6.6 实验结果

下文以图形形式给出实验的主要结果。对于实验的图形和表格的详细结果,感兴趣的读者可以阅读 Tsopelas 和 Constantinou(1994)的研究报告。

图 6-6 给出在隔振和不隔振的情况下柔性支墩桥梁的峰值响应。非隔振桥的所有四个支座被锁死,限定水平位移但不限制转动。应该指出的是,更为真实的实际情况是非隔振桥梁结构通常包括一个支墩上采用固定支座,在另一个支墩上采用滑动支座(用于桥梁温度收缩)。这样的结构会使在桥墩的固定支座的受力和变形比图 6-6 所示的更大。隔振结构可将地震力分配给所有支墩,而不是仅仅少数几个支墩受力。从这点上来说,图 6-6 的结果不能完全体现隔振结构所具有的优势。尽管如此,被测试的隔振系统的优点仍然十分显著。正如预期的那样,对于隔振桥梁,下部结构的受力和支墩的变形是恒定的,与地震输入的强度(振动台加速度峰值水平)和特征细节(七条地震记录的频率成分显著不同)无关。

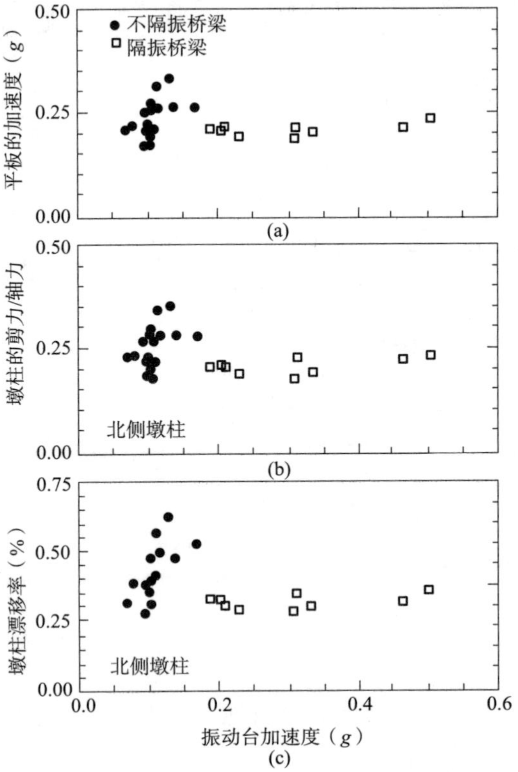

图 6-6 对比不隔振和隔振桥梁模型的响应

图 6-7 为在三种不同的激励下,隔振和非隔振情况下下部结构的滞回曲线。隔振系统下部结构的反应是弹性的,并且对地震输入不敏感。相比之下,非隔振桥梁对地震输入的反应非

常敏感。应该注意,非隔振桥梁的地震波输入要小于对隔振桥梁输入的 2 到 5 倍。

图 6-7 中的一个有趣的现象是非隔振桥的滞回环。虽然受力低于支墩的弹性界限,但图 6-7 右下角的支墩发生非弹性变形,这是始料不及的。经过查实,这一现象是由于振动台延伸处的悬臂造成的(图 6-5),悬臂在水平激励下受到明显的竖向激励产生裂缝。出于安全考虑研究人员放弃了对不隔振桥梁进行更强地震波输入的实验。

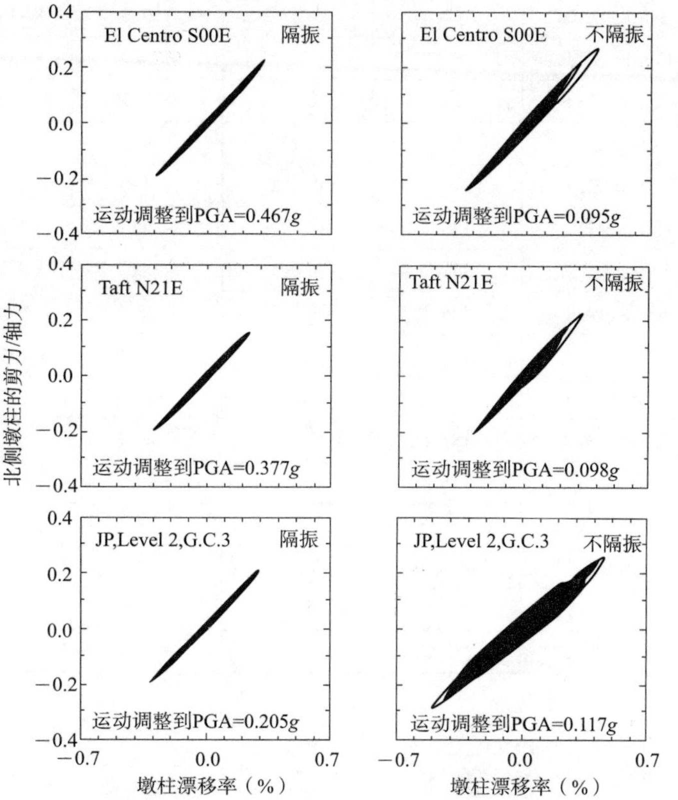

图 6-7 El Centro S00E 波、Taft N21E 波、日本 2 级 G. C. 3 地震波作用下非隔振和隔振桥梁下部结构对比

隔振桥梁测试的位移响应见表 6-1。表中根据 16 次测试的先后顺序给出了所记录的支座变形的初始位移、峰值位移以及最终(永久)位移。初始位移为前一次测试的永久位移。正如所料,永久位移是发展较大的。例如,Taft 振动(按比例缩小的加速度峰值为 0.613g)的 5 号测试,支座所产生的永久位移超过预期支座位移上限(50 mm)的一半。图 6-8 给出了这次测试所记录的支座位移时程以及隔振系统的滞回环(图中给出的理论分析,给出的结果,其推导在下文中给出)。在随后的测试 6 号隔振桥梁与 4 号测试的输入相同。除了不同的初始和最终的位移,测试 4 号和 6 号中的支座位移的记录非常类似。由于隔振系统缺乏复原能力,如果重复进行 5 号测试,可能会进一步导致永久位移的累积,增大实验失败的可能性。出于安全考虑,研究人员放弃了对其他测试采用更强的地震波输入。

Taft 地震波(测试 5 号)所记录的大永久位移记录是有其自身的特征所决定的。这次地震的特点是支座在振动循环初期有一个非常大的振动幅值,好像地震是一次强烈的冲击过程。还有一些被认为可引起大永久位移的地面运动,其中包括日本场地条件 1 级和 2 级的二级桥梁设计地震动,1971 年 San Fernando 地震 Pacoima Dam 地震记录、1994 年多个 Northridge

地震记录(California,1994)。Northridge 地震记录没有被采用,是由于地震恰恰发生在测试程序确定之后。

表 6-1　隔振桥梁的支座位移响应

试验编号	支墩情况	地震波	振动台振动峰值		初始位移(mm)	峰值位移(mm)	最终位移(mm)
			速度(mm/s)	加速度(g)			
1	刚性	El Centro S00E	160.1	0.275	−0.6	19.3	−2.4
2	刚性	El Centro S00E	240.2	0.399	−2.4	32.3	−7.1
3	刚性	Hachinohe N-S	134.2	0.231	−7.1	−23.7	−9.9
4	刚性	Taft N21E	129.8	0.303	−9.9	−28.1	−6.6
5	刚性	Taft N21E	276.6	0.613	−6.6	−58.8	−30.7
6	刚性	Taft N21E	130.0	0.307	−30.2	−48.9	−30.4
7	刚性	Caltrans Rock	286.0	0.515	−30.7	−4.1	−28.2
8	柔性	Caltrans Rock	285.5	0.504	−28.3	0.0	−13.9
9	柔性	El Centro S00E	160.3	0.311	−13.9	−27.6	−22.9
10	柔性	El Centro S00E	237.7	0.467	−22.9	9.0	−27.2
11	柔性	Taft N21E	131.6	0.337	−27.3	−44.1	−29.2
12	柔性	Hachinohe N-S	136.2	0.232	−29.2	−41.7	−29.5
13	柔性	日本 2 级 G.C.1	234.8	0.184	−29.5	−50.7	−24.9
14	柔性	日本 2 级 G.C.2	228.2	0.211	−24.9	12.0	−2.0
15	柔性	日本 2 级 G.C.3	243.6	0.205	−2.0	−34.0	−4.8
16	柔性	日本 2 级 G.C.3	367.7	0.313	−4.8	−55.6	−2.2

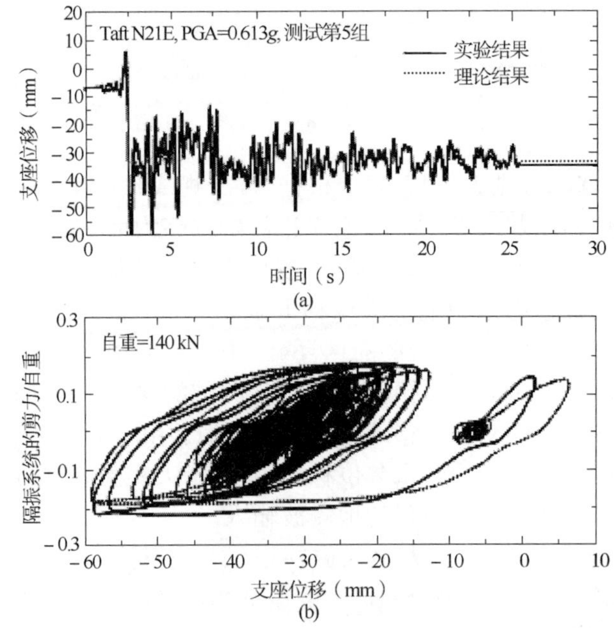

图 6-8　Taft N21E 波作用下试验和理论结果的分析比较

上文用图示的方式介绍了这种隔振系统的性能，下面采用一计算分析模型对被测试隔振桥梁进行分析。表 6-2 列出了所输入的地震波的特征以及支座位移反应的计算值。在分析中，按照实验模型的缩减比将地震记录时间进行压缩。此外，Pacoima Dam 波的加速度峰值仅应用到 0.59*g*(与实际情况减少 50%)。显然，与 Taft 波在测试中所观测到的类似，这些地震运动会导致大的永久位移。实际上，支座位移的时程与 5 号测试相似。

很显然，缺乏恢复力的系统的永久位移累积几乎完全取决于地震激励的特性。这一系统对含有单个强冲击的激励非常敏感脆弱，而似乎对多周往复循环激励表现良好(如：场地条件为 3 级的日本 2 级地震)。为了被测试系统以及地震测试的顺利进行，有必要将永久变形的累积规定一个限定值。从表 6-1 来看，这个限定值约等于 30 mm，相当于钢表面应变为 0.017。它约等于软钢阻尼器最大允许应变的一半。

缺乏恢复力是这类系统普遍的一个缺陷，在美国现有的设计规范这是被严格限制并要被处罚的(AASHTO，1991)。对于具有被测试模型特征的隔振桥梁，如果采用 5 号测试中的缩尺 Taft 波来表示设计地震，则设计位移应为 4×60＝ 240 mm(从测试结果推到原始结构)。然而，AASHTO(1991)指南要求支座设计的位移能力为 3×240 mm ＝720 mm。基于这一位移能力的要求，这种支座的尺寸将要远大于其他类型隔振系统，对于其他类型隔振系统，可以很容易地将隔振系统恢复力设计达到 0.2 倍的支座载荷，且设计位移不超过 200 mm。

对于恢复力不足的系统，AASHTO(1991)中所表述的关注点在于峰值位移输出以及永久变形之间巨大的离散性。这一点，再加上余震(在主震后)可能积累的位移，事实上 AASHTO 规定(1991)的是一个可被超越、并可能导致灾难性故障(支座支撑的丧失和桥面板的坍塌)的基本设计事件。

表 6-2 在分析和研究支座位移结果所采用的地震波(缩尺模型)

地 震 波	分量	峰值加速度(*g*)	场地特征	分析放大系数	峰值位移(mm)	永久位移(mm)
1971 San Fernando-Pacoima Dam	S16E	1.17	岩石	50%	45.6	25.6
1994 Northridge-Sylmar, Parking lot	90°	0.61	冲积层	100%	64.0	42.0
1994 Northridge-Newhall, L. A. Country Fire Station	360°	0.61	冲积层	100%	86.8	39.7
1994 Northridge-Newhall, L. A. Country Fire Station	90°	0.63	冲积层	100%	35.6	14.4
日本 2 级 G. C. 1-人工	—	0.37	坚硬土层	100%	112.6	88.5
日本 2 级 G. C. 2-人工	—	0.37	软弱土层	100%	94.0	41.5

6.7 与其他隔振系统的对比

许多桥梁隔振系统已经测试了相同的研究项目(Tsopelas 等，1994；Constantinou 等，1993；Tsopelas 和 Constantinou，1994)。所有的系统都经过相同的桥梁模型和地震激励。被测试系统的试验反应对比结果是指导性的。基于这个目的，表 6-3 对六种系统在 Taft 波作用下的响应记录进行了对比。特征强度定义为隔振系统在动态条件下零位移时的隔振系统的出力(例如，对于滑动系统为在最大滑动速度下的摩擦力）。隔振周期根据隔振系统的屈服后刚度 K_p、桥面板的重量 W[周期 $=2\pi(W/K_pg)^{1/2}$]得到。在 AASHTO(1991)指南中没有定义有效周期。

表 6-3　对比的隔振系统描述

隔振系统	名　称	描　述	特征强度/板重	缩尺模型隔振周期
摩擦摆系统	FPS1	球形摩擦支座	0.104	1.50
摩擦摆系统	FPS2	球形摩擦支座	0.120	1.50
具有恢复力的滑动系统	T2-No. 1	平面 PTFE 滑动支座和橡胶恢复力装置	0.138	2.47
具有恢复力的滑动系统	T2-No. 2	平面 PTFE 滑动支座和橡胶恢复力装置	0.138	1.60
具有恢复力的滑动系统	T2-No. 3	平面 PTFE 滑动支座和橡胶恢复力装置	0.138	1.33
弹塑性系统	E 形阻尼器	E 形软钢阻尼器和润滑 PTFE 滑动支座	0.200	理论无限值

图 6-9 给出在刚性支墩条件下随振动台峰值速度的增加结构反应的变化规律以及对比结果。应该注意，在图 6-9 中弹塑性系统的位移峰值为所记录的位移峰值减去初始位移(即行程)。如表 6-1 中所示，支座的位移峰值实际上是比图 6-9 中大。通过对比发现，所有系统的桥面加速度是类似的，并将力传给下部结构。然而，对于弹塑性系统，其支座的位移和永久位移较大。这完全是弹塑性系统自身特点所造成的结果。对于特征强度小于弹塑性系统的其他装置，其产生的支座位移量都小于弹塑性系统。例如 T2-No. 1 系统，其系统的恢复力很弱，不符合 AASHTO(1991)关于最低恢复力的要求(Tsopelas 和 Constantinou，1994)。这种比较表明恢复力的重要性，在其他的地震中通过对结构响应的对比也可得到相似的结论(Tsopelas 和 Constantinou，1994)。

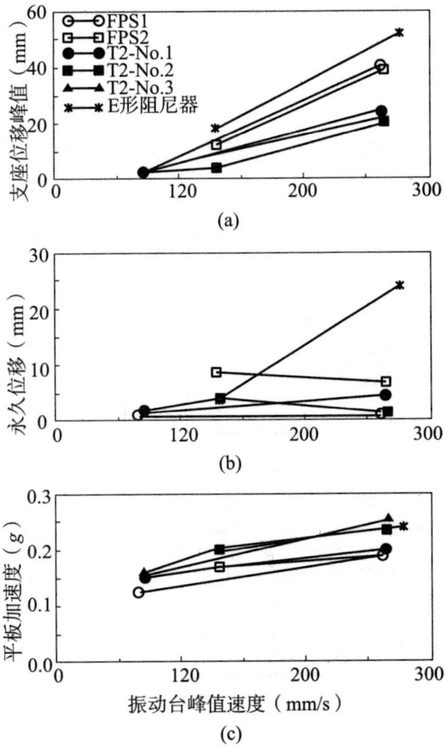

图 6-9　隔振桥梁的刚性支柱和不同的隔振系统在 Taft 波增加强度的函数响应比

6.8　分析预测的响应

关于弹性支墩桥梁的详细模型以及分析可参见 Tsopelas 和 Constantinou(1994)发表的文章。模型考虑了支墩的柔性、支墩顶部旋转和隔振支座的非线性滞回特性。隔振桥梁的模型如图 6-10 所示。

运动方程根据桥面板和支墩在水平方向以及支墩在转动方向的动态平衡关系导出：

$$m_d(\ddot{U}_d+\ddot{U}_g)+F_{b1}+F_{b2}=0 \tag{6-9}$$

$$m_{p1}(\ddot{U}_{p1}+\ddot{U}_g-h_1\ddot{\phi}_{p1})+F_{p1}-F_{b1}=0 \tag{6-10}$$

$$m_{p2}(\ddot{U}_{p2}+\ddot{U}_g-h_2\ddot{\phi}_{p2})+F_{p2}-F_{b2}=0 \tag{6-11}$$

$$I_{P1}\ddot{\phi}_{p1}+M_{p1}+F_{p1}h_1+F_{b1}(h-h_1)=0 \tag{6-12}$$

$$I_{P2}\ddot{\phi}_{p2}+M_{p2}+F_{p2}h_2+F_{b2}(h-h_2)=0 \tag{6-13}$$

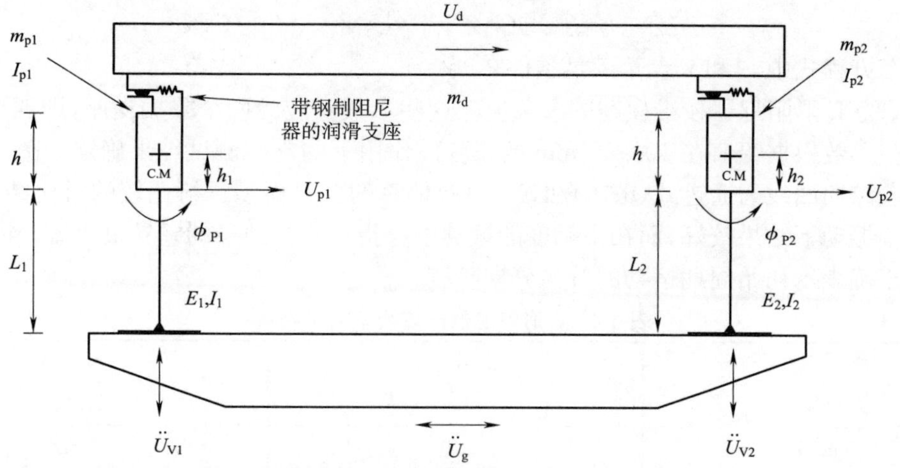

图 6-10 隔振桥梁的纵向模型

式中，$\ddot{U}_g$ 为振动台(地面)加速度；U_d为桥面板相对于台面位移；U_{p1}，U_{p2}为墩位移相对于台面的位移；ϕ_{p1}，ϕ_{p2}为桥墩的转角；F_{b1}，F_{b2}为隔振系统的侧向力；F_{pi}和M_{pi}为墩柱顶连接出的侧向力和弯矩。

力 $F_{bi}(i=1,2)$包括支座滑动的摩擦力以及 E 形阻尼器出力，可采用下式描述：

$$F_{bi}=\pm\mu_i W_i+F_{Ei} \tag{6-14}$$

式中，μ_i为支墩 i 处支座的滑动摩擦系数(库仑摩擦力)；W_i为支墩 i 处两个滑动支座的名义载荷；F_{Ei}为支墩 i 处四个 E 形阻尼器的出力。此外，U_{bi}为支墩 i 处支座位移：

$$U_{bi}=U_d-U_{pi}+h\phi_{pi} \tag{6-15}$$

由于阻尼器中心腿与支座滑块部分的连接点存在缝隙，被测试阻尼器出现滑移－锁止现象。这可能是由于重复测试使连接变松，总滑动约 3.6 mm。对缩尺阻尼器的滑移—锁止现象进行模拟是非常有必要的。

如 Baber 和 Noori(1988)所述，阻尼器的性能通过一个光滑的双线性滞回单元与滑移—锁止单元串联建模。单元的总位移包括滞回过程的位移以及滑移—锁止的位移。力与位移相关的数学表达式为：

$$F_{Ei}=\alpha_i\frac{F_{yi}}{Y_i}U_{bi}+(1-\alpha_i)-F_{yi}Z_i \tag{6-16}$$

式中，F_{yi}为阻尼器的屈服力；α_i为屈服后刚度比；Y_i为屈服位移；U_{bi}为 E 形阻尼器中心支腿相对于于外部支腿的位移，这个位移可以表示为：

$$U_{bi}=U_{bi_1}-U_{bi_2} \tag{6-17}$$

式中，U_{bi_1}为滞回单元的位移；U_{bi_2}为滑移锁止单元的位移。Baber 和 Noori(1988)建议后者可采用一个速率方程形式的公式表示：

$$U_{bi_2}=\sqrt{\frac{2}{\pi}}\cdot\frac{a}{\sigma}\exp\left(-\frac{Z_i^2}{2\sigma^2}\right)Z_i \tag{6-18}$$

公式中当 Z_i变更符号，上式将给出发生滑动时产生的位移量 $2a$。a 为常数，可用于控制滑动到锁定之间的过渡阶段。此外，式(6-16)和式(6-18)中变量 Z_i满足以下方程，该式为 Wen(1976)建议的修正模型：

$$Y_i\dot{Z}_i+\gamma|\dot{U}_{bi}|Z_i|Z_i|+\beta\dot{U}_{bi}Z_i^2-\dot{U}_{bi}=0 \tag{6-19}$$

在这个方程式中，β 和 γ 参数满足条件 $\beta+\gamma=1$。

表 6-4 为 E 形阻尼器校准模型的参数值。这些参数对应为两个隔振支座，即四个 E 形阻尼器。这些参数根据幅值在 10～50 mm 的正弦波作用下的支座测试结果确定。图 6-11 是对支座的实验滞回曲线与通过式(6-16)和式(6-19)估算的校对模型进行比较的对比结果。估算显示在大幅振动下结果较好，而在小幅度的振动中分析和实验结果的差异很明显。特别是，该模型不能正确表示初始周期运动的升高分支阶段。

表 6-4　E 形阻尼器计算模型的参数值

参　　数	南侧支墩	北侧支墩
F_y(kN)	11.56	11.12
Y(mm)	7.62	7.62
α	0.004 5	0.004 5
σ	0.03	0.03
a(mm)	1.8	1.8

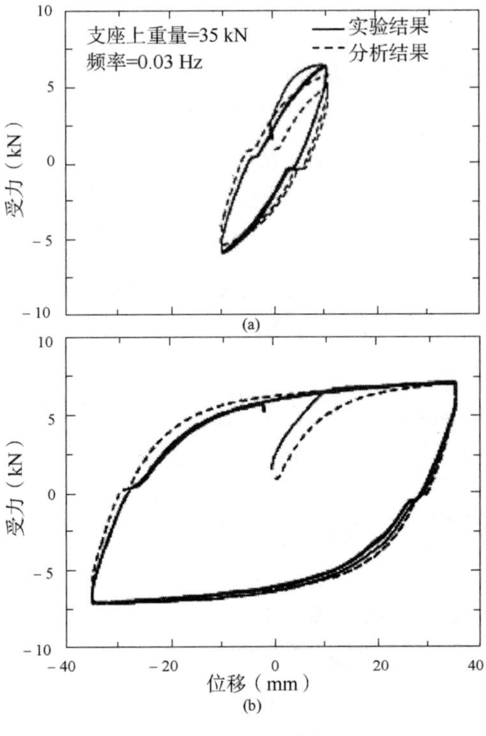

图 6-11　具有 E 形阻尼器支座的实验和分析的力位移滞回曲线对比

在首先将方程降阶为一阶微分方程，并给定条件解决 $\mathrm{sgn}(U_{bi_2})=\mathrm{sgn}(U_{bi})$，采用截断误差控制的自适应数值积分法，通过式(6-19)对式(6-9)进行求解。初始条件包括初始位移(即先前测试的永久位移)和相关的摩擦力。如 Tsopelas 和 Constantinou(1994)所述，前者要求给出 Z_i 的初始值。

在分析模型中使用的数据为：梁板重力 $m_d g$ = 140 kN；桥墩重力 $m_{pi}g$ = 8.9 kN；$L_1=$

$L_2 = 1\ 600$ mm；$h_1 = h_2 = 98$ mm；$h = 413$ mm，$I_{p1} = I_{p2} = 38.22$ kN · s^{2}mm；$E_1 = E_2 = 200\ 000$ MPa，$I_1 = I_2 = 3.022 \times 10^{-5}$ m^4（两个 AISC 方钢管 6×6×5/16）。基于这些数据，可以得到在其悬臂位置每个桥墩基本周期，计算结果是 0.092 s，与试验确定的值 0.096 s 相差很小。悬臂桥墩在第一振型的临界阻尼比为 5%，这与实验数据一致（考虑混凝土表开裂的效果）。北侧桥墩支座的摩擦系数指定为 0.01，南侧桥墩为 0.02（根据实验结果，见图 6-4）。

图 6-8 和图 6-12 给出了分析和实验研究对比结果。图 6-8 给出了当支墩都采用支撑时 5 号试验的比较结果，图 6-12 给出了活动支墩时 16 号试验的比较结果。分析结果与实验结果吻合很好。永久位移、隔振系统受力、桥墩剪力的估算精度较好。支座的位移时程也预测很好，尽管有时位移峰值超出了预测值（见 Tsopelas 和 Constantinou 1994 更为详细的结论），但分析模型足够准确，表 6-2 中给出的结果被认为是可靠的。

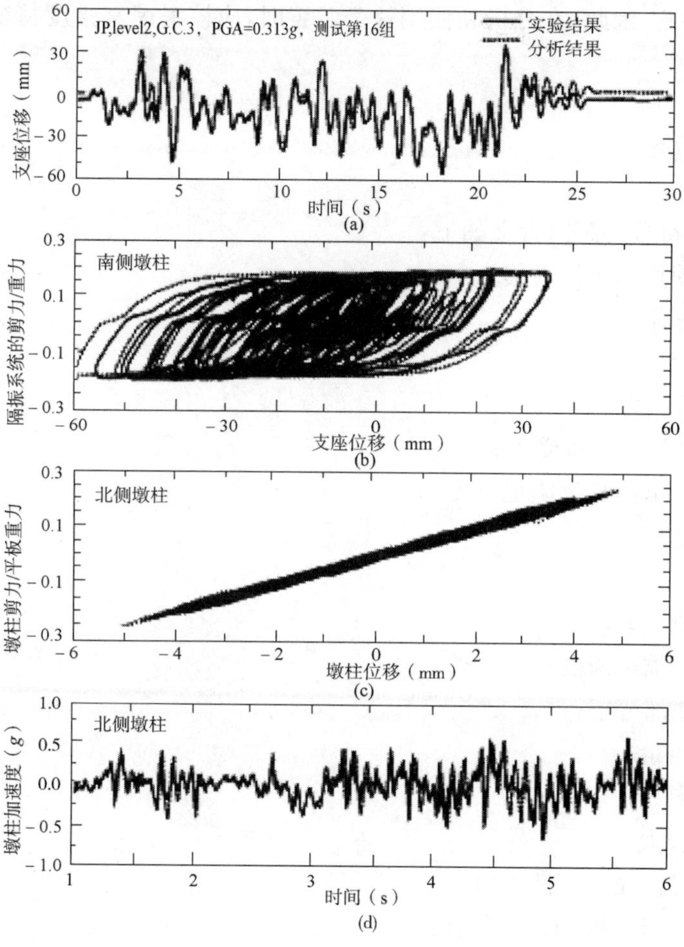

图 6-12　日本的 2 级 G. C. 3 地震作用下的实验和分析结果的比较

6.9 结　　论

本文对使用弹塑性隔振系统的桥梁性能进行了实验和分析。基于本次研究结果，可得出的结论是弹塑性隔振系统对某些冲击类型的地震运动较为敏感，并产生非常大的峰值位移和较大的永久性位移。与其他类型被测试的隔振系统相比，恢复力对预防大量永久位移发展非常重要。

还应该认识到，弹塑性隔振系统的优势在于无论水平地震激励的频率成分如何，其均可给下部结构提供一个恒力。如果有足够的位移能力，并且桥梁有足够的恢复能力，或可以进行支座更换，这些系统还是可以采用的。

基于这些结果，研究人员认为，AASHTO(1991)指导性规范中对恢复力不足的隔振系统所要求的大支座位移能力是适当的。

结论：应该指出本次研究的范围有限，未能解决一些重要的问题。其中一个问题是在平面运动下多向 E 形阻尼器支座的性能；另一个问题是系统的在长期运行后的性能。由于软钢阻尼器可靠性较好，而在经过长期运动后由于大量污染物的出现，滑动支座的性能是个问题(Campbell 等，1993)。因此，在分析和使用这类装置时，应该考虑其强度特征值随时间而变化的特性。

6.10　符号注释

本章所采用的符号(部分)含义如下：

a——滑移—锁止单元的滑移；

b——E 形阻尼器梁高；

E——弹性模量；

F_{pi}——支墩 i 墩顶力；

F_{bi}——支墩 i 处隔振支座受力；

F_{Ei}——支墩 i 处四套 E 形阻尼器出力；

g——重力加速度；

h——E 形阻尼器柱高；

K_p——屈服后刚度；

L——E 形阻尼器梁跨度；

M_{pi}——支墩 i 顶部弯矩；

m_d——桥面板质量；

m_{pi}——支墩 i 质量；

P_Y——初始屈服力；

P_{max}——E 形阻尼器完全塑性出力；

U_d——桥面板相对于振动台的位移；

U_{pi}——支墩 i 顶部相对于振动台的位移；

W——桥面板重；

Y——理论屈服位移；

α——屈服后刚度比；

δ_Y——开始屈服的位移；

ε——应变；

μ——整体延性系数；

μ_1——局部延性系数；

μ_i——支墩 i 处支座摩擦系数；

σ_Y——屈服应力；

σ——控制滑移—锁止单元的常数；

ϕ_{pi}——支墩 i 顶部转角。

7　国外减隔振桥梁和阻尼器的失效分析

近年来国外一些减隔振桥梁在地震下的倒塌事件，为我们提出了“灾后分析、处理和规范修正”的重要课题。本文主要介绍国际上的几座安置了减隔振装置的桥梁，因为减隔振装置的使用不当而造成桥梁失效的案例。着重对土耳其的 Bolu 高架桥以及日本隔振桥梁在实际地震中会失效原因进行了综述性地归纳和总结。Bolu 高架桥 1 号线的失效原因主要在于地震隔离系统的设计没有遵照相关的规范要求，而日本采用橡胶隔振支座冷冻硬化导致了桥梁超载。仔细地分析失效的原因，认真做好抗震加固、更新和改造，为我们提供了宝贵的经验教训。

7.1　引　　言

大多数桥梁专家以及相关的媒体都过于推崇桥梁的正面效应，如美观的外形特征、交通问题的解决程度以及结构设计上的创新点等。然而，无论在国际和国内，桥梁的失效案例都屡有发生，而对其失效的原因却鲜见详细科学的报道和分析。这对于桥梁事业的进步和发展是不利的，它导致了完全可以避免的错误接踵发生。本文希望通过介绍一些国际上详细分析桥梁的失效原因并更新加固的案例，为以后的桥梁设计提供经验教训，以免重蹈覆辙。

近二十多年来从美国首先试验和发展起来的结构保护系统是上世纪末结构抗震领域上最伟大的科研成果。这种通过学习和采用航空和机械领域的成果用在大型桥梁和建筑上另加一些隔振、耗能、阻尼的装置为结构抗震开辟了一个非常有效的新途径。最受工程师们青睐的装置包括：隔振（Seismic Isolation）；利用各种阻尼器（Damper）吸能、耗能系统；质量调谐阻尼系统（TMD）减振体系等。这些新技术的使用可以大大提高结构抵抗振动能力，也可以解决很多传统结构中解决不了的问题。

本章对几座国外桥梁因结构保护系统而失效的案例进行简介汇总，重点对 Bolu 高架桥 1 号线在土耳其地震中失效破坏的原因进行了归纳总结。也对日本安置了橡胶隔振支座因为冷冻硬化，在 Kushiro-Oki 地震中超载的情况作了介绍。

此外，还简要地介绍了一些其他运用不当或质量不好的结构保护系统的负面作用，引起失效破坏，以便工程界引以为戒。而这些系统失效后国外专家对问题的正确对待和处理，正是国内工程界值得学习和借鉴的。

7.2　Bolu 高架桥 1 号线的震灾情况

7.2.1　Bolu 高架桥 1 号线原设计概况

1999 年，土耳其西部发生了 Duzce 7.2 级大地震，据统计共造成 1 000 多人死亡，5 000 多人受伤，震害区绝大多数建筑物都遭到了破坏。当时作为连接土耳其 Bolu 省西部和山岭地区的交通枢纽的 Bolu 高架桥工程已经几乎竣工。采用了先进的隔振和耗能技术的 Bolu 高架桥 1 号线却在此次地震中也没能幸免，遭到了严重的地震破坏。

Bolu 高架桥 1 号线全长 2.3 km，整个桥是由 58 个桥墩支承的 59 跨双线结构，如图 7-1 所示。上部结构为 10 跨一联的预应力混凝土连续箱梁，支承在盆式橡胶支座上，每联长 392.2 m。桥墩为八角形空心墩。桥上的路面结构是由长度大于十跨的钢筋混凝土板和 7 根预应力梁所组成，每块板由 11 根柱子支撑，共 392 m 长。由于其地理位置以及战略地位的重要性，在桥梁的设计过程中对这座桥安装了地震隔离系统，试图遵照美国 AASHTO(1991)桥梁抗震设计规范和设计者自己编制的隔振规程进行设计。其中，10 号和 20 号墩之间的典型一联的纵立面图如图 7-2 所示。该桥原来的地震保护系统是在上部结构和桥墩之间安装了滑动支座和钢屈服耗能的装置(图 7-2)，两者一起组成地震隔离系统。

图 7-1 Bolu 高架桥的全景

该桥的场地环境包括非常强烈的近场地震动，近场断层和深层土场地对高速公路高架桥梁产生影响。

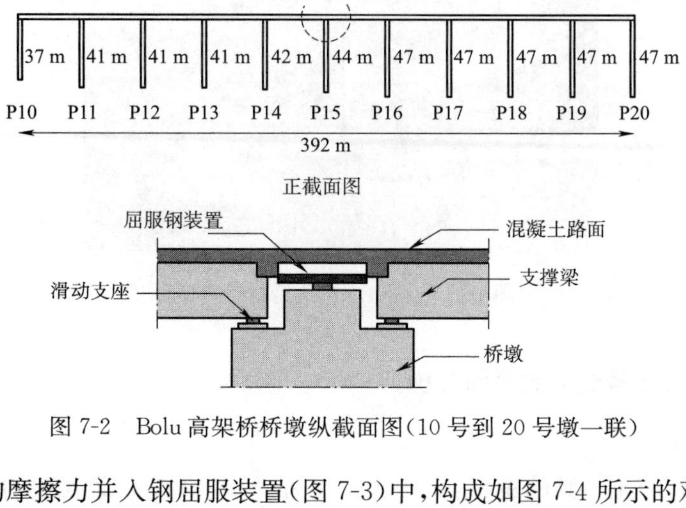

图 7-2 Bolu 高架桥桥墩纵截面图(10 号到 20 号墩一联)

滑动支座上的摩擦力并入钢屈服装置(图 7-3)中，构成如图 7-4 所示的双线性恢复力模型的骨架曲线。

AASHTO 规范要求隔振装置的允许位移能力必须大于按单自由度计算位移的 3 倍以上。遗憾的是，原来的隔振装置并没有满足这一重要要求。

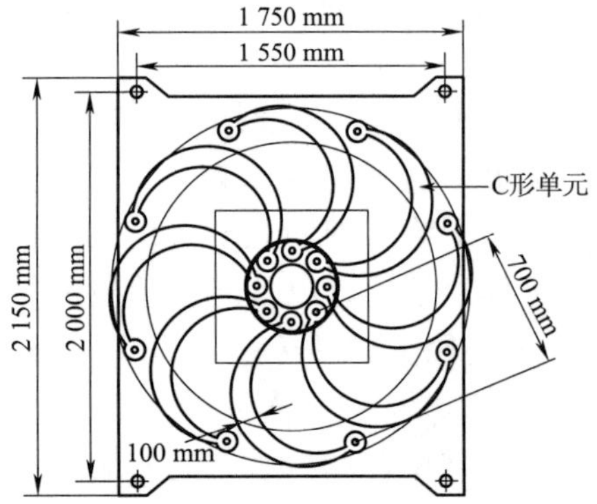

图 7-3　钢屈服耗能装置的平面图

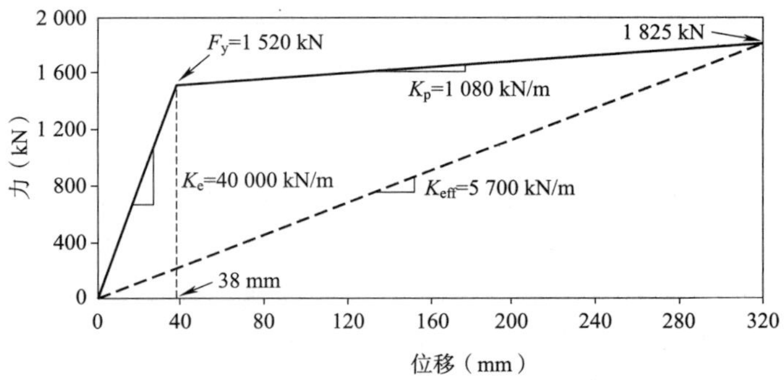

图 7-4　隔振系统的双线性滞回曲线骨架图

7.2.2　Bolu 高架桥 1 号线的破坏情况

地震发生的时候，Bolu 高架桥已经完成了近 95%的工程量。然而，这次突如其来的地震却使 Bolu 高架桥 1 号线的隔振系统遭到了完全地破坏。由于断层沿着与高架桥纵向成 25°角穿过高架桥，该桥承受了近场地震引发的高速脉冲以及永久的地壳变形而产生的种种破坏作用。其结果是高架桥的上层结构相对于桥墩产生了一个西向的位移而离开所有的梁末端，这个偏移量达到了纵向 1 000 mm 和横向 500 mm。钢屈服耗能装置遭到完全破坏，几乎所有的盆式滑动支座完全失效，如图 7-5 所示。部分梁甚至滑到墩顶。伸缩缝处的限位缆索和 468 个侧向限位的剪力键落下桥墩，其中，176 个严重破坏。

图 7-5　损坏的钢屈服装置和支座

7.2.3　Bolu 高架桥 1 号线失效原因分析

1. 动力分析模型

地震发生以后，应土耳其的邀请，美国土木工程师学会（ASCE）几次组团，在土耳其 Bolu 高架桥业主和原设计方的配合下，在现场收集了大量桥梁和地震的相关资料，为下一步分析作了准备。

Roussis 等人用 ANSYS 软件对该桥进行动力分析，如图 7-6 所示。其中，中间某典型墩柱处的有限元建模特征如下：桥墩和梁采用三维梁单元，为了模拟出桥面质心高度和其对应的支座顶部高度的差异，在每一个桥墩的顶部应用了刚性单元。

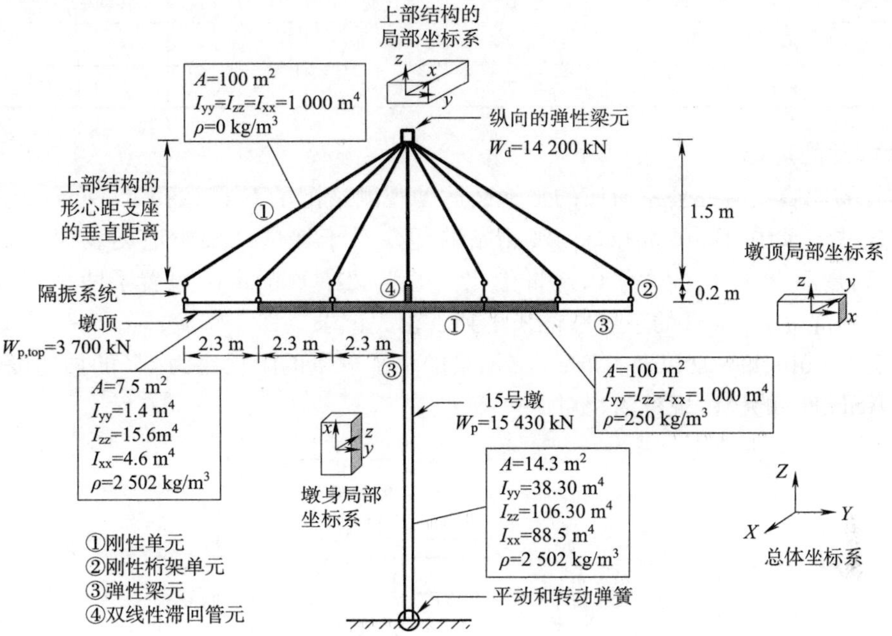

图 7-6 桥梁的有限元模型

滑动支座用刚性竖向杆单元进行模拟，长度等于支座的高度 0.2 m。滑动支座提供的摩擦力归并到钢屈服装置的滞回作用中考虑。

钢屈服装置采用两端固结的薄壁管单元模拟，该单元可以用双线性的滞回曲线描述。用平动和转动弹簧来模拟基础对墩底的约束。

2. 模态分析

首先，作了结构体系的模态分析。地震隔离装置的双线性作用如图 7-4 所示，用下列参数，最大位移 320 mm，K_{eff} = 5 700 kN/m 模拟成近似等效线性化体系进行计算。计算出的前十个振型结果见表 7-1。

表 7-1 计算得出的前十个振型的频率和参与系数

模 态	频率(Hz)	振型质量参与系数					
		纵向(x)	横向(y)	竖直向(z)	转动(x)	转动(y)	转动(z)
1	0.284	0.706	0.000	0.000	0.000	0.000	0.000
2	0.298	0.000	0.842	0.000	0.725	0.000	0.988
3	0.305	0.000	0.158	0.000	0.272	0.000	0.011
4	0.495	0.000	0.000	0.000	0.000	0.072	0.000
5	0.717	0.000	0.000	0.000	0.000	0.140	0.000
6	0.738	0.000	0.000	0.250	0.000	0.150	0.000
7	0.795	0.000	0.000	0.000	0.000	0.166	0.000
8	0.882	0.000	0.000	0.294	0.000	0.000	0.000

续上表

模　　态	频率(Hz)	振型质量参与系数					
		纵向(x)	横向(y)	竖直向(z)	转动(x)	转动(y)	转动(z)
9	0.949	0.011	0.000	0.000	0.000	0.000	0.000
10	0.959	0.022	0.000	0.002	0.000	0.017	0.000

3. 地震动的选择

土耳其的地震灾害办公室所属的强地面运动观测站记录下了 1999 年 Duzce 地震中 20 个记录。在这些记录中，Bolu 和 Duzce 观测站的记录对于评估高架桥地震表现非常重要。而且，为了进行震后调查，巴黎大学以及哥伦比亚大学又在 Karadere 设置了两个临时地震动观测站，在 1999 年 8 月 17 日的余震中也采集到了相关记录。

图 7-7 为 Bolu、Duzce 以及 Karadere 记录的水平分量的阻尼比为 5%的加速度反应谱，将它们与 AASHTO 的设计规范谱相对比。

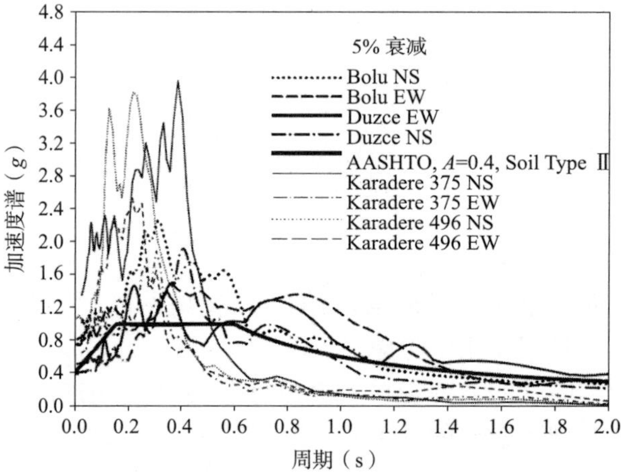

图 7-7　1999 年 Duzce 地震纪录的水平方向加速度反应谱

在短周期范围(小于 0.6 s)内，八个记录分量的反应谱值几乎都大大超过了设计的反应谱值。除 Duzce 记录外，在周期大于 1.5 s 的范围内，它们都低于设计加速度反应谱值。尤其是 Karadere 的记录，在长的周期段内呈现出非常低的加速度谱值，因此分析中未予选用。

Duzce 观测站位于一个厚度 100 m 的冲积层的盆地上，其记录有一个长的持续时间并含有长持时和长周期能量成分，那也是盆地反应和松软土的特征；而 Bolu 观测站安置在具有深冲击层的软土地基的一个建筑物内，Bolu 记录为强烈的地面震动，表现出方向性特征和断裂骤然停止阶段的特征。

分析中先选用 Bolu 和 Duzce 两条记录，然而，两个记录都不能完全真实地表征近断层高架桥的有关情况。因此，在后来的分析中采用基于指定的震源参数而合成的人工波作为该桥评估分析用的地震波。人工记录的模拟是以发生地震的震源参数为基础，考虑了高架桥场地条件，运用了所谓的混合方法合成的。在低频范围内运用了确定的方法，而在高频范围内运用随机过程来模拟地面运动。

充分地考虑了地震动的近场特性和场地土的情况，由低频和高频两部分模拟所产生的其中一条人工地震记录和它的加速度反应谱如图 7-8 所示。

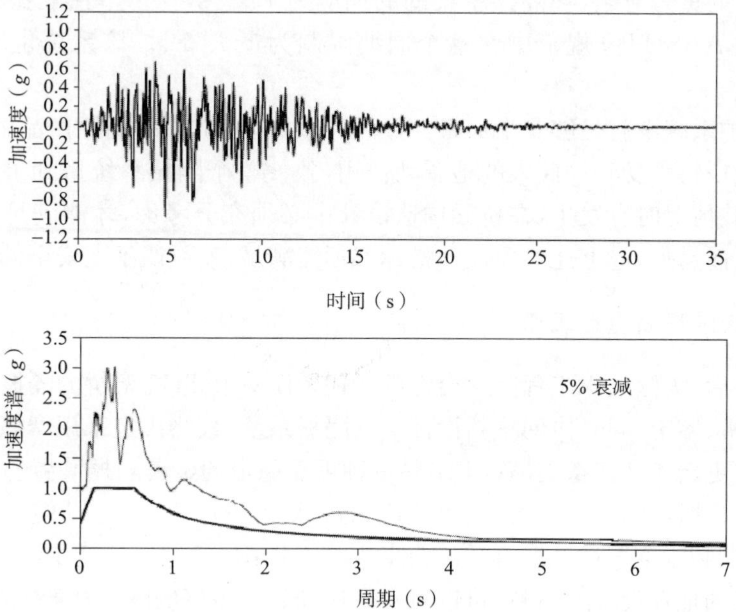

图 7-8　人工地面运动加速度和它的反应谱

4. 非线性时程分析

在 ANSYS 中采用了非线性时程分析，时程分析的时间步长为 0.002 s，在每一个时间步长上运用了 Newton-Raphson 迭代法。计算中采用瑞利阻尼，得到的前 20 阶振型阻尼比为 2%～3%。

7.2.4　Bolu 高架桥失效原因总结

Bolu 高架桥的破坏引起了许多地震和桥梁界人士的高度重视。在大地震以后，美国 M. C. Constantinou 教授等人多次对该高架桥进行设计和破坏的深入调查和研究。他们的结论是：Bolu 高架桥的失效是由于其结构保护系统（即地震隔离系统）的失效破坏。根据上述计算分析的结果，指出了地震隔离系统的设计存在以下严重问题：

(1)隔振系统的位移能力不足。依据 AASHTO 标准，验算可得，该高架桥隔振系统的最大位移为 820 mm。而原设计的隔振系统的极限位移仅有 210 mm（滑动支座）到 480 mm（屈服耗能装置的极限位移）。通过利用 Bolu 和 Duzce 两处地震观测站分别对地震场地进行了地面运动情况的观测，并模拟了近断层的运动情况，得到的峰值位移应为 1 400 mm。这么巨大的差别说明了该设计不仅非常不合理（隔振的两部分位移能力不同），也远远不能满足 Duzce 近场大地震的要求。

(2)屈服后的刚度值偏低。为了确保隔振装置在地震中能自动回复原位，在 1991 年或 1999 年的 AASHTO 设计规范中均要求，在设计 50%最大位移时，装置的横向恢复力应大于支座承受重力的 2.5%。该支座承受的重力为 14 200 kN，按图 7-4 所示的恢复力骨架模型，50%的最大位移 160 mm 时的恢复力仅有 1 652 kN，为重力的 1.2%，远不能满足设计要求，无法保证支座恢复原位。

(3)地震隔离系统的周期不符合设计规范要求。按图 7-4 所示,1 080 kN/m 的屈后刚度以及 14 200 kN 的重力荷载,该隔振桥梁的周期应为 7.27 s,为了不使隔振系统有过大的位移,在 1999 年的 AASHTO 规范中将这个周期限制为最大 6 s。该系统也不符合规范这一要求。

(4)结构保护系统没有足够安全储备。显然,在对这座桥梁的隔振产品的设计过程中,并没有考虑到高架桥将承受到如此大的地震动作用,致使整个隔振系统遭到了完全的破坏。然而,意外的超荷载情况时有发生,在桥梁构造设计中必须充分考虑,才能满足人们对桥梁的使用安全要求。显而易见,连上述各项设计指标都不能满足,就更谈不上安全储备了。

7.2.5 隔振系统的震后重建工作

地震发生以后,美国土木工程师学会专门派代表团对 Bolu 高架桥的隔振系统的破坏情况进行了考察、分析、鉴定,同时协助重新设计了其隔振系统,最终决定采用摩擦摆隔振系统对震后桥梁进行加固更新。摩擦摆支座(FPB)是一种可靠稳定的金属隔振装置。它可安置在结构与基础或桥梁与桥墩之间(图 7-9)。这种支座通过球形滑动表面的运动使上部结构发生单摆运动,支座的周期和刚度通过选取合适的曲率半径来控制,通过延长这个结构的固有周期,并在摩擦表面有目的地加设阻尼材料,可以对水平振动起到很好的隔振和耗能减振作用。同时,传递给下部结构的侧向力大大地减小,从而在强烈的地震中使结构免遭破坏。

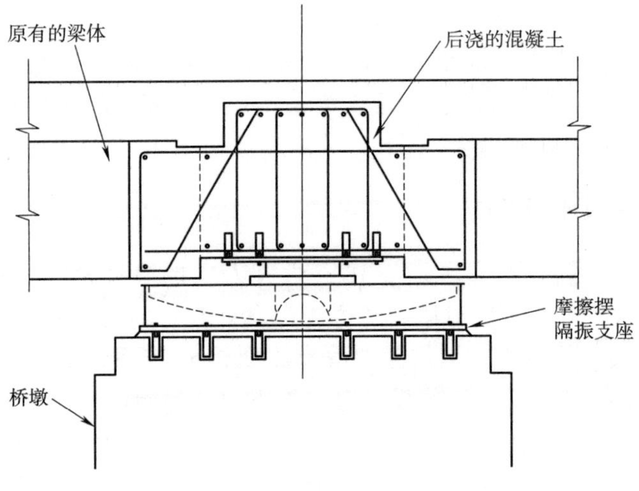

图 7-9 用摩擦摆支座进行加固

根据墩高的变化和跨越断层的位置,采用了 3 种规格的摩擦摆支座:

(1)在不太高的墩上采用滑道半径大、位移能力为±700 mm 的支座。

(2)在高墩上采用滑道半径小、位移能力为±700 mm 的支座。

(3)在断层两侧的墩上采用滑道半径大、位移能力为±900 mm 的支座。

最终该桥共使用了 536 个摩擦摆(图 7-10),设计位移的最大限值为 900 mm,并有 1.5 倍以上的安全储备。特别值得我们关注的是:这 536 个摩擦摆按美国设计规范的要求,个个都要经过原型动力检测。这就确保了在地震中不会遭受破坏。

图 7-10 Bolu 高架桥上使用的摩擦摆

7.3 日本 On-Neton 桥在 1993 年 Kushiro-Oki 地震反应

1993 年日本发生 7.8 级 Kushiro-Oki 地震，日本地震工作者在约 30 km 震源距离、震源深度 107 km 处，1961 年修建的 On-Neton 老桥上下采集到了该地震的地震记录。这些记录被用来分析对比该老桥旁的 On-Neton 新桥（图 7-11）。新桥设计采用了结构保护系统的新技术，A-1 辅助墩和 P-1 墩上设置了橡胶支座，在墩 P-1、P-2 和 P-3 上设置了带铅芯的橡胶支座。该桥地处日本北部，30 年内最低温度达－9℃，处于日本严寒地带。

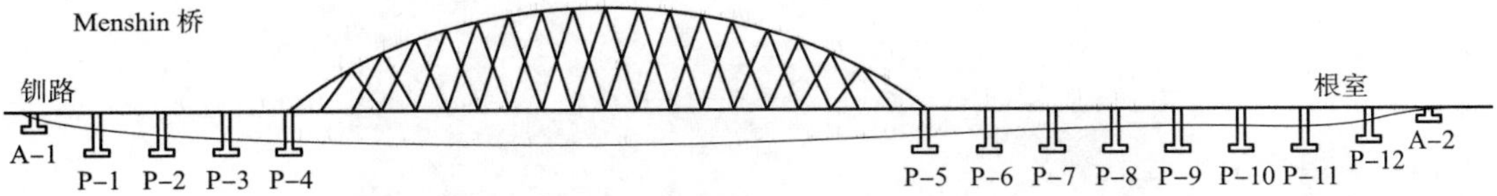

图 7-11 日本 On-Neton 新桥

地震并没有给桥梁带来巨大破坏，仅在 P-4 墩上发生较大位移。然而，宝贵的地震记录被用来对该新桥进行计算分析。分析时，该桥的橡胶支座使用了不同温度作用下的试验参数（表 7-2）。用记录到的强震记录对具有真实试验参数的 On-Neton 新桥进行时程积分。分析的结果表明在－20℃ 的情况下会产生比 20℃ 时几乎大一倍的墩底峰值弯矩，也都远大于原支座的设计参数（表 7-3）。

表 7-2 支座特性

支　座	特　性	20℃	－20℃
橡胶支座	刚度 K_{RB}(t/m)	363.0	472.0
铅芯橡胶支座	第一刚度 K_1 (t/m)	5 188.0	8 953.2
	第二刚度 K_2(t/m)	471.1	645.0
	刚度比 K_2/K_1	0.072 12	0.072 04
	屈服位移 δ(m)	0.018 32	0.012 44

表 7-3 计算的峰值反应

墩号	墩底峰值弯矩(tf · m)			支座峰值相对位移(cm)
	20℃	−20℃	设计值	
A-1	485.7	475.8		
P-1	1 175.6	2 227.5	806.0	9.0
P-2	1 295.2	2 464.8	1 053.0	8.6
P-3	1 528.1	2 733.9	1 203.0	8.0
P-4	58 488	60 157	19 129	

7.4 英国 Thelwall 高架桥失效案例

修建于 1963 年英国的 Thelwall 高架桥是一座横跨曼彻斯特大运河的著名高架桥，全长 1.4 km，高 25 m，由 36 个跨结构组成，如图 7-12 所示。1996 年，承包人 Amec 将 Thelwall 高架桥进行了重新翻修。这次翻修的部分内容，是对该桥的支座进行了更换，安装了新的辊轴支座和摇摆支座。然而，在重新翻修不到六年，2002 年 6 月的常规检查中发现，桥梁的辊轴支座受到了不同程度的破坏。最严重的甚至在单车道下方的直径为 160 mm 的实心铁柱形的辊轴支座裂成了两半。如果没有及时被发现，高架桥的混凝土墩和钢梁都会超载并导致一连串致命的结构破坏。随后整个高架桥立即停止了交通运营，重新检修。

图 7-12 Thelwall 高架桥

专家们又对这座桥进行了进一步的试验和研究，渐渐地发现了全局的问题。为了保证整座高架桥的最终安全，英国高速公路管理局于 2003 年 4 月宣布，Thelwall 高架桥上所有的 136 个滚动支座都要再次进行更换。全部换成滑动支座。

全英多位桥梁专家和上百个工程师负责设计、监控和评估所有滚动支座替换的方案。

1996 年花费巨资翻修过的 Thelwall 高架桥的支座何以再次发生破坏？专家们随后作了相关调查分析。他们从支撑中跨桥墩的八个滚动支座中取下了四个支座进行了化学试验，发现这些滚动支座受到了颗粒间腐蚀。专家还推测，其他的支座也都有可能受到了同样的损坏。已经发现损坏的支座有 17 个。支座开始出现破裂的时候并不明显，直到热胀作用使支座开始摇动时才会使裂缝进一步暴露。随后发现，他们一直认为性能稳定的摇摆支座也开始出现了问题，由于聚四氟乙烯的薄板暴露，使摇摆支座一直处于恶劣的工作环境。专家们又取下了其中两个摇摆支座对其进行进一步的评估。最终，高速公路管理局决定更换包括滚动支座在内的一共 148 个支座。

直到 2005 年 2 月，该高架桥才开放交通。

7.5　其他破坏案例

以上三例均为隔振支座。作为另一种成功的结构保护系统，抗震用阻尼器通过阻尼耗能巧妙地避免或减少了地震、风力的破坏。它不仅功能显著，还容易更换和检修，优点十分显著。在国内外桥梁上都得到了广泛的应用。然而，因为阻尼器的漏油、失效，导致桥梁返工的事件却时有发生。

美国的南加州大桥在建成时安置的阻尼器，仅仅使用了两年，就发生了严重漏油(图 7-13)，影响使用。现在已经重新更换翻新改造。

图 7-13　美国加州某漏油的阻尼器

韩国高速铁路使用的 Colebrand Device(该公司已破产)产品，是一种锁定(Lock-up)装置。安置在大桥上的锁定装置，在温度和正常活荷载下可以自由变形，对于中小地震荷载、较大的风荷载带来的桥梁各部分间的运动和碰撞，可有效地起到减少、转移和限制作用。安装后不久，也发生了装置漏油现象。这些填充了硅胶的锁定装置安装前没有按设计规范要求经受长期荷载、上万次往复的试验，也就无法满足实际工程的测试要求。

7.6　经验和教训

在国际上桥梁失效的事故屡见不鲜，事故原因也各有差异。由桥梁事故所造成人员伤亡和经济损失都是相当惨重的。

二十多年前开始使用的结构保护系统已经广泛地运用到了桥梁的设计之中，这是当今桥梁发展的一大进步。但由于桥梁保护系统的运用尚未成熟，如果运用不当，不仅不能使桥梁起到抗震作用，还会给整个桥梁结构带来负面影响，造成严重的后果。一套完整的结构保护系统使用过程应该包括：

(1)使用前对这些保护系统严格正确地设计，应符合规范的所有要求规定。

(2)经过严格的符合要求的设计审查。

(3)按规范要求对其质量严格地测试鉴定。

(4)长期观测结构保护系统在使用过程中的表现。特别是在地震和大风中的表现。

综合上述四个过程,构成了对结构保护系统表现的必要的评估。这也是桥梁结构抗震评估中的重要一步。

每一次结构保护系统失效都是人类生命和金钱换来的教训。认真调查、研究和总结这些教训,找到真正失效的原因,改进和提高我们的设计和规范,研究并采用先进、可靠耐久的结构保护产品是非常重要的。

8 阻尼器系统结构中的附属结构反应

结构保护系统主要作用在于在地震作用下保护主体结构的安全,这应视为各类减隔振装置的首要功能要求。附属结构在地震作用下发生破坏一直未能引起结构工程师的注意,结构工程师普遍认为这已经超出了他们的职权范围。但对于房屋拥有者而言,这些附属结构的重要性要远超过结构本身,如医院的各种贵重器材,博物馆内陈列的历代藏品。在结构性能设计逐渐发展并引起房屋拥有者的注意后,这种情况将在今后得到改变。

Pavlou 和 Constantinou 对未设置和设置地震阻尼系统的结构进行了分析,对附属结构的动力反应进行研究。在分析中所采用的结构为根据 2000 NEHRP 推荐规范中的办法进行设计的钢结构框架。通过非线性反应分析,在远场地震波、近场地震波和软土地震波情况下,对无附加阻尼结构框架以及设置了不同的能量耗散系统的阻尼结构进行了研究;通过对线性黏滞阻尼、非线性黏滞阻尼、金属阻尼器等多种消能减振装置的对比发现,对于楼层加速度的控制效果,黏滞阻尼要远远优于金属阻尼,且线性黏滞阻尼要优于非线性黏滞阻尼。线性黏滞阻尼在更宽的频率范围可将楼层反应谱调低,非常有利于改善附属结构的地震反应。

本章节主要介绍 Pavlou 和 Constantinou 关于阻尼器系统对附属结构的作用,从而从多方面判定和评估不同耗能装置的优缺点及适用性。研究表明:黏滞阻尼系统在减小楼层谱加速度和楼层绝对速度方面具有重大的效果。

8.1 引　　言

发生在 1989 年的美国洛玛-普雷塔地震,即使结构破坏没有那么严重,也明显看出非结构构件和建筑物配件的破坏会引起严重的人员伤亡,严重的建筑物受损和重大的经济损失。

最近对非结构构件的关注,来自于性能设计的发展,性能设计中协调结构构件和非结构构件的性能水平是十分必要的。FEMA273 文档(ATC1997)第十一章第一次尝试提出了采用基于性能的方法提供设计要求的力和位移控制的非结构构件。这些规范提供了设计要求,要求性能水平达到生命安全和可立即使用。在这些规范中,对于非结构构件的操作性能水平没有提供具体的验收标准。

美国加州希望到 2030 年所有的医院结构具有足够抗震性能。非结构构件的抗震性能在这些设施中是至关重要的。医院的修复达到或超过预期的高水平性能重点是确保医院的昂贵设备不会在地震中被损坏,并且那些生命线的非结构系统不会变得不正常,在地震中保持正常运作。

对于减小具有特色建筑意义的建筑、重要设施、医院、博物馆和包含重要的电子设备的建筑物中的非结构构件的损坏,配合能量耗散装置采用地震保护系统将是一个非常有前途的方法。考虑到当今对于高性能结构和非结构构件行为的强调，需要对具备结构保护系统的结构中的附属系统的性能进行评估。

关于具有阻尼系统的结构性能的研究报告有许多(如：Filiatrault 等，2001；Uriz 和 Whittaker，2001；Miyamoto 和 Singh，2002)。这些研究集中在结构系统的性能相比于无阻尼系统结构性能的提高。在此，本文将对附属系统在有、无阻尼系统的建筑物中的反应进行分析研究，此研究的建筑物是以“2000 NEHRP 规范”(BSSC，2001)的程序为依据设计的三层钢框架结构建筑。也就是说，该建筑的设计没有刻意提高性能，设计者只是根据“2000 NEHRP 规范”按照满足安全要求和位移标准的要求进行设计。通过使用三组代表各类场地特点的地震波进行的时程分析来评估结构的抗震性能。由于大多数的附属系统与主要的支撑系统相比要轻的多，因此在分析中假设两个系统之间没有动态的交互作用。研究表明：阻尼系统在减少楼层谱加速度和楼层绝对速度中具有显著的作用。全部结果参见 Pavlou 和 Constantinou (2004)。

8.2 用于这项研究的地震波

在本次研究中使用了不同特点、震级以及距离建筑物的距离的三组地震记录。这三组地震记录包括近场地震、远场地震和软土地震。

1. 第一组：远场地震

第一组由十个远场地震动的 20 水平分量组成。这些选择均基于一定比例的地震记录，一般来说都代表了特定的设计反应谱。这些地震动的选择和比例的详细说明参见 Pavlou 和 Constantinou(2004)的文章。这些地震动的震级都大于 6.5 级，震中距约为 10～20 km，场地特征与“2000 NEHRP 规范”(BSSC，2001)中的 C 类和 D 类场地相一致。适用的设计反应谱参数为：$S_{D1}=0.6$，$S_{DS}=1.0$，$T_s=0.6$ s。

2. 第二组：近场地震

第二组地震动由 Somerville 等人(1997)进行合成，包括从相应的地震历史中选择的 10 条硬土近场地震动，该地震动已经发展成为作为 SAC 钢铁项目一部分的 UBC 区域 4 的主要地壳震动。这些时程表现的近场地震等级范围为 6.7～7.5 之间，震中距为 0～10 km。地震动被记录或修改为适应 NEHRP 规范的 D 类场地条件。更多关于近场地震动的信息参见 Pavlou 和 Constantinou(2004)的文章。

3. 第三组：软场地震动

第三组地震动包括 7 条软土地震动的 14 水平分量。地震的震级范围为 6.7～7.5，震中距为 16～166 km，场地特征与“2000 NEHRP 规范”中的 E 类场地相一致。表示目标反应谱的适用的设计反应谱的参数为：$S_{D1}=0.75$，$S_{DS}=0.8$，$T_s=0.94$ s。这些地震动在 Tsopelas 等人(1997)提出的方法的基础上被选择和扩展。平均而言，扩展部分代表的是 2000 NEHRP 规范中的周期为 1.0 以上的 E 级反应谱，但是他们是保守的短周期。应注意的是，结构保护系统的研究工作是在基本周期至少为 1.08 s 的弹性条件和包括阻尼系统的影响下进行的。对于这些地震动的选择和扩展比例的详细情况参见 Pavlou 和 Constantinou (2004)的文章。

8.3 满足 2000 NEHRP 规范的无阻尼系统的特种钢框架结构的描述

在本次研究中采用了两种框架，在此系指无阻尼框架。这些框架为无阻尼系统的三层特种钢结构建筑(图 8-1)，它们的设计满足 2000 NEHRP 规范中的最小基底剪力和层间位移角的要求。图 8-2 给出了该设计的三层框架结构，四个这类框架，在建筑中的每两个主轴方向上都均匀对称。建筑物相应的每层框架的水平楼面的自重如图 8-2 所示。所有这些框架的重量保持不变，而对于有阻尼框架，则通过使用相对的小尺寸截面来降低自重。所有的屈服强度被假定为 345 MPa(50 ksi)。

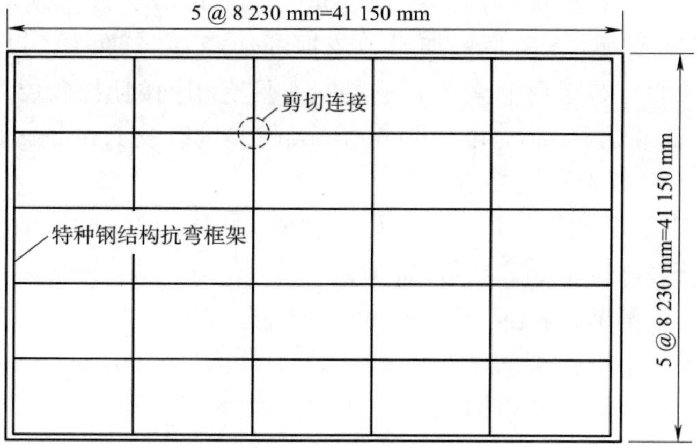

图 8-1 三层建筑平面图

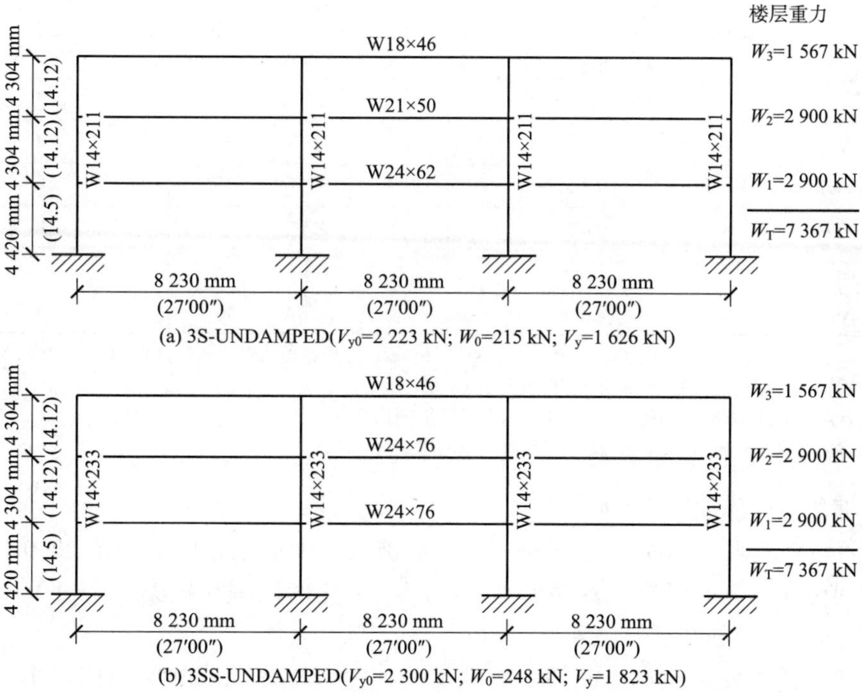

图 8-2 满足 2000 NEHRP 规范无阻尼系统设计要求的特种钢结构框架

假定无阻尼的框架 3S 位于的场地特征为满足 2000 NEHRP 规范(Ramirez 等,2001),其参数为 $S_{D1}=0.6$、$S_{DS}=1.0$、$T_s=0.6$ s 的设计反应谱。无阻尼框架 3SS 则假定位于一个软土场地,其场地特征满足 2000 NEHRP 规范,其参数为 $S_{D1}=0.75$,$S_{DS}=0.8$,$T_s=0.94$ s 的设计反应谱。

8.4 带阻尼系统的三层框架结构的描述

本次研究分别在三层特种钢框架结构中采用线性黏滞阻尼器、非线性黏滞阻尼器、屈服支撑这三种阻尼系统。除了阻尼系统外,阻尼框架按照 2000 NEHRP 规范设计,其基底剪力的强度 V_{ya}在 V_y的 75%～100%的范围内。V_y是根据 2000 NEHRP 规范规定的无阻尼系统框架结构的基底剪力强度 V(注意,无阻尼框架设计依据的地震基底剪力 V 没有被修正以满足层间位移角的标准)设计的。有阻尼框架与无阻尼框架具有相同的层高、层重、跨度。其余的关于框架结构的设计信息参见 Pavlou 和 Constantinou(2004)以及 Ramirez 等(2001)的文章。

表 8-1 所示为有阻尼框架结构特点:

(1)强度比,即有阻尼框架结构的 V_{ya}与无阻尼框架结构的 V_{y0}的比值,其值是由假定的摇摆机构的塑性分析确定(详见 Ramirez 等,2001)。

(2)框架中型钢的重量 W 与无阻尼框架 W_0的比。

(3)不加阻尼系统的阻尼框架的基本周期为 T,下标为"0"表示无阻尼框架设计的性能满足 2000 NEHRP 规范的层间位移角标准。

表 8-1 不包括阻尼系统的钢框架

框架名称[1]	强度比 V_{ya}/V_{y0}	重量比 W/W_0	周期 T(s)
3S-Undamped	1.00	1.00	1.07
3S75-LV10%	0.55	0.57	1.58
3S100-LV20%	0.73	0.76	1.33
3S80-NLV10%	0.59	0.57	1.52
3S75-YD1	0.55	0.57	1.58[2]
3S75-YD2	0.55	0.57	1.58[3]
3SS-Undamped	1.00	1.00	0.92
3SS75-LV10%	0.59	0.57	1.51

注:1. 3S 为 3 层框架;75、80、100 分别为 2000 NEHRP 规范规定的基底剪力的 75%、80%、100%;LV、NLV、YD 分别表示线性黏滞阻尼、非线性黏滞阻尼和屈服支撑系统。
2. 不包含阻尼系统的框架 3S75-YD1 在弹性状态下的周期为 1.3 s。
3. 不包含阻尼系统的框架 3S75-YD2 在弹性状态下的周期为 1.08 s。

无阻尼框架的性能如图 8-2 所示。

表 8-1 的数据表明,有阻尼系统的框架的基底剪力大大低于相应的满足 2000 NEHRP 规范要求的层间位移标准的框架的基底剪力。V_{ya}/V_{y0}的比值范围为框架 3S75-LV10%的 0.55 到框架 3S100-LV20%的 0.73。

不包括能量耗散装置的阻尼框架不能满足 2000NEHRP 规范的层间位移角限制。而阻尼系统被加设后,结构可以满足 2000NEHRP 规范中层间位移角的要求。

图 8-3 显示了六种加设阻尼器进行分析框架中的两个，加设阻尼系统的三层框架信息见表 8-2，简单描述如下：

（1）框架 3S75-LV10%：此三层框架的基底剪力强度是 2000 NEHRP 规范中规定的与其具有相同平面和层高的框架基底剪力的 75%（没有为满足层间位移角限制进行修正）。在假定的远场地震动弹性框架反应中，通过加设线性黏滞阻尼器为框架提供了 10%的黏滞阻尼比［图 8-3(a)］。

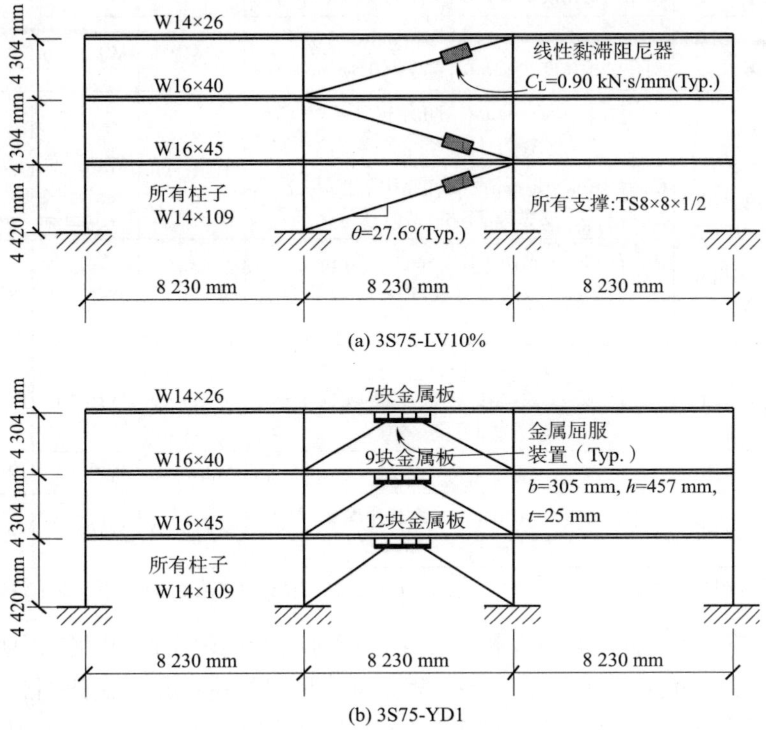

图 8-3　加设阻尼系统的框架

（2）框架 3S100-LV20%：此三层框架的基底剪力强度是 2000 NEHRP 规范中规定的与其具有相同平面和层高的框架基底剪力的 100%（没有为满足层间位移角限制进行修正）。在假定的远场地震动弹性框架反应中，通过加设线性黏滞阻尼器为框架提供了 20%的黏滞阻尼比。此框架为提高性能的设计，也就是说，与框架 3S75-LV10%相比，减小了损坏。

（3）框架 3SS75-LV10%：此三层框架的基底剪力强度是 2000 NEHRP 规范中规定的与其具有相同平面和层高的框架基底剪力的 75%（没有为满足层间位移角限制进行修正）。在假定的软土地震动弹性框架反应中，通过加设线性黏滞阻尼器为框架提供了 10%的黏滞阻尼比。

（4）框架 3S80-NLV10%：此三层框架的基底剪力强度是 2000 NEHRP 规范中规定的与其具有相同平面和层高的框架基底剪力的 80%（没有为满足层间位移角限制进行修正）。在假定的近场近断层地震动弹性框架反应中，通过加设非线性黏滞阻尼器为框架提供了 10%的有效黏滞阻尼比。要注意的是，由于平行断层分量和基于 2000 NEHRP 规范的 ELF 方法，此框架的有效阻尼比为 14%。

表 8-2 框架分析的描述

框架名称	输入地震动	阻尼器参数	梁截面			柱截面
			3层	2层	1层	
3S-Undamped	第一组和第二组	—	W18×46	W21×50	W24×62	W14×211
3S75-LV10%	第一组和第二组	C_L=0.90 kN·s/mm，对角结构角度 θ=27.6°，支撑为 TS 8×8×1/2	W14×26	W16×40	W16×45	W14×109
3S100-LV20%	第一组和第二组	C_L=2.14 kN·s/mm，对角结构角度 θ=27.6°，支撑为 TS 8×8×1/2	W16×36	W18×40	W21×44	W14×159
3S80-NLV10%	第一组	C_N=14.47 kN(s/mm)$^{0.5}$对角结构角度 θ=27.6°，支撑为 TS 8×8×1/2	W14×30	W18×35	W18×46	W14×109
	第二组	C_N=23.0 kN(s/mm)$^{0.5}$对角结构角度 θ=27.6°，支撑为 TS 8×8×1/2				
3S75-YD1	第一组和第二组	b=305 mm，h=457 mm，t=25 mm；3 层 7 板，2 层 9 板，1 层 12 板，支撑为 TS 8×8×1/2	W14×26	W16×40	W16×45	W14×109
3S75-YD2	第一组	b=305 mm，h=457 mm，t=25 mm；3 层 14 板，2 层 18 板，1 层 24 板，支撑为 TS8×8×1/2	W14×26	W16×40	W16×45	W14×109
3SS-Undamped	第三组	—	W18×46	W21×50	W24×62	W14×233
3SS75-LV10%	第三组	C_L=0.93 kN·s/mm，对角结构角度 θ=27.6°，支撑为 TS 8×8×1/2	W14×30	W16×40	W16×45	W14×132

注：C_L为线性黏滞阻尼器的阻尼参数；C_N为非线性黏滞阻尼器的阻尼参数，速度指数=0.5 的非线性黏滞阻尼器。

(5)框架 3S75-YD1：此三层框架的基底剪力强度是 2000 NEHRP 规范中规定的与其具有相同平面和层高的框架基底剪力的 75%（没有为满足层间位移角限制进行修正）。该框架设计为加设金属屈服支撑阻尼系统在远场地震动中的反应[图 8-3(b)]。此阻尼系统分别由 12 个、9 个和 7 个三角板组成，分别布置在一层、二层和三层；尺寸为 b=305 mm，高 h=457 mm，和厚度 t=25.4 mm，构成钢材的屈服强度为 F_y=248 MPa(36 ksi)。采用尺寸为 TS 8×8×1/2 方钢管支撑，布置方式采用人字支撑的形式，与水平面的夹角为 θ=27.6°。

(6)框架 3S75-YD2：此框架的设计与框架 3S75-YD1 一致，其金属屈服支撑系统的数量是 3S75-YD1 的两倍，三角板数量分别为 24、18 和 14，分别在一层、二层和三层。此框架的设计目的是为了提高性能，与框架 3S75-YD1 相比减小结构系统的损坏。

8.5 非线性时程分析

非线性时程分析采用 IDARC2D 程序，5.0 版本（Valles 等，1996）完成。除了这个程序已知的对于非弹性系统分析的功能外，在这个版本中对新的地震保护系统阻尼器元件的数值模型进行了合并和验证。

通过大量的分析，得到包括无阻尼的框架与加设不同消能系统的有阻尼框架在远场地震、近场地震以及软土地震的激励下的反应。表 8-2 提供了此研究的具体信息。

由于大多数的附属系统比主要的支撑系统轻，一般假设两个系统之间没有动态交互作用。根据这个假定,楼层加速度的全部历史记录用于计算楼层反应谱,通过此反应谱可以得到非结构建筑元件的加速度谱需求。楼层反应谱是关于主系统的支撑点(楼层)遭受震动后在不同频率下的单自由度震动反应谱峰值的表征。在本研究中,该振动结构的阻尼比假设为 0.05。

8.6 非线性时程分析的结果

可以用来识别和预测各种非结构元件和系统的破坏的结构反应参数,包括楼层加速度峰值,楼层速度峰值,楼层反应谱加速度和层间位移角。尤其是结构的位移角是非结构元件性能评价的重要指标,例如垂直管,覆盖层,建筑玻璃;但楼层峰值加速度是严格控制附加设备和支撑天花板系统的关键。对于柔性附加设备,例如防火系统和吊顶,需要更有代表性的楼层加速度反应谱。此外,楼层速度峰值也会影响块砖物体的反应,例如档案柜、电脑服务器等这些没有牢牢地附在地板上的物体。

在此,计算的反应量包括层间位移角峰值、楼层绝对速度和绝对加速度,楼层反应谱的范围在 0.1～20 Hz 之间。此外,框架塑性铰的分析信息详细地介绍了有、无阻尼系统的框架的非弹性反应和破坏的程度。

表 8-3～表 8-6 显示的是框架在三组地震动激励下的反应分析。层间位移角、楼层速度和楼层加速度的计算来自于每组地震动的非线性时程分析获得的平均峰值。楼层加速度反应谱值等于每一层的平均加速度反应谱的最大值。列于这些表中的塑性转角最大值是根据有代表性的地震动的非线性时程分析获得的。这个地震动产生的框架反应量,在数值上与采用全部地震动计算的反应的平均值相似。最后显示为此地震动中每个框架形成的塑性铰数量与形成适当的破坏结构时可能形成的塑性铰的最大数量。此三层框架的最大的塑性铰数量为 22,位于每个梁的梁端和底层柱的一端。

表 8-3 有无阻尼系统在远场地震动下的对比分析(第一组)

框架名称	楼 层	层间位移(mm)	楼层速度(mm/s)	楼层加速度(g)	楼层反应谱加速度峰值(g)	塑性转角最大值	塑性铰数量
3S-Undamped	3	82	1 193	1.0	5.1	0.008	18(22)
	2	81	836	0.7	2.9		
	1	51	677	0.8	3.7		
3S75-LV10%	3	82	893	0.4	1.3	0.007	20(22)
	2	92	686	0.3	0.9		
	1	63	549	0.4	0.9		
3S100-LV20%	3	49	790	0.4	1.3	0.003	8(22)
	2	62	653	0.4	1.0		
	1	40	557	0.4	1.0		
3S80-NLV10%	3	81	855	0.5	1.3	0.007	14(22)
	2	86	662	0.4	0.9		
	1	58	542	0.4	1.3		

续上表

框架名称	楼　层	层间位移(mm)	楼层速度(mm/s)	楼层加速度(g)	楼层反应谱加速度峰值(g)	塑性转角最大值	塑性铰数量
3S75-YD1	3	107	1 049	0.7	3.0	0.011	22(22)
	2	95	772	0.6	3.0		
	1	68	647	0.7	3.5		
3S75-YD2	3	70	1 000	0.7	3.3	0.004	12(22)
	2	78	802	0.7	4.2		
	1	54	674	0.8	5.2		

注:括号内的数值为潜在的塑性铰位置的总数量(每个梁的端部和一层柱的底部)。

表 8-4　近场地震动标准断层参数下有无阻尼系统的框架反应的对比分析(第二组)

框架名称	楼　层	层间位移(mm)	楼层速度(mm/s)	楼层加速度(g)	楼层反应谱加速度峰值(g)	塑性转角最大值	塑性铰数量
3S-Undamped	3	226	2 154	1.2	4.0	0.023	26(22)
	2	216	1 618	0.8	2.8		
	1	148	1 448	0.9	3.3		
3S75-LV10%	3	198	1 562	0.5	1.5	0.029	26(22)
	2	213	1 323	0.5	1.0		
	1	176	1 298	0.6	1.5		
3S100-LV20%	3	127	1 695	0.6	1.7	0.029	22(22)
	2	160	1 503	0.6	1.4		
	1	129	1 399	0.6	1.5		
3S80-NLV10%	3	189	1 538	0.6	1.5	0.028	26(22)
	2	204	1 340	0.5	1.1		
	1	164	1 320	0.6	1.4		
3S75-YD1	3	291	1 784	0.8	2.7	0.026	36(22)
	2	262	1 458	0.7	2.6		
	1	180	1 404	0.8	3.1		

注:括号内的数值为潜在的塑性铰位置的总数量(每个梁的端部和一层柱的底部)。

表 8-5　近场地震动平行断层参数下有无阻尼系统的框架反应的对比分析(第二组)

框架名称	楼　层	层间位移(mm)	楼层速度(mm/s)	楼层加速度(g)	楼层反应谱加速度峰值(g)	塑性转角最大值	塑性铰数量
3S-Undamped	3	96	1 405	1.1	5.1	0.015	22(22)
	2	94	1 012	0.8	3.0		
	1	58	878	0.9	3.6		
3S75-LV10%	3	98	1 094	0.5	1.3	0.010	22(22)
	2	112	844	0.4	0.9		
	1	78	737	0.4	1.2		

续上表

框架名称	楼层	层间位移(mm)	楼层速度(mm/s)	楼层加速度(g)	楼层反应谱加速度峰值(g)	塑性转角最大值	塑性铰数量
3S100-LV20%	3	58	1 008	0.5	1.4	0.007	12(22)
	2	76	852	0.3	1.1		
	1	50	743	0.4	1.1		
3S80-NLV10%	3	75	974	0.5	1.2	0.008	18(22)
	2	93	817	0.4	0.9		
	1	65	733	0.4	1.1		
3S75-YD1	3	119	1 220	0.8	2.9	0.015	24(22)
	2	116	914	0.6	3.0		
	1	76	822	0.7	3.8		

注:括号内的数值为潜在的塑性铰位置的总数量(每个梁的端部和一层柱的底部)。

表 8-6 软土地震动下有无阻尼系统的框架反应的对比分析(第三组)

框架名称	楼层	层间位移(mm)	楼层速度(mm/s)	楼层加速度(g)	楼层反应谱加速度峰值(g)	塑性转角最大值	塑性铰数量
3SS-Undamped	3	67	1 398	1.1	5.1	0.009	22(22)
	2	76	1 055	0.8	2.9		
	1	57	855	0.8	3.4		
3SS75-LV10%	3	85	1 113	0.5	1.4	0.006	18(22)
	2	97	886	0.4	0.9		
	1	59	769	0.4	1.2		

注:括号内的数值为潜在的塑性铰位置的总数量(每个梁的端部和一层柱的底部)。

由于阻尼框架采用与无阻尼系统框架相比降低基底剪力强度的设计,并达到相似(或更好)的性能水平(采用层间位移和塑性铰判断此方面),所以有无阻尼系统的框架的层间位移角相比并没有显示出显著的差异。采用线性和非线性阻尼装置的最明显的结果是降低了楼层绝对速度。采用与楼层方向相一致的远场地震动(第一组)激励下的三层框架大约降低了 20%。然而,在三层框架结构中引入金属屈服支撑装置的框架 3S75-YD1 和框架 3S75-YD2,没有减少楼层速度反应,产生的结果与无阻尼框架的分析结果相一致。

不同地震动下的峰值加速度反应列于表 8-3～表 8-6。很显然,在框架中增加阻尼器导致楼层加速度整体显著减小。在减小附加系统加速度反应的记录中,线性阻尼系统和非线性阻尼系统的效果比金属屈服支撑的效果更加显著。观察在各组地震动下的相似的动态反应,带有黏滞阻尼系统的六层框架的分析,得到了相似的结果[见 Pavlou 和 Constantinou (2004)]。

此外,文中收集更加详细的关于有、无阻尼框架的塑性铰信息和最大塑性转角来研究阻尼系统损坏程度的影响。加设高阻尼系统的框架 3S100-LV20%展示了在近场地震动和远场地震动下的三层框架结构的性能分析,正如预期当中,与低阻尼系统框架 3S75-LV10%相比减小了塑性转角并且降低了形成的塑性铰数量。框架 3S100-LV20%是大幅提高结构系统性能的设计的典型。最后,加设黏滞阻尼系统满足 2000 NEHRP 规范性能的最小标准的建筑设计,在结构系统性能方面，与无阻尼系统的建筑设计相一致或者更好。

其次，加设金属屈服支撑系统的框架 3S75-YD1 不能得出相同的结论。由远场地震动和近场地震动的分析信息显示该结构系统的性能与无阻尼框架相比基本一致或者更差。另一方面，对于 3S75-YD2，其加设金属屈服支撑的数量是框架 3S75-YD1 的两倍，3S75-YD2 框架的反应，在减小层间位移和塑性转角方面显示出结构系统性能的提高。然而，这一结构系统性能的提高并不包含任何减小附属结构的反应。

尽管进行分析的框架并没有按照近场地震去进行设计，但在分析中采用近场地震，可以通过大量地震反应为阻尼框架中非结构元件反应的效果提供证据。表 8-4 和表 8-5 给出了在近场地震作用下，在标准断层和平行断层下部件的反应结果。近场地震动的标准断层的层间位移角和塑性转角的结果表明了分析框架的破坏程度。然而，即使在显著的非线性运动下，附属系统的速度、加速度和楼层反应谱加速度的反应在这些极端的情况有相同的效果。

图 8-4～图 8-7 显示了阻尼比为 5％的有无阻尼系统的分析框架的楼层加速度反应谱。反应谱证明不同阻尼系统对弹性附属系统的影响。从非阻尼框架的分析获得的楼层加速度反应谱显示为框架的固有频率下的图形的峰值。特别注意的是由于屈服会使基本频率扩大到更大的频率范围。另一方面，阻尼结构(更加柔性框架，见表 8-1)的基本频率下降，图形的峰值位移向左移动。

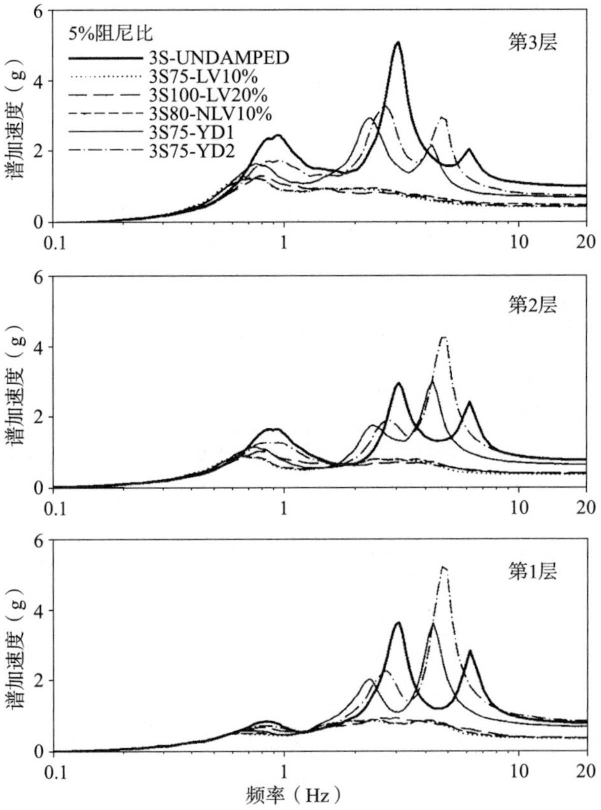

图 8-4　在远场地震动下有无阻尼系统的三层框架的楼层反应谱

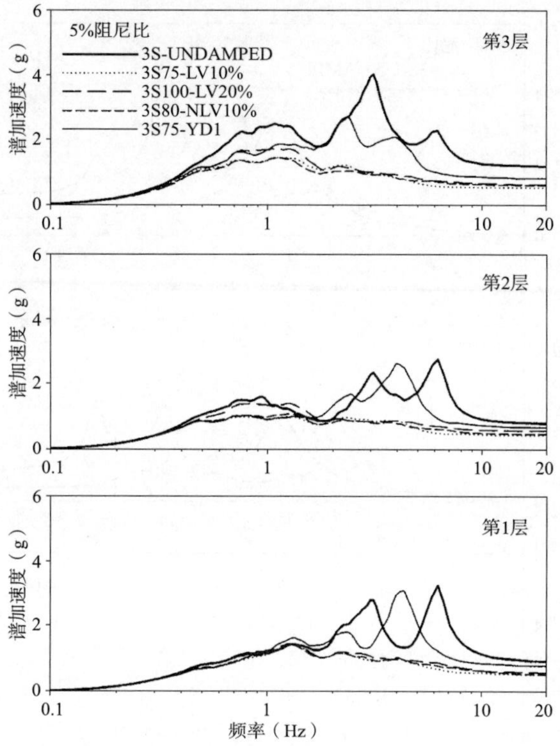

图 8-5 在近场地震动标准断层下有无阻尼系统的三层框架的楼层反应谱

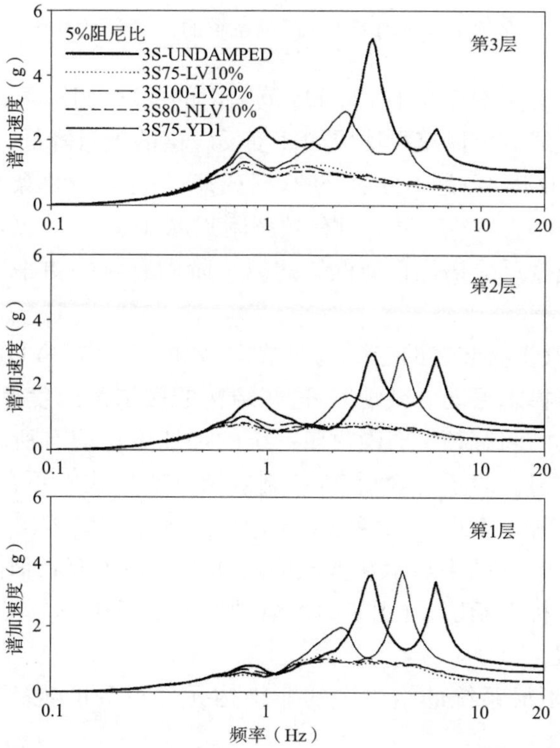

图 8-6 在近场地震动水平断层下有无阻尼系统的三层框架的楼层反应谱

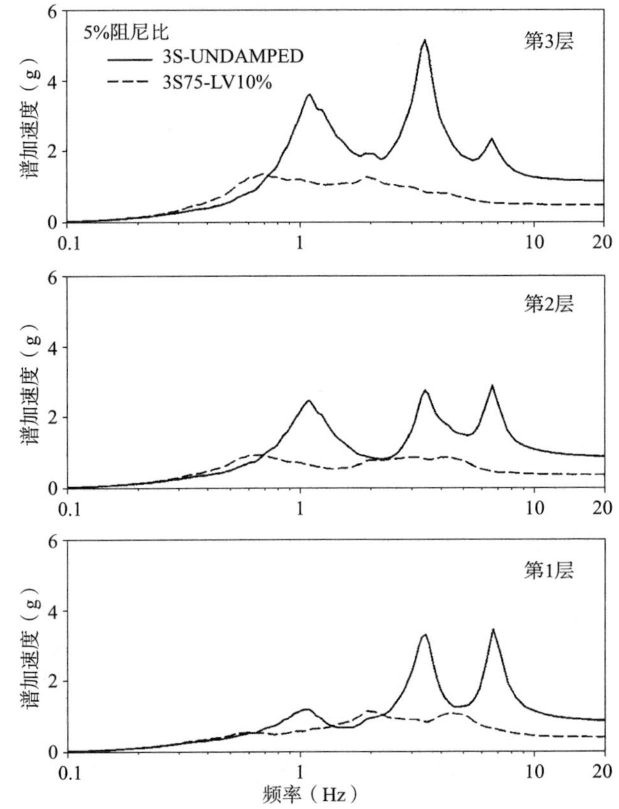

图 8-7　在软土地震动下有无阻尼系统的三层框架的楼层反应谱

通过对有无阻尼框架频率在 0.1～20 Hz 范围内的反应对比，可以得出结论，在结构中增加线性和非线性黏滞阻尼器可以获得楼层加速度反应谱的大量降低。液体黏滞阻尼器的效果在大范围的频率(0.7 Hz 以上)是十分显著的，据观察，与非阻尼框架相比，附属系统的加速度在第一固有频率附近减小为 50%，第二固有频率附近减小 75%。更重要的是，加设液体黏滞阻尼系统的框架的加速度反应谱比普通框架的第一阶固有频率更平缓，因此高阻尼的高阶振型有效的不被激励。

相反，加设金属屈服支撑装置的三层框架结构，如框架 3S75-YD1 和框架 3S75-YD2 表现出不同的方式。在所有模态振动的激励下，这些结构的楼层加速度反应谱的频率转向更小的频率。可以观察到在第一固有频率周围附属系统的加速度反应有所减小，但是这个减小没有黏滞阻尼器系统那么明显。对于高阶频率，控制效果不明确或者不存在。加设金属屈服支撑装置的系统与无阻尼系统仅表现为刚度的不同，因此在性能上不能产生较大的改变。

如图 8-5～图 8-7 所示，结果显示在框架中增加阻尼装置有相似的反应和效果。此外，可以观察到在近场地震动标准断层下(图 8-5)固有频率的反应在一个较大范围内，是由于地震动的本质引起大量的屈服。

在此研究中，加设阻尼系统的结构中的非结构元件行为的观察可以基于如下考虑进行解释：

(1)根据 2000 NEHRP 规范设计的框架结构和阻尼系统。该规定允许减小地震动的基底剪力，除阻尼系统的框架在速度可控范围的反应谱在足够灵活的周期内，例如，所有的三层框架按照 2000 NEHRP 规范规定的最小地震基底剪力进行设计，其周期都在超过 1.5 s 的弹性范围内。

(2)在这些框架中增加阻尼装置是为了满足层间位移角的要求(并且在一些情况下进一步减小层间位移角提高性能)。增加黏滞阻尼器没有改变框架结构的刚度特性，适当的增加了阻尼(对于位移控制型框架，仅有 10%的变化)引起了加速度反应和辅助系统反应的下降。

(3)增加屈服支撑阻尼装置(适用于一些位移相关性装置)，导致刚度的增加，周期的减小，从而增加了加速度和辅助系统的反应。

(4)根据上述讨论，在反应谱的加速度控制区域范围内，刚性结构体系增加一些类型的阻尼系统会导致相似的加速度和辅助系统的反应。

8.7　结　　论

非结构因素对生命安全、功能损害和经济受损等多方面结构整体性能的重要性越来越明显，对非结构因素的抗震性能进行研究是必要的。

本文进行了将应用阻尼系统作为被动保护附属系统的分析和研究。根据规范 2000 NEHRP 规定，设计了在软、硬土场地和近场特性场地上有、无阻尼系统的临时框架结构建筑物。通过对不同能量耗散系统的框架进行非线性时程分析，用来研究附属系统的动力响应。

通过非线性时程分析得到的数据清楚地表明，根据 2000 NEHRP 规范设计的阻尼系统的建筑对辅助系统提供了被动保护。使用线性和非线性黏滞阻尼装置的结构地面峰值加速度、地面总峰值速度和地面加速度反应谱的显著减少更加明显。相反地，屈服支撑系统则不能提供同样的效果。

关于阻尼系统对框架结构性能的影响，结论是从这些系统的持续破坏范围内得到的。塑性铰的形成和最大塑性铰转角的详细情况表明，按照满足 2000 NEHRP 规范的最低标准加设的黏滞阻尼系统的建筑设计，在结构系统性能方面与无阻尼系统的建筑结构的设计相比相同或更好。此外，加设金属屈服支撑装置的框架所显示的结构系统的性能与无阻尼框架相比相同或更差。

9　黏滞阻尼器的漏油剖析

9.1　概　　述

作为最成功的结构保护装置,液体黏滞阻尼器已经在桥梁减振、建筑抗震抗风以及减少车辆、行人对桥梁振动等多方面起到了巨大、有效的作用。这是 20 世纪结构土木工程领域最伟大的研究成果之一,已经在世界范围内被结构工程师们认可,越来越多的桥梁、建筑实际工程中成功地应用了这一成果。然而,这一成果也并存着许多问题,阻尼器的漏油问题是其中最为明显、也是最为重要的一个环节。

液体阻尼器家族的产品,从封闭式缓冲器、液体弹簧到近代大型阻尼器的发展历史,几乎就是一个和漏油作斗争的历史。早在第一次世界大战时的枪炮缓冲器就提出这样的要求:缓冲器要保证枪炮能连续发射 500 发子弹。为了解决密封问题,1925 年美国 Ralph Peo of Houdaille 公司发明了 Houdaille 旋转阻尼器,并延用了几十年,直到 1949 年美国 GM 公司发明了滑动阻尼器才终止应用了这种旋转阻尼器。冷战时期,美国和前苏联都在导弹发射技术上全面提高和改进,其相应的减振装置也得到了发展。

真正密封漏油问题较好地解决是依赖美国泰勒公司在液体弹簧上的技术发展。20 世纪 60 年代末到 80 年代,该公司不断改进的液体弹簧密封技术,大大满足了这类密封产品承受巨大压力和长期工作的要求,并很好地解决了漏油问题。一系列的密封专利也就成为现代阻尼器不漏油的保证。

在此期间,美国、德国、法国和日本都有很多公司试图模仿、学习这些密封方法和生产阻尼器上的成熟技术,但效果一直不十分理想。在 2005 年法国 Jarret Structure 公司购买了美国 Endine 阻尼器技术,成立了合资公司,但随后这家合资公司在美国加州市政府工程上安置的 30 个阻尼器仍然发生质量问题,而不得不全部回厂重新处理。可见,世界上真正很好地掌握阻尼器密封和相应其他技术的公司还是十分罕见。

为了促进我国在阻尼器制造和试验技术的上的发展,本章着重介绍液体阻尼器密封件的设计,并提示结构工程师注意事项,阻尼器漏油是至今很多生产厂解决不了的问题,在选用阻尼器时应将是否漏油作为重要的鉴定项目。也对漏油后工程上造成严重的后果作一些分析。

阻尼器漏油的原因与其工作环境和阻尼器自身的性能有关,下文从这两个方面分别分析。

9.2　阻尼器使用环境的分类

首先,谈谈阻尼器的工作环境。土木工程领域上阻尼器的工作荷载和环境,从阻尼器运用的荷载功能上看,阻尼器的工作环境大体可以简单分成以下两大类:

1. 偶发大荷载、日常小荷载

通常谈的抗震阻尼器就属于这一类,地震是百年不遇的偶发荷载,真正达到最大冲程和最大力的荷载十分罕见，振动的持续时间也很短，而在日常应用时阻尼器在风荷载、一般车辆荷载下只有微小的振动。我国的抗震建筑和公路桥梁如苏通大桥等所用阻尼器，均属于这种阻尼器。苏通大桥所用阻尼器在出厂前进行了5万次疲劳荷载测试，但这5万次试验中最大受力仅为阻尼器最大设计力的10%(320 kN)，最大冲程仅为±5 mm。

一些公路桥梁，主体刚度较差，虽然车辆和风振荷载不大，但可能给桥梁带来较大的振动。在加固前我国江阴大桥就因振动过度，带来伸缩缝等处严重破坏。采用抗震阻尼器加固后效果改善显著。

铁路桥梁上以抗震为主的阻尼器，由火车运行和刹车制动荷载所引发的阻尼器出力虽然不大，但其往复运动的频次却很高，阻尼器很容易进入到允许工作的上限。我国台湾高速铁路计算出40年内阻尼器可能遭受的刹车达100万次，因此设计人员提出对所安置的阻尼器进行100万次疲劳循环测试，其最大试验荷载为最大设计力的10%(250 kN)，最大冲程为±5 mm。

2. 常遇大荷载

以上抗震阻尼器基本上是平时小动，偶然大动。然而，在很多情况下阻尼器则承担经常性大荷载带来的运动。例如：

(1)斜拉索阻尼器。

(2)TMD减振系统的阻尼器。

(3)行人桥上阻尼器减振或TMD系统。

(4)部分设备减振。设备减振又分为两种情况：一是设备启动时减振，属于偶发激励；二是设备长期工作减振，属于常遇大荷载减振。

用于常遇大荷载减振阻尼器与上述抗震阻尼器从阻尼器的性能要求上是截然不同的。对这点不了解或没有相应措施而生产的阻尼器，就会出现严重漏油现象。在下文中将分析漏油的原因和改进措施。

对于这种常遇大荷载阻尼器，最理想的办法是采用经过特殊处理的阻尼器，如泰勒公司生产的无摩擦金属密封阻尼器。

本文按照用途详细将两类阻尼器进行分类，并给出是否属于易漏油产品类型列于表9-1中。

表9-1　液体黏滞阻尼器按不同用途使用分类

类　型	用　　途	荷载描写	日常漏油的可能	阻尼器计算要求
Ⅰ类阻尼器	建筑抗震	偶发大振(地震)，日常微振(风振)，少数风振控制	最不易发生漏油	无需计算功率，少数风振严重区例外
	桥梁抗震、减振	偶发大振，日常车辆、风振小振	可能性小	一般无需计算功率，少数风振、车振较大时需计算
	铁路桥梁抗震、减振	偶发大振，日常车辆中振	可能发生	一般无需计算功率，车振较大时需计算
Ⅱ类阻尼器	斜拉桥上，斜拉索阻尼器	日常风振控制	很可能发生漏油	需计算功率和工作时间
	设备启动减振	短时间启动振动较大，正常工作振动较小	可能性小	需计算功率和工作时间
	设备运行减振	正常工作满负荷振动	可能性大	需计算功率和工作时间
	行人桥上、楼板阻尼器减振或TMD系统	满负荷振动长时间发生	容易发生漏油	需计算功率和工作时间
	高耸建筑、构筑物TMD减振系统的阻尼器	满负荷振动长时间发生	最容易发生漏油并带来严重后果	需计算功率和工作时间

适用于偶发地震而采用的Ⅰ类阻尼器，平时处于静止或很小的运动状态，阻尼器日常很少发生漏油现象。Ⅱ类常动阻尼器，如斜拉索阻尼器、设备减振阻尼器和 TMD 上的阻尼器则截然不同。实际上发生漏油事故较多的则属于这种类型，特别是高纵建筑物、构筑物上 TMD 系统，要求最高，但也是最容易漏油的阻尼器。

9.3 液体黏滞阻尼器的漏油原因

土木工程领域所要求的阻尼器应该是在设计的几十年里，在各种环境以及多种高低频振动时保持不漏油，同时也希望阻尼器便于安装且尺寸不要过大。一般地说，阻尼器漏油与否，取决于以下几个方面。

1. 高压密封容器

活塞式阻尼器与传统的液体弹簧类似，需要一个有足够抗拉压强度和抗变形能力的缸体。任何微小的变形都会引起密封处的漏油。我国江阴大桥的阻尼器受力 100 t，考虑 1.5 倍的安全系数，折算出的阻尼器受压高达 104 MPa。这一压力水平也远远大于高压千斤顶和高压锅炉的内压力(通常 22 MPa)。这么高的内压力要求所使用的阻尼器，一是要按这个压力设计，二是一定要真正经过严格静力和动力打压的试验检验。

图 9-1、图 9-2 为美国泰勒公司为苏通大桥及另一高压力阻尼器生产的钢外筒，如果与任何一个用普通无缝钢管制成的阻尼器外筒断面对比就不难发现问题所在。以结构用 500 kN 阻尼器为例，泰勒公司采用钢筒直径 ϕ206.12 mm、壁厚 27.9 mm，而很多其他公司则采用国产无缝钢管 ϕ203 mm(或 ϕ219 mm)、壁厚最大只有 16 mm，这种较薄的缸筒是很难满足阻尼器的要求。

图 9-1 苏通大桥阻尼器钢外筒

图 9-2 泰勒公司加工的某高压阻尼器外筒

2. 密封装置

阻尼器密封件是阻尼器发生漏油的最薄弱环节，也是能否做到不漏油的关键环节，可分为动力密封和静力密封两部分(图 9-3)。

阻尼器活塞杆和阻尼器端盖间的相对运动很容易引起漏油，在长期运动下，动力密封材料不能和内置硅油有任何黏结、渗透和相互作用，确保其装置不漏油。典型的动力密封材料有聚四氟乙烯、加工尼龙或醋酸基树脂制品，被制成高强度的合成树脂，这些被应用的树脂不能有任何的老化、退化或随时间的变质。传统人工合成橡胶制品在一定时间里需要周期替换，是不可用的。

阻止缸体内硅油流出的静力密封相对容易满足要求，传统的合成橡胶O形密封环只要和内置硅油没有任何黏结、渗透和相互化学反应作用就可以满足要求。最理想的密封是采用金属密封(图9-4)，用它制成的阻尼器是一种完全不要担心漏油的产品，是目前世界的最高科技发展水平。

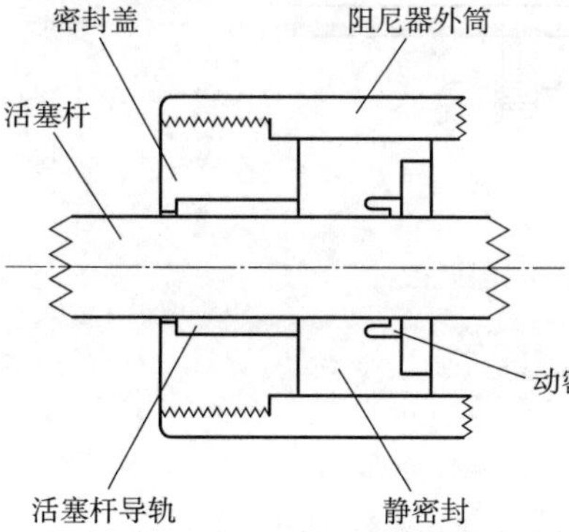

图9-3　阻尼器密封示意

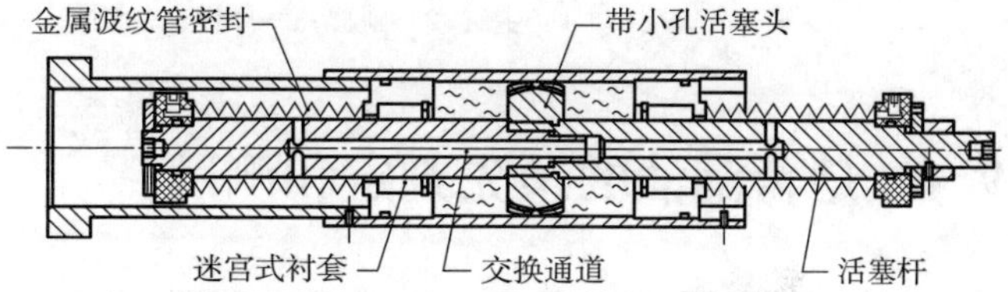

图9-4　泰勒公司金属密封阻尼器

阻尼器的静力密封圈被安置在阻尼器上的金属封闭盖内，和缸体正确的连接方式是用螺栓旋入。任何其他的连接，如用多个螺栓拴接、扣结和用跨越缸体的螺栓固定，都是不可取的。

3. 内部零件加工水平

阻尼器的加工精度是另一个保证不漏油的重要因素，高强不锈钢杆和阻尼器缸筒内孔均要求高精度的镜面抛光，这是阻尼器不漏油的保证。在上万次的往复以后，如何能够保证阻尼器活塞杆保持干燥没有浮油。对于使用几年的带液压支撑杆的汽车后备箱，这些类似小阻尼器的支撑活塞上经常是漏油的，也就不难看出其加工精度的困难所在。

4. 阻尼器内摩擦和介质

阻尼器内部组件的摩擦是造成阻尼器性能下降，以致漏油及渗油的重要因素。液体黏滞阻尼器是靠阻尼器内的黏滞液体的往复运动而吸收能量，减少结构振动。阻尼器活塞与缸体，活塞杆与密封件所产生的磨擦对阻尼器的长期使用是十分有害的。无论千斤顶中用的合成橡胶类密封材料，还是高水平阻尼器用的聚四氟乙烯类有机材料，在热的情况下都会产生变形，导致密封不严而产生漏油，如能做到无摩擦或小摩擦可以大大改善阻尼器的密封性能，减少漏油。这些磨擦所产生的热量会严重影响目前几乎所有液体黏滞阻尼器用来密封的有机材料。

阻尼器内部采用硅脂、硅胶等物质填充会减少阻尼器的短期漏油，但在长期冷热环境的工作中，材料的油脂分离、油化都同样会引起漏油现象。韩国高速铁路使用的500个由Colebrand Device公司(该公司已破产)生产的阻尼器，其内置就是这种硅胶，其使用后泄露就是证明。

5. 其他引起漏油的因素

作为动力应用装置，特别是阻尼器的缸体制造上还有几项属于动力设备禁止采用的连接方式：一是焊接，这是装置中最容易破坏的连接方式，用于减振的阻尼器制造上是不宜采用的；

二是铸件，铸件内部结构中可能会有不易观测到的瑕疵和微小裂缝，它也不能被列入生产阻尼器的零件。但有的阻尼器产品制造图中明显使用了焊接(图 9-5)。实际上，阻尼器的缸体根本就不适宜用分成两段连接的制品。

由以上可以看出，阻尼器产品的合理设计和精密加工，是使阻尼器不漏油的基本保证。

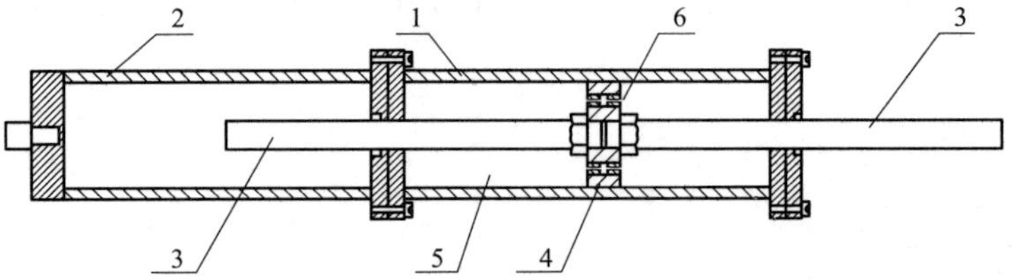

图 9-5　某焊接连接的阻尼器

1—主缸；2—副缸；3—导杆；4—活塞；5—阻尼材料；6—阻尼孔

9.4　是否漏油的预先判定和测试

阻尼器是否会漏油是不难从其设计参数、阻尼器使用前的各项测试和过去生产的阻尼器工作情况作出判断的。

9.4.1　阻尼器的设计参数

通常认为液体黏滞阻尼器的控制参数主要是它最大的受力、冲程和决定非线性的速度指数，这对于以控制地震为主的Ⅰ类阻尼器也许是足够的。但对于少数抗风、振动频率较高等不利条件以及表 9-1 中列出的Ⅱ类阻尼器，如斜拉索阻尼器、TMD 所采用的阻尼器不仅要考虑以上参数，还必须考虑阻尼器长时间工作下的功率。更加危险的可能不只是阻尼器的受力大小，而是连续工作几个小时连续不间断振动的耗能。在这种情况下，仅考虑控制阻尼器油腔内工作压强是不够的，还要考虑它的冲程和工作时间。阻尼器在每小时所消耗的能量以及如何把吸收的能量耗散，否则将引起阻尼器内部液体和动态密封过热而失效，进而产生漏油现象。也就是说，阻尼器的最大工作功率和一定功率下的工作时间就成为Ⅱ类阻尼器是否漏油的必要判断标准。阻尼器的基本公式是：

$$F=CV^{\alpha} \tag{9-1}$$

式中，F 为黏滞阻尼器的最大出力；C 为阻尼器的阻尼系数；V 为阻尼器的最大工作速度；α 为速度指数(对于 TMD 系统选用的黏滞阻尼器，阻尼系数可取 1)。

$$P=Fs\times4\times\frac{1}{T}\times0.785\times1.36 \tag{9-2}$$

式中，P 为阻尼器的最大平均功率(Hp)；s 为阻尼器的最大冲程；T 为阻尼器的工作周期；0.785 为正弦函数与对应矩形比值；1.36 为单位转换系数，1 kW=1.36 Hp。

在确定和选用阻尼器参数时，Ⅱ类阻尼器必须考虑阻尼器所应具有的功率能力和工作时间，生产厂商应将这项指标作为设计阻尼器的重要参数进行设计生产，这是阻尼器是否会漏油的另一个关键技术参数。

9.4.2 阻尼器使用前的检测

即便阻尼器的设计功率可以满足其工作环境的要求，仍需对阻尼器进行模拟应用环境的长时间疲劳测试，必须做到正式安装前检验阻尼器是否漏油。江阴大桥和苏通大桥阻尼器分别进行了 5 万次往复疲劳测试，台湾高速铁路进行了 100 万次刹车荷载引起振动的测试，都出于此目的。按美国科学基金会的要求，在泰勒公司内所作的“生命周期，Life time”无限期往复测试主要也是要观测其是否漏油和老化。

梁栋、孙利民等人关于斜拉索阻尼器 400 万次的振动试验，是国内少有的关于阻尼器的疲劳测试的报告，报告指出仅仅具备基本减振的功能测试的不足，这种环境和疲劳测试才是我国目前所急需解决的问题。

9.5 应用中阻尼器漏油的检查

完成安置的阻尼器是否漏油也是不难发现的。首先，应该判断要观察的阻尼器产品，是否经过了实际振动的考验。斜拉桥上抗风振的斜拉索阻尼器是最容易在实际振动中发现漏油的产品，一些用于楼板、行人桥、高纵塔类抗风或 TMD 系统的阻尼器也较为容易发现漏油问题。对于阻尼器部件中易漏油的地方，是否漏油应不难判定。而因控制目标不同，一些很少能够感知到振动的结构，就无从判断。

在结构保护系统快速发展和应用的二十多年后，越来越多人认识到质量是这些产品发展的生命线。最近，美国科学基金会开始了一个全面盘查过程，设计理论和产品可靠性的总结已经由 Constantinou M. C. 等人完成。进一步实际工程的系统排查正在准备进行。

9.6 防止和减少漏油的办法

为了满足设计阻尼器的功率和耐久性的要求，可采用以下几个途径提高其功率，并实现防止漏油：

(1)使用承受功率大的阻尼器缸体和高质硅油。

(2)改进密封装置的材料的耐温性能，最好是采用金属密封材料。

(3)减少阻尼器内部摩擦。

(4)加大阻尼器的散热能力。

泰勒公司所生产的斜拉索和一般 TMD 阻尼器在这几方面作了全面改进，图 9-6 和图 9-7 所示出的是其中两种较大功率的斜拉索和 TMD 阻尼器。

图 9-6 散热阻尼器

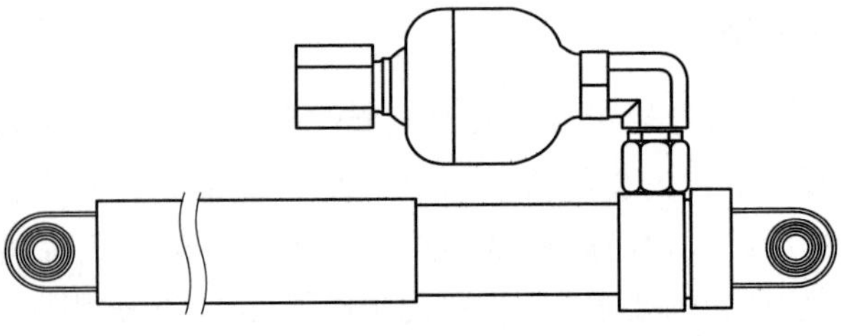

图 9-7 外带油库的耐热阻尼器

9.7 国内外很多企业解决不了的难题

阻尼器漏油问题在国内外一直是个难以解决的难题，国外因阻尼器出现漏油等质量事故导致厂家放弃阻尼器的生产，甚至导致公司破产的案例有很多，如：Enidine 公司，放弃生产屡出漏油问题的大型阻尼器；Colebrand Device：因漏油破产；Jarret Structures：放弃推广生产多年的硅胶阻尼器，并随后购买 Enidine 公司阻尼器专利，成立合资公司，随后在美国加州市政府大楼上安置 30 个阻尼器，但由于阻尼器阀门发生质量问题，全部退货重新加工，现公司已宣布破产。

我国关于阻尼器出现漏油等质量问题有很多，一些跨长江大桥上的斜拉索阻尼器使用不到两年就开始漏油，这已经成为桥梁工程上的一大问题。存在类似问题的是 TMD 减振系统所采用的阻尼器，一位多年从事 TMD 研究的教授坦言，经过近十年的试验研究，其试验所采用的 TMD 用阻尼器漏油问题至今仍得不到很好地解决。国内某核电站第一次换料大修活动前，发现所采用的设备减振阻尼器出现进气和漏油现象，如何检修和更换这些问题阻尼器成为该次大修的主要内容之一。

9.8 漏油阻尼器的严重后果

一旦液压减振器漏油，其内部缺少进行能量转化的介质，使液压阻尼器置于一个开放的环境中，阻尼器在往复运动中压缩其内部流动的空气，这时设备无法正常工作不能提供系统所需的阻尼。抗震阻尼器一旦在地震发生时失去作用，不仅原来的设置目的达不到，当地震发生时，还可能会产生预想不到的加重破坏的作用。如：

(1)结构刚度改变，周期改变，地震力加大，引起破坏。

(2)不均匀破坏，引起扭转等附加力。

(3)变形加大引起桥梁伸缩缝处磨损破坏。

(4)支座阻尼器失效引起桥梁的破坏。

作为承受日常车辆和行人振动荷载的阻尼器一旦漏油破坏，桥梁伸缩缝和支座都可能受到破坏，斜拉索阻尼器的漏油会使它的减振作用全无。由以上因阻尼器功能失效所引起的负作用，如果认为限度是最多起不到阻尼器作用而不能引起人们注意。那么，对于有些结构，如采用 TMD 减少风振的高纵建筑(或构筑物)，一旦阻尼器漏油失效，其后果则会比想象的严重得多。

以某观光塔的TMD系统阻尼器为例，该阻尼器一旦漏油失效，结构会变成没有阻尼器约束的体系，此时TMD系统中一百多吨的质量块会很难停止摆动，即便在外力作用下停止以后，这种延续的摆动对结构舒适度也会有很不好的影响。更严重的是经过计算表明，在没有阻尼器的情况下质量块摆动的位移将为675 mm，这一位移远超出有阻尼器时的观光塔最大允许空间520 mm。也就是说这种摆动会成为一个上百吨的悬吊锤，不停地打击观光塔主体结构，甚至给观光塔结构带来破坏的危险。此时，解决的办法只有将系统停止运行(塔上额外增加100 t的无用质量块)或另行安装质量好的阻尼器。

有人建议任何使用保护系统的结构，都应该有阻尼器失效的补救考虑。笔者的看法是：在阻尼器安置就位后就应该切实保证整个系统的稳定，不能发生漏油破坏，因为这种高压密封的阻尼器是很难自己补救的。

9.9 阻尼器的规范要求和测试

阻尼器能否应用于实际工程，必须通过对设备的全面测试来给出答案。测试推荐：①美国土木工程师学会规范(ASCE7-05，Minimum Design Loads for buildings and other Structures)，第18章中对抗震阻尼器的相关设计和验收要求；②HITEC的产品预检验测试，测试内容可用于对产品的预检测测试。在所有各种测试中，以下两种是可以验证Ⅰ类抗震阻尼器是否漏油或有无漏油倾向的基本手段：

(1)地震荷载下循环测试。阻尼器在最大设计地震荷载作用下需要承受至少5个循环的最大速度(最大出力)的测试(图9-8)。

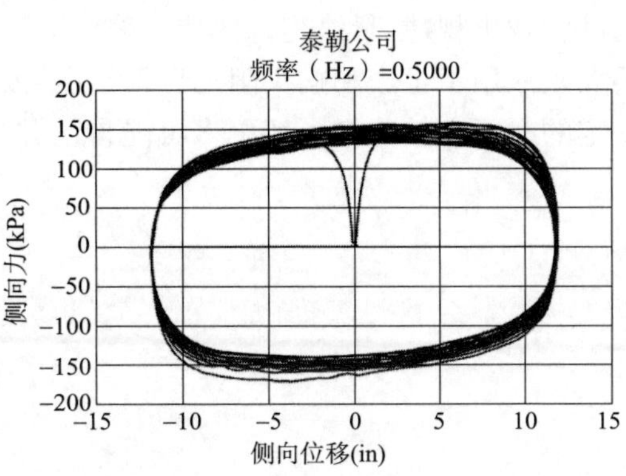

图9-8　10圈动力试验曲线

试验应取结构周期对应频率的简谐振动以及地震荷载下的最大位移(因有温度荷载等组合，不是阻尼器的最大位移)，得到相当于最大地震荷载下阻尼器的振动曲线。测试完成后观察其是否漏油，并看对应的最大位移和最大出力是否在15%的误差以内变化。

(2)2 000次循环风荷载下的疲劳往复测试。取最大风荷载下的最大速度，在该荷载作用下，观察其是否漏油，并看在2 000次循环内的最大出力变化是否在15% 以内，图9-9为江阴大桥5万次测试曲线。

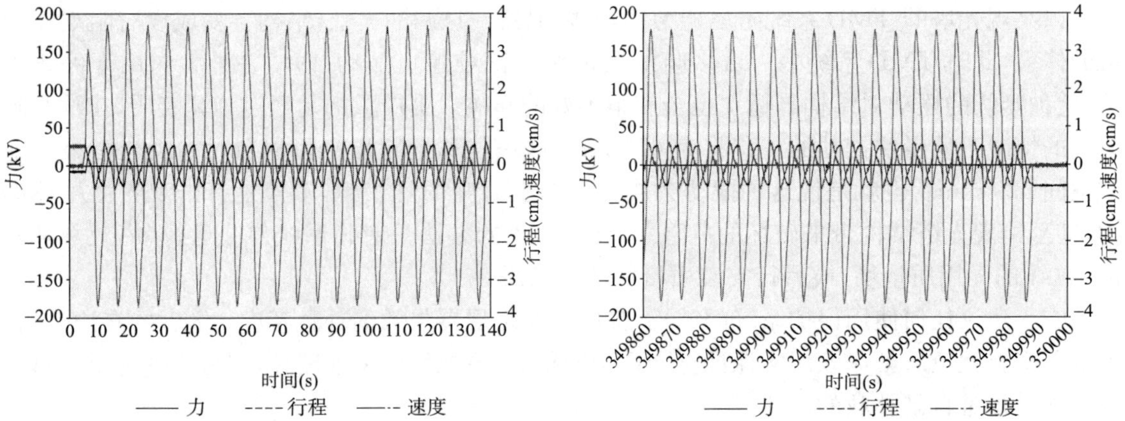

1～20圈循环时程曲线　　49 980～50 000圈循环时程曲线

图 9-9　疲劳测试曲线

请注意，上述两项测试为较简单的基本测试，而并未考虑采用 HITEC 所进行的 20 次满冲程检验，也没有采用上万次的风荷载疲劳测试。主要是对一般抗震阻尼器的要求，通过这两项测试实际上已经基本可以说明问题。而针对有特殊需求的阻尼器应该有特殊的测试计划，如Ⅱ类需要计算功率的阻尼器，应该有功率和长时间疲劳测试的要求。

9.10　结　　论

漏油虽然是阻尼器生产中的重要并难以解决的问题，但相信通过试验和技术手段，还是可以找到漏油的原因，并通过试验找出规律，最终得以解决。

现在，我国每年都有很大投入用于生产和购买阻尼器，阻尼器发展非常迅速。作为使用阻尼器的工程师，也应投入一定的时间和精力来了解更多可能自己并不了解的技术。

10　黏滞阻尼器的结构构造和速度指数

10.1　介　　绍

用于增加阻尼、耗能减振的液体黏滞阻尼器已经得到越来越广泛的认同和工程应用，作为工程设计和建设的参与者，有必要了解和初步掌握液体黏滞阻尼器的内部基本构造。一些在宣传手册、教科书中的阻尼器图片和文字中都或多或少介绍了外置或内设油库、外置或内设阀门、活塞小孔、单出杆或双出杆，那么这些部件在阻尼器中起到何种作用，特别是对结构设计要给出的阻尼器速度指数如何实现，本章都将进行详细介绍和分析。

我们所谈的是速度型液体黏滞阻尼器，这种阻尼器基本计算公式为：

$$F=CV^{\alpha} \tag{10-1}$$

式中，F 为阻尼力；C 为阻尼系数；α 为速度指数。

速度指数为 1 时，为线性阻尼器，不等于 1 时通称非线性阻尼器，α 在工程中常用的范围在 0.3～1.0 之间。在峰值阻尼力相同的情况下，不难得出速度指数越小阻尼器相对耗能更大一些，如图 10-1 所示，但实际上综合结构反应的最终表现，采用过小的速度指数并不能使结构达到最优状态。

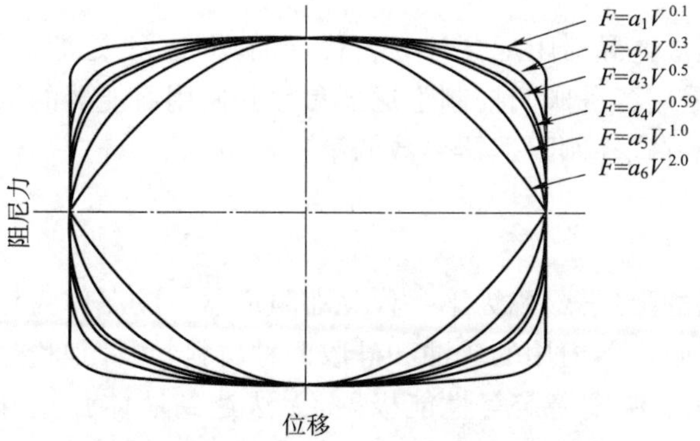

图 10-1　不同速度指数的位移-阻尼力模型

生产厂家速度指数的大小是观察其产品生产工艺和性能的一个重要观察口，它是阻尼器生产技术中一个难以解决的重要问题。表 10-1 介绍了国际上阻尼器速度指数相关技术的发展过程，以及各种经过几十年发展形成的液体黏滞阻尼器的构造和速度指数的调整办法，其中给出目前公开发表和检索的几家企业产品的情况。

表 10-1　各厂家产品情况

速度指数变化能力	工厂名	速度指数 α	填充材料	经营现状
在一定范围内调整	美国泰勒公司	0.3～2.0	硅油	近 500 个工程项目
	Jarret Structures	0.3～1.0	硅油	破产

续上表

速度指数变化能力	工厂名	速度指数 α	填充材料	经营现状
在一定范围内调整	Enidine	0.3～1.0	硅油	不生产抗震阻尼器
	日本三菱	0.4～1.0	硅油	市场未见
固定值	德国 Mauler	0.015	硅油	市场已少见
	FIP	0.15	硅油	工程主要集中欧洲和中国
	Alga	0.15	硅油	工程主要集中欧洲和中国
	法国 Jarret	0.15	硅胶	破产
	Colerand	锁定装置	硅胶	破产
筒式阻尼器	日本 OILS 公司		硅油	完全不同的阻尼器
	青岛隔而固公司	0.43	硅油	完全不同的阻尼器
分析软件	Sap2000 和 Etabs	0.2～2.0	—	—

注：1. 以上信息来源：产品目录；公开发表的论文；宣传图册。
2. 信息如有不对或已更新，请指正。

10.2 阻尼器的构造

产品的速度指数与阻尼器内部的构造密切相关，虽然有时采用不同的构造形式，可以达到设计所要求的速度指数，但由于构造形式的差异，也严重影响了阻尼器的诸多性能，如耐久性、温度稳定性、低速性能、灵敏度等。为了便于讨论更为适宜用于实际工程的速度指数，本节对阻尼器的构造进行介绍。

一般将结构工程用液体黏滞阻尼器分为三代产品，即在发展进程之初以胶泥为填充材料的第一代黏滞阻尼器，采用各种阀门控制阻尼器参数并使用蓄能器的第二代阻尼器，以及最新发展形成的以小孔激流方式控制阻尼器参数的第三代阻尼器。

10.2.1 第一代产品

以胶泥为填充材料的阻尼器，称为第一代黏滞阻尼器。胶泥作为化工原料，一直以来被用于缓冲器的填充材料。阻尼器内用的硅油和硅胶两种材料，一种是粉色胶泥状物质，一种无色透明黏滞性液体。胶泥的温度稳定等性能极差，无法达到液体弹簧和阻尼器在不同温度下的高精度要求。但作为一次性减振，没有很高参数要求的缓冲器，至今仍用这种材料作填充器。

Jarret 阻尼器是最为典型的利用胶泥为介质的阻尼器产品。这种阻尼器不仅给结构附加阻尼，同时给结构附加刚度。20 世纪 90 年代初，为了取得产品的论证，Jarret 公司委托美国国家地震研究中心(MCEER)做了其硅胶阻尼器的性能测试。这种硅胶阻尼器只能在 1、3 两个象限内工作，耗能系数小于 40%。试验还给出了一个不具备重复性的复杂公式：

$$F_D=K_2x+\frac{(K_1-K_2)x}{\sqrt{1+\left(\frac{K_1x}{P_y}\right)^2}}+C\cdot \mathrm{sgn}(\dot{x})\left|\dot{x}\ \frac{x}{x_{\max}}\right|^{\alpha} \tag{10-2}$$

该阻尼器的阻尼力分为位移影响的刚度部分和速度引起的黏滞部分。式(10-2)中 K_1、K_2

分别为阻尼器的第一和第二刚度，P_y为阻尼静压力，α 为速度指数。这种蝴蝶形恢复力模型的阻尼器也很难重复和推广，Jarret 后期发布的恢复力模型呈接近摩擦阻尼器的矩形，并将速度指数定为 0.2。这与其实验结果完全不符，笔者也曾通过多种渠道对此进行了解，但随着 Jarret 公司最终由于质量问题而导致破产，其中的答案也成为谜团。

实际上，人们还试验过其他黏滞材料。有人用过普通机油，但普通机油对温度的敏感性很强，用在阻尼器上，使其对时间和温度的稳定性都变的很差。随着硅油及密封材料的研究成功，液体弹簧和液体阻尼器中应该采用液体硅油早已经成为共识。这种硅胶的阻尼器也就随之退出了国际阻尼器的舞台。对于国内的仿制品厂家，建议应该实事求是地研究硅胶产品的优缺点，吸取 Jarret 公司的教训，努力赶上世界上阻尼器生产的先进水平。

随着法国 Jarret 公司的破产，这一问题的讨论也告一段落了。

10.2.2　第二代产品

采用各种阀门控制阻尼器参数并使用蓄能器的阻尼器可称为第二代阻尼器。能达到不同的速度控制起点，多数厂家还是要借助于控制开关。日本和欧洲的几家公司采用在阻尼器中加设阀门和油库（蓄油器）控制油压的技术生产被称之为“油阻尼器”的产品，其中速度指数多数在 0.05～0.2 之间变化。这种技术其阻尼器内部设置预压弹簧和流量控制阀门，靠惯性力产生黏滞作用并使阻尼器达到设计的参数，一般包括流量控制阀和减压阀门。阻尼器内部装有调压阀，低压时开启的调压阀和高压下开启的溢流阀的组合，使其在一定荷载之内表现出线性黏滞状态，而超过这个荷载后阻尼力（相对速度的）坡度发生变化而成折线状，也就是双线性状态，以防止阻尼力过大。

采用各种机械阀门进行内部流量压力控制的技术在缓冲器或锁定器应用较为普遍。由于缓冲器或锁定器不需要满足特定的本构关系，使其制造的成本和难度大大降低。相对阻尼器，用硅油的锁定装置的制作也比较简单，只要在活塞头内设置一个提升式阀门（阻尼器内第二个易损零件）。这种作为“O”“I”开关用的装置就可以实现。这不仅是上述提到的欧洲厂家的做法，也广泛用于核电站阻尼器（Snubber），如德国 Lisega 公司、上海理工大学附属工厂的做法，如图 10-2 所示。

德国Lisega公司生产的阻尼器　　上海理工大学附属工厂生产的阻尼器

图 10-2　核电厂常用的外挂油库缓冲器

第二代阻尼器另一特征是外置油库，最初发展阶段油阻尼器几乎都设有外置油库，如图 10-3 所示。

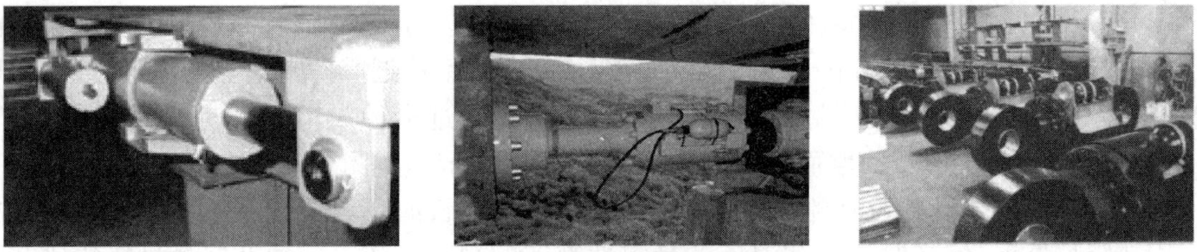

Maurer 阻尼器　　FIP 阻尼器　　Alga 阻尼器

图 10-3　外置油库阻尼器

从这些阻尼器的图上都可以看出它的外置油库。这一外设装置很容易破坏，而影响阻尼器的寿命。设置油库的目的主要是：①在单出杆（阻尼器活塞杆仅一端支撑，另一端活塞头滑动）的阻尼器内部，活塞杆占油室的体积在运动中要平衡，必须设有油库补给或放出；②加大用油体积，也就可以吸收更多的热量；③一些不能做到严密封闭、不漏油的厂家用油库来补充漏油。

可见，设置油库至少对于单出杆阻尼器是必须的。油库不能是自由开通的部分，必须设置控制阀门。这种控制油库开通与否的阀门就成了阻尼器内第一个易损零件，也是我们要谈的第一阀门。当然这种单出杆设油库的阻尼器并不是一无是处，油库加大了可以耗散更多热量的功能。在美国最近生产的功率较大的斜拉索和 TMD 阻尼器上，会起到很好的作用。

10.2.3　第三代产品

20 世纪 80 年代以后，美国先进的阻尼器生产厂家将用在其他领域的双出杆阻尼器引到结构工程阻尼器中应用，并取消了油库以及易损的油库阀门。这种双出杆并没有油库的阻尼器也就开始被大力推广使用。实际上，仅是钻一个简单的圆孔符合基本流体力学的基本公式——伯努利（Bernoulli）方程，阻尼器出力只是限制在与速度平方成比例。作为创新则是将小孔制成复杂并经过机加工的通道，通过流液控制，采用一系列获得专利技术准确定型的通道控制，完全靠活塞头上小孔的形状就可以调整速度指数在 0.3～2 中变化。在使用双出杆、激流孔以及高压密封等技术后，逐渐形成的第三代产品阻尼器，这种产品完全摆脱了第二代产品的两个易损零件——油库和阀门，不但延长了阻尼器的寿命，也大大降低了阻尼器的造价。

10.2.4　其他产品

在阻尼器最初发明时就有另一个不同的发展方向：不设耐高压油腔，开放阻尼油的阻尼器。产品以日本 Oils 公司的阻尼器为代表，它的原理是在一个装有阻尼器油的容器中插入隔板（或芯棒），当有振动时隔板在黏滞液中摆动，黏滞液起到阻尼减振的作用。这种想法最初还做成高、扁矩形的形状，被用于建筑物减振，被称之为阻尼墙，我国一些单位用这种原理制作了斜拉索阻尼器。这种装置可以产生阻尼作用，但因体积大、阻尼器出力小且受温度影响大等缺点，应用范围十分有限。Oiles 公司参与了美国土木工程师学会举行的 HITEC 阻尼器联合测试，其装置的稳定和耐久性能欠佳。

Gerb 阻尼器的基本原理和 Oiles 相似，不同在于把容器作成圆型，并用一个钢芯上下或左右运动，由于介质黏稠可起到垂直和水平减振作用。这种开放式的阻尼器（图 10-4）简单、容易生产而且价格十分便宜，多用于工业设备减振或管道减振，但由于受到性能和出力大小的影响很难在工程上广泛推广。

Oiles 阻尼器

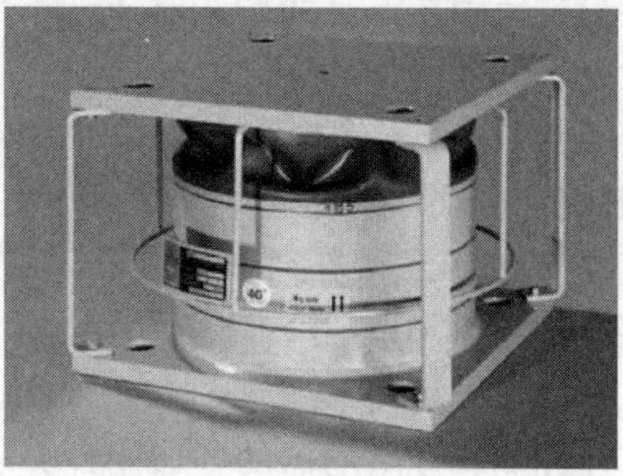

Gerb 阻尼器

图 10-4　开放式黏滞阻尼器装置

10.3　产品构造决定速度指数

从上述对阻尼器构造的讨论，可以看出三代产品对于速度指数的技术处理方法的区别，特别是在阻尼器高速运动的情况，第二代产品和第三代产品差异较大。

10.3.1　第二代产品速度指数特征

日本和欧洲的几家公司采用在阻尼器中加设阀门和油库（蓄油器）控制油压的技术生产的阻尼器被称之为“油阻尼器”。第二代阻尼器采用的办法是利用弹簧压力球、提升阀等机械手段实现速度指数的调整，但能够调整的空间有限，其速度指数多数从 0.015、0.15、0.20 之间变化。第二代产品由于采用了额外的机械部件，而抗震阻尼器有可能长期处于待振状态，内部的这些机械零件在多年以后如果受到冲击时，没有人能够保证其是否能表现出出厂时在实验室检测时的状态。如果这些阀门不能正常运转，如阻尼器受到冲击其内部的换向阀突然换向，执行元件由于多年处于静止状态，灵敏度下降，运动的突然停止、打壳，都会在液压系统中产生压力冲击，使系统压力在短时间内快速升高，很容易造成设备内部元件和密封装置损坏。

10.3.2　第三代阻尼器的速度指数特征

第三代阻尼器采用调节速度指数的办法，则是将小孔制成复杂并经过机加工的通道，通过流液控制，采用一系列获得专利技术准确定型的通道控制，依据这些通道的形状及面积可使速度指数在 0.3～2.0 范围内变动，而不需要在小孔内设置任何活动部件。这类阻尼器成孔属于第二类非伯努利型小孔，采用射流型方法，射流型控制小孔没有可动的部件，装置出力可随流体速度的非平方幂指数变化。取消内部的机械连接零件，从而使第三代阻尼器的稳定性获得极大的提高。这种新技术使阻尼器得到世界范围内工程师们的广泛认同，并能安全稳定地工作几十年。也就带来了今天阻尼器的大力发展。

10.4 不同速度指数的计算讨论

前面讨论集中在产品的构造对速度指数以及对产品性能的影响，下面从结构减振的优化等方面讨论不同速度指数对结构的影响。

应当指出，阻尼器优化的目标应该是整个结构的反应，而不是单个阻尼器的简单耗能曲线。很多阻尼器的优化结果都表明，综合各项指标，其结构反应的最好状态并不是阻尼器的速度指数最小。如苏通大桥最终选定的速度指数为 0.3，西堠门大桥选定 1.0，而一些抑制风振的高层 TMD 中所采用的速度指数则设定为 2.0，这是综合结构反应根据需要的优化结果。

目前计算非线性阻尼器的各通用计算软件，对计算中能够采用的阻尼器速度指数给出了下限为：MIDAS 为 0.35，SAP2000 以及 ETABS 为 0.2。如速度指数小于下限值，程序将可能不收敛。但在目前建筑和桥梁的阻尼器设计中，总有部分设计人员在阻尼器优化过程中，选取较小的速度指数，或直接取下限值 0.2，使得在位移计算中得到较好的计算结果。这一方面反映设计人员对阻尼器的内部构造了解不足，另一方面则是过分追求黏滞阻尼器对位移、变形的控制效果，仅从单纯的计算结果选择阻尼器参数和速度指数，而忽略了对被控结构自身的受力和安全储备的审查。

10.4.1 阻尼器的耗散能量

在正弦波 $u=u_0\sin\omega_0 t$ 作用下，非线性阻尼器循环一周所消耗的能量为：

$$W_d=\lambda P_{max}u_0 \tag{10-3}$$

式中，λ 为关于速度指数的函数，当速度指数为 1.0 时，$\lambda=\pi$；u_0 为振幅；ω_0 为圆频率；P_{max}为阻尼器最大出力。

对于线性阻尼器和非线性阻尼器，①在给定阻尼力 P_{max} 和位移振幅 u_0 的情况，速度指数较大时，参数 λ 越大，非线性阻尼器所吸收的能量较多；②在给定运动的频率 ω_0 和位移振幅 u_0 的情况，如线性阻尼所吸收的能量与非线性阻尼所吸收的能量相同，则线性阻尼器的输出力峰值最大，非线性阻尼器的出力随着非线性指数的减小而降低。

通过上述讨论，可以了解到非线性阻尼的一些优点。非线性程度越高，阻尼器效率相应的也越高。但是不可以极端地认为不必采用线性阻尼或速度指数较大的阻尼器，而采用速度指数极小，甚至等于零的阻尼器。

从能量吸收来看，由于线性阻尼所输出的能量完全与结构异步，所以非线性阻尼器所吸收的能量可以认为分为两个部分，即与结构完全异步的线性阻尼耗能和与结构完全同步的非线性阻尼耗能。非线性阻尼器的耗能可表示为：

$$W_d=\pi P_{max}u_0+(\lambda-\pi)P_{max}u_0 \tag{10-4}$$

式(10-4)第一部分是与结构反应完全异步的，此部分能量完全抑制结构的位移反应；第二部分是阻尼器直接与结构相互作用、相互耦合时所消耗的能量，带来的是结构能量的增加，进而转化为结构的受力增长，如基底剪力、墩底弯矩等的增加。在速度指数为零的极端情况下，这部分的能量占阻尼器总消耗能量的 21.5%。特别是在大震作用下的结构，由于阻尼器所吸收的能量较多，同时分担到结构上，使结构额外增加的能量也相应提高很多。

10.4.2　阻尼器对结构的影响

阻尼器在工作中可以耗能减振，当然首先需要制造出完全符合基本公式的阻尼器，可以供设计者在设计阻尼器时选择。科学发展到当今水平，一个合格的生产商应该完全可以生产出不同速度指数的阻尼器。选择阻尼器还是锁定装置，如何选取最优的阻尼器速度指数，这些问题都必须通过设计者的优化给出答案。如果在工程设计中提出这种不同速度指数的要求，这也就要求所有阻尼器生产商就应该满足这一要求生产出相应的阻尼器，而不能因为生产商的技术水平而仅仅局限于某个速度指数特定值，迁就那些不具备这种能力的产品。

速度相关型阻尼器的本构关系公式为幂指数函数，幂指数的函数特点是指数相对较小时，就能得到较大的函数值，即在速度较低时可以获得较大的阻尼出力。由此，有人得出速度指数越小越好的结论。对此笔者有不同观点：原则上说，α 在一定范围内如 0.3～1.0 之间时，α 值越小，阻尼器滞回圈面积越大，越接近方形，耗能看上去越好。但如将这一结论推广到"α 值越小，阻尼器效果越好"，就有很多地方值得讨论。从理论上看，α 值越小，如 $\alpha=0.15$，阻尼力和速度的基本关系式 $F_D=CV^{0.15}$，在我们常发生的速度范围 $V^{0.15}$ 已经接近于 1，该式变为 $F_D\approx C$，这已经成为一个与速度无关的关系式，即实际上是接近摩擦阻尼的关系式，这已经偏离最初要求的黏滞阻尼的这一基本要求。

摩擦阻尼器早期在建筑结构上有所应用，但其弊端也比较明显：当结构的变形最大时，阻尼器仍然保持受力也最大，这对结构受力来说经常是不可取的。观察下列两个不同的滞回曲线（图 10-5），就难看出这一点。

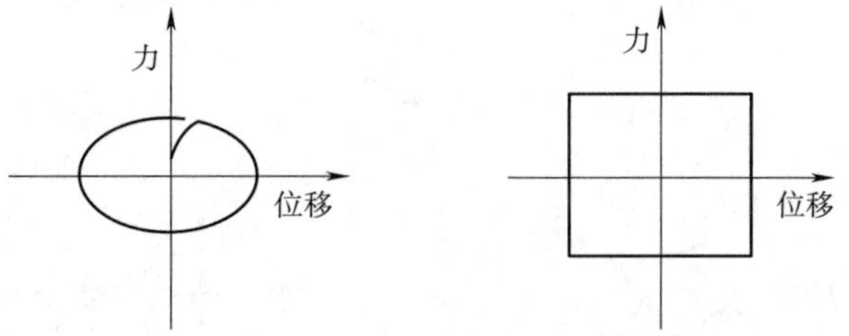

图 10-5　液体黏滞阻尼器和摩擦阻尼器恢复力模型

特别是当结构位移最大时刻速度会更换方向，阻尼器出力也就随之更换方向（图 10-6），与结构位移相同方向的最大阻尼力会对结构的变形起加大作用，它完全可能不仅起不到保护结构的作用，反而会加剧结构的运动和变形。

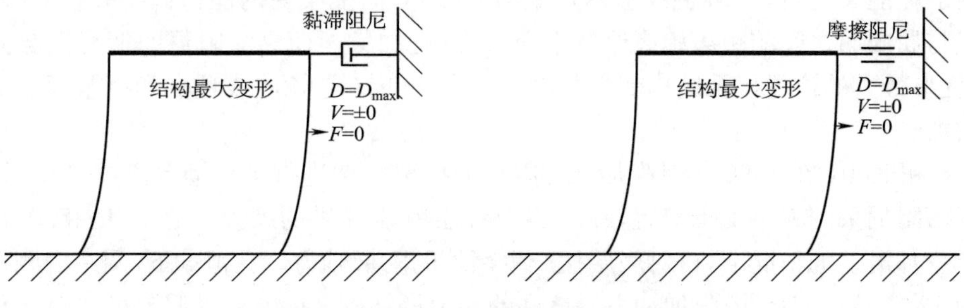

图 10-6　液体和摩擦阻尼器受力示意

图 10-6 中 D 为结构运动(阻尼器相对运动)位移,V 为结构运动(阻尼器相对运动)速度,F 为阻尼器对结构的作用反力大小。

1. 不同装置对结构受力的影响

现有的耗能减振装置包括金属阻尼、摩擦阻尼、黏弹性阻尼和黏滞阻尼四种类型。对于考虑进行加固的框架结构,这些装置会引以框架柱产生额外的轴向力,根据采用的装置类型,这些产生的额外轴力有可能与结构峰值变形同步,并最终会影响到这些承重柱子的安全。这四种减振装置中,摩擦阻尼和金属屈服阻尼的峰值出力发生在峰值变形的时刻,设装置安置与水平方向的角度为 θ,则对框架柱产生额外的轴力为 $F\sin\theta$,由于结构变形,与框架柱的弯矩相位相同。对于黏弹性阻尼,其中所产生的额外轴力的大部分会与弯矩同步;而黏滞阻尼,其产生的额外轴力与弯矩则完全反相位。

假定某混凝土框架,在内部框架柱间设置耗能装置。图 10-7(a)给出框架柱轴力和弯矩的屈服面,假定框架柱设计为压应力控制,在地震激励下,框架柱要承受较大的变形和弯矩,而轴向荷载则保持不变。如图 10-7 所示,当 P-M 曲线顶点达到屈服面时框架柱发生破坏,图中顶点到曲线间的虚线为框架柱所具备的能力储备。

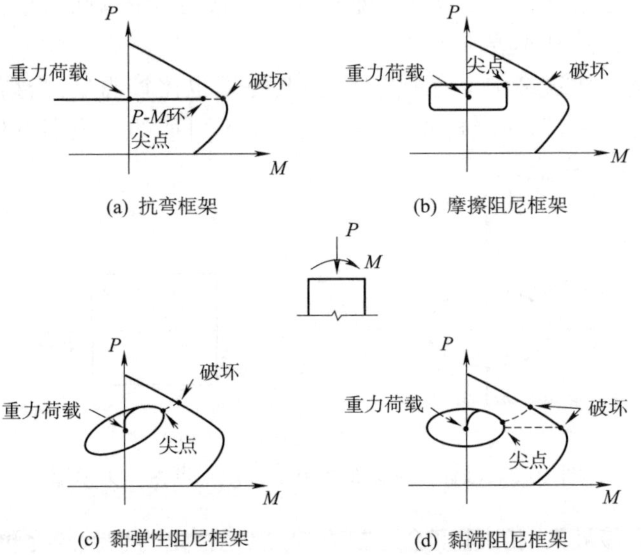

图 10-7　地震作用下框架柱的屈服面及轴力-弯矩曲线

在附加耗能装置后,P-M 曲线显示弯矩明显减小,而框架柱的能力储备并没有提高,P-M 曲线顶点与屈服面之间的距离始终保持不变,并没有加大。而黏滞阻尼的情况则与其他装置不同,在变形最大的位置显示结构受力并没有增大,同时,P-M 曲线顶点和屈服面之间的距离则有所增加。

Aiken 和 Kelly 在 1990 年对附加摩擦阻尼的框架模型进行了振动台测试,模型如图 10-8 所示。摩擦阻尼采用人字支承安置,在摩擦中各层所能提供的摩擦力在 2.4～5.0 kip 之间。在所有装置都滑动的情况下,可对底层柱产生额外的附加轴力。在恒载下,图中内测框架柱所受轴力为 12.75 kip,而考虑附加轴力后该柱的轴力增加到 29.46 kip(假定可忽略简化计算中柱侧向惯性力的影响)。

2. 黏滞阻尼力的相位差优势

通过上述讨论可得到的结论是，附加减振装置会给结构柱附加相当的轴向荷载。而具有滞回特性的减振装置，会在结构变形最大时产生峰值轴力；具有黏弹性特性的减振装置，柱的峰值轴力会在变形未达到最大值的某个时刻产生；而具有线性黏滞阻尼的减振装置，其柱轴力与变形完全异相，在其轴力达到峰值时结构变形为零。

黏滞阻尼出力和变形的相位差是其他装置所不能具备的优势。对于一个的给定峰值阻尼力和位移幅值的阻尼器，随非线性指数的降低，其所吸收的能量逐渐增大，阻尼器输出的力—位移滞回曲线也逐渐增大。对于一个纯线性阻尼，它的运动与结构的弹性恢复力存在90°的相位差。阻尼器在位移幅值达到峰值的情况下，阻尼器的速度最小，也即阻尼器的出力最小；而当位移幅值最小时，阻尼器速度最大，阻尼器出力达到峰值。而随着阻尼器速度指数的减小，阻尼器附加给结构的力与结构自身的恢复力同步增大，且这种趋势随着速度指数的减小而更加明显。而对于采用极小速度指数的黏滞阻尼装置，其基本特性和摩擦阻尼是基本相同的。

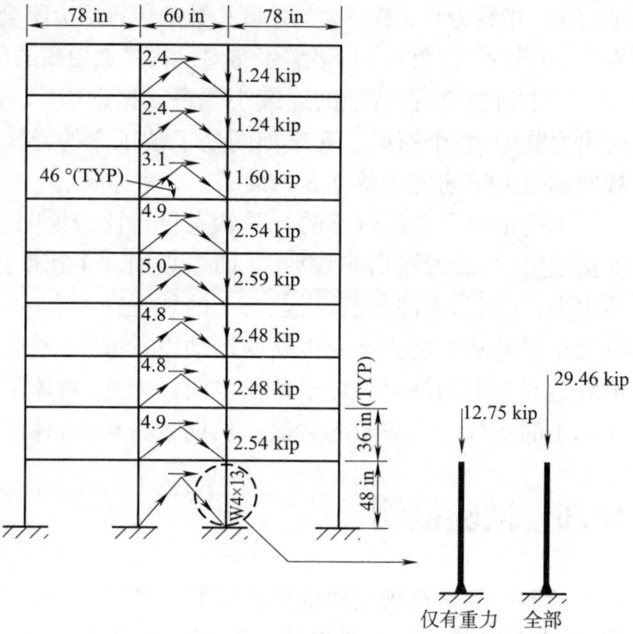

图 10-8　地震作用下附加摩擦阻尼的模型结构受力情况

10.5　泰勒公司专家的观点和态度

在与泰勒公司总裁 Doglas Taylor——一位有着五十多年各种阻尼器生产经验的技术专家交流后，他非常明确地指出这种阀门阻尼器的主要问题：

(1)阻尼器采用 0.1 的速度指数，这种装置实际上是采用内置阀门实现在低速下较大出力的技术。阀门的采用问题较大，其利用弹簧压力球、提升阀等机械手段实现速度指数的调整，但能够调整的空间有限，其速度指数多数在 0.015、0.15、0.20 之间变化。这类阻尼器有可能长期处于待振状态，内部的这些机械零件在多年以后如果受到冲击时，没有人能够保证其是否能表现出厂时在实验室检测时的状态。如果这些阀门不能正常运转，阻尼器受到冲击，其内部的换向阀突然换向、执行元件由于多年处于静止状态，灵敏度下降，运动的突然停止、打壳，都会在液压系统中产生压力冲击，使系统压力在短时间内快速升高，造成设备内部元件和密封装置的损坏。

美国泰勒公司 30 年前也和首创世界核电站阻尼器的德国 Lisega 公司一样，也是使用第二代的阀门式阻尼器。20 世纪 80 年代后创造了小孔激流式第三代阻尼器，这是能确保阻尼器不漏油、免维护地使用 75 年的技术保证。泰勒公司也就不愿再采用落后 30 年的第二代阀门阻尼器。世界上，生产阀门阻尼器的厂家也就纷纷破产改行。

(2)如果仔细检查阀门阻尼器的性能曲线，不难发现指数为 0.1 的阻尼器装置的输出不连续，在最初通过内部阀门时力迅速增加，而后当阀门打开后输出力会出现下降的情况。这种装置易引起桥梁结构所有的高阶振型，通常的结果是结构反应在短期内被放大。而出力增加更为平稳的速度指数为0.3或更大的速度指数的装置出力不会出现这种情况。最终的结果是相对于指数为0.3的装置,指数0.1的装置经常对结构施加更高的负荷,而在计算分析中这种情况不会被考虑。

对于斜拉桥,在普通的连续小幅桥梁振动中,由于速度指数为0.1的阻尼器装置阀门关闭而出力陡增,整个箱梁看起来如同处于被压紧的弹簧之上。在这些小位移下,随时间累计的荷载要远远大于速度指数0.3的装置。

上述情况可采用汽车的行驶状态进行比较说明,一般情况下悬挂系统采用0.3~0.4的速度指数阻尼,装置输出非常平缓,而当采用0.1速度指数的阻尼则通常在长途行驶中提高很高的出力,在阀门未卸载前,指数0.1的装置在所有的冲击中看起来,如果刚性很大的弹簧,车辆以及车里的乘客需要承受很高的颤动以及颠簸,长此以往车辆的耐久性降低,乘客的感觉也极不舒适甚至不利健康。对于桥梁也同样如此,桥体采用许多块混凝土组合而成,许多这些构件在0.1的指数下会被激起共振。长期运行后,桥体的连接节点就会出现松动。

10.6 试验检测

检测产品是否满足速度指数的特定要求,一般需要将动力测试的结果绘到速度-力的关系图中,查看其是否在所要求的±15%的误差范围内,就可以判断出是否满足设计要求。如图10-9是江阴大桥阻尼器的测试结果,实际测出的点都落在$\alpha=0.3$的曲线的±15%范围内。这只是测试检验的一部分。对将要使用的阻尼器产品仍然需要经过多种严格预检测和出厂检测。在日本,要进入日本市场的阻尼器产品都要进行一个严格检验,才能取得政府发给的准入证。

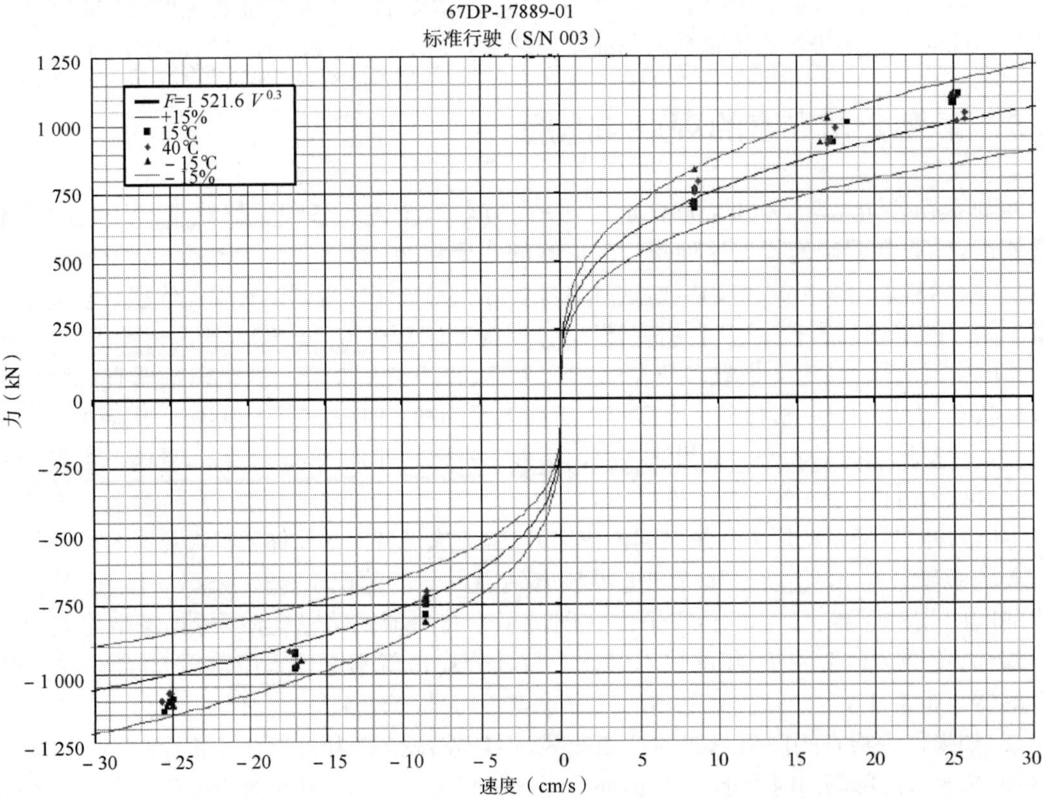

图10-9 江阴大桥阻尼器的测试曲线

10.7 结　　论

速度指数成为阻尼器厂家都想攻破的难关。从目前的情况来看，采用何种流速控制手段，已严重制约了其发展。至今一些厂家仍然采用外置或内置阀门技术。公开发表的各类测试数据、文章和报告显示，目前能够真正通过设计任意调整速度指数的生产厂家在世界上几乎只有美国泰勒公司一家。

这一观点令人难以置信，但实际上在美国 Enidine 停止生产抗震阻尼器后，与法国 Jarret 公司合资成立 Jarret Structures，但因为产品质量问题而宣告破产后，在我国出现的国外产品中，已经几乎没有一家企业可以生产速度指数可以任意选择的产品。在国内厂家的产品中，恰恰相反，大多宣称可生产出速度指数可以任意变化的阻尼器，但却未见过符合国际标准的测试报告，也没有政府或协会组织的公开鉴定测试，因此很难进行评述。

很多人都认识到，在我们结构工程中使用液体黏滞阻尼器来耗能减振是 20 世纪结构工程抗震最令人振奋的成果之一，用于抗震是十分有效的。然而，这类结构保护系统要想发展的生命线全在于它的质量和寿命。国际上因质量不合格而停产、破产的教训给我们什么启示，我们国内使用的产品比他们的好还是不好，大家可以从文中作一些了解和对比。

本章讨论了一个简单的幂指数关系以及一个更为简单的指数选取问题，可以看出，它关系到一个厂家和一项技术的发展，甚至关系到一座建筑或桥梁的安全。阻尼器的结构构造和不同速度指数阻尼器的生产是个重要指标，目前世界上只有极少数的阻尼器生产厂家能真正做到速度指数在一定范围内可以自由选择。此处的结论，只作为一个讨论的意见。

11 液体黏滞阻尼器的工作状态及在线评估

11.1 引　言

目前在我国被工程采用的液体黏滞阻尼器品牌已有十几个，安置就位并处于工作或待振状态的这一阻尼器的工程有几百个。那么这些耗能装置在未来地震发生时，能否很好地工作，耗能减振能否起到结构保护的作用，这不仅关系着已经花费的几亿甚至十几亿的研发和建设资金是否能发生作用，更牵扯到使用这些阻尼器产品的建筑、桥梁的安全问题。

一些产品看似完好，但油腔缸体内介质则可能完全泄漏，阻尼器处于失效状态；一些安置在建筑结构中的产品被置于封闭夹层，根本无法判断阻尼器的状态。安置后阻尼器的工作状态、待振状态的估计，对未来可能发生地震时阻尼器性能的判断无疑是至关重要的。当然，更多的阻尼器可能在安置之前就没有经过很好的测试，安置在结构中的产品由于没有很好的核查机制，本来就是不合格的产品，那么寄希望于这些产品在地震中发挥功效就更谈不上了。

如何对已经安置在结构中的阻尼器进行评估，对阻尼器进行在线的实时检测、性能判定，并对未来震害中的表现进行预估，应是摆在整个减隔振行业面前的一个非常现实的问题。而现有的监测办法只停留在监测运动加速度、位移和应力状态。对阻尼器工作状态的监测还是很有限。目前在实际工程中，一些业主单位提出需要将阻尼器的工作状态并入到桥梁整个实时监测系统，一些维护单位希望在日常维护中对阻尼器的工作性能、工作状态进行必要的管理。出于抗震保护原因的需要，我国每年安置阻尼器的几十个工程都需要对阻尼器的工作状态作定期工作检查，并对未来震害进行估计。

本章一方面讨论阻尼器在线工作状态的鉴定测试方法，另一面也介绍阻尼器的其他几种特殊问题的测试方法。

11.2 安装就位前性能评估

11.2.1 阻尼器设计原则

在众多的阻尼器品牌中，由于内部设计的构造不同，也造成这些设备的后期维护方法不同。一些阻尼器在缸体外设置油库，并设置观测孔，用于随时查看内部液体的变化情况，并根据情况定期补油。一些产品如泰勒阻尼器则采用免维护的设计思路，通常在其使用周期内常规工作状态下不需要维护，而仅在有感地震、现场火灾、阻尼器被水淹置或被恶意破坏等突发情况发生后需进行现场抽检。

了解阻尼器的设计原则后，对所使用的产品性能进行大致了解，并初步掌握其日常工作中的状态。

11.2.2　阻尼器测试报告

在产品出厂前必须对阻尼器进行出厂检测，这也是评估阻尼器性能的首要环节。测试的范围应是对产品逐一测试。其次，针对特定工程，工程师应根据需要提出对到货产品的抽检，即第三方检测。到目前为止，HITEC 报告是公开发表的对阻尼器各项性能最为全面的检验报告。我国广州大学工程抗震中心具有 CMA 认证资质，在一定程度上可以判断阻尼器在未来地震中是否能很好地工作。表 11-1 为泰勒公司在以往通过的第三方检测的详细情况。

表 11-1　泰勒公司通过的第三方检测详细情况

<table>
<tr><th>序号</th><th colspan="2">第三方测试项目机构</th><th>时　间</th><th>最大吨位</th></tr>
<tr><td>1</td><td colspan="2">美国旧金山金门大桥工程对比检验
美国加州伯克利分校地震工程研究中心 EERC</td><td>1995 年</td><td>448 kN(缩尺后)</td></tr>
<tr><td>2</td><td colspan="2">美国土木工程师学会 HITEC 对比试验
美国波音公司能源研究中心 ETEC</td><td>1998 年</td><td>1 068 kN
667 kN
222 kN</td></tr>
<tr><td rowspan="2">3</td><td>San Francisco-Oakland Bay Bridge
(共测试 7 次)</td><td>美国圣地亚哥大学 SRMD 设备</td><td rowspan="2">2002～2003 年</td><td>2 000 kN
2 450 kN
3 115 kN</td></tr>
<tr><td>Richmond-San Rafael
(共测试 3 次)</td><td>美国圣地亚哥大学 SRMD 设备</td><td>1 000 kN
2 225 kN</td></tr>
<tr><td>4</td><td colspan="2">日本测试　国土交通省认证</td><td>2003 年</td><td>1 450 kN
900 kN</td></tr>
<tr><td>5</td><td colspan="2">欧洲认证 Austrian standards plus GmbH</td><td>2011 年</td><td>1 000 kN(STU)
2 000 kN(STU)
220 kN
650 kN
1 000 kN</td></tr>
<tr><td>6</td><td colspan="2">广州大学工程抗震中心(昆明新机场、北京二环路加固)</td><td>2010 年
2014 年</td><td>1 600 kN
500 kN</td></tr>
</table>

11.3　现场对阻尼器的评估

11.3.1　外观评估

首先应通过视觉观察检查阻尼器的外表情况，测定阻尼器是否受到外来物的干扰或限制阻尼器的正常运行，并对阻尼器以及连接件的安装就位情况进行核查。控制阻尼器安装精度是控制一个连接处阻尼器出力均匀的重要环节之一，应核查阻尼器支座在箱梁、边墩的确切位置，以及之间的竖向距离、水平距离，确定预埋件及化学锚栓的施工点，同时确定阻尼器纵向偏位的误差及安装轴距的位置。对于尺寸的误差，一般控制顺桥向安装误差为±5 mm，横桥向安装误差为±5 mm，高程安装误差为±10 mm；阻尼器支座底板平整度为 0.5 mm/全平面。

此外，阻尼器在安置就位经过长时间运营后，一般通过外观可以初步对阻尼器进行评估。

通过观察和手摸检查阻尼器，最重要的是要检查活塞杆出入处是否有油渍，具有油污的阻尼器说明已经不能很好密封，已经有了渗漏，有渗漏的阻尼器是不能很好工作的。除此之外，还可以判断阻尼器是否有满冲程或阻尼力过载工作的情况，可以观察下面其中的一项：①检查阻尼器的外面是否漏油；②检查阻尼器的销轴和连接轴承是否松动；③检查阻尼器销轴上的开口销是否连接可靠；④检测阻尼器和连接件的表面油漆是否完好。

11.3.2　阻尼器内压测试

泰勒阻尼器在制造中的一项关键技术即对阻尼器腔内施加预载内压，油腔内由于存在内压减少了对各种阀门的需求，也避免其他阻尼器对蓄能器的使用，这些不必要、多余的零件的减少所带来的是泰勒阻尼器更为可靠。阻尼器在工作中由于内部高压，实现泰勒阻尼器通过独有的小孔激流调整速度指数的技术，避免采用其他构造的阻尼器通过各种复杂的控制阀来达到特定的速度指数。采用阀门最大问题是在超过设计最大速度时，阀门超出工作行程不能控制大量的油液通过阀门。

对于所有地震的冲击响应，需大幅提高阻尼器响应能力，即在很短的时间内就要使阻尼器能开始工作，避免其他阻尼器的时间滞后现象。在所有地震分析中并不能完全反应实际情况，有时仅仅考虑的主要运动情况，结构中高阶振型的高频反应往往不被考虑或忽略。类似的情况是，地震中这些高频反应也不能被阀门阻尼器即时反馈，而对于不采用阀门的泰勒阻尼器则很好地解决了这一问题。

另一方面，阻尼器的内压，是其能很好工作的基本保证。没有合适的内压，就不能实现阻尼器正确的本构关系。要想判断阻尼器是否有泄漏，可以通过测试阻尼器的内压变化来实现。当然，对于内置阀门的阻尼器产品，则完全没有这一功能，更谈不上测量的问题。图 11-1 为在泰勒公司进行的阻尼器三倍静压(15 000 psi)测试，在达到测试内压后一般需要保持 3 mm 或一个小时，以验证阻尼器的密封情况。

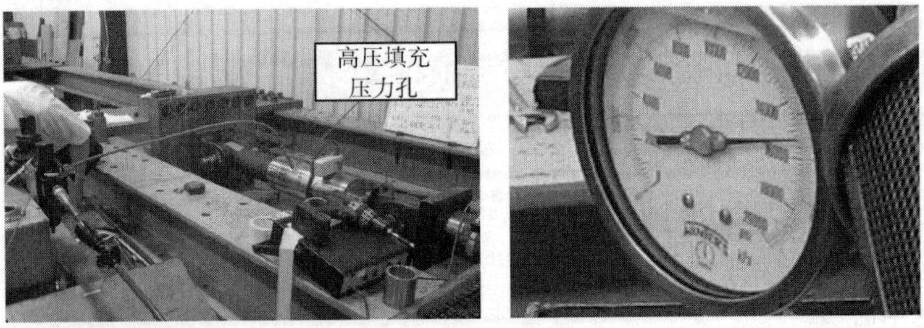

图 11-1　阻尼器静压测试

下面介绍一些实际工程用阻尼器的内压测试的过程和结果，显示了这两个项目的阻尼器经过几年之后还在很好地工作。2013 年泰勒公司应业主要求作了杭州江东大桥和北京阜成门桥阻尼器内压测试。如图 11-2 所示。

以杭州江东大桥为例，对这项测试进行简单描述。阻尼器在出厂之前，内部都要施加一定的预加压力，通常在空载时压强为(3 000±200) psi。在安装运行后阻尼器内压应该随着阻尼器的受力而加大。泰勒公司的阻尼器在生产时，都要使阻尼器的内压达到 100 MPa(14 500 psi)以上，使用了几年后，阻尼器的内压还要保持在允许误差范围内。它也是判断阻尼器是否漏

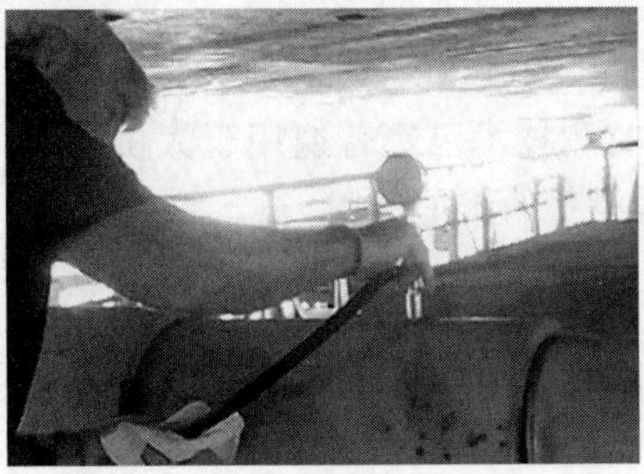
江东大桥

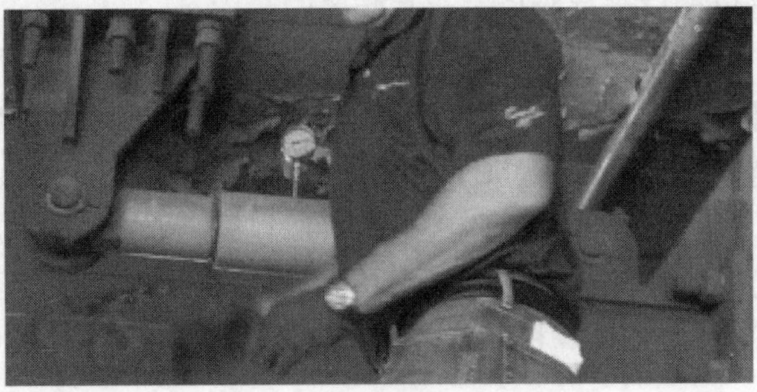
阜成门桥

图 11-2　杭州江东大桥和北京阜成门桥阻尼器的现场测试

油、密封是否完好的重要标志。

杭州江东大桥阻尼器内压的允许误差是基于泰勒公司批准的图纸编号为 67DP-18309-01 中所给出的设计参数(图 11-3)。所要求的压强根据设备在工厂最初设定值以及在运营中的要求保持的压强来确定。

检验依据:在阻尼器出厂之前,阻尼器内部压强通常为(3 000±200) psi,环境温度 23℃(73℉),此处可参见江东大桥测试报告。在密封完好的情况下阻尼器内部压强不会显著下降,阻尼器也不会出现漏油现象,阻尼器的动力性能也不会发生改变;随温度变化阻尼器内部压强也会改变,规律是每华氏度升高 20～25 psi。

测试方法:在阻尼器高压填充孔处设置压力表,通过压力表测试阻尼器内部油腔压力。

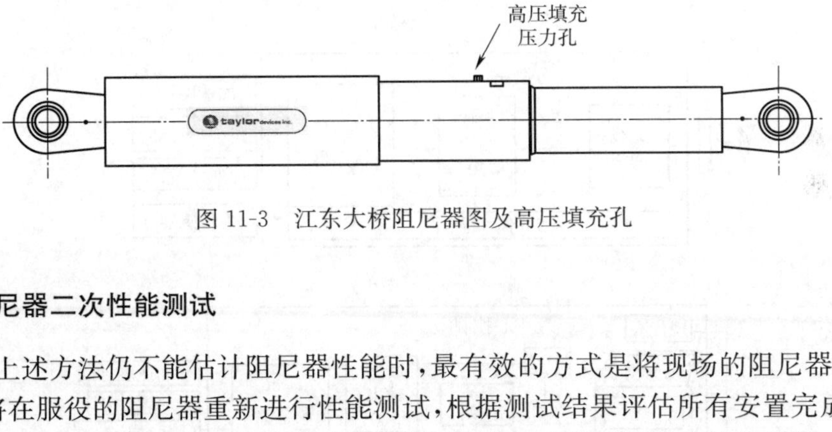

图 11-3　江东大桥阻尼器图及高压填充孔

11.3.3　阻尼器二次性能测试

在通过上述方法仍不能估计阻尼器性能时,最有效的方式是将现场的阻尼器进行二次性能检测,即将在服役的阻尼器重新进行性能测试,根据测试结果评估所有安置完成、处于工作状态的阻尼器性能。当然,这也将面临诸多问题,如将阻尼器拆除后的结构风险、结构受力的应力重新分布等。

11.4　阻尼器监测系统

传统方式中,虽然可以通过内压测试来推断阻尼器的性能是否正常,但仍然无法更为直接地获得阻尼器的出力、位移量等信息。更为普遍的情况是一些产品没有可以进行判断其内部工作情况的途径,根本无法判断阻尼器何时损坏。特别是一些跨度较大、受车载、脉动风影响较大的悬索桥或斜拉桥,这些桥所安装的阻尼器振动频次都相当高,因此对这些桥梁阻尼器特别是位移量进行监控是非常必要的。

对阻尼器性能采用监测系统后，可以对阻尼器的性能状态进行实时监测，大大降低了维护费，同时可以及时监测到安全隐患。目前由于桥梁健康监测技术已经普遍用于大桥的运行监控整个过程，所以保证了桥梁的安全性，同时降低了大桥昂贵的维护费用。

通过阻尼器健康监测系统，可对阻尼器的位移、应力、压力、振动、温度等多种参量进行采集、监测、存储、分析。测试数据可使用有线以太网传至中央控制室的计算机，也可通过无线方式发送，中央计算机对整个系统各测点实施控制与监测。

11.4.1 阻尼器监测系统构成

如图 11-4 所示，阻尼器的监测系统一般由多个分测站及中央主控站组成，设计使用多个采集分站针对每个阻尼器所处位置，测试阻尼器上的位移、应力、压力和加速度或其他参数。每对阻尼器信号使用一套装置进行测试，这样可形成冗余设计，当某个传感器或采集器失效时不会造成全部数据丢失。各分测站负责传感器信号的采集并将其数据发送给中央计算机接收。

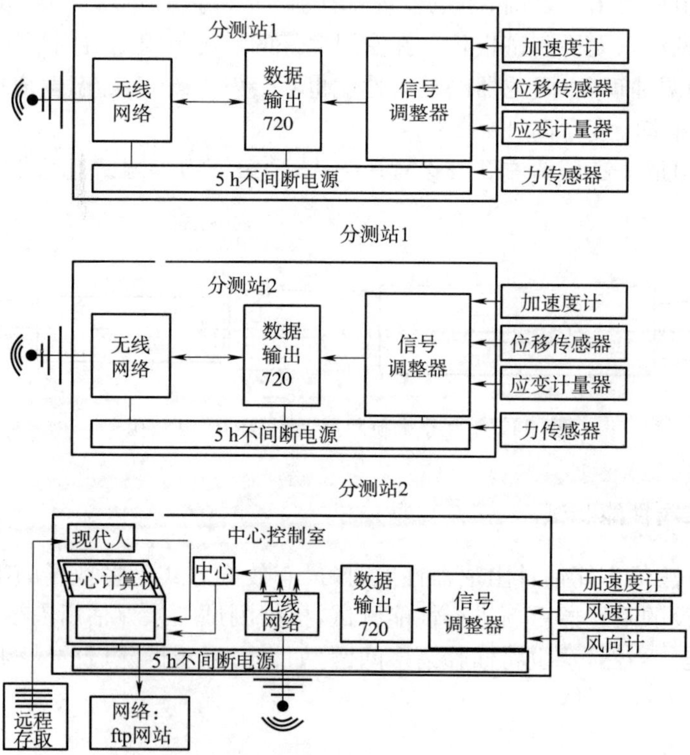

图 11-4 系统结构框图(两个分测站)

中央主控站可设在现场或现场外办公区等地，用于接收、保存从分测站发送过来的数据并可进行现场分析或远程转发至世界上任意地点供专家分析，主控站与分测站之间采用有线和无线两种通信方式。各站均配备 UPS，保障在遇有自然灾害或断电情况下能够对阻尼器继续监测。

分测站构成组件：分测站由传感器、信号调理、Ethernet 接口数据采集器、无线数据收发器、不间断电源组成。每部分功能如下：①采集单元——选用带有以太网接口数据采集器，将传感器信号转换为数据并传输至计算机；②信号调理单元——用于将传感器信号调理为标准信号，同时提供传感器所需激励源；③无线通信单元——数据交换，将数据发至中央计算机；④UPS，5 h 不间断电源；⑤位移传感器——测试阻尼器位移；⑥应变传感器——测试形变压力；⑦压力传感器——测试阻尼器受力状态；⑧加速度传感器——用于振动信号测量。

主控站构成组件：主控站位于中央控制室内，用于接收各分测站数据，可进行显示、存储与分析，控制室中同时配备一台采集器对环境数据加以采集监控，用于综合分析。由于数据采集的目的是为了预测阻尼器何时失效，所以在性能监测中考虑各种因素对其构成的影响是非常重要的，当遇有强风、地震时，阻尼器会承受到强烈的作用力。鉴于这些因素，在控制室还需配置另一套数据采集装置来监测地震状态、风速和风向。在这类情况下如果出现阻尼器失效，可以此参数作为今后的参照。

主控站主要由以下部分组成：①中央控制计算机；②环境信号采集单元——Ethernet 接口数据采集器；③信号调理单元——用于将传感器信号调理为标准信号，同时提供传感器所需激励源；④无线通信单元——数据接收；⑤Ethernet HUB；⑥UPS，5 h 不间断电源；⑦风速传感器；⑧风向传感器；⑨加速度传感器——用于振动测量；⑩测试分析软件；⑪阻尼器专家分析系统；⑫远程通信控制软件。

11.4.2　测试方法及工作模式

如图 11-5 所示，分别在每个阻尼器上安装一个应变计量器、一个位移传感器、一个压力传感器以及一个三轴向加速度传感器。考虑到测试的可靠性，可增加安装传感器数量。先将信号归结到一个信号调理箱内进行隔离与放大，信号经过调整后进入数据采集器。数据采集器带有 Ethernet 接口，连接无线发送装置可将信息传至控制室，也可使用以太网直接连线到中央控制室。

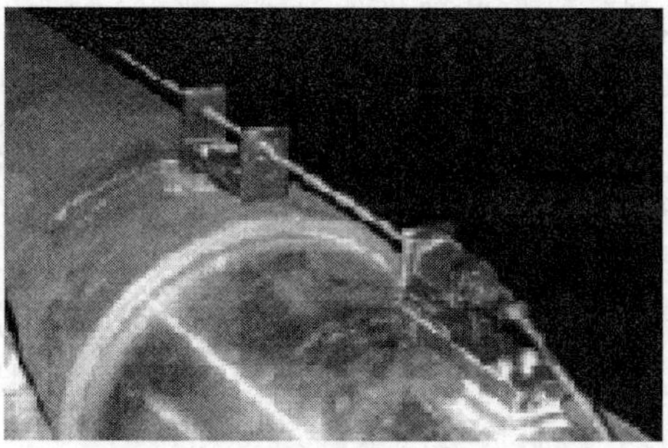
位移传感器

加速度传感器

图 11-5　阻尼器安装的传感器

无线接收器位于中央控制室内部，可以解调来自各分测站采集器传来的各种传感器信号。这些信号及控制室中采集器的信号可以通过以太网传送连接至中央计算机。系统使用专业软件显示处理数据，软件可实现多窗口，每个窗口对应显示每站的读数。计算机可运行多个窗口和它们保持直接通信，这些读数是一天 24 小时采集，每站带有 5 小时的不间断电源支持。每 24 小时，系统可以将数据编译为一个文件并存储用于事后分析。

11.4.3 系统操作软件

系统操作软件分为以下几个主要功能：一方面是系统网络管理，测试系统由分测站和主控站组成，由中央计算机协调管理各站的工作，形成一个网络化结构。每个采集站均带有Ethernet 接口并使用指定的 IP 地址，计算机使用有线或无线方式统一管理。管理软件还可对各站的采样测试通道、采样速度、数据读取、通信接口、通信速率设置管理。

另一方面数据的管理、处理、显示，全部收集到的信号由中央控制器按要求格式进行存储，可显示在计算机屏幕上，屏幕上可开多个窗口，将每分测站数据单独显示。数据可实现多种方式的显示，如：表格显示直接物理量、实时曲线显示、历史曲线显示、历史数据再现。数据存储格式支持多种通用分析软件，可直接生成测试报告和打印用于存档。通过联网，世界各地专家可以在线监测阻尼器运转情况。

11.4.4 性能判断

所有分测站可实现在线监测，运用专家分析软件可以及时判别阻尼器的损坏状态，进行及时维修或更换。如何根据采集到的数据对阻尼器进行判别，工程师可将位移和受力绘制成曲线图，在日常运营中当阻尼器起到的反作用力正确时，它的负载不应出现明显的增大或减弱；如果发现振动往复加快，阻尼器出力应有所增加，此时结构应处于被激励状态，阻尼力应在额定阻尼范围之内。数据采集帮助维护一个安全的环境，对阻尼器的监控，替代不必要的更换不仅可以节省资金同时也可以在出现灾难时保存原始数据。

除对阻尼器状态进行判别外，软件还可对所采集到的其他信号进行分析处理，如可对振动加速度信号进行频域分析。

11.5 结　论

对于安置耗能减振的结构而言，工作状态下的耗能减振装置性能是否正常，是否能够达到设计或者招标技术文件中的性能指标，将直接影响到整个结构物的结构安全，特别是依赖于耗能减振装置达到抗震设计要求的结构。在此情况下对工作状态下，减隔振装置的性能评估就成为了关键。本章对阻尼器在运行状态下如何进行评估进行了介绍，文中给出了在线工作状态下阻尼器性能的评价方法以及如何在线监控其运行状态的实施手段。在目前情况下，由于桥梁结构监测(控)系统较为普及，对于桥梁用阻尼器而言，可通过设置阻尼器的实时监控系统了解和掌握其工作状态；而对于建筑结构用阻尼器，更为实用和便捷的手段宜根据产品特点进行监测和评估，如对于泰勒阻尼器，可采用内压监测获得阻尼器的最新信息和状态。

最近，我们首次在厦漳大桥安置的阻尼器上安装了在线监测系统，施加在 16 套阻尼器上的位移传感器把阻尼器在日常工作下的运动数据采集并传输到控制中心，通过计算、转换，可以显示阻尼器的正常运动情况，与此同时又在 16 个阻尼器上安置了高清摄像系统，在控制室内随时可以观察到阻尼器工作情况。

12 附加保护系统的结构安全问题

本章主要内容是对目前各类结构保护系统的可靠性和适用性进行评估。对于一些使用性能不能满足结构使用要求的产品而言,附加保护系统不但不能给结构提高安全储备,有些装置甚至已经严重影响到结构的安全。同时,本章想谈的是一个更为普遍、所造成的危害也更为严重的问题,即如何界定消能减振结构的设计原则,通过结构保护系统降低传统的结构设计水平,在现有的质量和测试条件下,针对国内的设计理念和现状,是否能使结构更加安全,下面将讨论这一问题。

12.1 我国隔振设计和应用

12.1.1 我国隔振的降度设计

隔振层的柔性设计很好地把上部结构与地面振动隔开,没有人怀疑结构基础隔振可提高结构的抗震能力。国家规范对隔振结构提出:可以按照规范要求采用降度设计——即便在高烈度的地震区,只要计算通过,在设置基础隔振后上部结构就可以在降低一度后进行上部结构设计,按照降低后的设防烈度进行抗震验算。

虽然我国国家标准规定了关于支座的一些检测办法,但关于地震作用下的高速动力测试涉及很少,而厂家给出的隔振支座的参数如水平等效阻尼比、水平等效刚度大多是在通过低速测试的情况下给出的,测试的速度大多为 20～30 mm/s。而事实上在实际地震中隔振层可达到的速度在 200～1 000 mm/s,并且需要往复滞回几个循环。在高速运动下,对于橡胶支座,橡胶的黏弹性性能会发生显著改变,而对于铅芯,在高速度下随着循环次数的增加,支座的有效屈服应力、能量耗散都大幅下降。考虑到我国的隔振支座几乎都没有经历过世界其他国家均强调的动力测试,一个未经过高速测试的支座,实际上很难估算其在实际地震中的真实表现,在未经过高速测试的情况下,这一降度设计应该说是十分危险的。

12.1.2 国外的隔振检测

在 1999 年 AASHTO 出版的隔振工程设计规范指南(Guide Specifications for Seismic Isolation Design)中将隔振支座的测试分为三个层次,包括系统的基本特性测试、产品的原型测试以及质量控制测试。质量控制测试作为最低的控制要求,所有隔振支座在运离工厂前均要进行,用于验证隔振支座能否满足抗震性能要求,其中必做的测试包括 5 min 持时的 1.5 倍最大设计载荷下的压力测试、5 个设计位移下的往复循环压力剪切测试。新版的 AASHTO 2011 仍然沿用这些规定。

IBC 2000 要求每种类型隔振支座在测试中必须考虑在竖向载荷作用下(恒＋0.5 活),从设计风载荷的较小水平位移到罕遇地震下总的设计位移的循环测试。测试必须按照结构基频进行 5 到 20 圈的循环测试。

图 12-1 为纽约布法罗大学测试的大型铅芯橡胶支座在剪应变为 232%、轴向荷载为 10 266 kN 的下的滞回曲线，其高速下的测试速度达到 1 m/s：

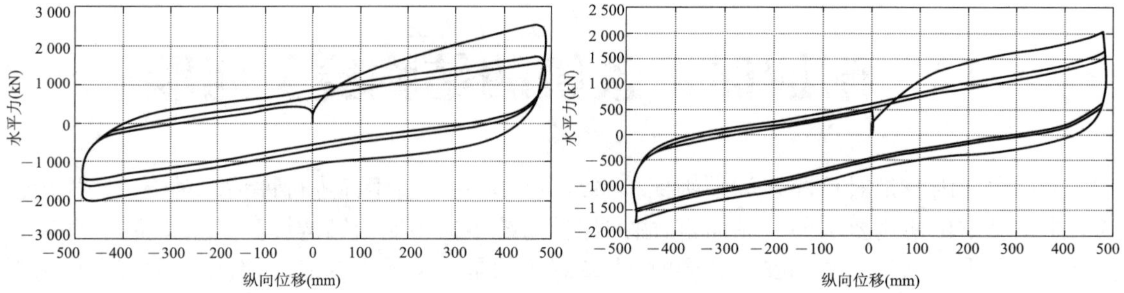

图 12-1　支座高峰速度为 1 m/s(顶板)和 25 mm/s(底板)情况下力和位移的循环关系

表 12-1 列出了目前美国一些大型动力测试设备概况，其中 San Diego 大学的 SRMD 测试系统可以进行六个自由度动力测试，由 MTS 和 UCSD 公司设计制造，造价 1 480 万美元。

表 12-1　SRMD 测试系统主要参数

设备所在地	水平方向			垂直方向			说　明
	力(kN)	最大冲程(mm)	速度(mm/s)	力(kN)	最大冲程(mm)	速度(mm/s)	
San Diego 大学	±8 900/±4 450(横向)	±1 220/±610(横向)	±1 778/±762(横向)	53 400	±127	±254	水平垂直双向受力最先进的动力测试设备

图 12-2 为 EPS 支座在 SRMD 进行的 I-40 密西西比河大桥支座的高速测试，I-40 密西西比河大桥(抗震加固)支座为世界上最大的隔振支座，在 SRMD 进行的动力测试中速度达到每秒 54 ft，即 1.37 m/s。

图 12-2　密西西比河大桥支座及高速测试

SRMD 这种大型的动力设备可以模拟地震状态下的减振产品真实情况，给出在地震状态下减振产品是否达到预期的效果。在此基础上，仍然需要考虑载极限温度下装置的运行是否能够达到要求。目前，我国隔振技术非常深入人心，一些项目地处高寒地区，比如内蒙古呼伦贝尔、黑龙江这些地方也希望采用这项技术，那么这些对于温度较为敏感的橡胶类支座是否能够适应这种极限温度，都需要通过大型温控设施进行模拟。无论从科研开发或是以产品检测为目的，一个能够反映和模拟真实环境的测试设备是必不可少的。从目前的国内情况来看，尚不具备能够达到 SRMD 级别的这种大型动力测试设备，由此也影响到整个减隔振行业，成为发展瓶颈。

12.1.3 意大利隔振工程的启示

在大力推广了十年结构保护系统之中，我国出版了大量的相关著作和论文，也在实际工程中采用了数量可观的结构保护系统装置。但关于产品质量，如何引导招标单位选择最优的减隔振产品的相关举措则有所欠缺。国家最新版的抗震规范（GB 20011—2010）提出基础隔振后的上部结构被允许进行降度设计，在一切均能符合预期和设计要求的情况下，这显然是一项重大进步，但如果采用了不能保证质量的产品和施工技术，这实际上对结构也带来了不安全的可能。

近期在国外发生的隔振厂家被起诉的情况在前文曾有所提及，意大利对一批重要工程上安装的隔振产品进行了抽查，由于产品缺陷以及其他问题，ALGA、FIP 公司总裁等六人被起诉，这一事件在结构保护系统领域引起极大震动。如果我国的职权部门能够如意大利那样做起码的测试，对我国的抗震事业都会有很大的帮助，这一事件也应给我国的行业参与者带来更多的深思和反省。

12.2 屈曲约束支撑的应用

防屈曲支撑（BRB）位移型阻尼器在屈服状态下可以耗散地震能量，有效地起到减振作用。与黏滞阻尼器的减振思路截然不同，安置普通黏滞阻尼器的建筑结构在多遇地震下就可以耗能，对于传统的屈曲约束支撑，其对于小震 BRB 只能是增加刚度并不能增加阻尼，在中震和大震作用下，利用芯材的屈服耗散能量。

为了达到黏滞阻尼器的减振效果，一些研究人员发明了耗能型的屈曲支撑，这种在结构弹性状态就可以屈服的约束支撑实际也丧失了传统约束支撑的技术优势，而作为普通的金属阻尼器，其最大的问题是在经过地震后，由于外附钢管和约束混凝土，无法获得内部芯材的详细情况，因此无法判断是否仍可以继续使用。特别是在发生概率较高的小震后，这种耗能型 BRB 内部屈服情况根本无法确定，这相对于便于更换、易于观测的普通金属阻尼器显然处于弱势。屈曲约束支撑在大震时屈服耗能，而在屈曲一旦发生耗能，以后则会被认为不能完整地恢复到屈曲前的钢材性能。屈曲约束支撑被形象地比作“保险丝”，也从侧面体现这种装置需要替换和更换的主要特性。

在日本，震后是不允许使用性能不明确的产品，必须更换后再使用，这显然是 BRB 的主要弱点。结构工程师不喜欢在建筑结构中单独使用 BRB，因为它会屈服。一小块钢材屈服后，剩余部分的强度就未知了。可能即将破坏，也可能残存着一定的强度。笔者的看法是：传统的 BRB 对于传统的结构形式上改变很少，应该最容易被结构工程师接受，也就应该有广泛的前景。但我们更为推荐的做法是：如果设计师不满足于常规 BRB 的减振理念，建议将黏滞阻尼器和常规 BRB 结合起来，同时发挥二者各自优势。而对于阻尼器型屈曲约束支撑，由于其与其余普通阻尼器没有更多的优势，不建议采用。

12.3 结　　论

经过近几年的发展，我国已有多家研究机构和高校投入了大量资金和人力，具备了进行常规检测工程用阻尼器的能力，配置的测试设备基本上覆盖了大多数工程用的阻尼器参数和型号，并完成了一些相当不错的测试。笔者一直强调“测比不测强”，由于我国在近几年有多家阻尼器厂家相继成立，由于时间较短，一些厂家仍然缺乏必要的生产和出厂检测设备。在这种情况下，通过测试应该在一定程度上可以达到对产品性能和质量进行监督的目的。

但我们也应该看到不足：一方面是能够进行的测试内容仍然较少，如关于极限温度和耐久性能方面的测试，此外，全国尚没有过类似于 HITEC 这类的第三方联合预检测。从美国进行的 HITEC 的型式检验来看，这种测试是非常公开和透明的，测试内容较为全面，如果我国能借鉴这一成功经验，这对于工程参与者以及产品质量具有很好的指导和借鉴意义。

1999 年，笔者在建研院抗震所的要求下完成了国家第一个减振工程——北京火车站，自此逐步推广在美国得到确认的结构保护系统。在应用初期，多数设计仍然以结构保护系统作为抗震的二道防线，所安置的产品作为备份装置，如果出现问题，结构的基本安全还有一定保证。这种设计虽有些浪费，但对于产品和施工都没有把握控制质量的情况还是个能保证安全的权宜做法。随着世界抗震工程的发展，应将结构保护系统考虑到工程设计中，如果能确保产品的质量，保证产品与结构同寿命地工作几十年完全是可行的，也应该受到欢迎。针对目前现状应该承认，在理论和产品这两个方面都没有十分把握，我们首先应做的是：停下脚步，认真清理。明确产品的原理、测试要求，对厂家产品进行预检测，实行市场准入证制度，应该是十分必要的。

减隔振领域这十几年的应用发展过程中有很多问题出现，作为一个正走向成熟、正轨的行业，作为一名参与者，我们有必要对已取得的成绩、所遇到的问题和经验做一个盘点，并从理论上进一步澄清和明确，对错误进行修正，提出下一步的工作意见。

附　　录

13　HITEC 消能减振设备评估报告

这份报告是为了补充 HITEC 在隔振和消能系统进行的全尺寸动态测试的单独报告的评定结果。它介绍了隔振的基本知识和能量耗散的原则，概述了测试程序，描述了测试系统，并提供深入了解产品的可靠性、寿命以及系统响应的可预测性。此评估的数据是 HITEC 提供的。

本报告目的并不是来比较不同的系统或判断其性能的概括报告，而是希望桥梁工程师和设计师在其自身判断的基础上，同时考虑这里陈述的事实以及先前的测试数据。

13.1　背　　景

最近发生在加利福尼亚州和日本的大地震再次表明了公路桥梁的损害造成了潜在的生命损失。许多失败的桥梁在没有通过抗震设计规范之前已经被设计并建造出来。在 1971 年 San Fernando（圣费尔南多）地震之后，加利福尼亚州的桥梁工程师开始设计地震荷载。自那时以来，桥梁设计规范已经过多次修正，吸取了设计过程中新近地震的经验教训。

在过去二十年间，桥梁工程师更深入地了解了结构在地震中的变化。今天使桥梁本身更牢固已经不再是唯一的解决办法，现在普遍应用的是隔振和消能技术。传统的设计过程（延性设计理念）不仅依靠强度而且也要依靠桥墩的延性来提高桥的抗震性能。桥墩与上层结构往往是一整体结构。在此方法中，工程师使塑性铰位于墩柱的控制区域。要实现这个目标，提供良好的细节设计和足够的剪切或约束钢筋，以增加桥梁延性，并尽量减少地震造成的损害。虽然延性设计理念可用于防止桥梁崩溃，但它往往是昂贵的，因为维修和恢复即使是一个中等地震后的永久变形也是很困难的。因此，近年来设计工程师寻找一种设计理念：避免或限制损害桥梁元件和震后可维修。隔振是一种有效的方法，能限制中等地震对桥梁的损害。

13.2　Rockies 东部的危害

在美国，地震通常发生在加州和阿拉斯加州交接处。然而，地震数据表明，地震能发生在洛矶山脉（Rocky Mountains）以东的广泛领域。1811 年发生在新马德里高强度的地震是美国中部的一件大事。据地震学家预测，这个地区在未来 40 年至 100 年间很有可能再次发生中度或重度的地震。

洛矶山脉（Rocky Mountains）以东的大部分桥梁类似建于日本 Kobe（上次破坏性的地震发生在 1995 年）类型的桥梁。它们大多采用钢筋混凝土墩、钢支座支撑的钢梁形式，基础的设计没有考虑地震荷载。支座发生脆性破坏，造成大部分上部结构损坏。这些资料应该是令位于新马德里断裂带的桥梁工程师和业主震惊的。

在另一方面，Kobe 报告还指出，钢支座的过早失效使桥墩自由移动，从而大大降低了桥墩受力，在自由晃动的桥墩中充当了保险丝，避免了墩柱的剪切和弯曲破坏和个别跨免于倒塌。类似保险丝的行为体现了隔振设备潜在的成效。

13.3 隔　振

如果将公共场所的安全加以提升，神户的灾难在今后就可以避免，因此现有没有考虑地震力设计的桥梁必须提升至目前的标准。近年来为了达到这个目的，不同的改造措施已被成功地应用。改造的目标往往是防止桥梁发生无法接受的破坏，而加固桥梁使其满足新规范的要求所需的花费是不经济的。防止不可接受较严重的破坏，地震期间只要桥梁不倒塌，桥梁上的一些结构是可以容许损坏的。不过，连接主要交通路线必不可少的桥梁必须在发生地震后仍能继续发挥作用。因此，这样的桥梁需要更高的性能来减少桥梁结构的破坏。

隔振是一种可以在地震中保护桥梁不被破坏的改造措施。当常规的设计不合理或不经济时，这亦是一个对新建建筑具有吸引力的方法。这种做法也被称为“上部结构”的隔离，上部结构是与地震地面运动相脱节的。它涉及到使用特殊类型的支座，即设置于上部结构下面的、桥墩或桥台的上方的所谓的“隔振支座”。在日常情况下，这些支座的表现和普通支座一样。不过，在发生强烈地震时，它们增加灵活性，延长桥梁的自振周期。结果使上部结构的相对位移加大，允许其振荡频率比桥墩低。通过在支座内设置阻尼元件或利用加设阻尼器来减少桥梁的位移，使其在可接受的范围内。

这些支座弹性和耗能(阻尼)双重作用的结果是减少或消除基础超过它们的弹性区域的变形，特别是在难以进行检查或修复的地方(如桩)。

隔振支座另一个同样重要的特点是通过适当尺寸的支座使地震力远离较弱的基础部位。这对不同刚度的桥墩是一个理想的改造措施。

在新西兰、日本和意大利隔振装置已经成功地应用于土木工程结构。最近，美国已经开始在桥梁上实行隔振技术。1985 年，加州运输局(California Department of Transportation, CALTRANS)是美国在桥梁上使用隔振技术的第一个交通运输机构。第一座隔振桥梁是塞拉利昂点(Sierra Point)天桥的一个改造项目，原有的桥墩上脆弱的钢支座被抗震隔振支座(铅芯橡胶隔振系统)所取代。从那时起，美国大约有 90 座桥梁已纳入这项技术，包括东部地区的许多桥梁。

在这么短的时间内如此广泛的应用隔振技术归功于 1991 年 AASHTO 隔振设计指南规范的推出，以及学术研究人员、抗震设计工程师、工业企业家等之间的合作。然而这其中还有几点缺陷，其中之一是规范指南对除弹性胶支座以外系统的考虑不足。在该规范指南编制之时，弹性隔振系统是在美国市场上唯一容易应用的隔振支座。这使得弹性铅芯橡胶支座以外的其他系统难以具有竞争力。迄今也没有足够的数据反映隔振系统的长期性能特点。

此外，大多数研究都强调建筑的应用，而不是桥梁和缩比模型的测试，也不是全尺寸的支座测试。桥梁和建筑物之间有一个根本区别，因为桥梁需要多个间距在几十至几百英尺的支点。最近发生的地震已经表明，即使是地面相对接近点，也存在着显著的相对位移。在此外，桥梁支座必须承受的日常活荷载条件和周围环境，这和建筑物基础支座的情况是大相径庭的。近年来随着实际隔振系统的发展，对 1991 年的规范进行改进更新，对系统动态特征的测试，提出系统测试评估方法，这些问题都亟待解决。这一测试计划是本报告的重点。

13.4　桥梁隔振系统介绍

13.4.1　隔振系统的基本元件

根据最近制定的 1998 年 AASHTO 隔振设计指南规范，隔振系统的定义是作为提供竖向刚度、横向柔度和提供隔振层阻尼的所有的结构元素。它包括隔振单元和使用一些弹性约束系统。隔振装置是一个横向弹性和竖向刚性的支座，它允许在地震荷载下有大的变形。隔振单元可能或者不能提供能量耗散。弹性约束系统是隔振系统对非地震横向荷载提供的约束限制。弹性约束系统既可以是隔振系统的一部分也可以是一个独立的装置。一些系统还包括极端的限制或"自动防故障装置"的机制，用来防止发生很大的位移，以防止系统失效。

因此，实际的隔振系统需要一个弹性元件提供周期转变和阻尼元件以减少位移响应。当两者相结合，这两个元件限制了可以破坏桥梁的地震力。在许多年间，桥梁通过弹性和滑动支座提供柔度。但是，这些支座的主要作用是调节热膨胀而不是提供地震保护。用来保护桥梁的抗震隔振支座应当更先进，能够提供弹性、能源耗散和恢复力。

AASHTO 规范提到，除了横向的弹性和阻尼，隔振系统必须具备下列能力：

①竖向荷载下的稳定性

隔振系统必须有充分能力承担重力荷载($DL+LL$)，在其横向不发生变形的情况下应等同于桥梁上相同的方式安置普通的支座。此外，在恒载状态下加上任意地震效应引起的重力负载(地震倾覆力矩和竖向地震振动)，该系统在给定的设计范围内应保持稳定。1998 年版 AASHTO 隔振设计指南规范提出了指导竖向荷载作用下的稳定性。

②较小横向荷载(即风力或制动荷载)下的刚度

桥梁在风或制动荷载下产生明显振动是不合理的。隔振系统的刚度可以对这些载荷提供较高的初始弹性刚度区，如果必要还可以增设阻尼器。例如，弹性隔振体系由屈服构件提供刚度，如铅。滑动隔振系统使用动态摩擦系数以提供所需的刚度。

13.4.2　隔振系统分类

一般情况下，隔振系统分为橡胶隔振系统、滑动隔振系统或混合隔振系统。下面对这些系统简要介绍。

1. 橡胶隔振系统

最常见类型的橡胶隔振支座是铅芯支座(LRB)和高阻尼橡胶支座(HDR)。它们与桥梁弹性支座类似，而它们有能力提供横向柔性和阻尼。这些支座是由钢板和天然/硫化过的合成橡胶交替组成。通过改变支座高度、平面尺寸和橡胶厚度可以获得理想的刚度和耗能的特点。LRB 支座有一个铅芯，可提供抗风的阻力和能量耗散。高阻尼橡胶支座理想的阻尼是通过在橡胶材料中加入填充料(炭黑)实现的。

2. 滑动隔振系统

聚四氟乙烯滑动支座在桥梁中普遍使用应用，其可适应由于温度，收缩，徐变，预应力引起的运动。近年来，它们被改进为隔振系统。滑动隔振支座通常有两个相异的材料组成，通常是聚四氟乙烯-不锈钢接触面相对滑动。支座还提供位移控制机制(恢复力),限制位移以及防止结构从滑动支座滑落。恢复力可以通过一个弧形的滑动面由重力作用提供,或由一个独立的装置提供,例如弹簧。滑动隔振支座限制整个滑动界面的摩擦传递给结构受力。图 14-14 中显示为一个典型的滑动隔振系统—摩擦摆系统(FPS)的构造。

3. 混合隔振系统

混合系统通常即不属于弹性支座,也不滑动支座。大多数系统使用独立的构件来提供阻尼、风力约束和恢复力。这些组件可以彼此连接或通过隔离界面分开。

13.4.3 耗能减振系统

结构加入能量耗散系统的目的是为了提高其阻尼能力和吸收部分由地震带来的能量,这样可以使桥梁结构损伤减少到最小。阻尼是衡量在结构周期变形中的能量耗散率。

在传统的桥梁抗震设计实践中,往往大部分的阻尼是由非弹性作用的墩柱提供,出现在控制区域(如塑性铰区域)。然而,反复的非弹性循环结果使结构不同杆件产生严重的破坏(如墩柱),或甚至可能导致桥梁倒塌。为了减轻这种可能性的出现,并且在新建的或现有的桥梁中位置安装得当,耗能系统会是一个很好的选择。

在过去 20 年中,各类型的能量耗散系统已作为一个独立的单元成功地应用在日本和新西兰的结构中(主要是建筑物),当时关注的是大位移而不是周期的转变。然而,由于实际的复杂性它们在桥梁上的应用非常有限。

最近在美国,许多创新的能量耗散系统被建议应用在桥梁领域的新建和改造工程中。CALTRANS 是第一个在桥梁中使用这些系统的国家公路机构。金门大桥(Golden Gate Bridge)和文生汤玛斯大桥(Vincent Thomas Bridge)即将增加耗能系统,旧金山奥克兰海湾大桥(San Francisco Oakland Bay Bridge)和其他大跨度桥梁也正在考虑安装这些系统来控制大位移和提高它们的抗震能力,抵抗大地震。

此外,阻尼(耗能)是隔振系统的重要单元。许多隔振系统已包含阻尼单元,隔振系统的阻尼能力是保持桥梁的位移响应在可接受的范围内。

一般情况下,耗能系统被列为黏性或黏弹性型(速度相关型);滞后型(位移相关型);其他。

1. 黏性或黏弹性系统

这些系统中阻尼力依赖于荷载的速率(速度依赖性)。这种系统的典型案例包括液压黏滞流体通过缸体内活塞头小孔的设备(例如液体黏滞阻尼器),或通过黏弹性流体的变形实现,或设备由黏弹性固体材料组成,其装置的滞回曲线如图 13-1 所示。

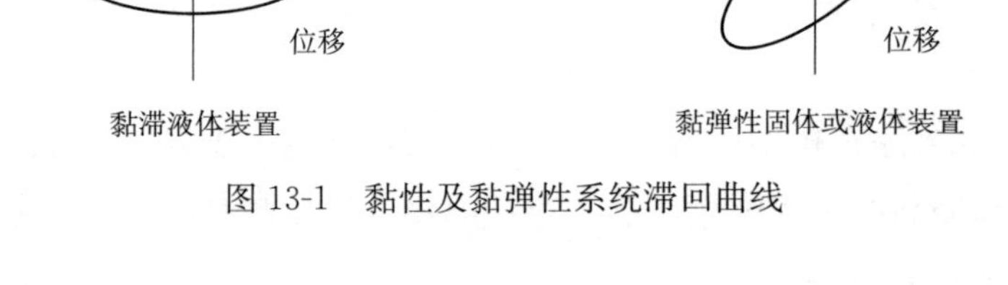

图 13-1　黏性及黏弹性系统滞回曲线

2. 滞后系统

滞后系统的响应是不受荷载速率变化约束的。它们的力-位移曲线是双线性或三线性滞回曲线，弹塑性或刚塑性，这些系统也被称为位移相关型产品，其装置的滞回曲线如图 13-2 所示。例如这种反应可以出现在摩擦和屈服装置中。摩擦消能装置通过两个滑动表面之间所产生的摩擦，屈服装置通过韧性金属的塑性变形（即钢铁和铅）实现消能。

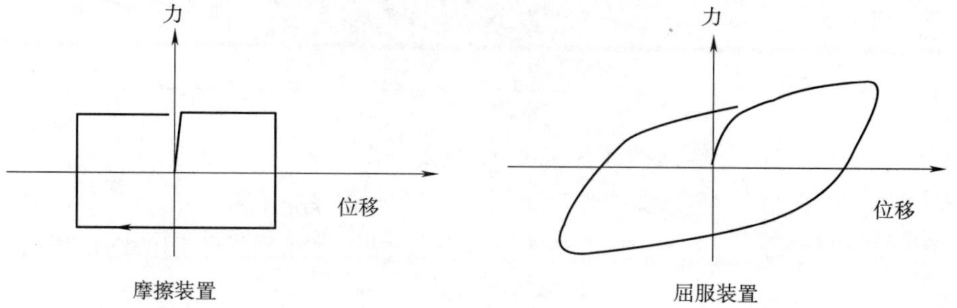

图 13-2 摩擦及屈服系统的滞回曲线

3. 其他系统

其他系统指不属于黏性或滞后系统的系统，例如这些系统流体恢复力和阻尼装置和摩擦重新汇集能力的弹簧装置，这些装置的性能曲线如图 13-3 所示。

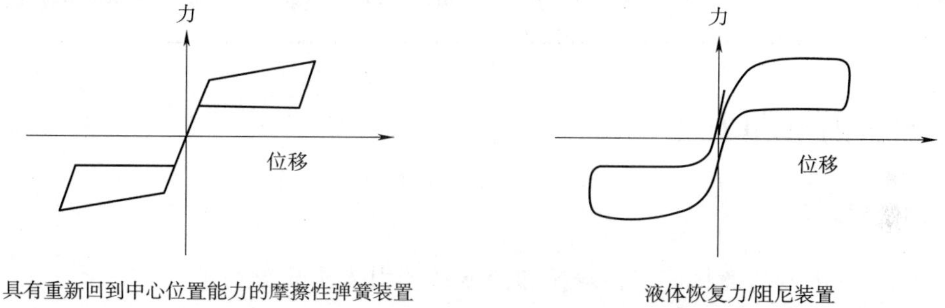

图 13-3 其他系统的滞回曲线

13.4.4 等效黏性阻尼

为简化隔振桥梁的设计，通常将隔振系统的实际力-位移（滞后）滞回曲线视为理想化的双线性近似值，如图 13-4 所示。它有一个初步的弹性刚度 K_u，屈服后刚度 K_d。所包围的面积可以衡量一个运动周期内能量消散（EDC）。在这个理想状态下，系统的限制力或阻尼力由具有同等效果的黏性阻尼取代。等效阻尼以每个周期产生相同的耗散能源这种方式等效所产生的实际阻尼力。这种关系表现为式(13-1)，常见的定义为：

$$\beta=\frac{EDC}{2\pi K_{\mathrm{eff}}\Delta_{\max}^{2}} \tag{13-1}$$

其中，β 为系统的等效黏性阻尼比；EDC 为每个周期耗能[力-位移曲线包围面积＝$4Q_d(\Delta_{\max}-\Delta_{\min})$]；$K_{\mathrm{eff}}$为有效刚度；$K_u$为弹性刚度（空载）；$K_d$为屈服后刚度；$F_{\max}$为一个单一循环测试的最大力；$F_y$为屈服力；$\Delta_{max}$为支座在单一循环测试中的最大位移；$\Delta_y$为支座屈服位移；$Q_d$为强度特征值[横向剪切力在零位移，占重力荷载($DL+LL$)的 5%至 9%]。

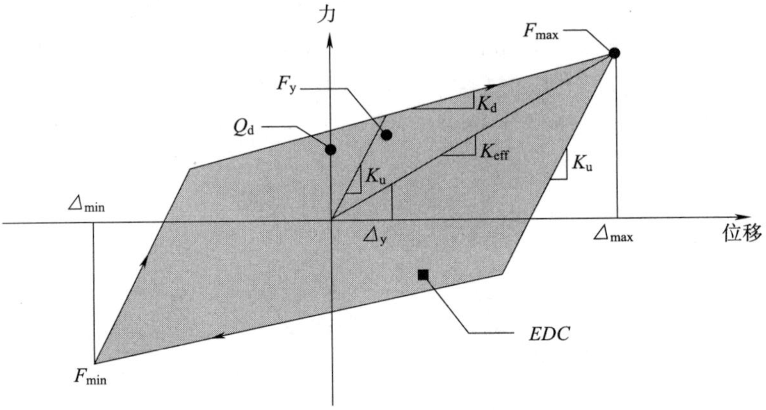

图 13-4 隔振支座力-位移的理想滞回曲线

式(13-1)是一个无量纲的值，是临界阻尼的百分比。该式对拥有速度依赖特性的系统是一个相当可靠的特征值。然而，对于位移依赖特性系统，如果式(13-1)超过 30%应进行非线性时程分析。

应该指出的是，根据 1998 年的 AASHTO 隔振设计规范，当考虑到地震隔振方法时，式(13-1)的有效刚度是各个隔振单元的刚度总和。

13.5 测试需求和方法

13.5.1 测试需求

近年来，不同的制造商将许多种隔振和消能系统引入到桥梁行业。这些系统的专有性和它们缺乏长期性能知识，使桥梁工程师难以有效地运用这项技术。其中的一些系统进行了静态和动态测试，而通常这些测试包括拟静力测试或缩尺振动台测试。虽然一些动态特性可以从静态的行为推断，然而原型全尺寸动态测试是唯一可以真正考验任何系统的地震反应的测试。要想使桥梁设计师和业主获得更高的信任，全尺寸实验是必不可少的，这将使隔振技术更广泛地在美国应用。

13.5.2 HITEC 测试和评价程序

在 1994 年 1 月，FHWA、CALTRANS 和 HITEC 合作，为现有的隔振和消能系统开展了全面的原尺寸动态测试程序。共有 11 个国内和国际制造商参加，并完成了 HITEC 的测试计划。但是，也有少数的厂商在测试结束之前退出了该计划。

测试计划由 HITEC 委托的指导小组逐步开展，这些专家由几个国家有关运输部门的代表组成，包括 FHWA、大学研究人员、私营工业家。该计划的目的是要评估所有系统的重要属性和性能特点。该测试程序审查的特点如下：

(1)范围；
(2)能力；
(3)恢复能力；
(4)工作状态和动态荷载下的表现；
(5)耗能能力；
(6)在极端环境下的功能；
(7)抵抗加速老化能力；
(8)反应的预估；
(9)疲劳和磨损；
(10)尺寸影响。

这些特性可为桥梁设计师在进行具体装置设计应用中提供重要信息。此外，测试计划阐述了供应商或制造商提供质量体系的能力，并推定和预测了系统的反应。

13.5.3 系统的分类

所提交的隔振和消能系统都属于被动型，这意味着它们不需要能量输入或外界资源的交互作用。隔振系统必须具有至少 5%的耗能能力。该系统的分类按如下评估：

(1)A 类——弹性橡胶隔振系统

这类系统使用天然橡胶或高阻尼橡胶以期延长横向振动周期和降低受力。铅或钢凭借其材料特性(例如，高阻尼橡胶)所提供的塑性变形耗能。

(2)B 类——滑动/滚动隔振系统

这类系统使用滑动元件延长横向振动周期。该系统能量耗散的能力与金属塑性变形的大小或摩擦系数有关。

(3)C 类——球形滑块隔振系统

这类系统使用的是钟摆特点的辊轴或滑块延长振动的周期。该系统通过复合材料的摩擦系数提供能量耗散能力。滑动面通过曲率提供的恢复力使支座复位。

(4)D 类——耗能系统

这类系统使用液压流体或机械摩擦消散能量。它们并不是作为支座用在桥梁上，而是作为桥梁的补充阻尼器。

共有 10 个厂家 11 个系统参加并完成了 HITEC 的测试计划。表 13-1 介绍了系统的分类及各自的制造商。

表 13-1 系统分类

类　别	制造商	产　品
A 类—— 弹性橡胶隔振系统	Dynamic Isolation Systems 公司 Scougal Rubber Corp Skellerup Industries 公司 Tekton 公司	铅芯橡胶隔振支座 高阻尼橡胶隔振支座 铅芯橡胶支座 钢芯橡胶支座
B 类—— 滑动/滚动隔振系统	FIP-Energy Absorption Systems 公司 R. J. Watson 公司	滑动支座 Eradiquake(滑动支座)

续上表

类　　别	制 造 商	产　　品
C类—— 球形滑块隔振系统	Tekton公司 Dynamic Isolation Systems公司	滚动支座 摩擦摆支座
D类—— 耗能系统	Oiles公司 Taylor Devices公司 Enidine公司	黏滞剪力类阻尼器 液压阻尼器 液压阻尼器

13.5.4　系统描述

1. A类——弹性橡胶隔振系统

(1)DIS系统

DIS隔振器是一个加强钢板铅芯橡胶支座(图13-5)。钢板位于支座顶部和底部,起到承受竖向荷载和转移剪力给支座的作用。加强钢板硫化天然橡胶层提供承受竖向承载能力并限制铅芯。内部的橡胶层提供横向的柔度。隔振器外侧围绕橡胶保护钢板。铅芯用来抗风和通过吸收能量降低地震力。

图13-5　DIS支座

(2)Scougal系统

Scougal隔振器是一个加强钢高阻尼橡胶支座(图13-6)。钢板位于支座顶部和底部起到承受竖向荷载和转移剪力给支座的作用。加强钢板提供竖向承载力。橡胶盖周围叠层并保护钢板。地震时,橡胶层横向变形,通过吸收能量来减少地震力。

图13-6　Scougal橡胶支座

(3)Skellerup 系统

Skellerup 隔振器是一个加强钢板铅芯橡胶支座(图 13-7)。钢板位于支座顶部和底部,起到承受竖向荷载和转移剪力给支座的作用。加强钢板硫化天然橡胶层提供承受竖向承载能力和限制铅芯。内部的橡胶层提供横向的柔度。橡胶盖围绕着隔振器和保护钢板。铅芯是用来提供抗风性和通过吸收能量降低地震力。

图 13-7 Skellerup 支座

(4)Tekton 系统(SRB)

Tekton 钢橡胶支座(SRB)隔振器(图 13-8)是由橡胶、钢板纵向叠层组成,垂直的钢销在侧向位移中消能。钢板位于支座顶部和底部起到承受竖向荷载和转移剪力给支座的作用。钢销分别在顶部和底板拧紧,并在大的横向位移下屈服提供能量耗散。位于组件中心的厚垫片/压板提供一个传递,造成剪切钢销变形荷载的路径。

图 13-8 Tekton 钢橡胶支座

2. B类——滑动/滚动隔振系统

(1)FIP 系统

FIP 隔振支座(图 13-9)由以下 3 项主要构件组成:一个罐形支座,一个振动传递单元(即锁定单元),一个或两个平面弹塑性组件。隔振支座的特点是垂直承载单元(罐形支座)和控制横向载荷及消能的弹塑性单元之间完全独立。导向罐形支座在加有润滑剂(聚四氟乙烯)和不锈钢板界面间滑动,并传递上部垂直荷载。横向载荷通过引导支座传递给底板。在地震中,振动传输单元驱动月牙形弹塑性单元,当产生塑性变形时消耗能量。

图 13-9 FIP 隔振支座

(2)R. J. Watson 系统(EQS)

Eradiquake 系统(EQS)由 R. J. Waton(RJW)制造,是一种钢和复合材料组成的滑动隔振支座(图 13-10)。它由一个覆盖聚亚胺酯弹簧或者调谐质量能量的圆板支座(MER)和聚四氟乙烯圆板滑动不锈钢板组成。基础板周围有一个反应盘(导框)使横向负荷从支持结构通过圆板支座转让到连接砌石板盘的剪力销。地震时,基础板在聚四氟乙烯盘和压缩圆板支座上滑动。通过系统设计使结构减少地震力,通过摩擦释放和吸收能量。

图 13-10 R. J. Watson 支座

3. C 类——球形滑块隔振系统

(1)Tekton 系统(Ball-N-Cone)

这个隔振器是全钢型辊轴系轧钢型支座(图 13-11)。两个钢锥形负荷板倒置,之间加一个钢球。钢球可以在上下锥形板到周边之间自由滚动。地震时,球体在两个不变角度的锥形板之间上下浮动。

图 13-11 Tekton 球 N 锥支座

(2)Earthquake Protection 系统

Earthquake Protection Systems 公司制造的摩擦摆隔振器是一个钢和复合材料组成的滑动支座(图 13-12)。它是由表面高负载低摩擦的光滑不锈钢凹板和不锈钢凸板(铰接式滑块)组成的复合支座。铰接滑块被壳板限制以允许结构转动。地震时,铰接滑块可以沿着凹槽的一边旋转和滑动,造成支承结构上升、下降和小振幅单摆运动。滑块表面的摩擦力在减振过程和重力负荷中起到消能的作用,使横向位移后设备重新回到原来的位置。该装置具有很低的高度,可以容纳大量的横向位移。

图 13-12 Earthquake Protection Systems 公司支座

4. D类——耗能系统

(1)Oiles 系统

Oiles MS 阻尼器是一个盒形装置(图 13-13),利用内部产生的黏性剪切力来消散能量。装置是单向的,目的是为了使用交错钢板在流体中相对运动所产生的摩擦阻力消散能量。该产品设计没有考虑压缩或静力重量负荷,它只用于消散桥梁和支撑结构相对运动产生的能量。

图 13-13 Oiles 消能器

(2)Taylor Devices 系统

Taylor Devices 公司消能器(图 13-14)是一个伸缩活塞—圆筒缸体装置,利用流体通过孔口产生阻力以吸收能量。硅流体储存在两个由活塞头分离的油室。在活塞头部有孔口,使硅油在两个油室之间来回流动。设备中的压差活塞头和流体压缩的结果产生阻尼力。该产品设计不是用于承受压缩或静力重量负荷,而是用于消散桥梁和支撑结构相对运动产生的能量。

图 13-14 Taylor 阻尼器

(3)Enidine 系统

Enidine 消能器是一个伸缩活塞—圆筒缸体装置，利用流体通过孔口产生阻力以吸收能量。硅流体储存在两个由活塞头分离的油室。在活塞头部有孔口，使硅油在两个油室之间来回流动。油库是设在尾部控制缸体内部的压强和在动态运动发生泄漏时提供额外的流体源。设备中的压差活塞头和流体压缩的结果产生阻尼力。此产品设计不是用于承受压缩或静力重量负荷，而是用于消散桥梁和支撑结构相对运动产生的能量。

13.5.5 1999 年 AASHTO 规范

近年来，新型隔振系统的发展进一步推动了目前设计准则的改进和更新。这促使 1995 年 AASHTO 桥梁和结构委员会组成 T-3 建筑抗震设计技术委员会，修订 1991 年隔振设计规范。技术委员会成立了一个工作小组，根据当前规定的做法和已经完成或正在进行的技术结果和研究隔振领域的活动制定了新的规范。

AASHTO 隔振设计指导规范完成于 1997 年 5 月，在 1998 年由 AASHTO 桥梁和结构委员会投票通过批准。在进行了大量修订之外，指导规范提供建议在设计中采用滑动隔振支座以及弹性支座。新的指导规范设计理念是在隔振支座与上部结构脱离前应确保柱子处于弹性阶段。

1999 年 AASHTO 规范要求任何隔振系统(弹性，滑动等)在批准用于一个具体的项目之前，要做以下的抗震性能测试：

(1)系统特征性能测试

测试目的是要在使用前确立其隔振系统基本性能。测试内容包括环境、温度、磨损和疲劳等的影响。这些测试中的若干准则已经被制定在 1999 年的 AASHTO 规范内，已被 HITEC 接受并发展用来评价隔振和消能系统。系统的性能测试通常不是针对某一特定工程进行，而是在一个新的隔振系统中进行评估。

(2)原型测试

这些测试是验证设计性能(如，变形、刚度、阻尼等)和隔振系统的性能。测试必须针对与项目所采用的尺寸类似系统。这些测试属于特定工程项目。

(3)质量控制测试

这些测试针对具体项目，强调供应商或制造商提供一个优质产品的能力，并且在该系统安装之前能够了解和预测系统响应特性。

13.5.6　HITEC 测试办法

每个制造商按 HITEC 指定的计划和预定的设计参数提交 5 个测试产品，进行测试和评价。所有测试均按表 13-2 及表 13-3 中所示测试矩阵测试。所有提交的设备的物理性能都记录在附件 A 中。

表 13-2　隔振支座设计性能的详细说明和试验矩阵

测试产品编号	设计压缩荷载(*DCL*)	运动等级(*MR*)	设计位移(*DD*)	测试顺序					
	(kip)	(in)	(in)						
试样 1	150	2.0(±1.0)	6.0	1	3	2	8	9	N/A
试样 2	500	3.0(±1.5)	9.0	1	3	2	7	8	9
试样 3	500	3.0(±1.5)	9.0	1	3	2	7*	8	9
试样 4	500	3.0(±1.5)	9.0	1	3	5	6	3	9
试样 5	750	4.0(±2.0)	12.0	1	3	2	8	9	N/A

* 只有在采用与试样 2 不同的材料制造时，测试 7(高温)在试样 3 产品上进行。

表 13-3　消能器设计性能的详细说明和试验矩阵

测试产品编号	设计压缩荷载(*DCL*)	运动等级(*MR*)	设计位移(*DD*)	测试顺序					
	(kip)	(in)	(in)						
试样 1	50	2.0(±1.0)	6.0	1	4	8	9	N/A	N/A
试样 2	150	3.0(±1.5)	9.0	1	4	7	8	9	N/A
试样 3	150	3.0(±1.5)	9.0	1	4	7*	8	9	N/A
试样 4	150	3.0(±1.5)	9.0	1	4	5	6	4	9
试样 5	240	4.0(±2.0)	12.0	1	4	9	9	N/A	N/A

* 只有在采用与试样 2 不同的材料制造时，测试 7(高温)在试样 3 产品上进行。

(1)测试 1——基本性能检验

实验验证产品的初始刚度、阻尼、摩擦特性以及循环周期荷载作用下的稳定响应数。

(2)测试 2——受压负荷时相关性测试

实验量化在不同压缩载荷下的性能特征，特别是刚度、阻尼、每个循环消耗能量的大小(EDC)。这一测试只适用于隔振支座。

(3)测试 3——频率相关性测试(隔振支座)

在不同的频率情况下确定主要运动方向来测试产品的动态性能特点。这项测试只适用于隔振支座。

(4)测试 4——频率相关性测试(耗能)

在不同的频率情况下测试产品的动态性能特点及验证设备本构关系。这个测试只适用于阻尼器。

(5)测试 5——疲劳和磨损测试

产品做 10 000 次周期循环，评估产品潜在的减振性能变化(温度和活荷载的变化情况)。

(6)测试 6——环境老化测试

检验产品被暴露在盐雾环境后的减振性能情况。

(7)测试 7——在极端温度下的动力测试

测试极端温度下对产品性能特性如刚度、阻尼和 EDC 的影响情况。

(8)测试 8——耐久性测试

在经过一定数量的强循环运动后评估产品的耐久性。

(9)测试 9——极限性能测试

测试产品的极限位移和安全系数。

13.5.7 检测设备和能力

HITEC 全面测试方案需要测试系统在频率为 2.0 Hz 的大位移。大多数实验室很难提供这个实验所需要的能源。HITEC 选定的具有能力执行此测试的实验室在能源技术工程中心(ETEC)。洛克达因公司(Rocketdyne)拥有和经营着 ETEC,它是波音北美公司的一家附属公司。

所有测试都在图 13-15 显示的支座试验装备进行。这是一个特殊的测试装置,最初是为核电厂的抗震隔振支座做动态测试的。它目前有以下能力:

(1)最大压力荷载=8 000 000 lb。

(2)最大侧向动态负载=±240 000 lb。

(3)最大速度=±50 in/s。

(4)最大动态位移=±15 in。

(5)最高元件高度=36 in。

(6)动力摩擦系数= 0.003。

(7)最大侧向静载荷=±300 000 lb。

(8)最大静力位移=22 in。

(9)最大运行压力= 3 000 psi。

所有测试均有在两个不同的角度拍摄的录像带。这些录像带可以使设计者了解系统在测试中的表现以及测试方法。

图 13-15 ETEC 支座和阻尼器试验台

13.6　测试结果解析

本部分是测试结果的讨论和对结果的解释。目的是在每节中检查所选系统的测试数据。对所有的制造商提交了 5 个不同设计性能的产品进行总结，对他们的系统进行测试和评估（表 13-2、表 13-3 和附件 A）。此外，为了评估制造商提供高品质的产品的能力，测试产品试样 2、试样 3、试样 4 的特性响应在可能的情况下进行审查。特征反应包括刚度、阻尼、EDC 和力的衰减。这三个测试产品均设计为 500 kip 设计压力荷载（*DCL*）和 9 in 的设计位移（*DD*）的支座和设计级别为 150 kip 的消能器。

在适当之处实验结果已经给出规格化的形式，通过规格化，将对每个接受测试的系统的所有五个测试的产品进行一对一的比较，比较产品试验趋势和性能变化的反应。响应的不同可能由尺寸效应、制造工艺、质量控制或其他因素而定。

测试产品的特点（例如，有效的刚度、阻尼）见下面章节中的表和图所示，计算方法在附件 B 中。

13.6.1　测试 1——基本性能检验

目的：通过实验验证产品的初始刚度、阻尼、摩擦特性以及循环周期荷载作用下的稳定响应数。

程序：ETEC 在设计位移（*DD*）对产品进行 10 次满水平方向负荷循环，施加相当于周期为 2.0 s 对应的频率。设计压缩荷载同一时间内施加在支座。

该测试的数据结果是用来判定每个测试产品衰减特性和动力稳定性能。

衰减特性意味着在施加横向负载测试的前几个周期可能会逐渐降低，表明测试产品已经产生退化现象，此后，几乎保持不变，证明测试产品已经稳定下来，并且正在接近一个稳定的状态。退化阶段是指能量耗散和刚度的降低，而不是一个系统的恶化。测试产品由于循环荷载作用温度的上升，从而引发退化过程。然而，退化速率应低于根据测试或 1998 年 AASHTO 隔振设计规范确定的最大值。

选择 2 s 作为测试周期，是因为安置隔振设备的桥梁的基本周期范围在 1.5～3.0 s 之间，但是 10 次满水平向负荷循环是建立在以前的研究基础之上的，这是 1998 AASHTO 隔振设计规范的最小要求。

结果讨论：图 13-16 提供了 DIS 制造的 5 个铅芯橡胶支座的 10 次满水平向负荷循环测试。结果表明全部测试产品的稳定性都到第五周期后，退化主要发生在前五个周期内。此外，图 13-17 反映了尺寸效应不是一个因素，试样 2、试样 3 和试样 4 的反应是一样的。

附件 C 介绍了其他测试系统的力的退化。重要的是要注意一些隔振系统很明显地存在尺寸效应。因此，桥梁工程师一定要在使用前了解较大隔振支座的性能。

图 13-18 显示了 150 kip 力-位移循环测试产品。这样的非线性特性原因主要是由于铅芯的存在，它提供了该系统的能量耗散能力。由于其剪切屈服强度低（1 450 lb），当侧向荷载较低时铅的初始剪切刚度很高，可以提供足够的刚度，在塑性循环时有良好的疲劳特性，铅被认为是一种理想的材料。正如图中所示，侧向载荷加载后立即上升，在几周期之后下降，最后保持相对不变和稳定。测试产品的温度上升，因为它循环率先通过物理过程更迅速地恢复，再结晶和晶粒增长，从而保持其可塑性。

从力-位移循环图 13-18 可以看出第 10 条滞回曲线（EDC_{10}）的面积是第一个的 62%，表示测试品通过 10 个循环的加载之后保留了其大部分的阻尼能力。根据 1998 年 AASHTO 规

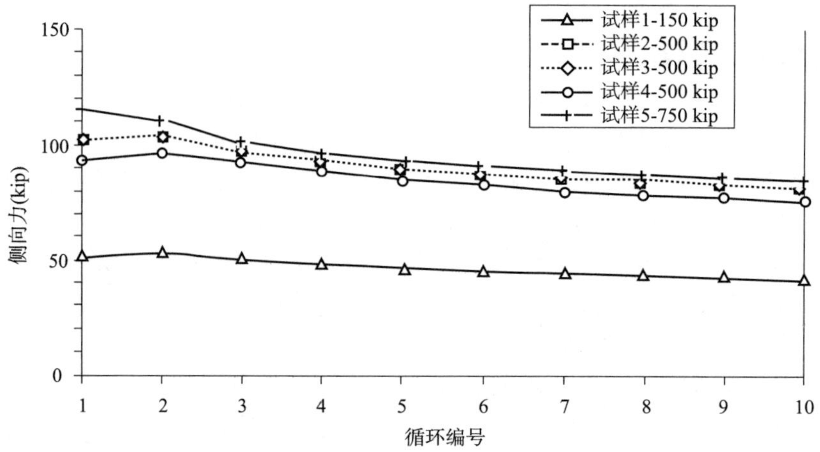

图 13-16　测试 1-DIS 产品性能基准测试结果

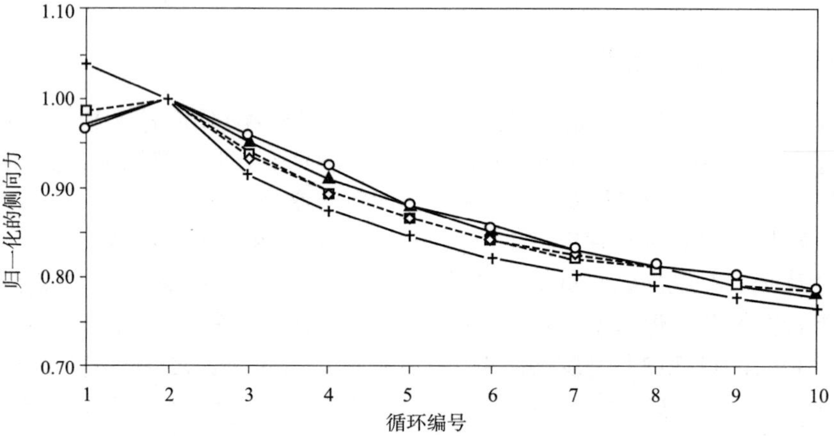

图 13-17　测试 1-DIS 产品正常化性能基准测试结果

范，这一比例不得低于 70％。但是，工程师可以自行判别接受一个更大的差异，如设计中使用较小的 *EDC* 值。对于测试品的刚度，类似的比例为 77％，与 1998 年的 AASHTO 规范中设定的 80％要求接近。同样，工程师也可以自行判别接受一个更大的差异，在设计隔振系统的力值时采用较大的刚度值，在设计系统的位移时采用较小的刚度值。在一般情况下，对于大多数系统在循环试验期间都存在 *EDC* 和刚度下降，如果退化在工程师所认可的一定时间内可恢复，则这一系统可能会被认为是可接受的。

总的来说，弹性橡胶支座和滑动隔振系统的性能基准测试（测试 1）观察表明，在前几个周期循环中刚度和 *EDC* 的变化较大。据推断这种变动可能是由于弹性橡胶支座的扰动效应以及摩擦系统摩擦力刚被释放所造成的。

扰动效应是指对隔振支座的运输和安装前的低频大振幅的多周期负载过程。此过程趋于稳定的支座，特别是在加载周期中的振幅低于扰动的振幅，排除扰动后假定随着时间的变化支座的性能保持不变。但是，这可能不是真实的，因为在 HITEC 的测试程序期间，据观察一些弹性系统恢复了它们的初始性能。

前面提到的，由于持续循环的系统温度上升也有助于退化过程。不幸的是，在测试过程中热电偶损害，使系统温度变化结果没有记录下来。

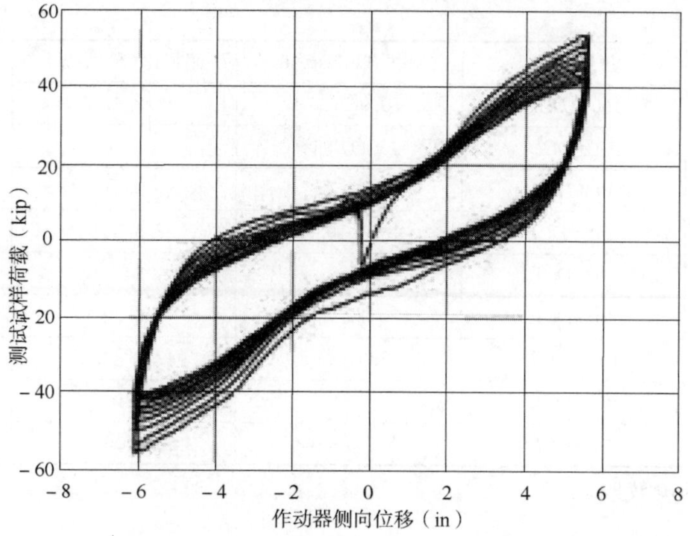

图 13-18　测试 1-DIS 产品滞回曲线

13.6.2　测试 2——受压负荷时性能测试

目的：为了确定实验的影响，施加变化的压缩载荷，测试出产品的性能特点，具体包括刚度、阻尼、每个循环消耗能量的大小(*EDC*)。该测试只适用于隔振支座。

方法：加载反应和阻尼特性确定如下：圆形的装置在一个任意选定的基本方向和与之成 90°方向进行加载；正方形和长方形的装置在主要方向和与主要方向成 90°方向进行加载，或沿通过支座表面与质心最远点的对角线方向，如正方形截面与主加载方向 45°的方向。测试包括对所有测试产品进行在设计位移(*DD*)以及对应周期为 2.0 s 对应频率下的三个循环。三个测试在基本方向进行：一个在设计压缩荷载的 40%，另两个在设计压缩荷载的 70%以及在设计压缩荷载的 100%。如需在其他方向测试，可在设计压缩荷载的 100%下进行。如果设备是单向的，它仅在该单方向进行测试。

结果讨论：在结构寿命期内任何隔振系统必须能支撑自身的重力及其结构的变化。这些负载可能是恒载组合或是静态活荷载(即风、制动等)，由于大的垂直地面加速度引起的地震活载和倾覆力矩。为了评估压载的变化对隔振系统的影响，在每个系统上执行三种不同百分比的设计压载的循环加载。加载方向取决于系统几何形状及其应用。表 13-4 给出了 Skellerup 测试产品中的四个铅芯橡胶支座垂直荷载效应在第二个周期的刚度、阻尼和 *EDC*。排除扰动效应在数据库中选取第二个周期的测试数据。这些数据表明，一般的趋势是垂直负载的增加刚度下降。此外，一般随着垂直负载增加计算出的阻尼也在增加，但是 *EDC* 保持稳定且只有轻微的变化。附件 D 显示其他系统的测试结果。

表 13-4　测试 2-Skellerup 产品在设计位移、2 s 测试周期(第二个循环)受压负荷的性能

测试产品编号	压缩荷载	刚度 K_{eff}(kip/in)	阻尼比(%，临界)	*EDC*(kip·in)
试样 1(150 kip)	100%*DCL*	6.8[7.8]	41.2[34.3]	615.0[565.3]
	70%*DCL*	7.6	38.3	636.2
	40%*DCL*	7.7	36.5	615.2

续上表

测试产品编号	压缩荷载	刚度 K_{eff}(kip/in)	阻尼比(%,临界)	EDC(kip · in)
试样 2(500 kip)	100%DCL	10.9[10.7]	37.8[37.8]	2 004[1 967]
	70%DCL	11.4	36.6	2 032
	40%DCL	12.1	35.1	2 065
试样 3(500 kip)	100%DCL	10.4[10.9]	37.5[36.5]	1 897[1 936]
	70%DCL	11.5	34.3	1 964
	40%DCL	11.2	35.2	1 918
试样 5(750 kip)	100%DCL	5.9[6.4]	47.8[45.2]	2 469[2 590]
	70%DCL	7.1	40	2 440
	40%DCL	7.5	38.8	2 500

[ ] 从开始/主要方向旋转 90°。

13.6.3 测试 3——频率相关性测试(隔振支座)

目的:确定在不同的频率情况下主方向测试产品的动态性能特点。这项测试只适用于隔振支座。

程序:施加设计压力荷载,以设计的位移(*DD*)对产品进行三次循环周期,适用频率相对应的周期为 20.0 s,5.0 s,2.0 s,1.0 s 和 0.5 s。

结果讨论:隔振系统在所需设计位移下承受 3~5 个周期的典型地震输入能量是十分必要的。尽管大多数采用隔振设备的桥梁自然周期范围是 1.5~3.0 s,不在典型地震频率范围内。评估隔振系统特征的测试 3 涵盖了更广的频率范围,为了模拟实际条件,在进行动态频率循环之前,它包括了测定系统在较低频率下的表现(静态条件下,模拟 20 s 周期)。

Skellerup 提交的 5 个测试产品的测试 3 的结果显示在图 13-19 和图 13-20 中。结果表明,总体上测试产品在测试频率范围内变化较小。刚度和 EDC 随频率(较低周期)的增加而增大。不过,750 kip 支座在对应频率为 5 s 及较大时这种现象更为明显。并且图表显示了 2 号、3 号、4 号具有一致性的特点。

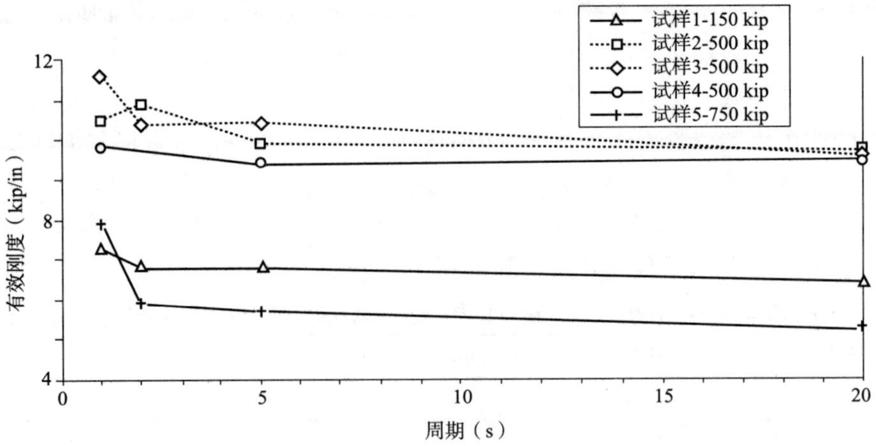

图 13-19 测试 3-Skellerup 产品频率相关性测试结果

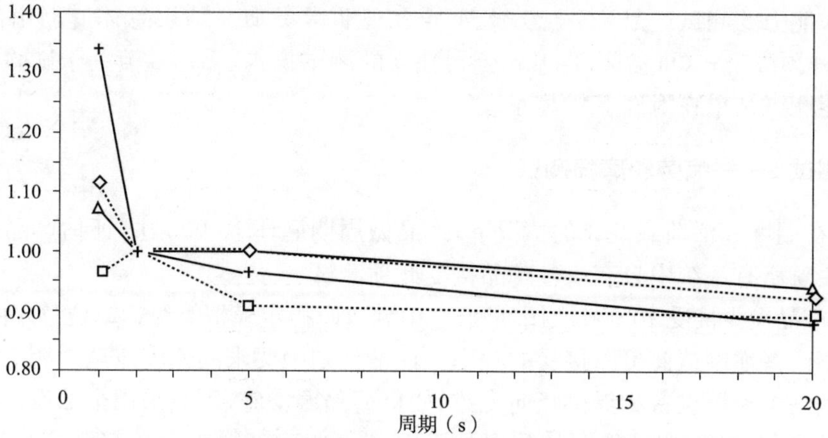

图 13-20　在测试 3-Skellerup 标准的频率相关性的测试结果

需要注意的是在对应周期为 0.5 s 的测试频率下第二周期所得的数据，没有考虑到的图表中，因为在此频率测试时由于试验设施的速度限制，只采用了 50%的设计位移。附件 E 介绍了其他系统的测试结果。

13.6.4　测试 4——频率相关性测试(耗能)

目的：确定在不同的频率情况下主方向测试产品的动态性能特点。这项测试只适用于消能设备。

程序：三次循环周期的最大位移测试分别用于下列频率：0.05 Hz，0.2 Hz，0.5 Hz，1.0 Hz，2.0 Hz(相当于 20 s，5 s，2 s，1 s，0.5 s)。为确保不超过设备或测试设备的最大速度，在测试过程中位移范围可能受到了限制。

结果讨论：这些数据被用来量化衡量消能装置在不同的频率和速度下的性能表现，并确认分析公式 $F=CV^n$，其中 F 是力，C 是阻尼系数，V 是速度，n 是速度指数。一个给定的阻尼器的 C 值取决于速度的单位(例如英制与公制)。n 的含义是一个阻尼器设计函数，可通过制造技术途径实现，并且通常小于 1.0。

图 13-21 为 Taylor 阻尼器在测试过程中获得受迫振动频率与速度图。图表的数据都是从周期 2.0 s 的前四分之一循环获得。数据表明所有测试产品都是速度相关型。图表还显示，

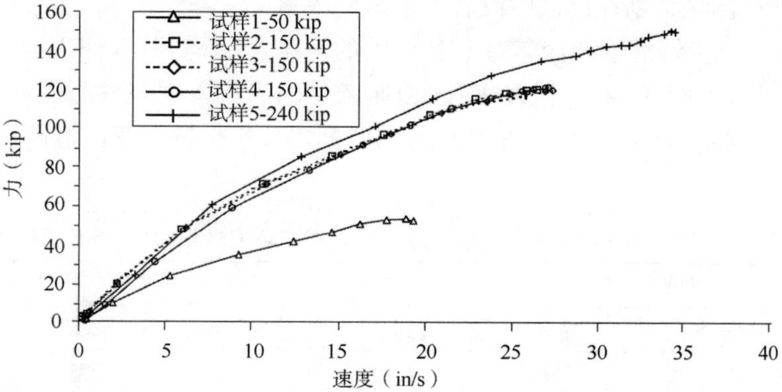

图 13-21　测试 4-Taylor 阻尼器频率相关性的测试结果

相同型号和能力的测试产品，2 号、3 号、4 号表现非常类似。结果总体遵循由制造商提供的力-速度方程预测公式（可参阅 Taylor 公司独立的测试报告，第 4.8 节关于试验的预先评估）。其余的耗能测试结果在附件 F 中显示。

13.6.5　测试 5——疲劳和磨损测试

目的：在温度和活荷载变化的情况下，产品做周期循环 10 000 次，评估产品潜在的减振性能变化。注意所有系统中只有 4 号产品接受此项测试。

程序：产品最少接受 10 000 次循环测试，由制造商指定模拟等级运动位移，并在对应 10.0 s 周期的频率或其他制造商可以接受的频率。评估计划中要求的速度应至少 4.5 in/min。如果设计组成是一个隔振设备和提供竖向支撑，如负荷隔振支座，则应采用全部设计荷载。

结果讨论：从这个测试得到的数据是用来量化由于高频小位移荷载应用所产生的损坏或系统退化的。换句话说，任何隔振系统应证明它能够承受桥梁使用后每天都可能经历的由温度变形和活荷载所造成的运动，这是非常重要的。因为隔振的桥梁期望在大地震中保持不损坏是需要经过多年的反复热循环的。选定 10 000 次周期循环加载近似支座的寿命为 30 年。

讨论的目的，评价 FIP 系统试样 4 的测试数据。从试验观测，没有明显的疲劳或磨损恶化。测试 5 完成后，产品被送往实验室室外进行环境老化测试（见测试 6）。

13.6.6　测试 6——环境老化测试

目的：检验产品被暴露在盐雾环境后的抗震性能情况。

程序：依照 ASTM 标准 B117 规定，测试产品被暴露在盐水喷雾室中长达 1 000 h。加速老化试验研究了产品受盐雾环境的影响造成退化的情况。

结果讨论：如一般传统的支座一样，隔振系统在其使用期间暴露在各种环境中。桥梁处于一个位于滨海地区喷盐除冰、暴露在盐雾的环境中。这种环境会加速系统原件的老化（例如，腐蚀某些钢铁分子或改变摩擦性能）和能显著影响隔振系统的刚度和耗能能力。

因此为了确定隔振系统在受盐雾环境影响下的动力性能，根据试验程序，4 号（500 kip 型号的支座）产品首先被放到实验室外，然后进行测试 3（支座）或者测试 4（消能器）。

其他环境因素也能对系统性能构成影响，如火灾、烟雾、臭氧、湿度、紫外线、石油或汽油泄漏。不过，HITEC 测试计划在测试中没有考虑这些因素。

表 13-5 总结了疲劳、磨损和盐雾对 FIP 提供的测试产品（测试 5 使用同样的测试产品进行疲劳和磨损测试）的刚度、阻尼和 *EDC* 的加速老化的影响。据观察当周期小于等于 5.0 s 时刚度和阻尼变化非常小且 *EDC* 几乎在所有的时期内几乎保持不变。附件 G 介绍了其他系统的测试结果。

表 13-5　测试 5 和测试 6-FIP 隔振支座疲劳磨损和环境老化（第二周期）测试结果

周期(s)	刚度(kip/in)		阻尼比(%，临界)		*EDC*(kip · in)	
	之前**	之后	之前**	之后	之前**	之后
20.0	4.5	5.1	47.7	43.3	1 068	1 098
5.0	5.2	5.0	42.1	44.2	1 091	1 099

续上表

周期(s)	刚度(kip/in)		阻尼比(%,临界)		*EDC*(kip·in)	
	之前**	之后	之前**	之后	之前**	之后
1.0	5.1	5.0	46.1	46.6	1 144	1 133
0.5*	11.5	10.2	27.2	30.4	399	394.5

* 在 50%设计位移(*DD*)下进行。

** "之前"数据取自测试 3。

13.6.7　测试 7——在极限温度下的动力测试

目的:测试极端温度对产品性能特性即刚度、阻尼和 *EDC* 的影响情况。

程序:施加全部设计荷载(对支座隔振器)、三个循环的设计位移(*DD*)施加在对应周期为 2.0 s 的频率,分别在制造商所指定的上、下极端温度范围。这次评估程序温度范围是从 −40℉到 120℉。不过,在这些极端温度下,如果具体的设备无法执行,将使用制造商指定的温度限制。

结果讨论:所有桥梁都要经历每天或季节性的温度变化,这对隔离系统的设计是至关重要的,甚至要考虑极端条件。因此,在这种情况下调查这些系统的表现是很重要的。

Earthquake Protection Systems 公司的 2 号产品(500 kip)测试结果列于表 13-6 中。获得的数据可以量化产品因偏离环境温度条件下产生的性能(即刚度、阻尼、摩擦系数等)上的变化。测试之前,测试产品和安放设备被放置在加热空间内 22 h。测试产品从加热空间内搬出后,安装在试验台上 75 min,安装完成 5 min 后进行测试。测试产品被线性加热运作,温度范围从 300℉到 500℉。

表 13-6 结果表明,在极端温度下,产品的刚度、阻尼、*EDC* 变化不大。这意味着测试产品的摩擦性能能保持稳定。值得提出的是一些弹性系统的动态性能对极端温度是非常敏感的,见附件 H。

表 13-6　测试 7-在极限温度情况的 Earthquake Protection Systems 公司产品的动力性能特性(第二周期)的测试结果

性能参数	在低温−40℉下 22 h	周围温度 70℉	在高温 120℉下 24 h
刚度(kip/in)	7.9(+1.0%)*	7.8	7.1(−9%)*
阻尼比(%,*C*)	23.9(−6%)*	25.5	22.9(−10)*
EDC(kip·in)	1044(+8%)*	986.8	917(−5%)*

()* 环境温度测试结果显示百分比变化。

13.6.8　测试 8——耐久性测试

目的:在经过一定数量强烈的运动循环后评估产品的耐久性。

程序:以 100 %的设计位移(*DD*)、应用相当于 2.0 s 周期的频率进行 20 个完全循环周期。全部设计荷载施加给承重隔振支座,由此产生的数据被用来评估产品性能退化,量化产品的可用极限,并提供深入了解该装置是否适合应用于可以预期的大量较大余震的场合。

结果讨论：除规定循环测试数目之外(10 和 20)，这一测试和测试 1 类似(基准性能)。图 13-22 和图 13-23 表示的是前文所述的 Scougal 橡胶公司提交的测试产品力的退化，正如上文所说，长期衰减指的是能量的消退和试验报告中的刚度退化，并不是指失效。所有试验产品都以设计位移持续 20 个全程循环周期。试样 5(750 kip 型号的支座)比其他三种支座发生了刚度退化更大和更快速。此外，这个支座力的退化曲线表明，在第五个测试周期停止测试后，支座刚度重新强化到接近测试前的刚度。在第五个周期末测试停止，是由于从先前的测试中留在试验台蓄能器氮有限。该蓄能器充电后完成其余的测试周期。

图 13-22 和图 13-23 还显示试样 2 和试样 3(500 kip 支座)具有一致性的特点。附件 I 介绍了其他系统的测试结果。

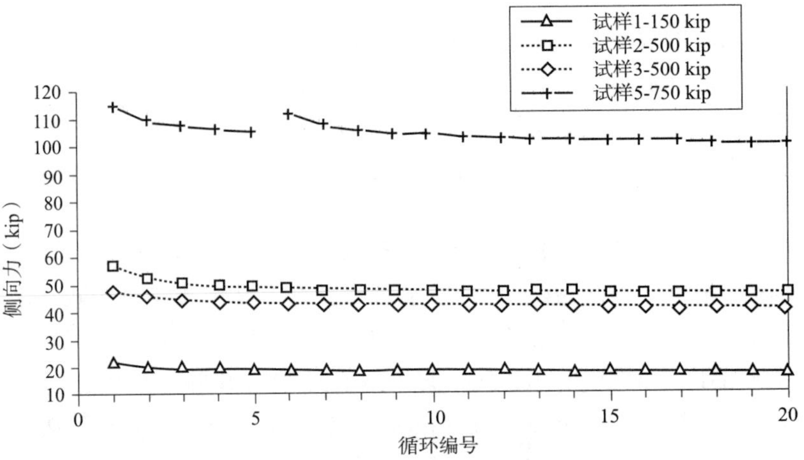

图 13-22　试验 8-Scougal 耐久性试验结果

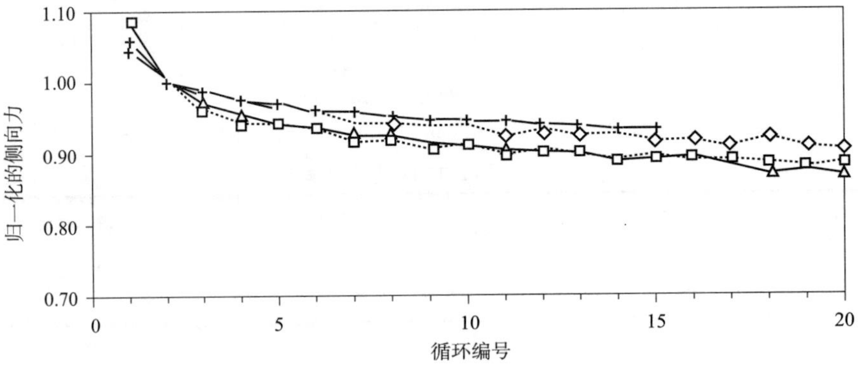

图 13-23　试验 8-Scougal 归一化耐久性试验结果

注：第 5 组实验样品归一化的点分成了两段，一段对应 5 次循环，另一段对应 15 次循环。5 次循环的点根据第二次循环的最大力值 F_2 进行归一化，15 次循环的点根据第七次循环的最大力值 F_7 进行归一化。

13.6.9　测试 9——极限性能测试

目的：试验产品的极限位移和安全系数。

程序：采用三种测试办法进行该项评估。

测试 9.1:施加设计荷载给隔振器,设备是一个相当于周期 2.0 s 的频率横向激励下,不断增加位移振幅直到发生破坏现象。每个循环所增加的位移振幅为扩大之前循环位移的 1.1 倍。比如$(1.1)^0\times DD$,$(1.1)^1\times DD$,$(1.1)^2\times DD$,…,$(1.1)^n\times DD$ 为第 N 次循环。对一些设备,物理的故障可以说是实际的故障,而对其他的设备来说可能是一个程序性的停止或终极限制(超出该装置的能力将不能运作)。

测试 9.2:如果破坏在达到试验机循环限制(±15 in)之前没有出现,则对该装置进行速度缓慢加载到试验机限制的 22.0 in。

修订的测试 9:测试 9 用于两项不同的消能技术测试。因为设备不允许位移超过设计位移,修订后的测试过程超过了设计速度而非设计位移。根据修订后的测试驱动器慢慢地施加至试件的受压极限($-DD$),然后快速至受拉的位置($+DD$),接近于受拉极限位置处的极限位置达到目标速度。在位置($+DD$)处马上停止运动。驱动器以同样的速度回到原位($-DD$),目标速度朝相反的方向。到达此位置后立刻停止运动。目标速度从 $0.5\times DV$ 增长至 $2.0\times DV$。对于每一个目标速度这样就执行了一个完整的循环。

结果讨论:测试结果的数据被用来检测安全系数,并提供观察装置在大位移下的稳定性。每个制造商提交的所有的 5 个测试产品都进行该项测试。一个弹性装置失效时被定义为:①弹性材料的可见(可见的撕裂或压缩),或阻尼特性裂缝或断裂的横向剪切刚度降低显着;②附加横向偏移减少横向剪切负载。球形或纯滑动装置失效,就会发生:①总体结构明显损坏;②滚动或滑动元件不能正常工作;③滚动/滑动元件达到物理止挡;④观察到性能的一个显著的变化。液压消能器发生失效时:①观察到一个重要的液压泄漏现象;②活塞杆件停止运动;③观察到显著的性能变化。摩擦消能器发生失效时:①刚度突然意外增加或者减少;②性能发生显著的变化。

表 13-7 总结了 DIS 测试产品基于 100%剪切应变的极限位移和安全系数。附件 J 为其他测试产品的结果。

表 13-7 测试 9-DIS 极限性能测试结果

测试产品编号	设计位移(DD)(in)	失效位移(FD)(in)	安全系数(FD/DD)
试样 1(150 kip)	6.0	20.0	3.33
试样 2(500 kip)	9.0	>22.0	>2.44
试样 3(500 kip)	9.0	>22.0	>2.44
试样 4(500 kip)	9.0	22.0	2.44
试样 5(750 kip)	12.0	*	*

* 失效位移没有确定是由于测试设备所限。

DIS 所有的测试产品完成增加简谐振幅测试(测试 9)在 15 in 最大设计位移没有任何损坏迹象。在增加振幅的推压测试(测试 9.2)中,试样 1 和试样 4 分别在位移为 20 in 和 22 in 时失效。这两个隔振器失效都发生在顶层顶部附近当弹性材料剪切时。然而,试样 2 和试样 3 都完成了增加振幅推压测试(测试 9.2),在位移为 22 in 时没有明显的损坏迹象。为避免损坏试验台试样 5 没有进行单调推压测试。

13.7 评估报告附件

13.7.1 附件 A 测试产品的物理性质

该附件包含的表格中显示了 11 个所有的测试产品系统的物理性能。

表 13-8 Dynamic Isolation Systems 公司测试产品的物理性能

测试产品编号	设计压力荷载(*DCL*)	设计位移(*DD*)	运动等级(*MR*)	重量	高度*	大概计划尺寸(直径)*
	kip	in	in	lb	in	in
试样 1	150	6.0	2.0(±1.0)	960	8.272	22.5
试样 2	500	9.0	3.0(±1.5)	1 875	14.147	29.5
试样 3	500	9.0	3.0(±1.5)	1 875	14.147	29.5
试样 4	500	9.0	3.0(±1.5)	1 875	14.147	29.5
试样 5	750	12.0	4.0(±2.0)	1 875	14.147	29.5

* 见单独报告的图纸。下同。

表 13-9 Scougal Rubber Corp 公司测试产品的物理性能

测试产品编号	设计压力荷载(*DCL*)	设计位移(*DD*)	运动等级(*MR*)	重量	高度*	大概计划尺寸(直径)
	kip	in	in	lb	in	in
试样 1	150	6.0	2.0(±1.0)	765	11	16
试样 2	500	9.0	3.0(±1.5)	1 400	14.75	26
试样 3	500	9.0	3.0(±1.5)	1 400	14.75	26
试样 4	500	9.0	3.0(±1.5)	1 400	14.75	26
试样 5	750	12.0	4.0(±2.0)	3 000	18.5	36

表 13-10 Skellerup Industries 公司测试产品的物理性能

测试产品编号	设计压力荷载(*DCL*)	设计位移(*DD*)	运动等级(*MR*)	重量	高度*	大概计划尺寸(直径)
	kip	in	in	lb	in	in
试样 1	150	6.0	2.0(±1.0)	620	7.3	17.7
试样 2	500	9.0	3.0(±1.5)	1 240	9.8	24.4
试样 3	500	9.0	3.0(±1.5)	1 240	9.8	24.4
试样 4	500	9.0	3.0(±1.5)	1 240	9.8	24.4
试样 5	750	12.0	4.0(±2.0)	1 700	12.7	24.4

表 13-11 Tekton 公司钢橡胶支座测试产品的物理性能

测试产品编号	设计压力荷载(*DCL*)	设计位移(*DD*)	运动等级(*MR*)	重量	高度*	大概计划尺寸(直径)*
	kip	in	in	lb	in	in
试样 1	150	6.0	2.0(±1.0)	187	7.25	13
试样 2	500	6.75	3.0(±1.5)	700	11.5	22

续上表

测试产品编号	设计压力荷载(*DCL*)	设计位移(*DD*)	运动等级(*MR*)	重量	高度*	大概计划尺寸(直径)*
	kip	in	in	lb	in	in
试样 3	500	6.75	3.0(±1.5)	700	11.5	22
试样 4	500	6.75	3.0(±1.5)	700	11.5	22
试样 5	750	10.0	4.0(±2.0)	1 039	14.25	26.5

表 13-12　FIP 测试产品(隔振支座)的物理性能

测试产品编号	设计压力荷载(*DCL*)	设计位移(*DD*)	运动等级(*MR*)	重量	高度*	大概计划尺寸(直径)
	kip	in	in	lb	in	in
试样 1	150	6.0	2.0(±1.0)	3 415	17	49
试样 2	500	9.0	3.0(±1.5)	5 155	25	60
试样 3	500	9.0	3.0(±1.5)	5 155	25	60
试样 4	500	9.0	3.0(±1.5)	5 155	25	60
试样 5	750	12.0	4.0(±2.0)	5 155	25	60

表 13-13　R. J. Watson 公司测试产品的物理性能

测试产品编号	设计压力荷载(*DCL*)	设计位移(*DD*)	运动等级(*MR*)	重量	高度*	大概计划尺寸
	kip	in	in	lb	in	in
试样 1	150	2.5	2.0(±1.0)	—	6.14	32×32
试样 2	500	5.0	3.0(±1.5)	—	8.14	44×44
试样 3	500	5.0	3.0(±1.5)	—	8.14	44×44
试样 4	500	5.0	3.0(±1.5)	—	8.14	44×44
试样 5	750	5.0	4.0(±2.0)	—	8.14	44×44

表 13-14　Tekton 公司测试产品的物理性能

测试产品编号	设计压力荷载(*DCL*)	设计位移(*DD*)	运动等级(*MR*)	重量	高度*	大概计划尺寸
	kip	in	in	lb	in	in
试样 1	150	6.0 [5.5]	2.0(±1.0)	160	10.75	10×10
试样 2	500	9.0 [8.25]	3.0(±1.5)	625	19.0	15×15
试样 3	500	9.0 [8.25]	3.0(±1.5)	625	19.0	15×15
试样 4	500	9.0 [8.25]	3.0(±1.5)	625	19.0	15×15
试样 5	750	12.0[11.0]	4.0(±2.0)	1 550	22.25	19.5×19.5

[ ] 基于试样 1 的第一个测试结果修正后的位移。

表 13-15　Earthquake Protection Systems 公司测试产品的物理性能

测试产品编号	设计压力荷载(*DCL*)	设计位移(*DD*)	运动等级(*MR*)	重量	高度*	大概计划尺寸*
	kip	in	in	lb	in	in
试样 1	150	6.0	2.0(±1.0)	4 600	11	55×55
试样 2	500	9.0	3.0(±1.5)	4 600	11	55×55

续上表

测试产品编号	设计压力荷载(*DCL*)	设计位移(*DD*)	运动等级(*MR*)	重量	高度*	大概计划尺寸*
	kip	in	in	lb	in	in
试样 3	500	9.0	3.0(±1.5)	4 600	11	55×55
试样 4	500	9.0	3.0(±1.5)	4 600	11	55×55
试样 5	750	12.0	4.0(±2.0)	5 400	11	60×60

表 13-16　Oiles 公司测试产品的物理性能

测试产品编号	设计等级	设计速度(*DV*)	设计位移(*DD*)	运动等级(*MR*)	重量	大概计划面积	大概高度
	(kip)	(in/s)	(in)	(in)	(lb)	(in×in)	(in)
试样 1	150	20.8	2.95	2.0(±1.0)	2 200	25×28	14.2
试样 2	500	20.8	2.95	3.0(±1.5)	4 830	34×45	21.4
试样 3	500	20.8	2.95	3.0(±1.5)	4 830	34×45	21.4
试样 4	500	20.8	2.95	3.0(±1.5)	4 830	34×45	21.4
试样 5	750	20.8	2.95	4.0(±2.0)	8 100	38×47	30.5

表 13-17　Taylor Devices 公司测试产品的物理性能

测试产品编号	设计等级	设计速度(*DV*)	设计位移(*DD*)	运动等级(*MR*)	重量	中位尺寸	超冲程尺寸
	(kip)	(in/s)	(in)	(in)	(lb)	(in)	(in)
试样 1	150	19	6.0	2.0(±1.0)	450	65.50	3.0
试样 2	500	28	9.0	3.0(±1.5)	1 600	87.75	3.0
试样 3	500	28	9.0	3.0(±1.5)	1 600	87.75	3.0
试样 4	500	28	9.0	3.0(±1.5)	1 600	87.75	3.0
试样 5	750	38	12.0	4.0(±2.0)	2 800	103.00	3.0

表 13-18　Enidine 公司测试产品的物理性能

测试产品编号	设计等级	设计速度(*DV*)	设计位移(*DD*)	运动等级(*MR*)	重量	中位尺寸	超冲程尺寸
	(kip)	(in/s)	(in)	(in)	(lb)	(in)	(in)
试样 1	150	20.8	6.0	2.0(±1.0)	780	66.38	0.25
试样 2	500	20.8	9.0	3.0(±1.5)	1 300	96.94	0.25
试样 3	500	20.8	9.0	3.0(±1.5)	1 300	96.94	0.25
试样 4	500	20.8	9.0	3.0(±1.5)	1 300	96.94	0.25
试样 5	750	20.8	12.0	4.0(±2.0)	2 240	123.0	0.25

13.7.2　附件 B　计算方法

隔振系统给出的刚度和阻尼性能如图 13-24 所示。

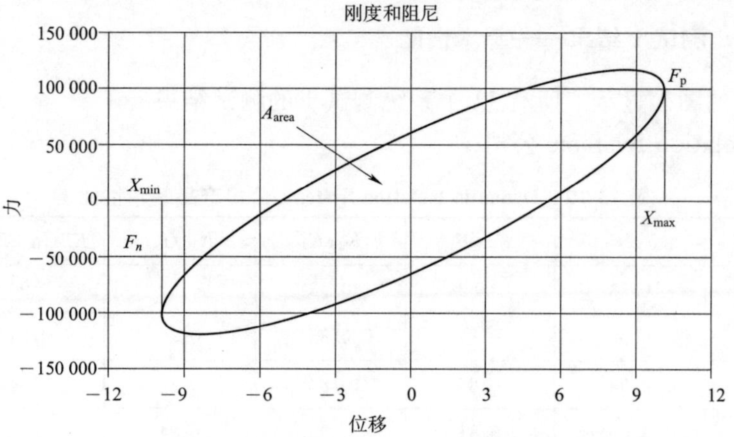

图 13-24　隔振系统的力-位移特征曲线

$$K_{eff}=(F_p-F_n)/(X_{max}-X_{min}) \tag{13-2}$$

$$\beta=(1/2\pi)\times A_{area}/(K_{eff}\times X_0^2) \tag{13-3}$$

$$X_0=(X_{max}-X_{min})/2 \tag{13-4}$$

式中，X_{max}、X_{min} 为速度为 0 时的最大、最小位移；X_0 为设计位移；β 为阻尼比；A_{area} 为滞回环面积。

消能系统的阻尼和速度系数报表假设：

$$\begin{aligned}F(X)&=F_0X^n\\X&=X_0\sin(\omega t)\end{aligned} \tag{13-5}$$

因此，在力-位移函数下简谐波运动面积是：

$$A=\int F(X)\mathrm{d}X$$

$$A(n)=(F_n/w)(X_0w)^{n+1}\int_0^{2\pi}\cos_U^{n+1}\mathrm{d}U$$

$$A/(4F_nX_0)=\int_0^{2\pi}\cos_U^{n+1}\mathrm{d}U$$

$$A/(4F_nX_0)=B(n)\text{或}N=f(A/4F_nX_0)=f(Q)$$

其中，$n=-24.68Q^3+71.07Q^2-72.35Q+25.96$，$Q=A/4F_nX_0$。

根据上述方程绘制图 13-25。

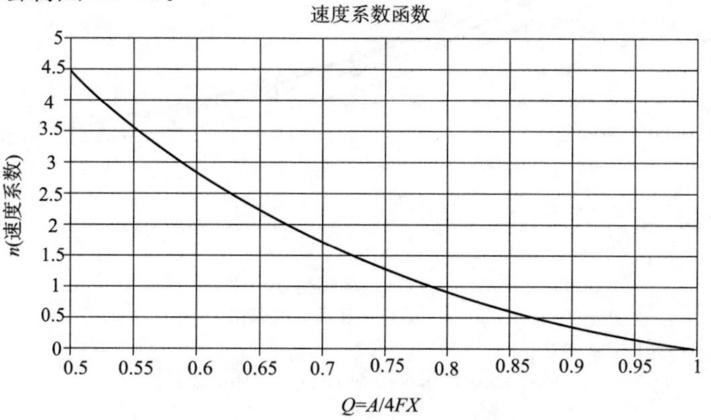

图 13-25　速度指数函数曲线

13.7.3　附件 C　测试 1 结果——基本性能

该附件包含的图表显示了所有 11 个系统测试 1 的测试结果。

Dynamic Isolation Systems 公司

表 13-19　Dynamic Isolation Systems 公司产品基本性能

测试产品编号	F_3/F_1	F_{10}/F_3	K_3/K_1	K_{10}/K_3	EDC_3/EDC_1	EDC_{10}/EDC_1
试样 1(150 kip)	0.98	0.82	0.93	0.83	0.90	0.62
试样 2(500 kip)	0.96	0.84	0.88	0.86	0.84	0.58
试样 3(500 kip)	0.96	0.85	0.89	0.86	0.84	0.58
试样 4(500 kip)	1.00	0.81	0.93	0.84	0.92	0.64
试样 5(750 kip)	0.89	0.84	0.84	0.87	0.78	0.51

注：F_i 为第 i 次测试循环中的侧向力峰值；K_i 为第 i 次测试循环中的有效刚度；EDC_i 为第 i 次测试循环中耗能能力。

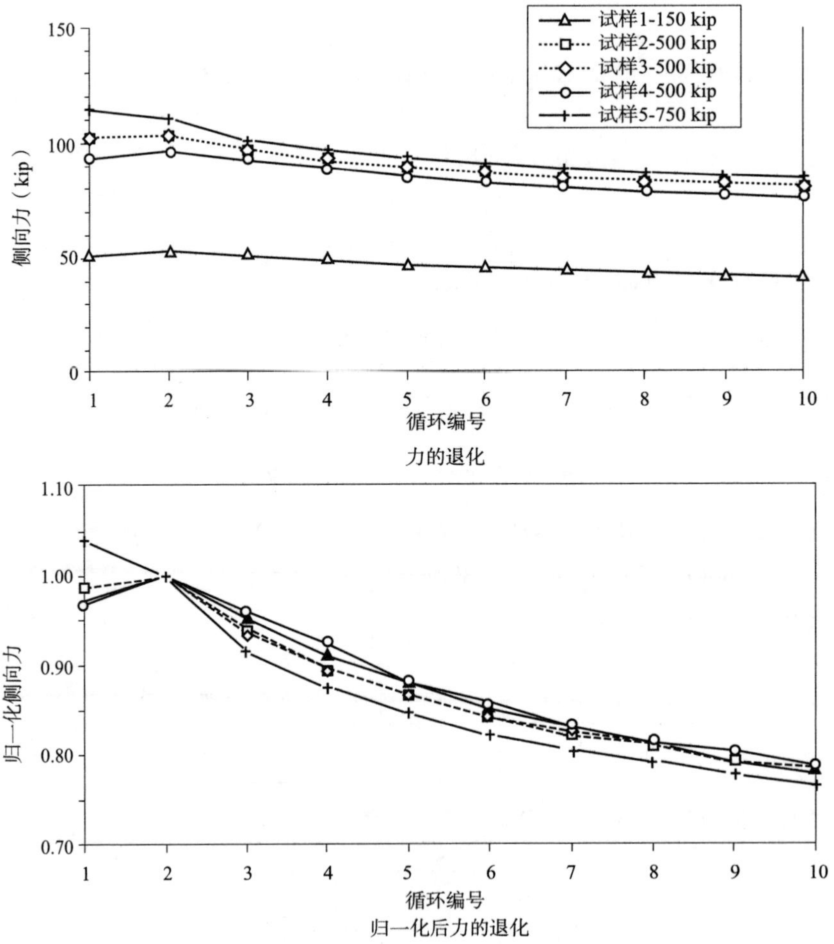

图 13-26　基本测试性能中力的稳定性

Scougal Rubber Corp 公司

表 13-20 Scougal Rubber Corp 公司产品基本性能

测试产品编号	F_3/F_1	F_{10}/F_3	K_3/K_1	K_{10}/K_3	EDC_3/EDC_1	EDC_{10}/EDC_1
试样 1(150 kip)	0.80	0.91	0.87	0.91	0.75	0.67
试样 2(500 kip)	0.85	0.92	0.89	0.93	0.76	0.69
试样 3(500 kip)	0.86	0.92	0.89	0.92	0.75	0.68
试样 4(500 kip)	0.85	0.93	0.89	0.93	0.76	0.69
试样 5(750 kip)	0.86	0.93	0.90	0.93	0.76	0.68

注：F_i为第 i 次测试循环中的侧向力峰值；K_i为第 i 次测试循环中的有效刚度；EDC_i 为 第 i 次测试循环中耗能能力。

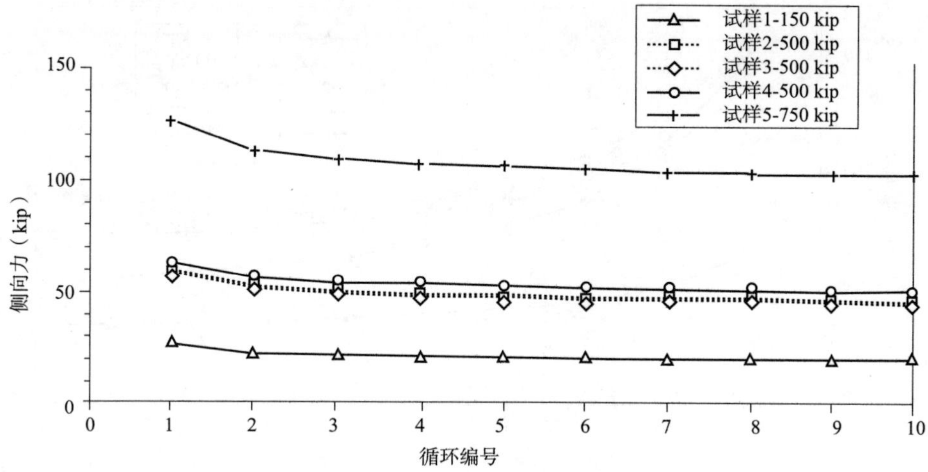

力的退化

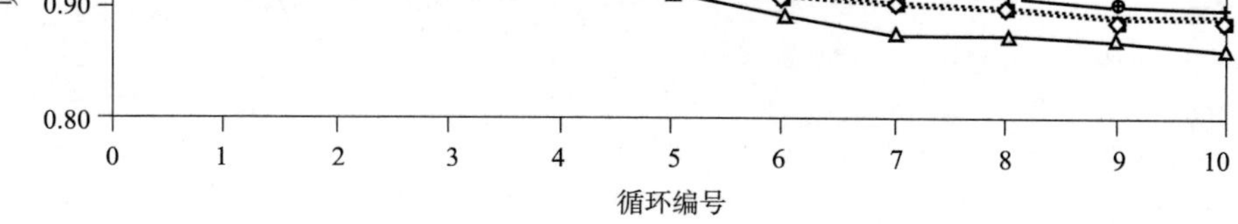

归一化后力的退化

图 13-27 基本测试性能中力的稳定性

Skellerup Industries 公司

表 13-21　Skellerup Industries 公司产品基本性能

测试产品编号	F_3/F_1	F_{10}/F_3	K_3/K_1	K_{10}/K_3	EDC_3/EDC_1	EDC_{10}/EDC_1
试样 1(150 kip)	0.67	0.74	0.68	0.78	0.66	0.35
试样 2(500 kip)	0.69	0.71	0.65	0.75	0.63	0.31
试样 3(500 kip)	0.66	0.74	0.68	0.77	0.62	0.32
试样 4(500 kip)	0.65	0.74	0.63	0.81	0.59	0.31
试样 5(750 kip)	0.64	0.59	0.60	0.66	0.62	0.31

注：F_i 为第 i 次测试循环中的侧向力峰值；K_i 为第 i 次测试循环中的有效刚度；EDC_i 为第 i 次测试循环中耗能能力。

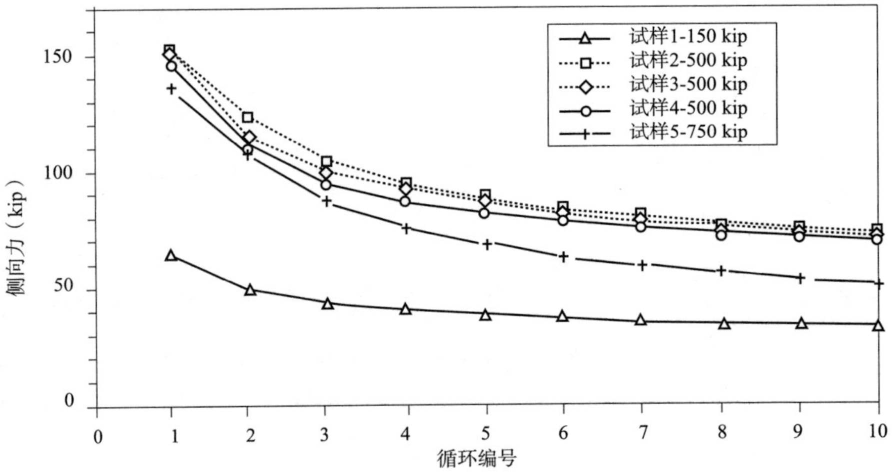

力的退化

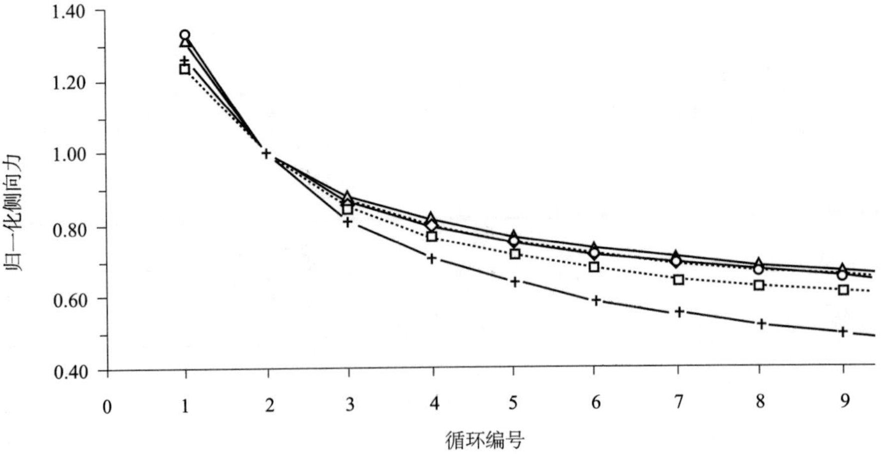

归一化后力的退化

图 13-28　基本测试性能中力的稳定性

Tekton 公司

表 13-22 Tekton 公司钢橡胶支座基本性能

测试产品编号	F_3/F_1	F_{10}/F_3	K_3/K_1	K_{10}/K_3	EDC_3/EDC_1	EDC_{10}/EDC_1
试样 1(150 kip)	1.01	0.54	0.92	0.56	1.00	0.32
试样 2(500 kip)	0.91	0.52	0.88	0.51	0.95	0.13
试样 3(500 kip)	0.73	0.71	0.73	0.71	0.53	0.22
试样 4(500 kip)	0.87	0.56	0.85	0.54	0.87	0.13
试样 5(750 kip)	0.80	0.56	0.77	0.60	0.78	0.18

注：F_i为 第 i 次测试循环中的侧向力峰值；K_i为第 i 次测试循环中的有效刚度；EDC_i为第 i 次测试循环中耗能能力。

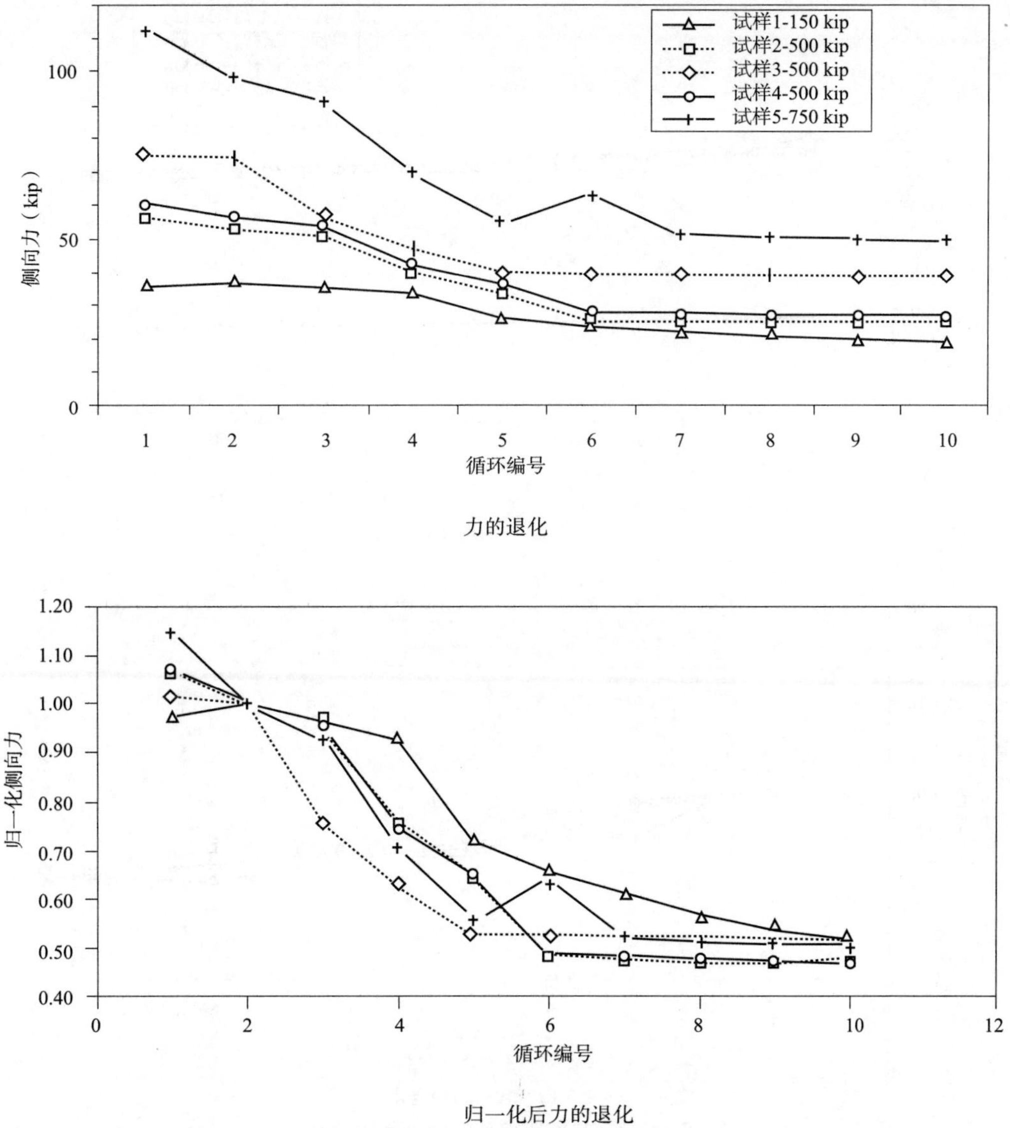

图 13-29 基本测试性能中力的稳定性

FIP 公司

表 13-23　FIP 隔振支座基本性能

测试产品编号	F_3/F_1	F_{10}/F_3	K_3/K_1	K_{10}/K_3	EDC_3/EDC_1	EDC_{10}/EDC_1
试样 1(150 kip)	0.95	0.95	0.93	1.00	0.98	0.89
试样 2(500 kip)	0.99	0.93	0.98	0.94	0.99	0.91
试样 3(500 kip)	0.95	0.92	1.04	0.90	0.99	0.93
试样 4(500 kip)	0.98	0.93	1.02	0.89	0.99	0.91
试样 5(750 kip)	0.88	0.95	0.97	0.94	0.96	0.89

注:F_i 为第 i 次测试循环中的侧向力峰值;K_i 为第 i 次测试循环中的有效刚度;EDC_i 为第 i 次测试循环中耗能能力。

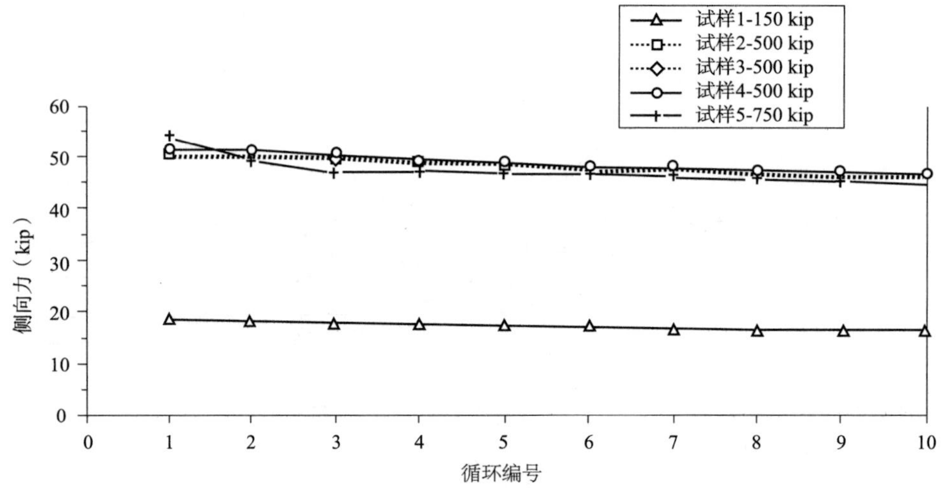

力的退化

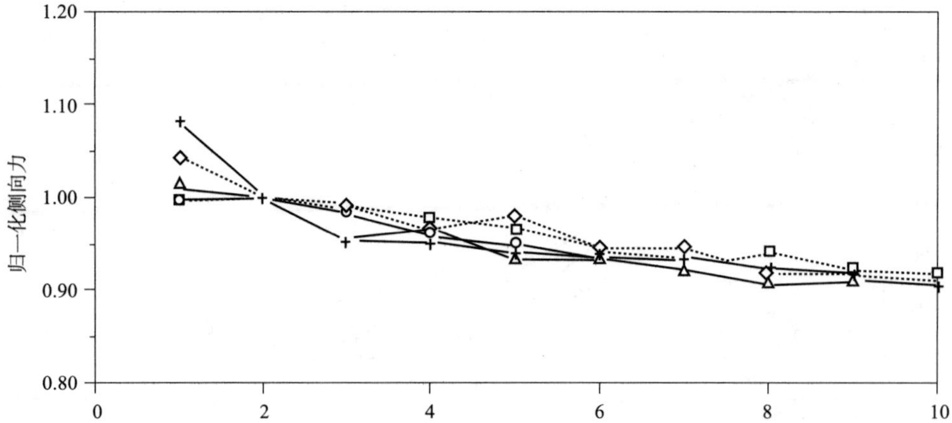

归一化后力的退化

图 13-30　基准测试性能中力的稳定性

R. J. Watson 公司

表 13-24　R. J. Watson 公司产品基本性能

测试产品编号	F_3/F_1	F_{10}/F_3	K_3/K_1	K_{10}/K_3	EDC_3/EDC_1	EDC_{10}/EDC_1
试样 1(150 kip)	0.76	0.86	0.91	1.55	0.75	0.60
试样 2(500 kip)	0.69	0.83	0.88	0.85	0.72	0.56
试样 3(500 kip)	0.59	0.84	0.85	0.80	0.69	0.56
试样 4(500 kip)	0.73	0.72	0.70	0.63	0.61	0.36
试样 5(750 kip)	0.76	0.82	0.64	1.14	0.70	0.54

注：1. F_i为第 i 次测试循环中的侧向力峰值；K_i为第 i 次测试循环中的有效刚度；EDC_i为第 i 次测试循环中耗能能力。

2. R. J. Watson 公司隔振器最初加载时，需要一个大于 F_1 的力用于克服摩擦力。试样 1～试样 5 需克服的静摩擦力大小分别是 23 kip、54 kip、66 kip、65 kip 以及 84 kip。

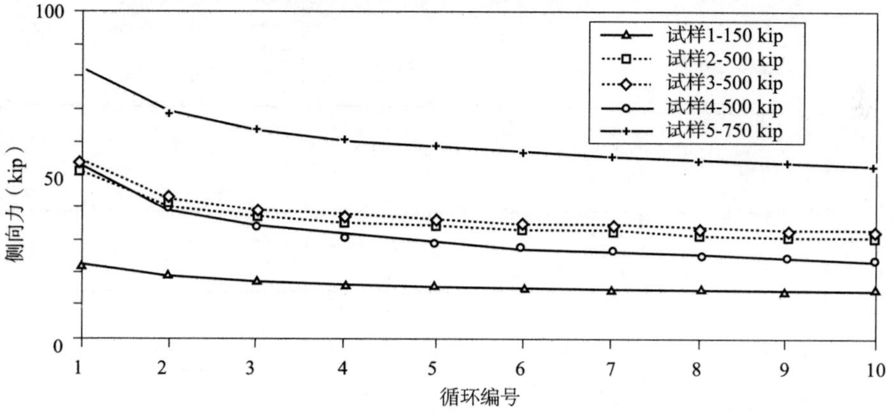

力的退化

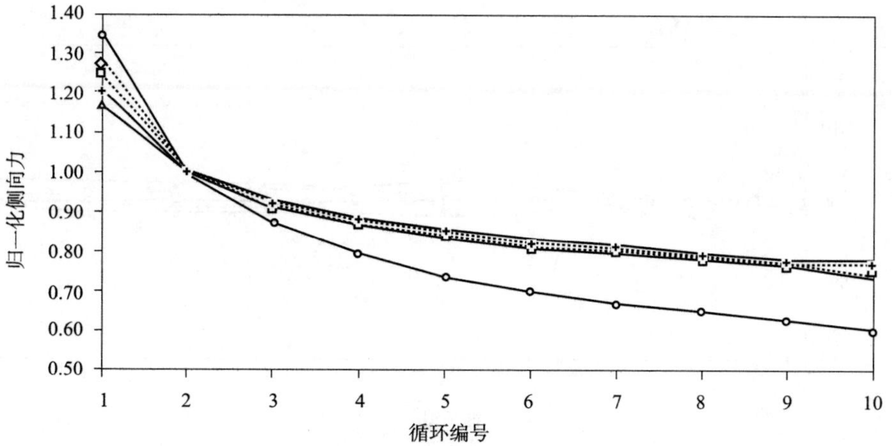

归一化后力的退化

图 13-31　基本测试性能中力的稳定性

Tekton 公司

表 13-25　Tekton 公司辊轴支座的基本性能

测试产品编号	F_3/F_1	F_{10}/F_3	K_3/K_1	K_{10}/K_3	EDC_3/EDC_1	EDC_{10}/EDC_1
试样 1(150 kip)	0.97	1.00	1.29	0.98	0.70	0.60
试样 2(500 kip)	0.98	1.00	1.01	1.01	0.25	0.16
试样 3(500 kip)	0.98	1.00	1.01	1.03	0.30	0.26
试样 4(500 kip)	1.00	1.00	1.03	1.00	0.30	0.25
试样 5(750 kip)	1.00	1.00	1.02	1.02	0.35	0.29

注：1. F_i为第 i 次测试循环中的侧向力峰值；K_i 为第 i 次测试循环中的有效刚度；EDC_i为第 i 次测试循环中耗能能力。

2. 由于在原始数据有干扰，这些评估报告数据采用了 5 个点的平均值。

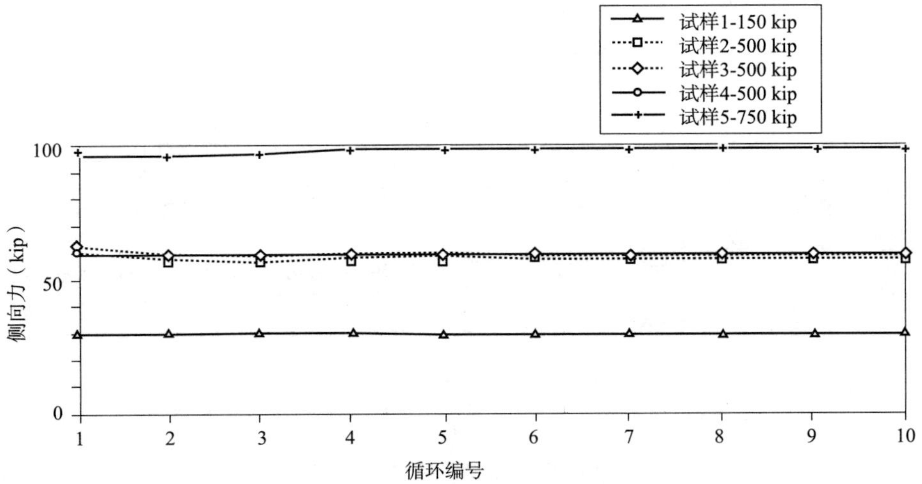

力的退化

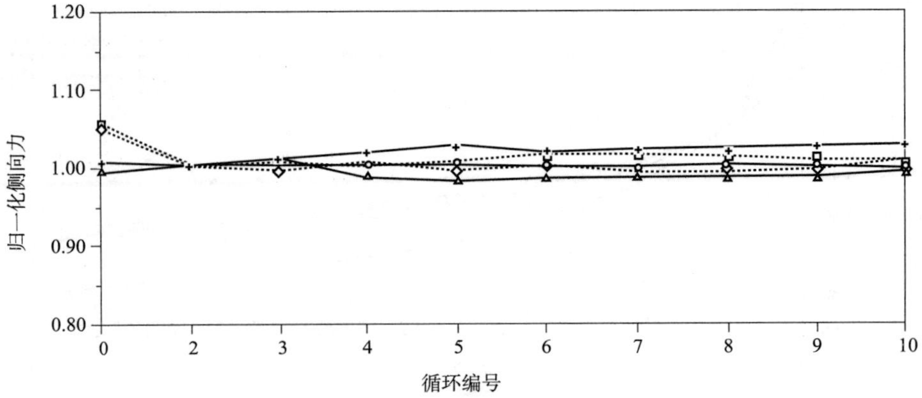

归一化后力的退化

图 13-32　基本测试性能中力的稳定性

Earthquake Protection Systems 公司

表 13-26 Earthquake Protection Systems 公司产品基本性能

测试产品编号	F_3/F_1	F_{10}/F_3	K_3/K_1	K_{10}/K_3	EDC_3/EDC_1	EDC_{10}/EDC_1
试样 1(150 kip)	0.97	1.00	1.29	0.98	0.70	0.60
试样 2(500 kip)	0.98	1.00	1.01	1.01	0.25	0.16
试样 3(500 kip)	0.98	1.00	1.01	1.03	0.30	0.26
试样 4(500 kip)	1.00	1.00	1.03	1.00	0.30	0.25
试样 5(750 kip)	1.00	1.00	1.02	1.02	0.35	0.29

注：1. F_i为第 i 次测试循环中的侧向力峰值；K_i为第 i 次测试循环中的有效刚度；EDC_i为第 i 次测试循环中耗能能力。

2. EPS 公司隔振器在最初加载时，需要一个大于 F_1的力用于克服摩擦力。试样 1 和试样 4 需克服的静摩擦力大小分别是 34 kip 和 79 kip。

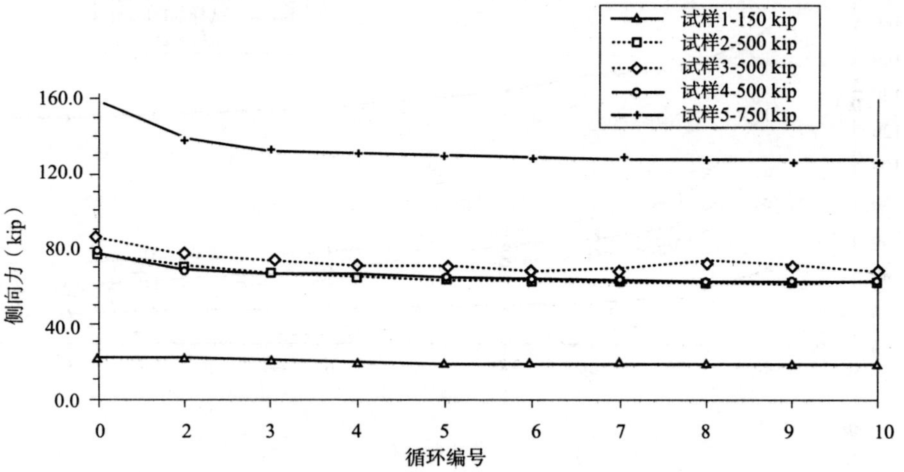

力的退化

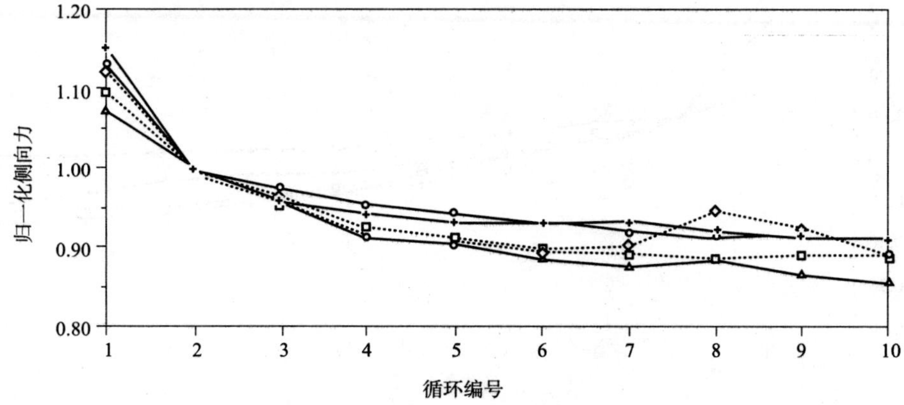

归一化后力的退化

图 13-33 基本测试性能中力的稳定性

Oiles 公司

表 13-27　Oiles 公司产品基本性能

测试产品编号	F_3/F_1	F_{10}/F_3	EDC_3/EDC_1	EDC_{10}/EDC_1
试样 1(150 kip)	0.54	0.65	0.47	0.76
试样 2(500 kip)	0.64	0.54	0.45	0.79
试样 3(500 kip)	0.53	0.63	0.46	0.68
试样 4(500 kip)	0.61	0.54	0.41	0.78
试样 5(750 kip)	0.86	0.84	0.57	0.77

注：F_i为第 i 次测试循环中的侧向力峰值；EDC_i 为第 i 次测试循环中耗能能力。

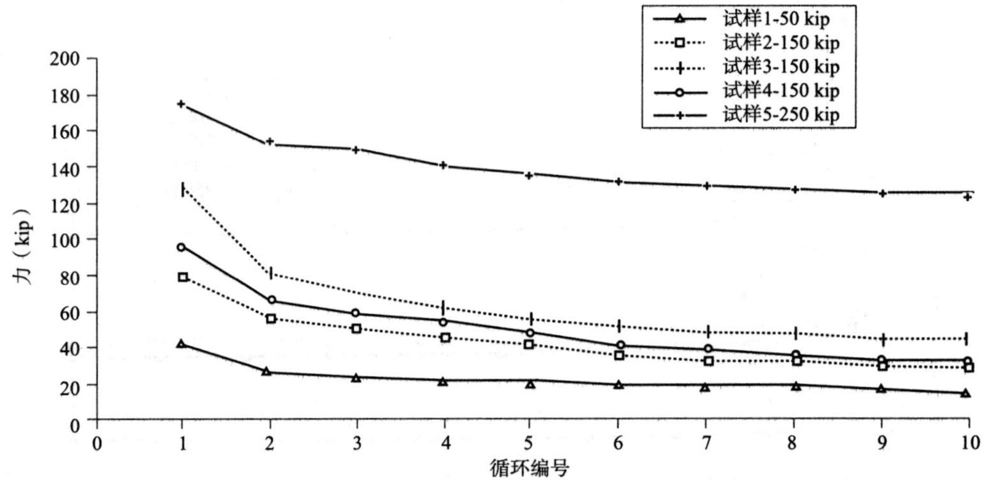

力的退化

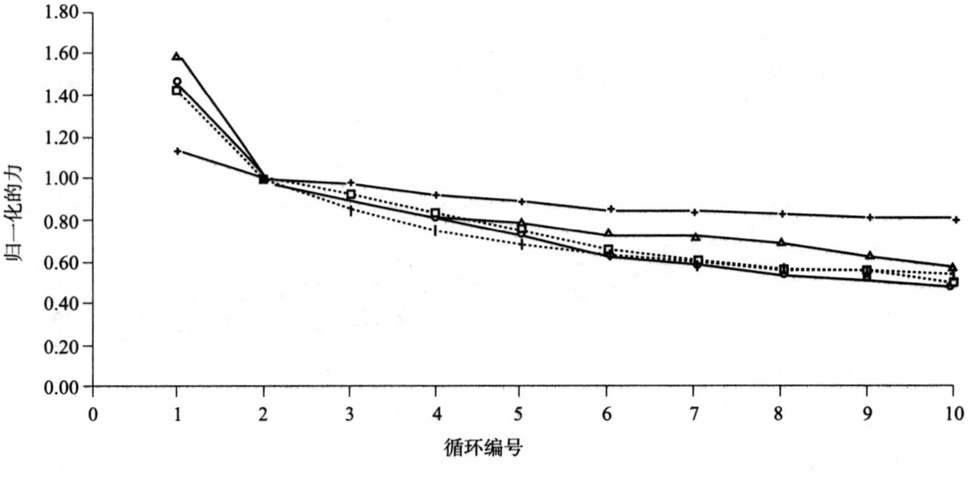

归一化后力的退化

图 13-34　基本测试性能中力的稳定性

Taylor Devices 公司

表 13-28 Taylor Devices 公司产品基本性能

测试产品编号	F_3/F_1	F_{10}/F_3	EDC_3/EDC_1	EDC_{10}/EDC_1
试样 1(150 kip)	0.89	0.88	0.84	0.95
试样 2(500 kip)	0.92	0.90	0.84	0.95
试样 3(500 kip)	0.94	0.91	0.84	0.94
试样 4(500 kip)	0.92	0.85	0.78	0.94
试样 5(750 kip)	0.97	0.87	0.81	0.95

注：F_i 为第 i 次测试循环中的侧向力峰值；EDC_i 为第 i 次测试循环中耗能能力。

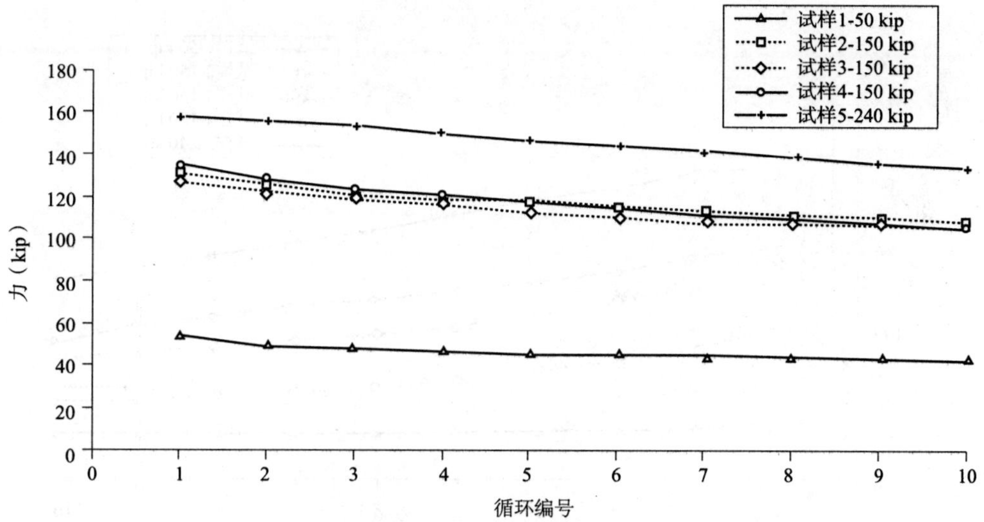

力的退化

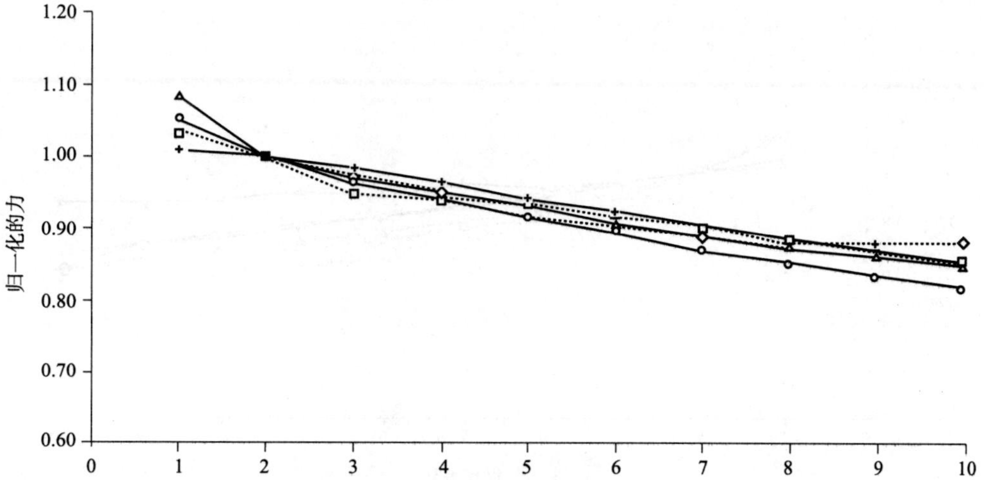

归一化后力的退化

图 13-35 基本测试性能中力的稳定性

Enidine 公司

表 13-29　Enidine 公司产品基本性能

测试产品编号	F_3/F_1	F_{10}/F_3	EDC_3/EDC_1	EDC_{10}/EDC_1
试样 1(150 kip)	0.89	0.88	0.84	0.95
试样 2(500 kip)	0.92	0.90	0.84	0.95
试样 3(500 kip)	0.94	0.91	0.84	0.94
试样 4(500 kip)	0.92	0.85	0.78	0.94
试样 5(750 kip)	0.97	0.87	0.81	0.95

注：F_i 为第 i 次测试循环中的侧向力峰值；EDC_i 为第 i 次测试循环中耗能能力。

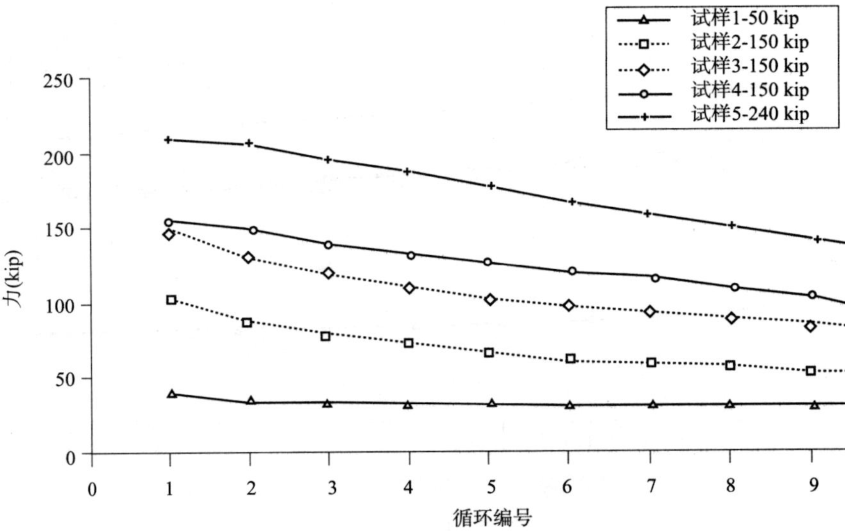

力的退化

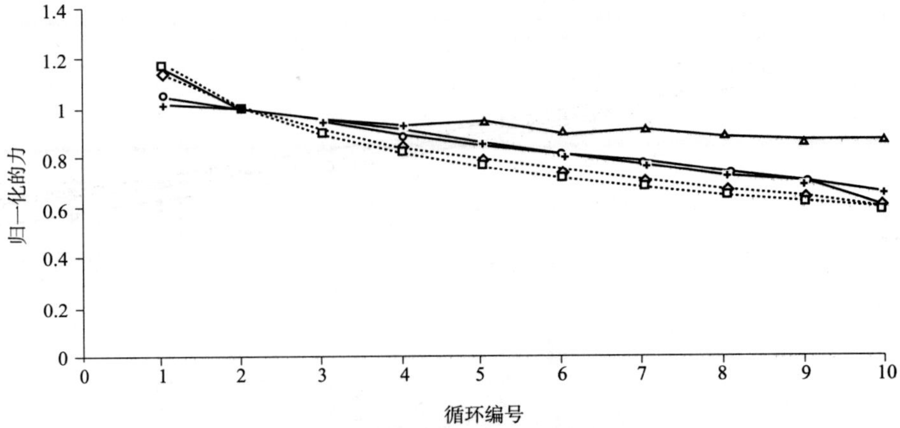

归一化后力的退化

图 13-36　基本测试性能中力的稳定性

13.7.4 附件 D 测试 2 结果——隔振器受压负荷时性能

该附件包含的图表显示了 8 个隔振系统测试 2 的测试结果。

Dynamic Isolation Systems 公司

表 13-30 Dynamic Isolation Systems 公司产品在设计位移、2 s 测试周期（第二个循环）受压负荷的性能

测试产品编号	压力	刚度，K_{eff}(kip/in)	阻尼比(%，临界)	*EDC*(kip · in)
试样 1(150 kip)	100%*DCL*	7.8 [8.6]	17.7 [16.4]	301.7 [308.5]
	70%*DCL*	8.1	16.8	296.9
	40%*DCL*	8.2	16.3	293.0
试样 2(500 kip)	100%*DCL*	11.7 [11.1]	15.8 [17.3]	902.1 [932.6]
	70%*DCL*	11.3	15.9	875.2
	40%*DCL*	11.6	15.7	885.5
试样 3(500 kip)	100%*DCL*	11.1 [11.1]	16.3 [16.6]	860.8 [877.8]
	70%*DCL*	11.4	15.3	830.6
	40%*DCL*	11.6	14.7	828.6
试样 5(750 kip)	100%*DCL*	17.0 [17.3]	17.0 [17.3]	1 274 [1 336]
	70%*DCL*	15.6	15.6	1 224
	40%*DCL*	15.1	15.1	1 232

[ ] 从开始/主要方向旋转 90°。

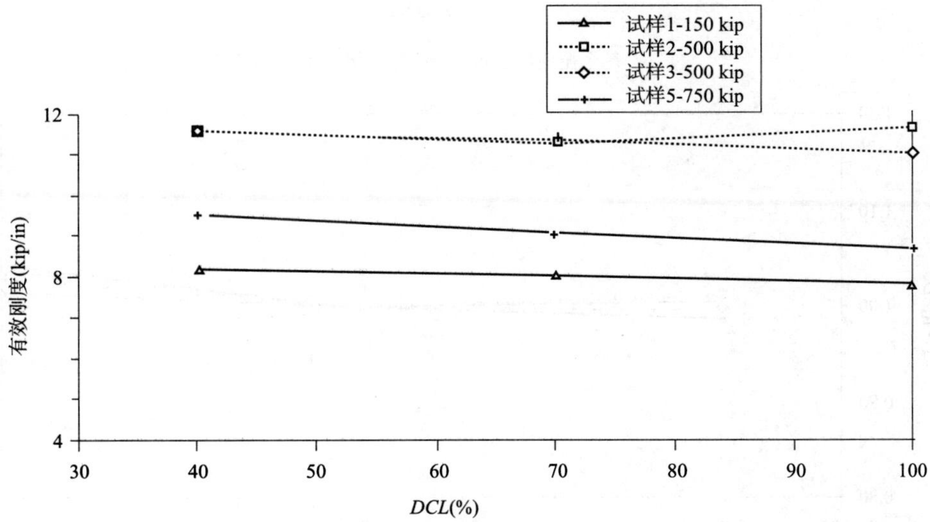

刚度和压力荷载的相关性

图 13-37

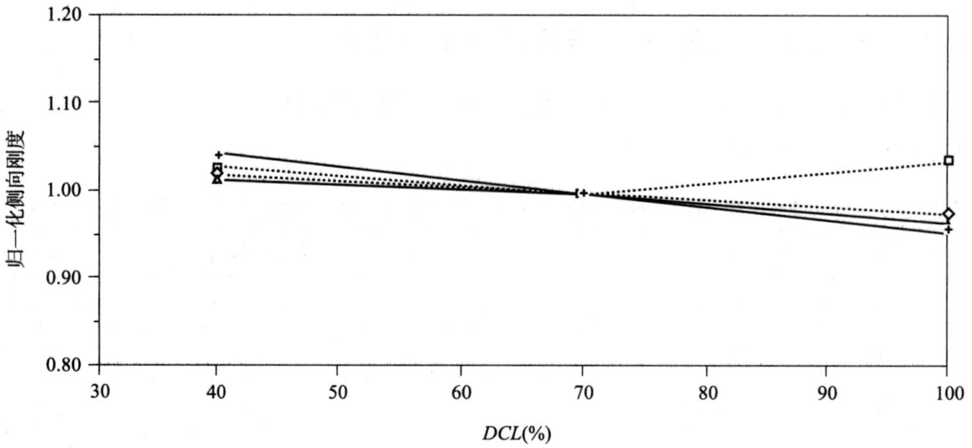

归一化后刚度和压力荷载的相关性

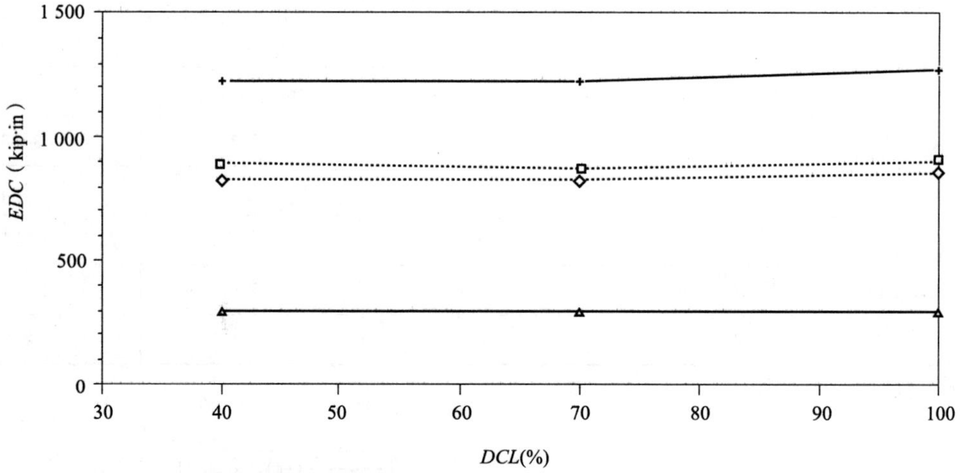

每个循环耗能和压力荷载的相关性

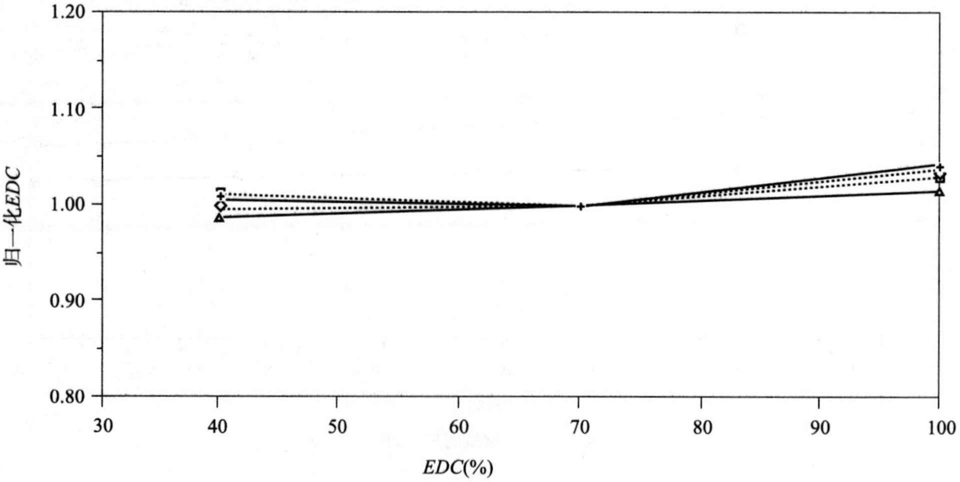

归一化后每个循环耗能和压力荷载的相关性

图 13-37　压力荷载的相关性能

Scougal Rubber Corp

表 13-31 Scougal Rubber Corp 产品在设计位移、2 s 测试周期(第二个循环)受压负荷的性能

测试产品编号	压力	刚度,K_{eff}(kip/in)	阻尼比(%,临界)	EDC(kip · in)
试样 1(150 kip)	100%DCL	2.9 [2.9]	11.9[13.9]	75.3 [85.5]
	70%DCL	2.9	11.6	73.3
	40%DCL	3.2	10.1	71.0
试样 2(500 kip)	100%DCL	4.9 [5.3]	12.9 [13.3]	306.6 [343.7]
	70%DCL	5.2	11.7	296.9
	40%DCL	5.4	11.2	294.6
试样 3(500 kip)	100%DCL	4.7 [4.8]	12.6 [13.6]	293.7 [325.3]
	70%DCL	4.8	11.8	281.1
	40%DCL	5.2	10.9	281.8
试样 5(750 kip) *	100%DCL	8.4 [9.0]	10.9 [11.4]	879.2 [885.5]
	70%DCL	8.6	10.4	769.9
	40%DCL	8.9	9.9	754.4

[ ] 从开始/主要方向旋转 90°。

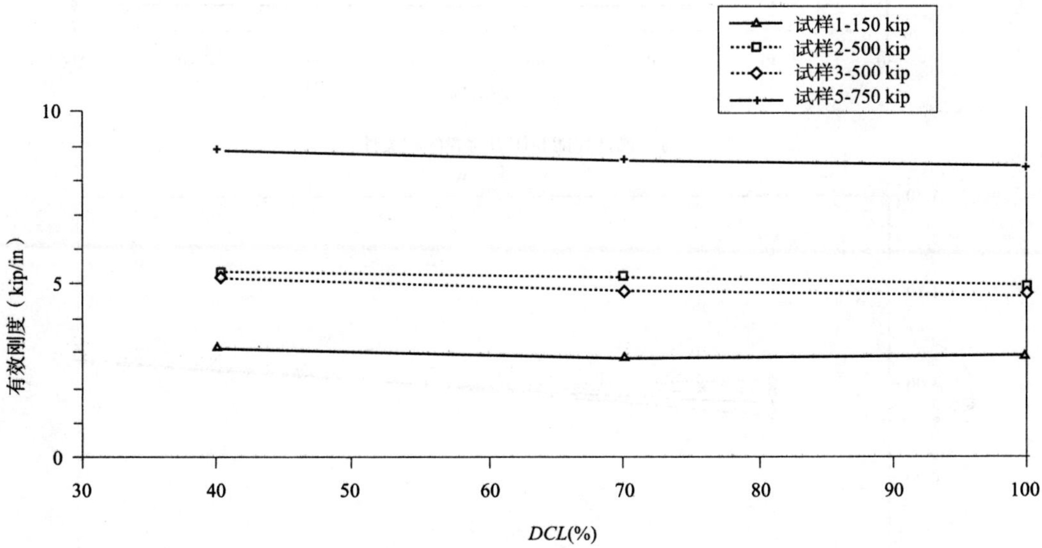

刚度和压力荷载的相关性

图 13-38

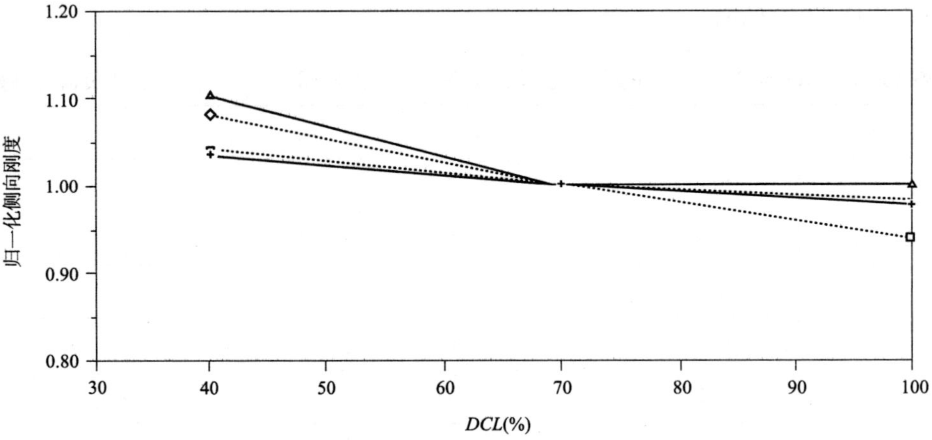

归一化后刚度和压力荷载的相关性

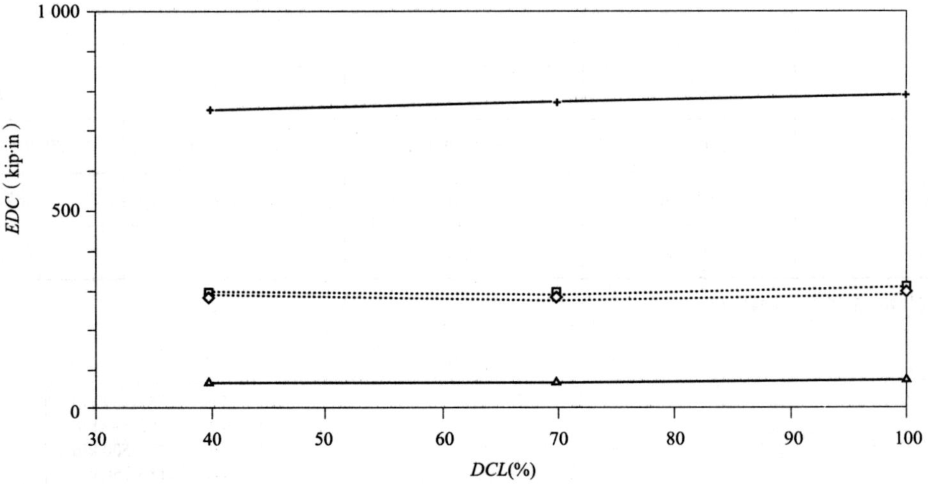

每个循环耗能和压力荷载的相关性

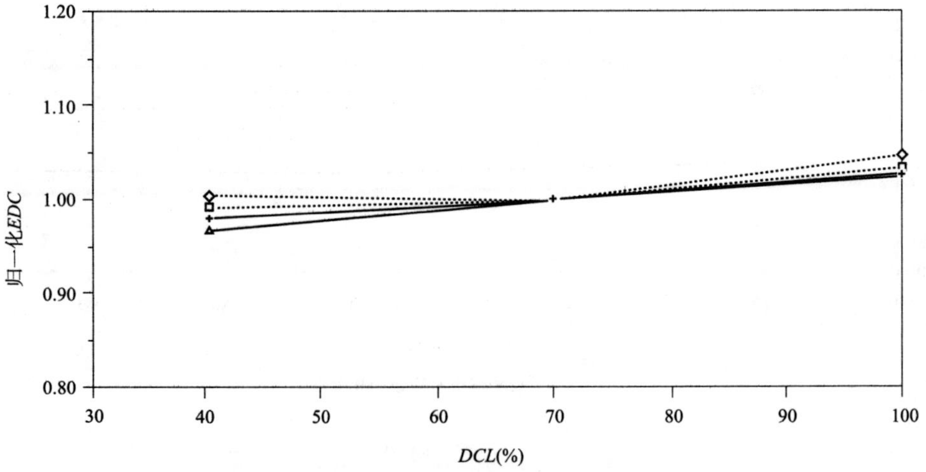

归一化后每个循环耗能和压力荷载的相关性

图 13-38　压力荷载的相关性能

Skellerup Industries 公司

表 13-32 Skellerup Industries 公司产品在设计位移、2 s 测试周期(第二个循环)受压负荷的性能

测试产品编号	压力	刚度,K_{eff}(kip/in)	阻尼比(%,临界)	EDC(kip · in)
试样 1(150 kip)	100%DCL	6.8 [7.8]	41.2 [34.3]	615.0 [565.3]
	70%DCL	7.6	38.3	636.2
	40%DCL	7.7	36.5	615.2
试样 2(500 kip)	100%DCL	10.9 [10.7]	37.8 [37.8]	2 004 [1 967]
	70%DCL	11.4	36.6	2 032
	40%DCL	12.1	35.1	2 065
试样 3(500 kip)	100%DCL	10.4 [10.9]	37.5 [36.5]	1 897 [1 936]
	70%DCL	11.5	34.3	1 964
	40%DCL	11.2	35.2	1 918
试样 5(750 kip)	100%DCL	5.9 [6.4]	47.8 [45.2]	2 469[2 590]
	70%DCL	7.1	40	2 440
	40%DCL	7.5	38.8	2 500

[ ] 从开始/主要方向旋转 90°。

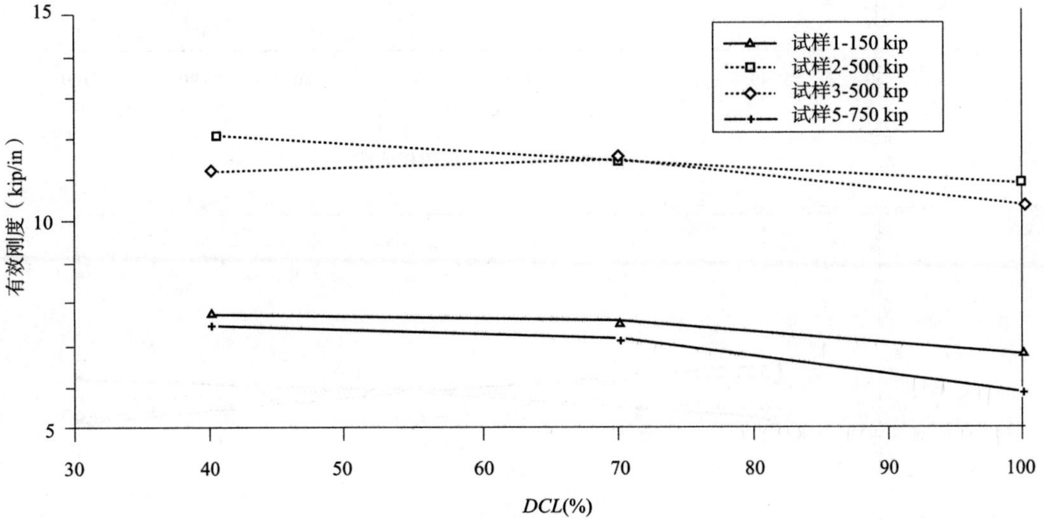

刚度和压力荷载的相关性

图 13-39

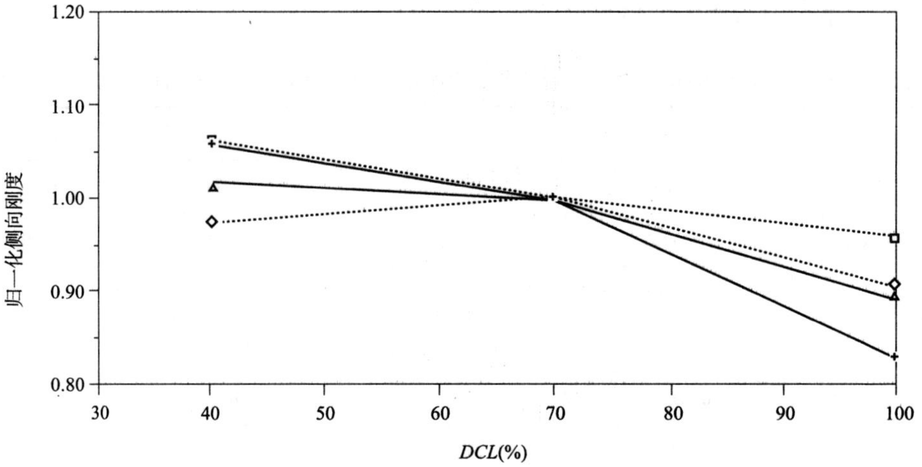

归一化后刚度和压力荷载的相关性

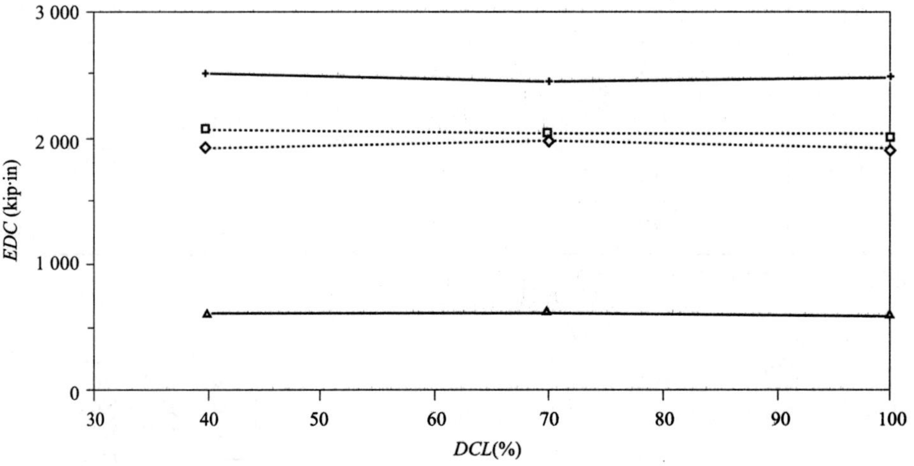

每个循环耗能和压力荷载的相关性

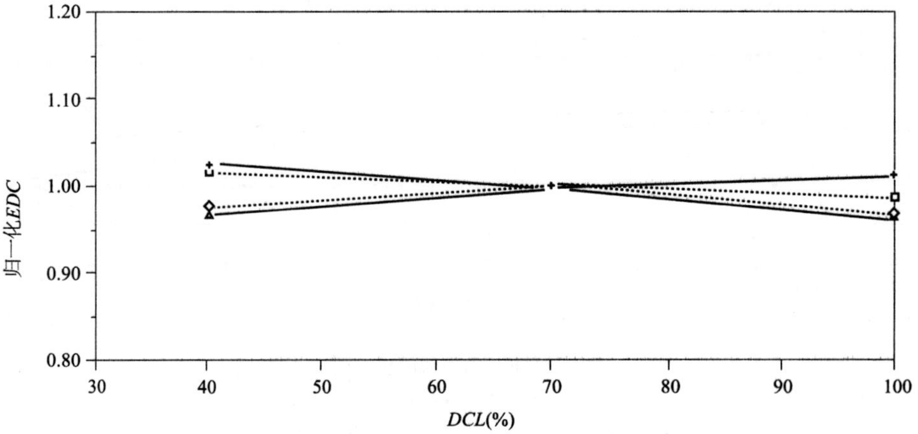

归一化后每个循环耗能和压力荷载的相关性

图 13-39　压力荷载的相关性能

Tekton 公司

表 13-33 Tekton 公司钢橡胶支座在设计位移、2 s 测试周期(第二个循环)受压负荷的性能

测试产品编号	压力	刚度, K_{eff}(kip/in)	阻尼比(%,临界)	*EDC*(kip·in)
试样 1(150 kip)	100%*DCL*	**	**	**
	70%*DCL*			
	40%*DCL*			
试样 2(500 kip)	100%*DCL*	3.2 [4.5]	9.2 [11.0]	80.7 [135.3]
	70%*DCL*	3.7	6.7	67.9
	40%*DCL*	4.0	7.1	77.5
试样 3(500 kip)	100%*DCL*	5.6 [6.4]	14.3 [14.9]	219.7 [253.1]
	70%*DCL*	5.2	12.2	173.9
	40%*DCL*	4.7	9.9	126.8
试样 5(750 kip)	100%*DCL*	4.8 [6.0]	14.2 [14.6]	410.1 [527.8]
	70%*DCL*	5.0	11.1	335.8
	40%*DCL*	4.9	8.9	261.7

[ ] 从开始/主要方向旋转 90°。

** 试样 1 并没有测试数据,因为在测试 1 中发生了损坏。

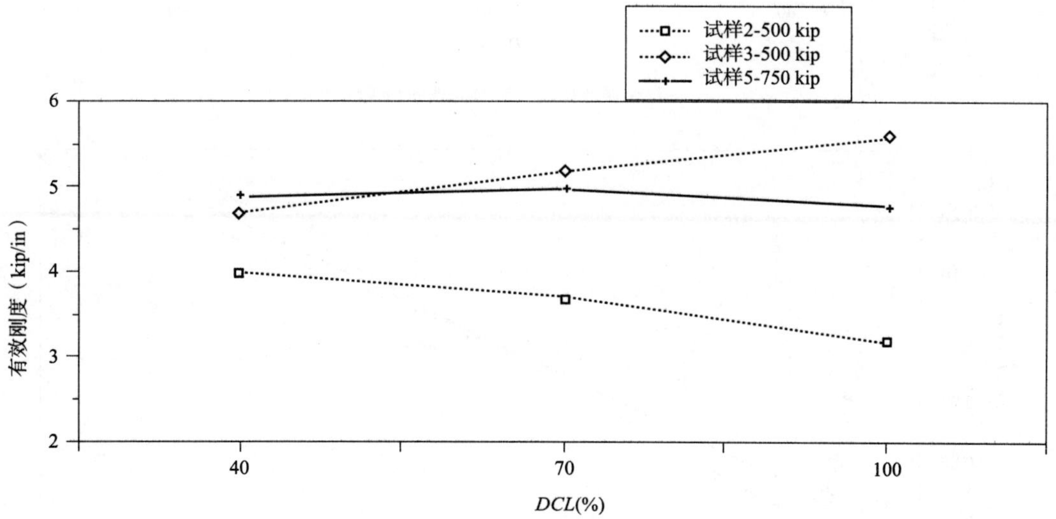

刚度和压力荷载的相关性

图 13-40

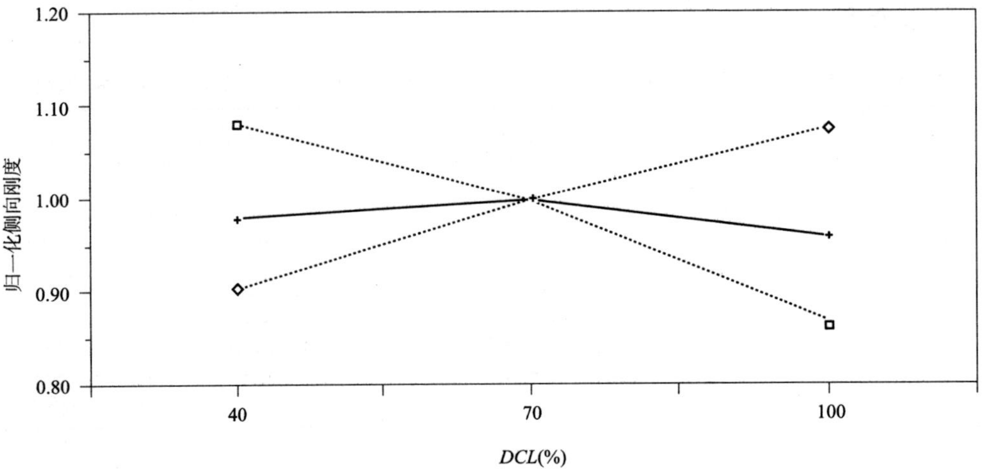

归一化后刚度和压力荷载的相关性

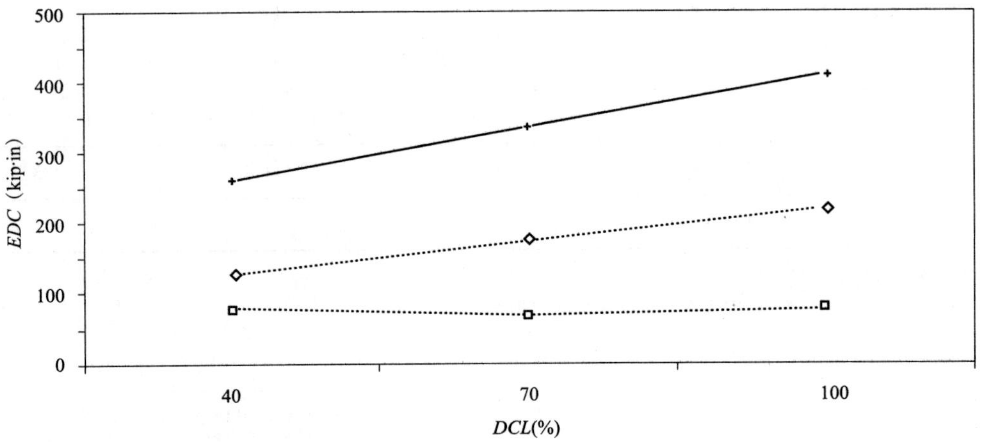

每个循环耗能和压力荷载的相关性

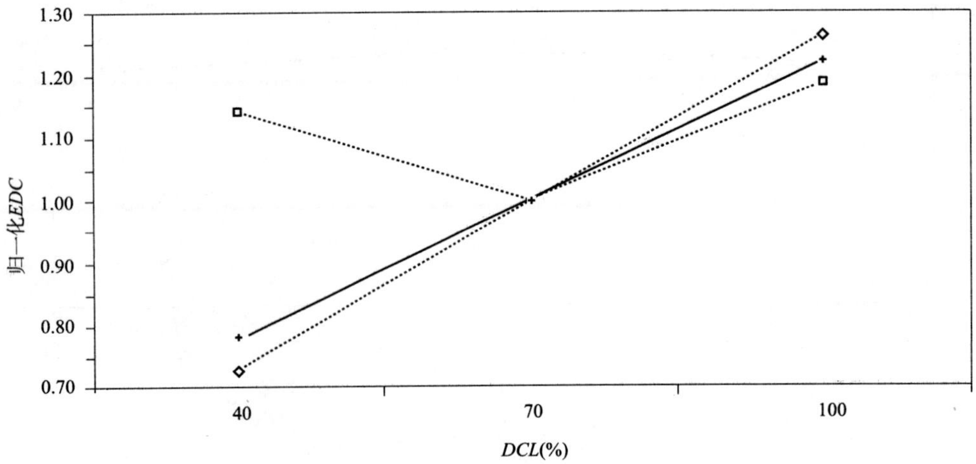

归一化后每个循环耗能和压力荷载的相关性

图 13-40　压力荷载的相关性能

FIP 公司

表 13-34 FIP 隔振支座在设计位移、2 s 测试周期(第二个循环)受压负荷的性能

测试产品编号	压力	刚度, K_{eff}(kip/in)	阻尼比(%,临界)	*EDC*(kip · in)
试样 1(150 kip)	100%*DCL*	2.4 [3.0]	42.3 [41.6]	222 [273.2]
	70%*DCL*	2.7	44.0	260.0
	40%*DCL*	2.8	41.4	253.5
试样 2(500 kip)	100%*DCL*	4.4 [4.6]	49.5 [45.2]	1 060 [1 075]
	70%*DCL*	4.8	46.9	1 095
	40%*DCL*	4.8	44.8	1 047
试样 3(500 kip)	100%*DCL*	4.3 [4.5]	53.0	1 134 [1 263]
	70%*DCL*	4.5	53.4	1 196
	40%*DCL*	4.6	50.8	1 162
试样 5(750 kip)	100%*DCL*	3.5 [3.5]	53.5 [50.0]	1 637[1 532]
	70%*DCL*	3.3	50.9	1 470
	40%*DCL*	3.8	43.2	1 437

[ ] 从开始/主要方向旋转 90°。

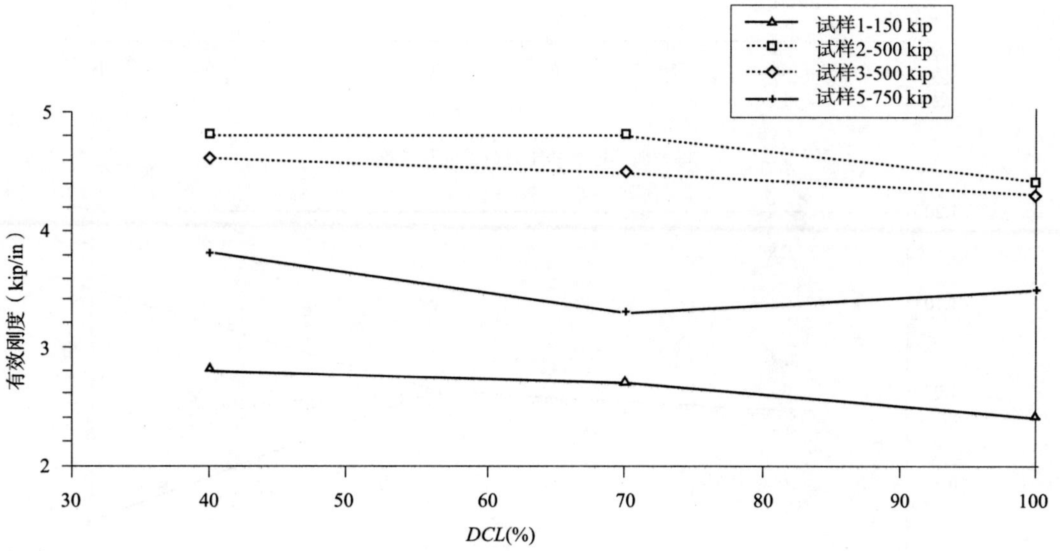

刚度和压力荷载的相关性

图 13-41

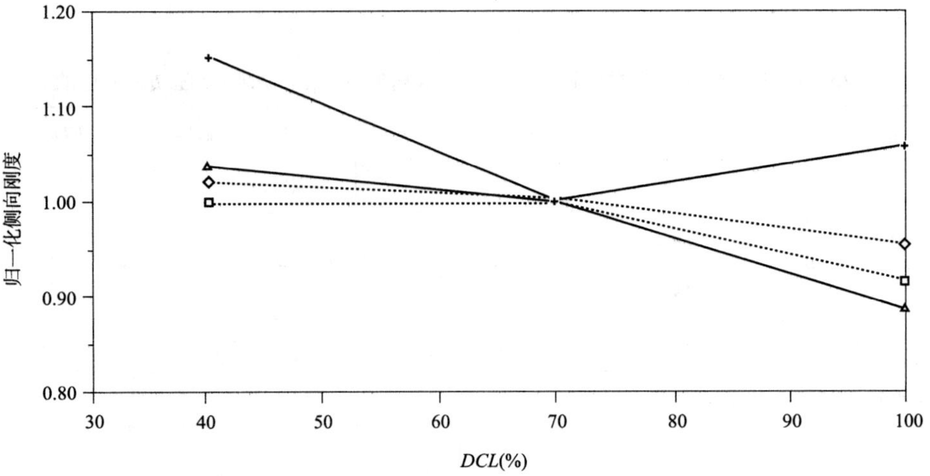

归一化后刚度和压力荷载的相关性

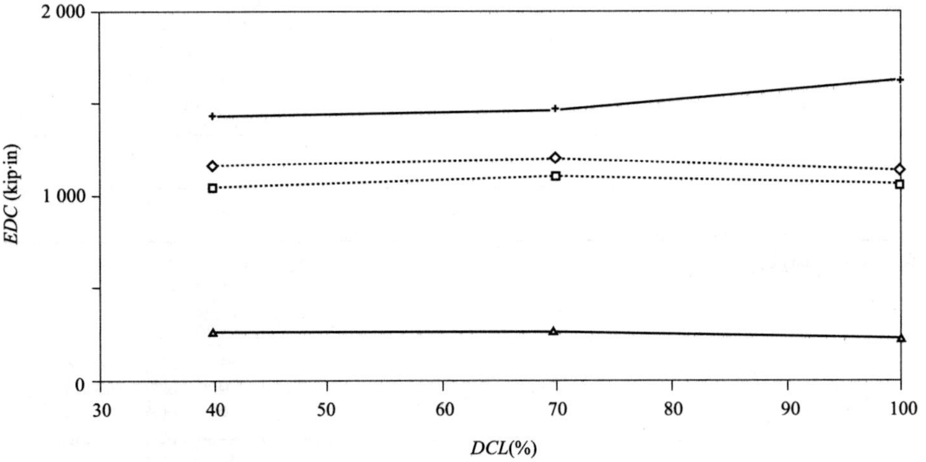

每个循环耗能和压力荷载的相关性

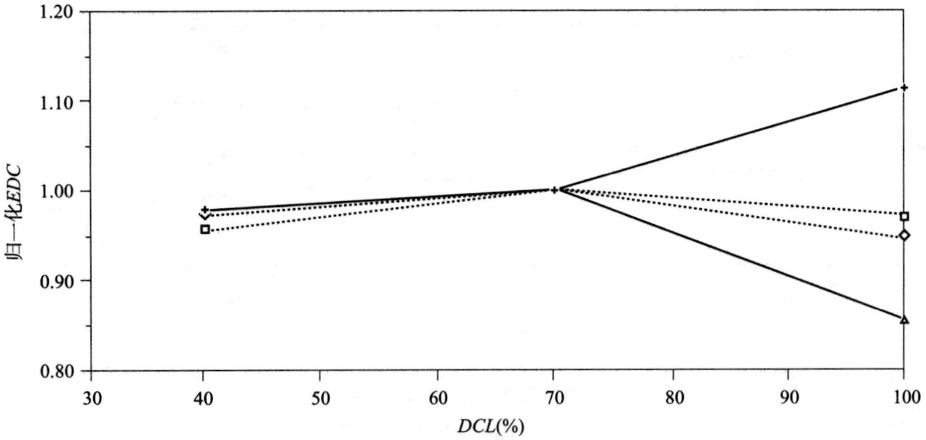

归一化后每个循环耗能和压力荷载的相关性

图 13-41　压力荷载的相关性能

R. J. Watson 公司

表 13-35　R. J. Watson 公司产品在设计位移、2 s 测试周期(第二个循环)受压负荷的性能

测试产品编号	压力	刚度, K_{eff}(kip/in)	阻尼比(%,临界)	*EDC*(kip·in)
试样 1(150 kip)	100%*DCL*	5.7 [4.8,5.1]	52.5[63.2,58.3]	117.6 [119.2,116.8]
	70%*DCL*	5.3	48.9	101.7
	40%*DCL*	5.0	38.8	76.1
试样 2(500 kip)	100%*DCL*	5.5 [6.0,7.4]	70.1 [68.4,53.0]	581.4 [616.8,591.7]
	70%*DCL*	5.3	59.4	475.1
	40%*DCL*	5.3	39.9	318.9
试样 3(500 kip)	100%*DCL*	5.8 [6.5,5.2]	69.3 [67.7,80.1]	606.2 [664.0,628.4]
	70%*DCL*	5.6	58.0	490.0
	40%*DCL*	3.2	37.6	337.1
试样 5(750 kip)	100%*DCL*	10.7 [13.1,12.2]	54.6 [46.5,50.1]	845.3 [883.1,885.4]
	70%*DCL*	10.2	47.1	695.7
	40%*DCL*	9.2	37.4	497.8

[ ] 从开始/主要方向旋转 90°。

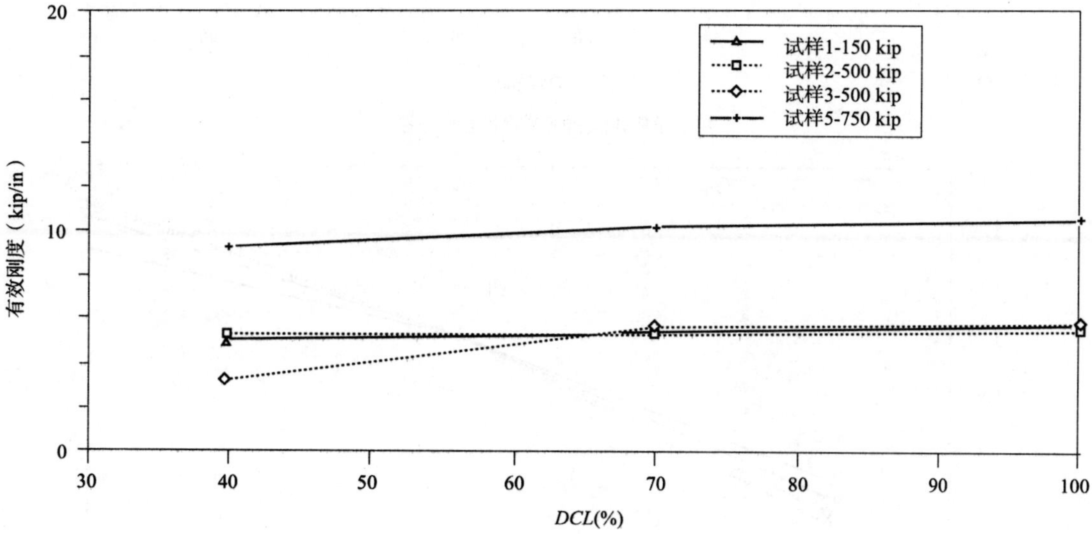

刚度和压力荷载的相关性

图　13-42

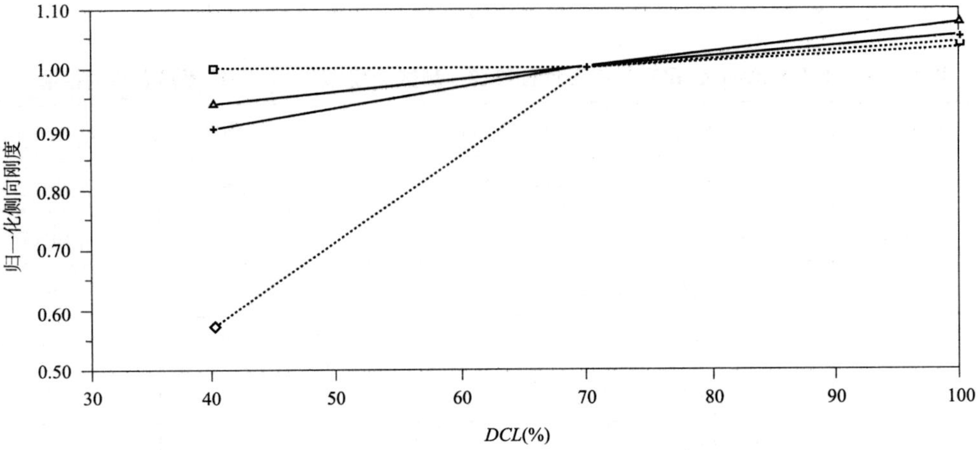

归一化后刚度和压力荷载的相关性

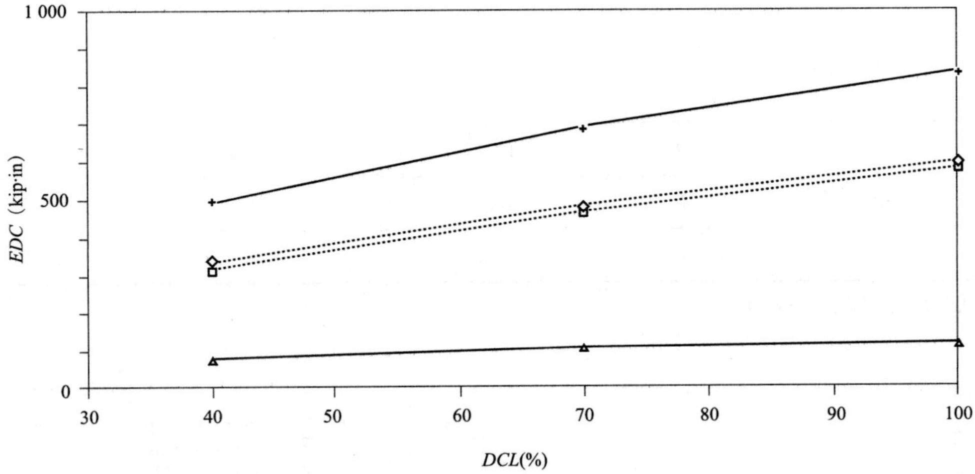

每个循环耗能和压力荷载的相关性

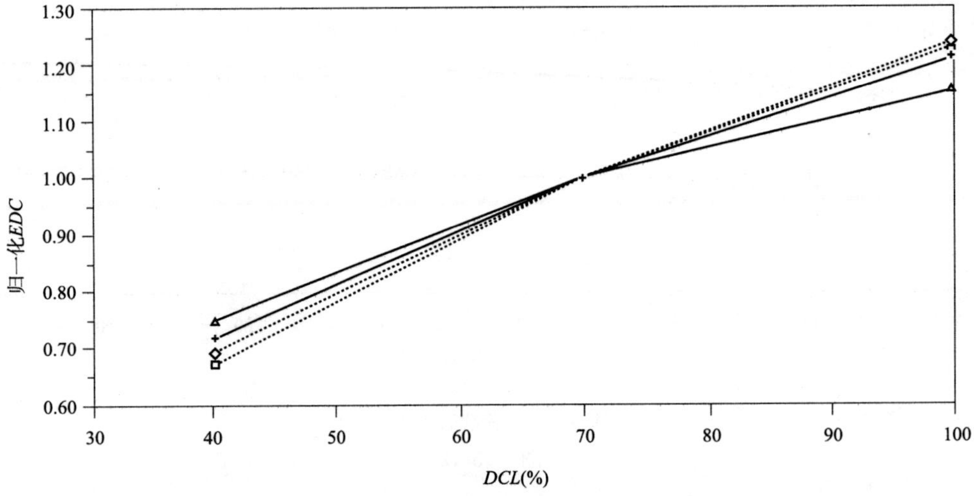

归一化后每个循环耗能和压力荷载的相关性

图 13-42　压力荷载的相关性能

Tekton 公司

表 13-36 Tekton 公司滚动支座在设计位移、2 s 测试周期(第二个循环)受压负荷的性能

测试产品编号	压力	刚度,K_{eff}(kip/in)	阻尼比(%,临界)	EDC(kip・in)
试样 1(150 kip)	100%DCL	1.8 [5.4]	2.0 [1.4]	19.9
	70%DCL	3.8	2.8	21.5
	40%DCL	2.3	0.5	11.1
试样 2(500 kip)	100%DCL	7.2 [7.1]	1.2 [2.3]	35.3 [66.6]
	70%DCL	5.2	0.6	13.3
	40%DCL	3.2	0.2	2.3
试样 3(500 kip)	100%DCL	7.5 [7.5]	1.6 [2.8]	49.5 [85.8]
	70%DCL	5.4	1.0	21.8
	40%DCL	3.3	0.8	11.2
试样 5(750 kip)	100%DCL	9.3 [8.9]	2.4 [6.5]	159.0 [265.1]
	70%DCL	6.7	1.1	55.1
	40%DCL	4.1	0.6	19.4

[ ] 从开始/主要方向旋转 90°。

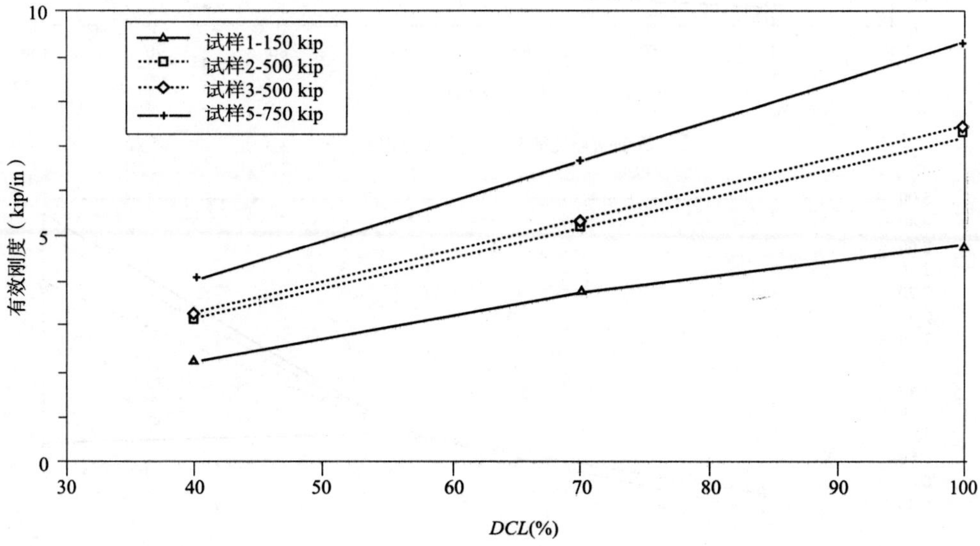

刚度和压力荷载的相关性

图 13-43

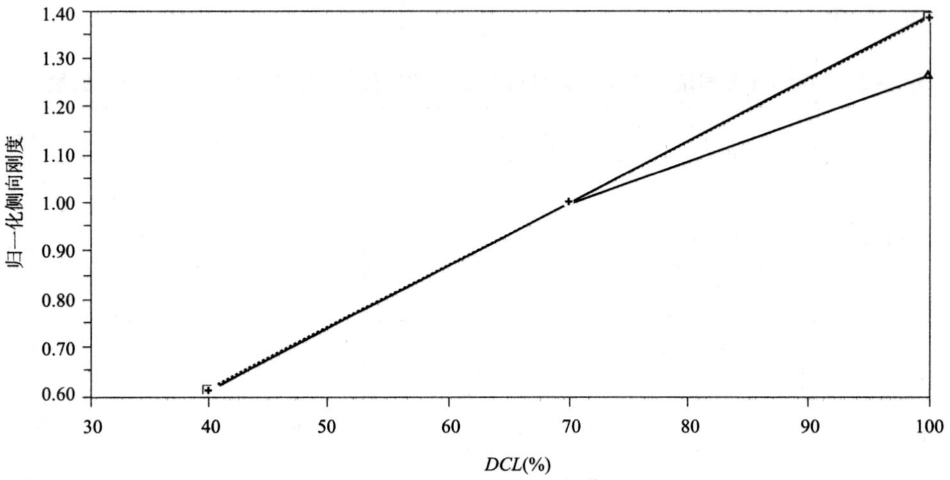

归一化后刚度和压力荷载的相关性

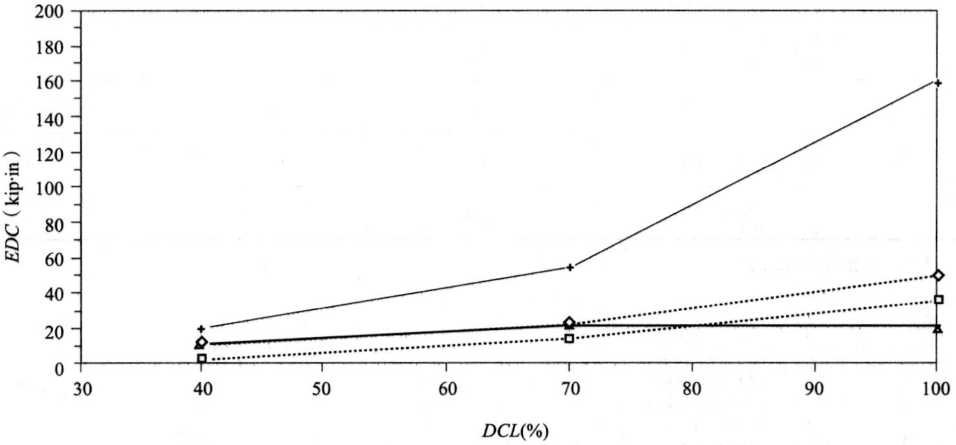

每个循环耗能和压力荷载的相关性

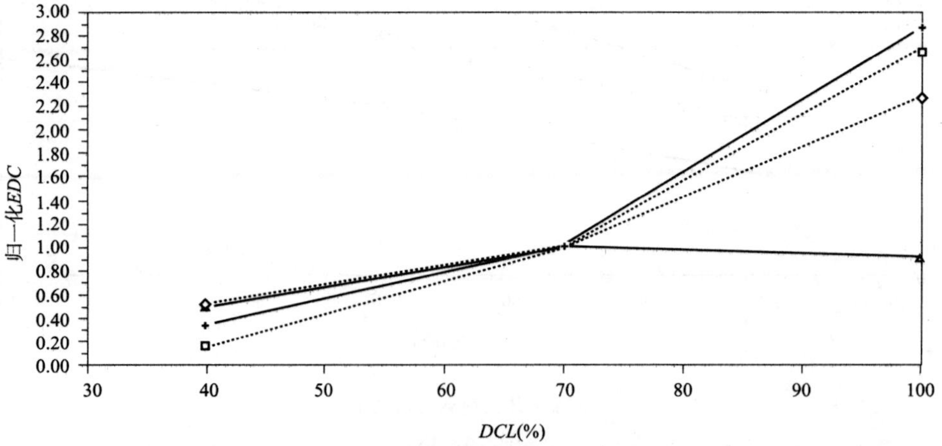

归一化后每个循环耗能和压力荷载的相关性

图 13-43　压力荷载的相关性能

Earthquake Protection Systems 公司

表 13-37 Earthquake Protection Systems 公司产品在设计位移、2 s 测试周期(第二个循环)受压负荷的性能

测试产品编号	压力荷载	刚度,K_{eff}(kip/in)	阻尼比(%,临界)	*EDC*(kip · in)
试样 1(150 kip)	100%*DCL*	3.3 [3.1]	45.6 [47.1]	328.9 [319.6]
	70%*DCL*	1.3	91.3	259.5
	40%*DCL*	1.4	53.2	162.9
试样 2(500 kip)	100%*DCL*	7.8 [7.9]	25.5 [25.8]	968.8 [990.8]
	70%*DCL*	5.2	33.0	835.2
	40%*DCL*	3.7	31.3	576.2
试样 3(500 kip)	100%*DCL*	7.1 [*]	27.6 [*]	953.3 [*]
	70%*DCL*	4.4	38.4	821.6
	40%*DCL*	3.5	34.7	603.9
试样 5(750 kip)	100%*DCL*	10.8 [11.2]	25.4 [25.4]	2 361 [2 446]
	70%*DCL*	7.9	28.2	1 916
	40%*DCL*	4.7	31.3	1 286

[ ] 从开始/主要方向旋转 90°。

* 转动测试性能由于数据丢失导致失序,请见单独报告。

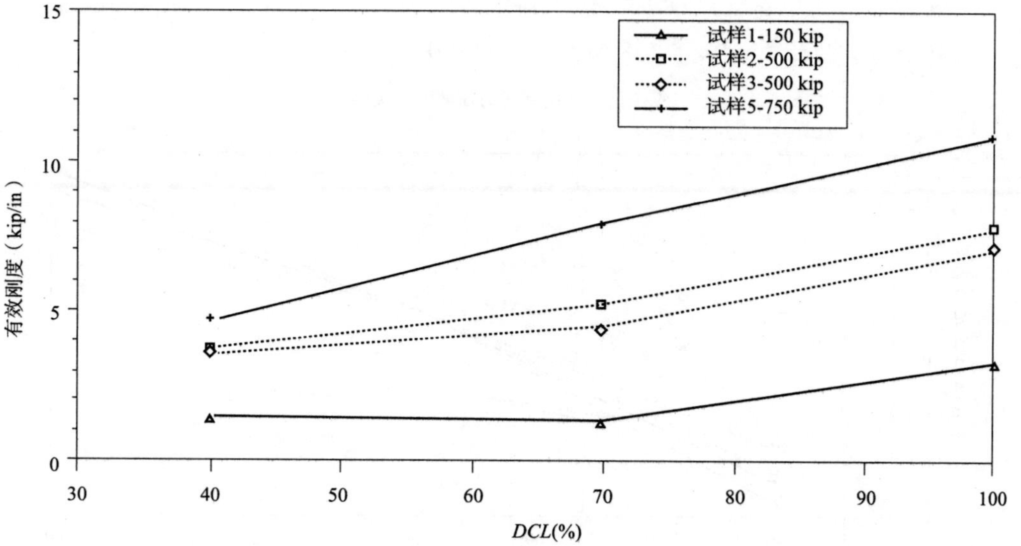

刚度和压力荷载的相关性

图 13-44

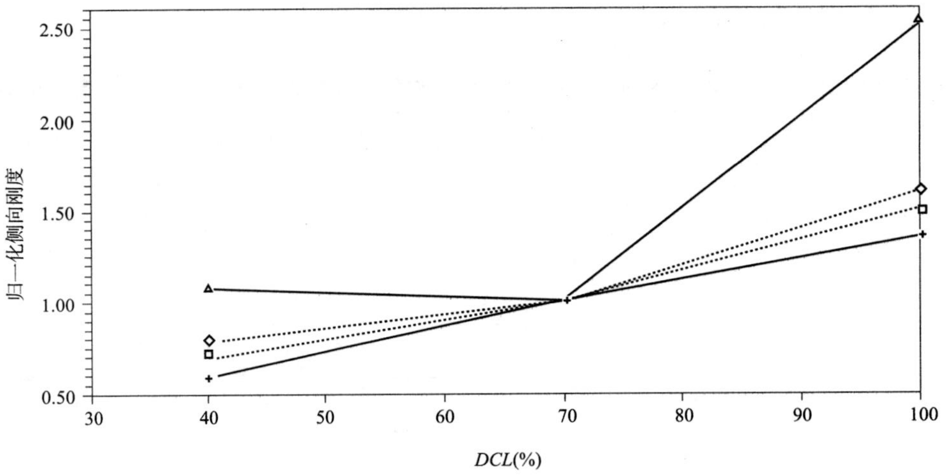

归一化后刚度和压力荷载的相关性

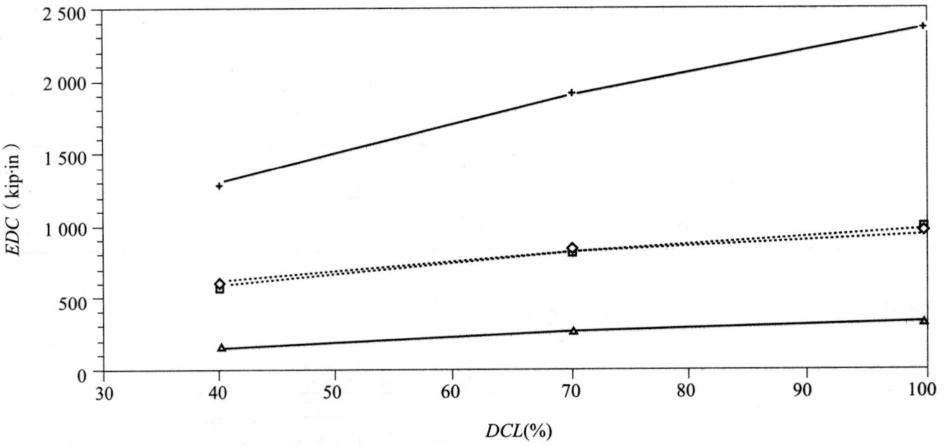

每个循环耗能和压力荷载的相关性

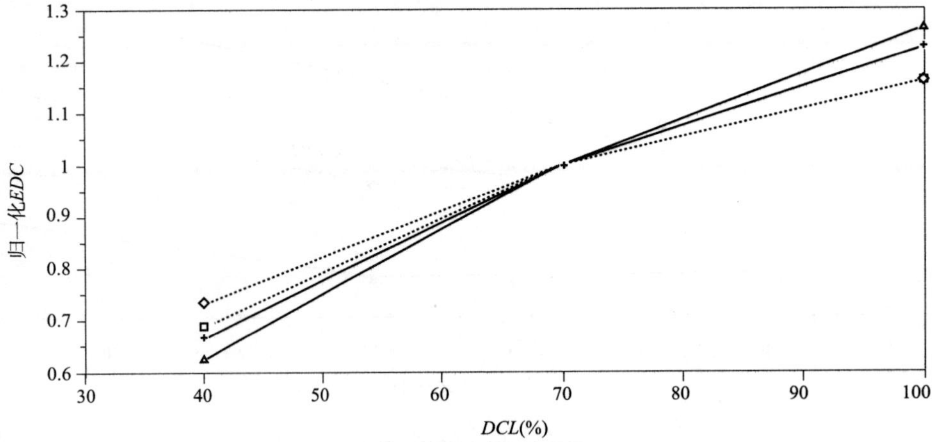

归一化后每个循环耗能和压力荷载的相关性

图 13-44　压力荷载的相关性能

13.7.5 附件 E 测试 3 结果——隔振器的频率相关性

该附件包含的图表显示了所有 8 个隔振系统测试 3 的测试结果。

Dynamic Isolation Systems 公司

表 13-38 Dynamic Isolation Systems 公司产品频率相关性能(第二循环)

测试产品编号	周期(s)				
	20.0	5.0	2.0*	1.0	0.5**
刚度(kip/in)					
试样 1(150 kip)	7.8	7.6	7.8	8.7	9.2
试样 2(500 kip)	10.6	11.2	11.7	11.9	16.1
试样 3(500 kip)	9.4	10.2	11.1	10.9	15.2
试样 4(500 kip)	9.2	10.2	—	10.9	14.4
试样 5(750 kip)	8.0	8.2	8.7	10.1	14.6
阻尼比(%,临界)					
试样 1(150 kip)	18.4	19.2	17.7	17.5	14.7
试样 2(500 kip)	16.7	16.7	15.8	17.3	14.2
试样 3(500 kip)	17.4	16.5	16.3	16.9	14.9
试样 4(500 kip)	17.7	18.3	—	17.3	14.8
试样 5(750 kip)	18.5	17.8	17.0	16.3	13.4
EDC(kip · in)					
试样 1(150 kip)	314.2	318.5	301.7	322.4	76.5
试样 2(500 kip)	880.6	908.8	902.1	978.6	291.4
试样 3(500 kip)	795.4	820.0	860.8	877.8	288.6
试样 4(500 kip)	811.5	905.8	—	896.5	259.1
试样 5(750 kip)	1 291	1 273	1 274	1 345	400.1

* 测试位移在 100%设计压力荷载、2 s 周期情况下的数据。

** 50%设计位移情况下的性能。

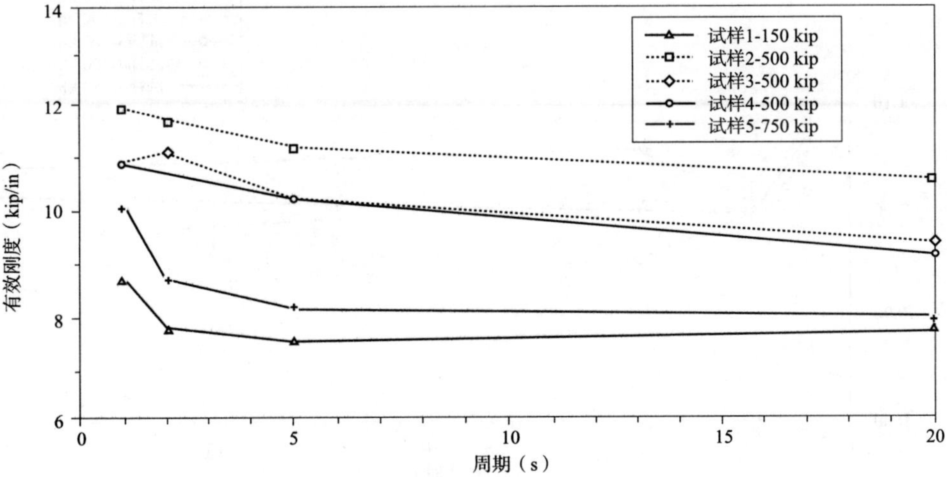

刚度频率相关性

图 13-45

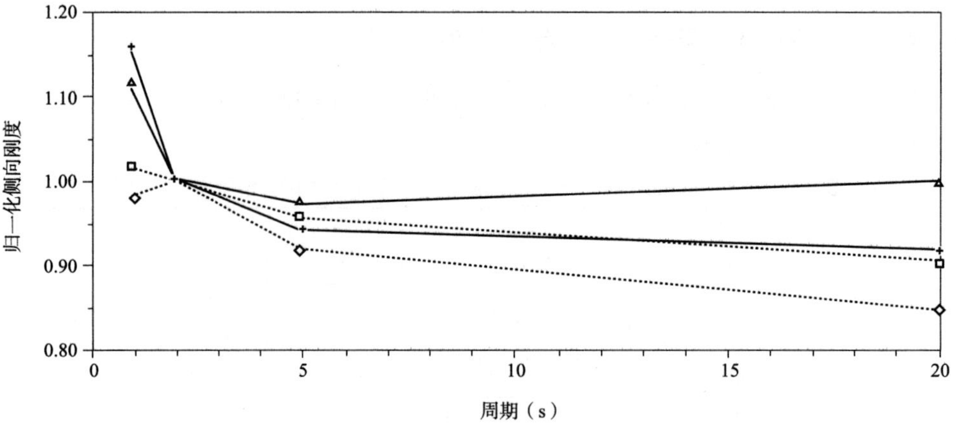

归一化后的刚度频率相关性

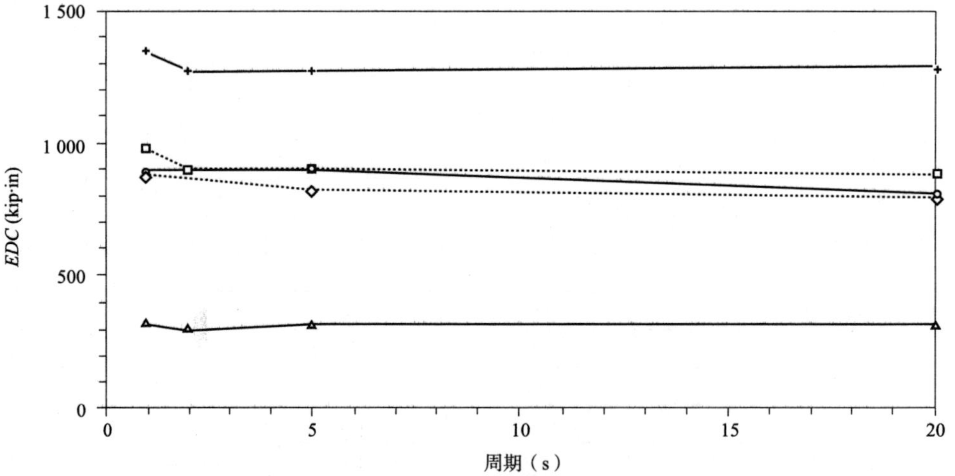

一个运动周期内能量消散的频率相关性

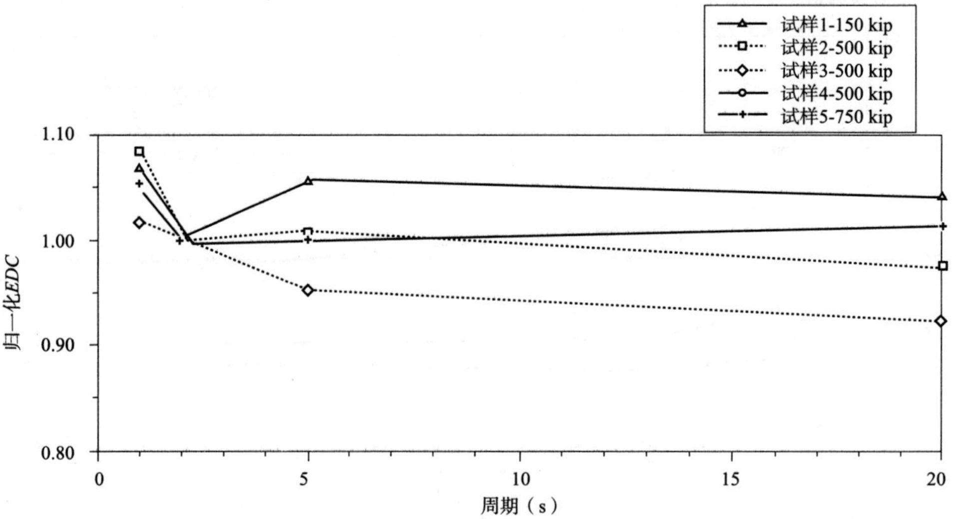

归一化后一个运动周期内能量消散的频率相关性

图 13-45　频率相关性

Scougal Rubber Corp 公司

表 13-39 Scougal Rubber Corp 公司产品频率相关性能(第二循环)

测试产品编号	周期(s)				
	20.0	5.0	2.0*	1.0	0.5**
刚度(kip/in)					
试样 1(150 kip)	2.5	2.6	2.9	2.7	4.1
试样 2(500 kip)	4.6	4.8	4.9	5.4	7.9
试样 3(500 kip)	4.4	4.3	4.7	4.8	6.9
试样 4(500 kip)	4.8	5.1	—	5.7	8.0
试样 5(750 kip)	7.9	7.8	8.4	9.2	13.3
阻尼比(%,临界)					
试样 1(150 kip)	10.8	12.0	11.9	13.4	9.2
试样 2(500 kip)	12.9	12.7	12.9	12.7	11.5
试样 3(500 kip)	12.7	13.3	12.6	13.6	10.7
试样 4(500 kip)	12.2	11.9	—	11.8	10.5
试样 5(750 kip)	10.8	11.3	10.9	10.4	8.9
EDC(kip·in)					
试样 1(150 kip)	58.9	68.0	75.3	76.3	22.7
试样 2(500 kip)	294.2	302.5	306.6	333.5	115.2
试样 3(500 kip)	277.7	284.7	293.7	317.8	98.5
试样 4(500 kip)	292.0	302.0	—	327.8	106.9
试样 5(750 kip)	744.2	770.8	789.2	797.5	250.4

* 测试位移在 100%设计压力荷载、2 s 周期情况下的数据。

** 50%设计位移情况下的性能。

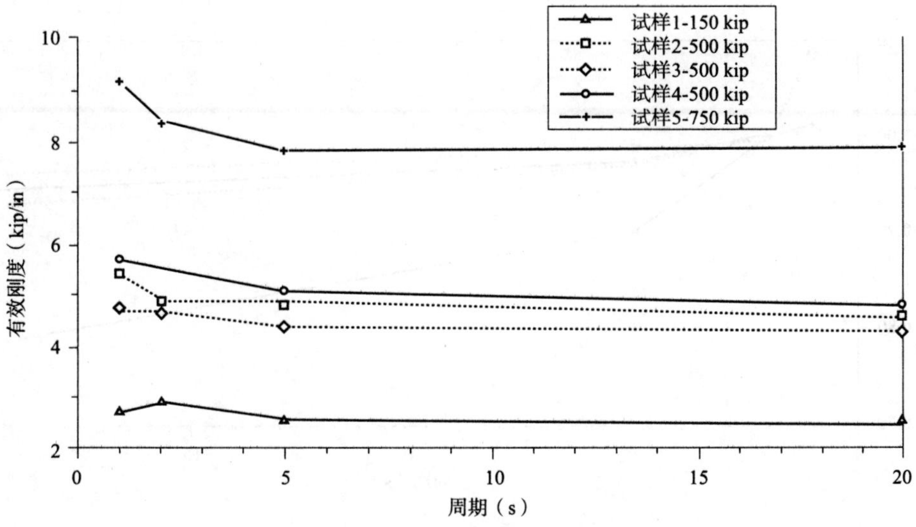

刚度频率相关性

图 13-46

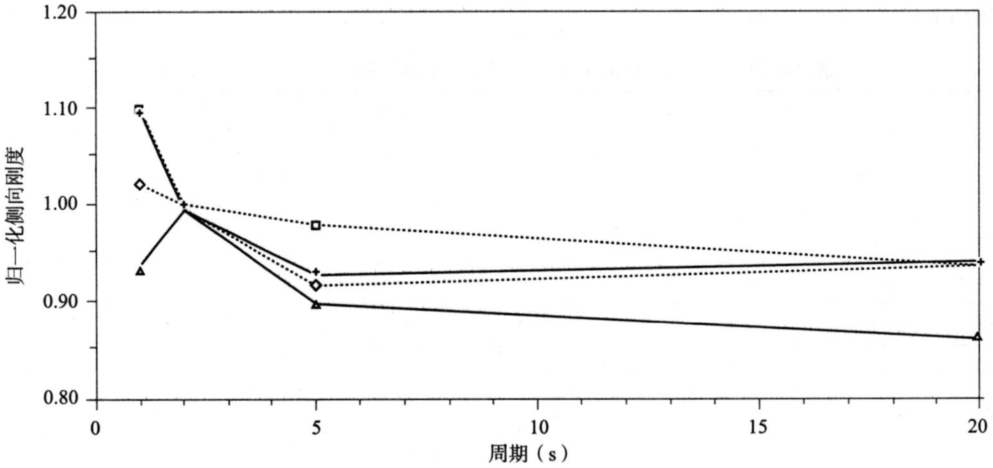

归一化后的刚度频率相关性

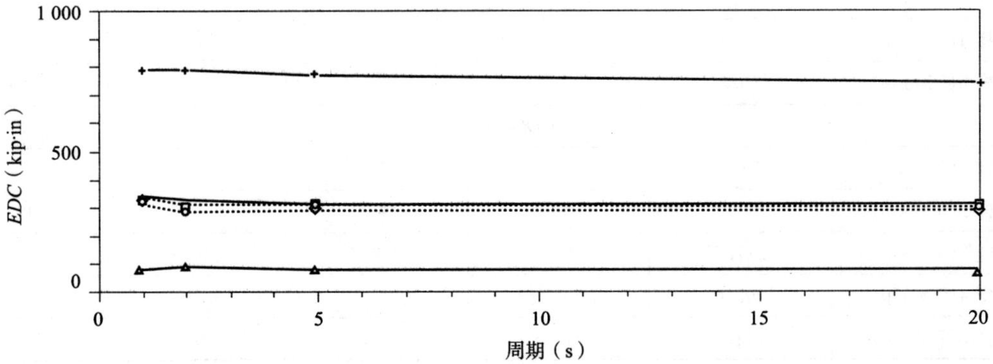

一个运动周期内能量消散的频率相关性

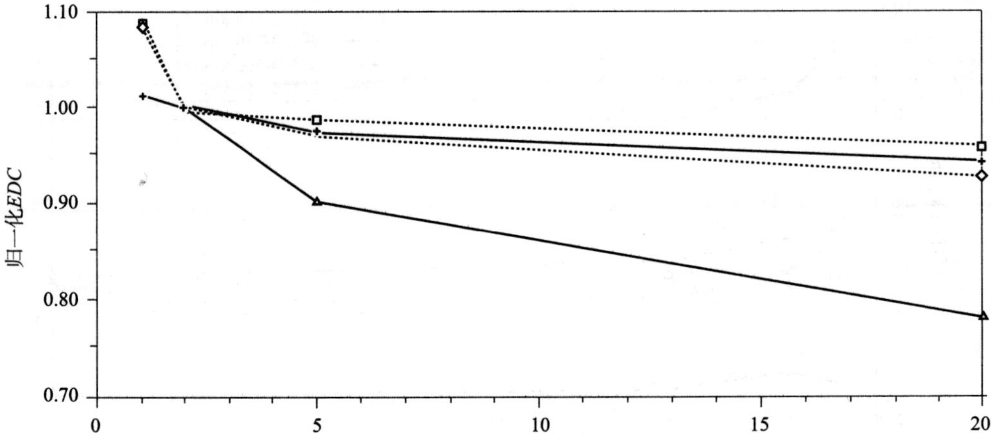

归一化后一个运动周期内能量消散的频率相关性

图 13-46　频率相关性

Skellerup Industries 公司

表 13-40 Skellerup Industries 公司产品频率相关性能(第二循环)

测试产品编号	周期(s)				
	20.0	5.0	2.0*	1.0	0.5**
刚度(kip/in)					
试样 1(150 kip)	6.4	6.8	6.8	7.3	16.5
试样 2(500 kip)	9.7	9.9	10.9	10.5	24.8
试样 3(500 kip)	9.6	10.4	10.4	11.6	18
试样 4(500 kip)	9.5	9.4	—	9.8	21.3
试样 5(750 kip)	5.2	5.7	5.9	7.9	19.1
阻尼比(%,临界)					
试样 1(150 kip)	40.9	38.1	41.2	39.9	39.2
试样 2(500 kip)	34.4	34.9	37.8	38.8	35.7
试样 3(500 kip)	36.2	35.3	37.5	35.2	51
试样 4(500 kip)	33.6	35.3	—	38.3	39.5
试样 5(750 kip)	45.1	53.6	47.8	34.6	35.3
EDC(kip·in)					
试样 1(150 kip)	573	567	615	615	366
试样 2(500 kip)	1 661	1 720	2 004	1 935	1 077
试样 3(500 kip)	1 730	1 828	1 897	1 943	1 067
试样 4(500 kip)	1 591	1 613	—	1 787	1 024
试样 5(750 kip)	2 087	2 203	2 469	2 434	1 233

* 测试位移在 100%设计压力荷载、2 s 周期情况下的数据。

** 50%设计位移情况下的性能。

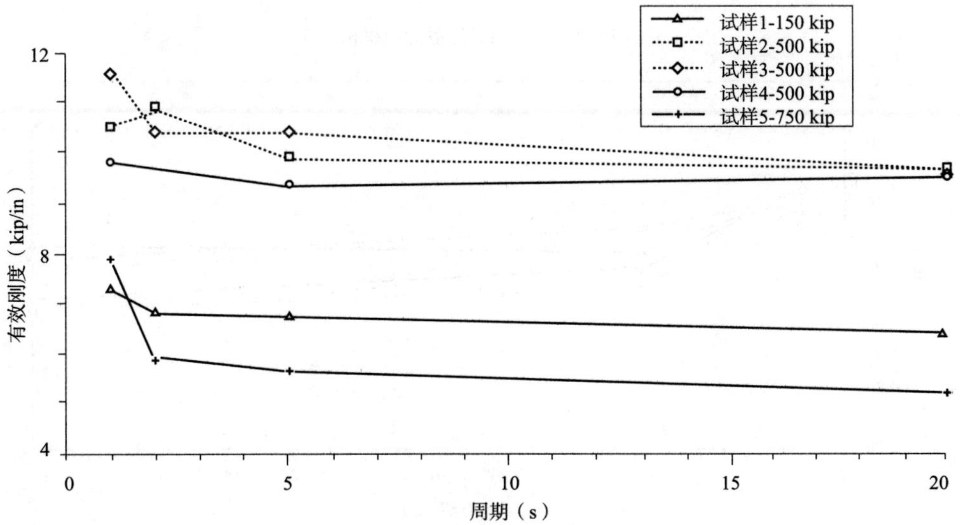

刚度频率相关性

图 13-47

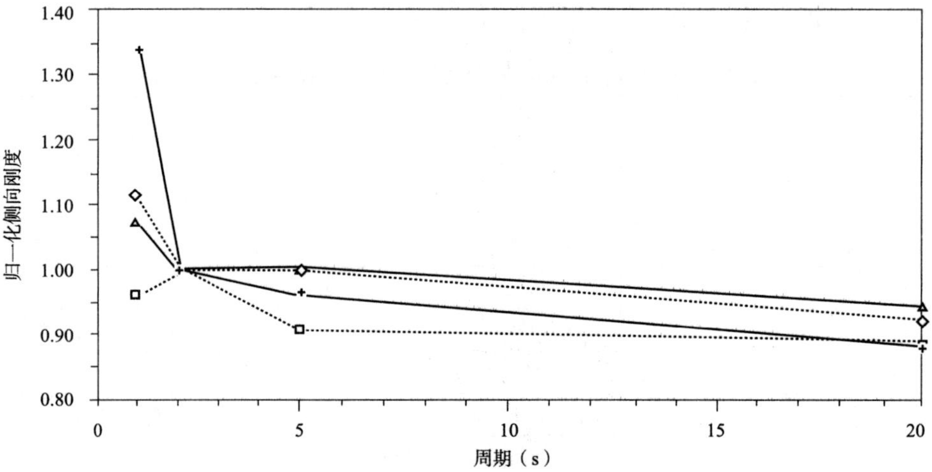

归一化后的刚度频率相关性

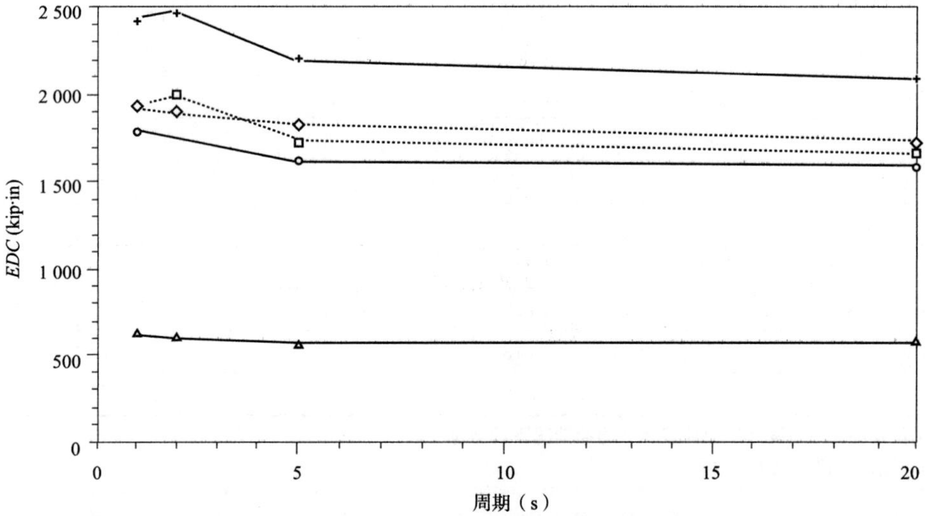

一个运动周期内能量消散的频率相关性

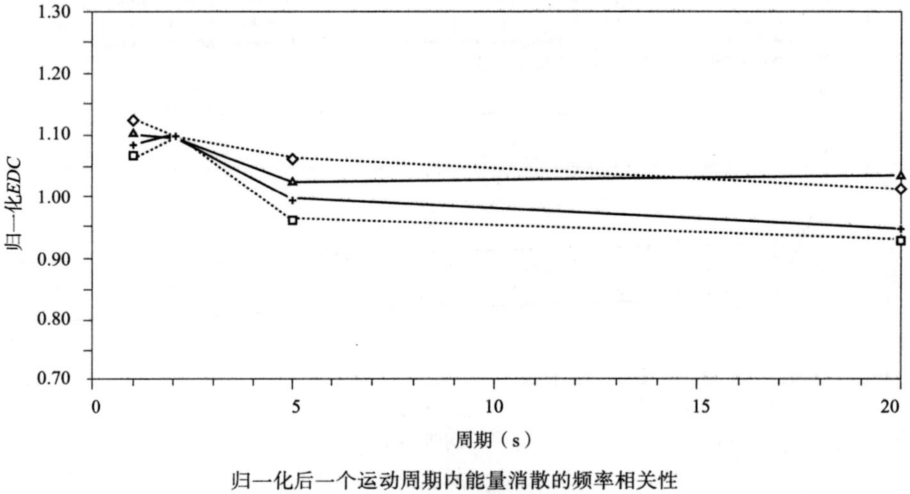

归一化后一个运动周期内能量消散的频率相关性

图 13-47　频率相关性

Tekton 公司

表 13-41　Tekton 公司钢橡胶支座频率相关性能(第二循环)

测试产品编号	周期(s)				
	20.0	5.0	2.0*	1.0	0.5**
刚度(kip/in)					
试样 1(150 kip)	V	V	V	V	V
试样 2(500 kip)	3.4	3.3	3.2	3.7	3.5
试样 3(500 kip)	5.2	5.5	5.6	5.4	4.7
试样 4(500 kip)	3.6	3.7	—	3.8	4.0
试样 5(750 kip)	4.7	4.7	4.8	5.1	6.8
阻尼比(%,临界)					
试样 1(150 kip)	V	V	V	V	V
试样 2(500 kip)	8.4	9.1	9.2	9.0	7.3
试样 3(500 kip)	15.0	14.5	14.3	15.0	17.5
试样 4(500 kip)	8.3	8.3	—	7.5	5.4
试样 5(750 kip)	15.5	14.6	14.2	13.6	7.6
EDC(kip · in)					
试样 1(150 kip)	V	V	V	V	V
试样 2(500 kip)	80.7	81.8	80.7	88.8	18.5
试样 3(500 kip)	220.6	218.9	219.7	214.9	59.8
试样 4(500 kip)	83.8	84.0	—	77.5	15.6
试样 5(750 kip)	448.0	421.2	410.1	408.7	81.0

* 测试位移在 100%设计压力荷载、2 s 周期情况下的数据。

** 50%设计位移情况下的性能。

V 因为在测试 1 过程中破坏,测试 3 的试样 1 性能为空。

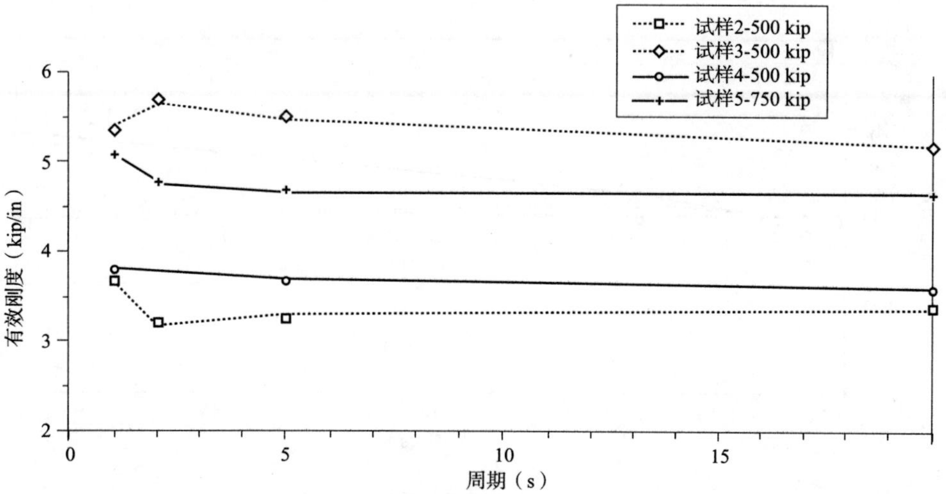

刚度频率相关性

图　13-48

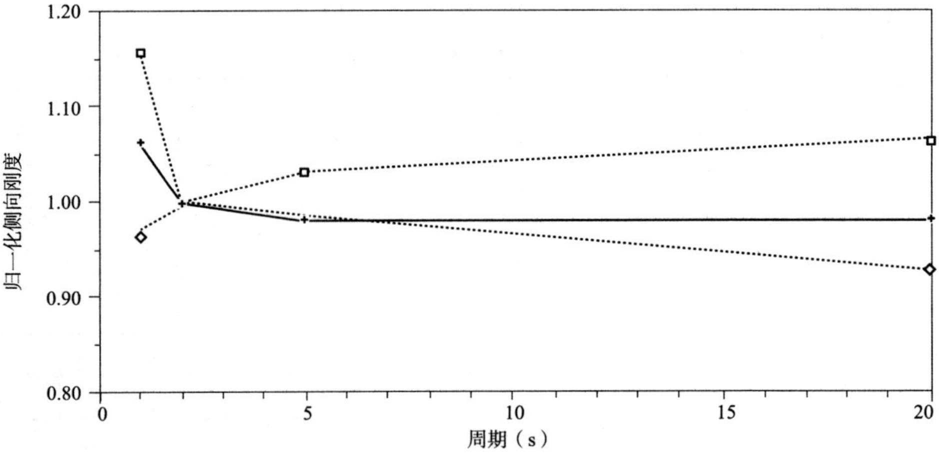

归一化后刚度频率相关性

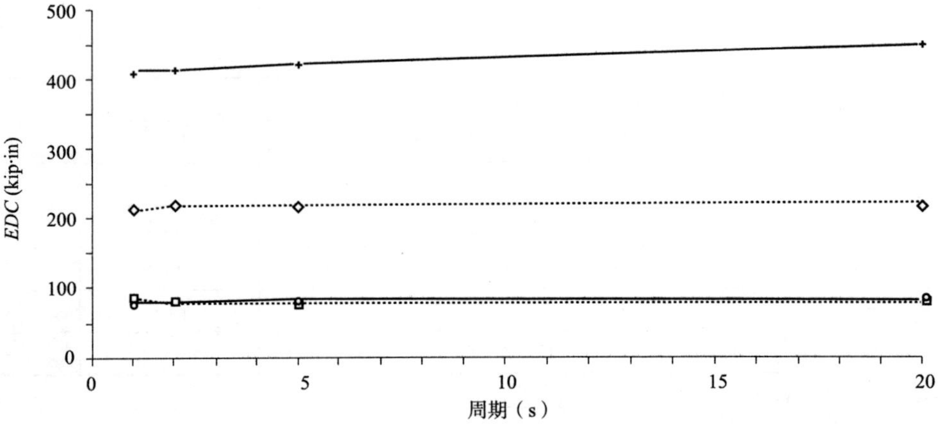

一个运动周期内能量消散的频率相关性

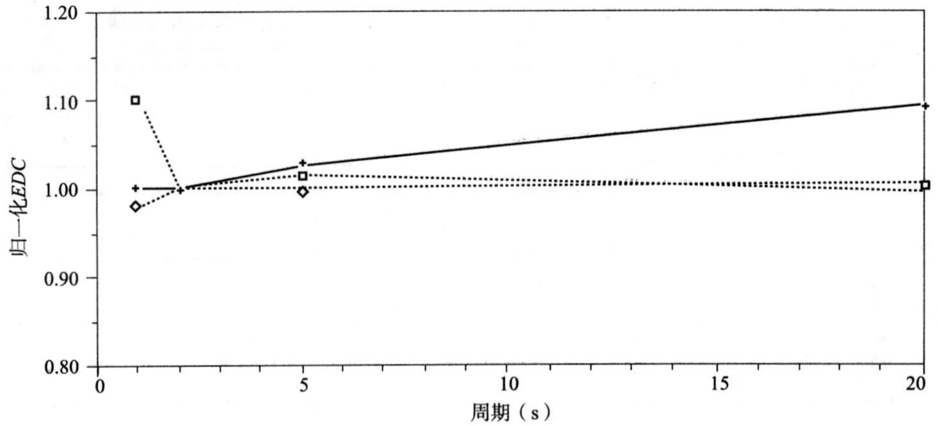

归一化后一个运动周期内能量消散的频率相关性

图 13-48　频率相关性

FIP 公司

表 13-42　FIP 隔振支座频率相关性能(第二循环)

测试产品编号	周期(s)				
	20.0	5.0	2.0*	1.0	0.5**
刚度(kip/in)					
试样 1(150 kip)	2.4	2.3	2.4	2.4	4.4
试样 2(500 kip)	4.2	4.5	4.4	4.3	9.5
试样 3(500 kip)	4.6	4.5	4.3	4.2	5.8
试样 4(500 kip)	4.5	5.2	—	5.1	11.5
试样 5(750 kip)	3.3	3.5	3.5	2.85	8.7
阻尼比(%,临界)					
试样 1(150 kip)	44.4	44.3	42.3	42.5	31.1
试样 2(500 kip)	41.4	47.5	49.5	53.1	32.3
试样 3(500 kip)	44.5	48.3	53.0	62.1	82.3
试样 4(500 kip)	47.7	42.1	—	46.1	27.2
试样 5(750 kip)	51.9	52.1	53.5	40.8	30.0
EDC(kip · in)					
试样 1(150 kip)	241	223	222	223	83
试样 2(500 kip)	1 013	1 039	1 060	1 086	390
试样 3(500 kip)	1 042	1 082	1 134	1 241	529
试样 4(500 kip)	1 068	1 091	—	1 144	399
试样 5(750 kip)	1 498	1 596	1 637	1 622	551

* 测试位移在 100%设计压力荷载、2 s 周期情况下的数据。

** 50%设计位移情况下的性能。

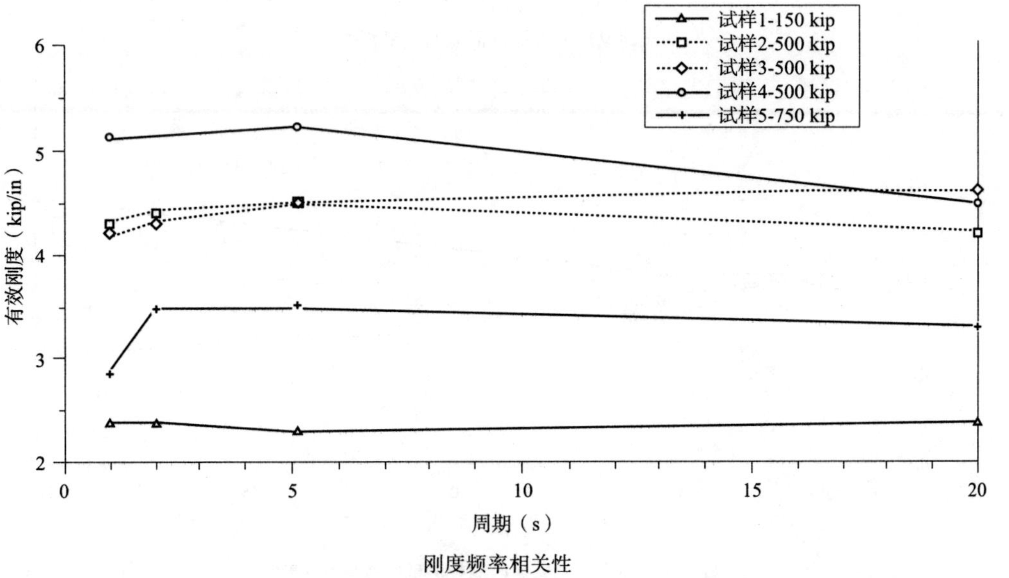

刚度频率相关性

图　13-49

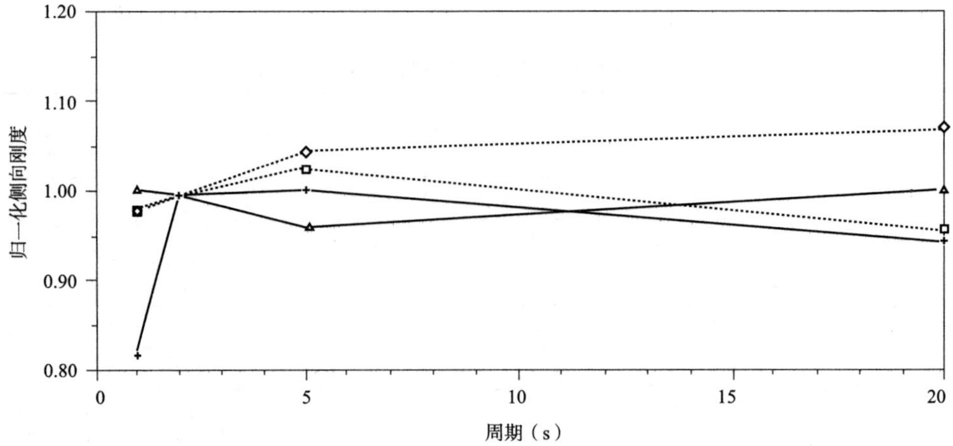

归一化后刚度频率相关性

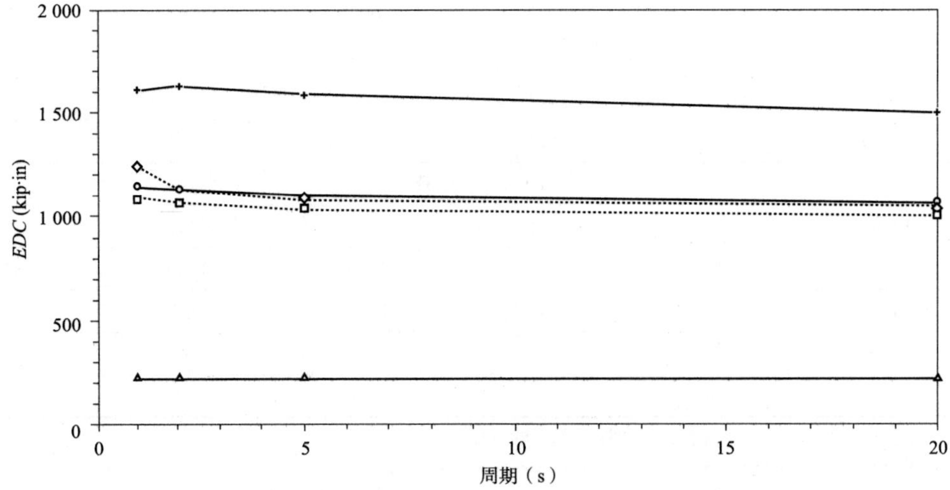

一个运动周期内能量消散的频率相关性

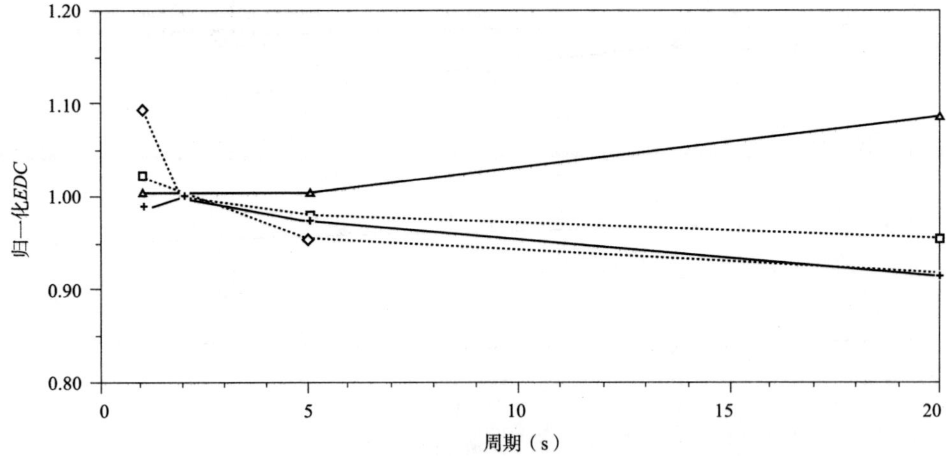

归一化后一个运动周期内能量消散的频率相关性

图 13-49　频率相关性

R. J. Watson 公司

表 13-43 R. J. Watson 公司产品频率相关性能(第二循环)

测试产品编号	周期(s)				
	20.0	5.0	2.0*	1.0	0.5**
刚度(kip/in)					
试样 1(150 kip)	5.1	5.1	5.7	5.5	6.3
试样 2(500 kip)	5.5	6.2	5.5	6.6	11.1
试样 3(500 kip)	6.0	5.9	5.8	6.6	12.1
试样 4(500 kip)	4.8	5.3	—	5.5	12.4
试样 5(750 kip)	7.1	10.5	10.7	9.9	12.5
阻尼比(%,临界)					
试样 1(150 kip)	51.0	58.1	52.5	59.3	107.7
试样 2(500 kip)	64.2	63.0	70.1	57.5	65.0
试样 3(500 kip)	63.1	67.3	69.3	59.7	69.6
试样 4(500 kip)	70.3	67.7	—	72.6	71.4
试样 5(750 kip)	73.5	52.2	54.6	54.0	89.1
EDC(kip · in)					
试样 1(150 kip)	102.2	116.3	117.6	118.4	61.4
试样 2(500 kip)	532.4	589.0	581.4	549.0	283.5
试样 3(500 kip)	570.9	598.8	606.2	570.8	304.6
试样 4(500 kip)	508.7	541.1	—	577.7	320.2
试样 5(750 kip)	787.3	826.5	845.3	773.3	402.9

* 测试位移在 100%设计压力荷载、2 s 周期情况下的数据。

** 50%设计位移情况下的性能。

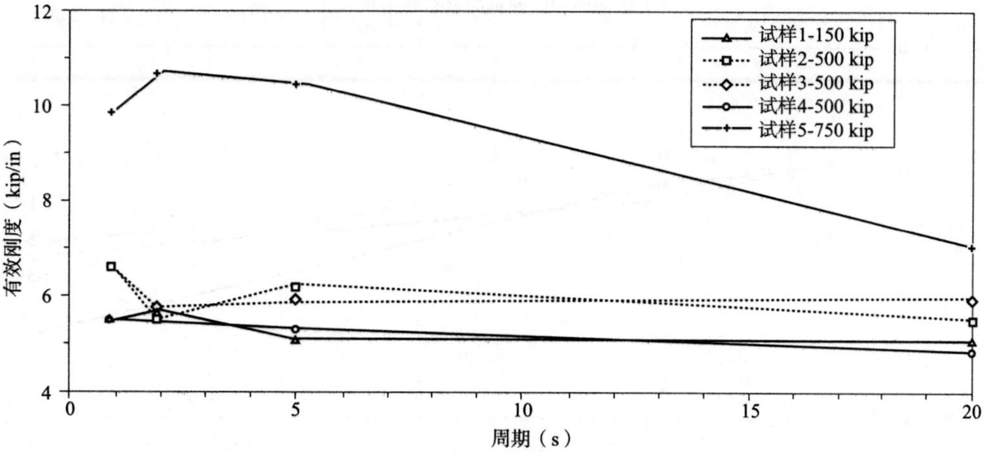

刚度频率相关性

图 13-50

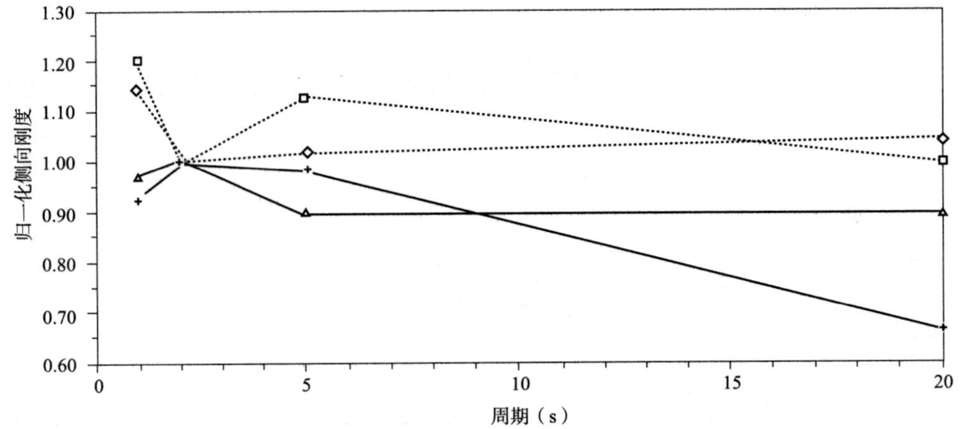

归一化后的刚度频率相关性

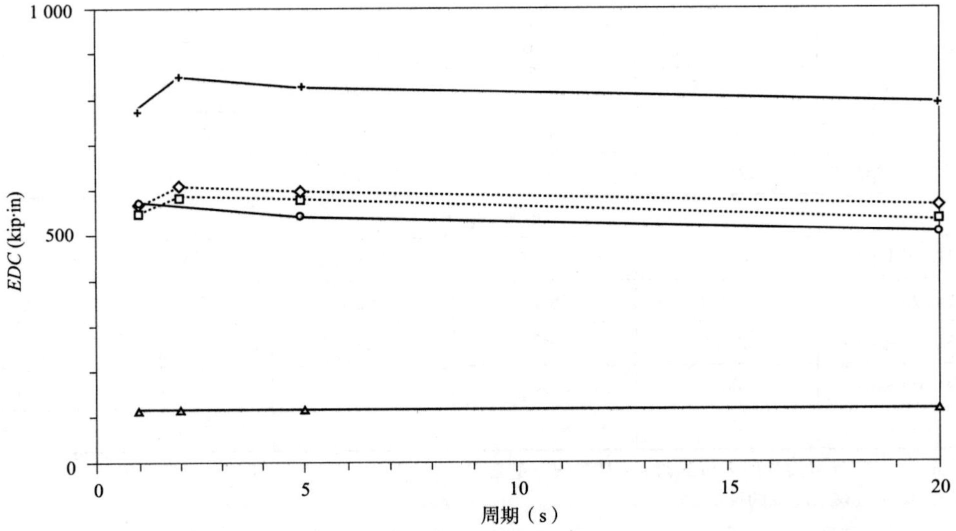

一个运动周期内能量消散的频率相关性

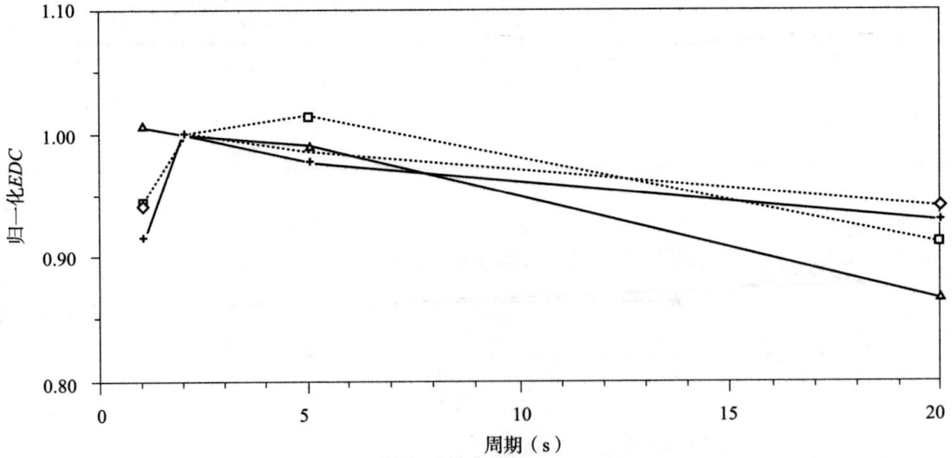

归一化后一个运动周期内能量消散的频率相关性

图 13-50　频率相关性

Tekton 公司

表 13-44 Tekton 公司滚动支座频率相关性能(第二循环)

测试产品编号	周期(s)				
	20.0	5.0	2.0*	1.0	0.5**
刚度(kip/in)					
试样 1(150 kip)	6.4	6.1	4.8	3.9	5.3
试样 2(500 kip)	7.3	7.3	7.2	7.1	11.4
试样 3(500 kip)	7.6	7.5	7.5	7.6	11.8
试样 4(500 kip)	7.5	7.6	—	7.5	11.6
试样 5(750 kip)	9.3	9.2	9.3	9.2	13.8
阻尼比(%,临界)					
试样 1(150 kip)	1.4	1.1	2.0	1.2	1.1
试样 2(500 kip)	1.9	1.5	1.2	0.3	0.7
试样 3(500 kip)	2.2	2.0	1.6	1.1	1.7
试样 4(500 kip)	2.1	1.7	—	1.6	1.2
试样 5(750 kip)	3.1	2.7	2.4	2.1	2.5
EDC(kip·in)					
试样 1(150 kip)	16.0	12.4	19.9	8.1	3.3
试样 2(500 kip)	57.2	47.5	35.3	9.0	9.5
试样 3(500 kip)	67.5	60.5	49.5	34.7	25.2
试样 4(500 kip)	44.1	54.0	—	48.0	17.6
试样 5(750 kip)	209.3	182.0	159.0	136.6	76.1

* 测试位移在 100%设计压力荷载、2 s 周期情况下的数据。

** 50%设计位移情况下的性能。

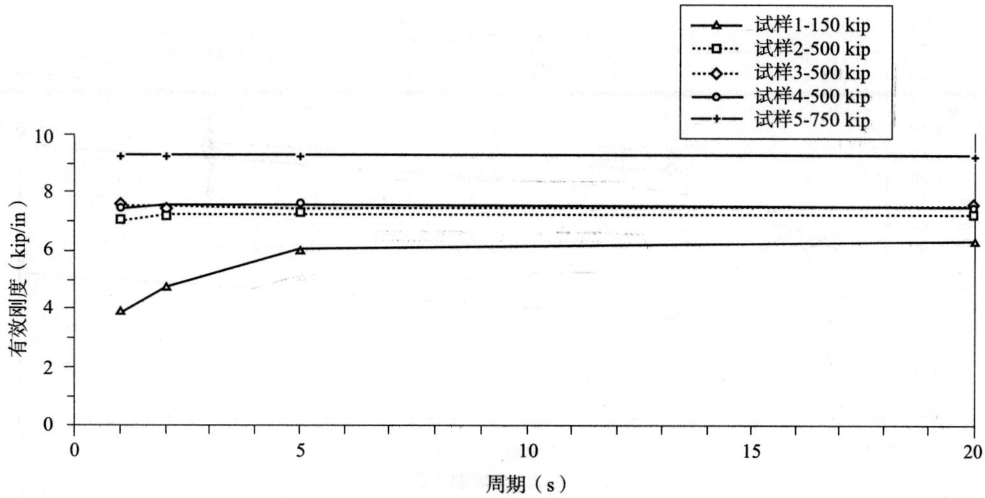

刚度频率相关性

图 13-51

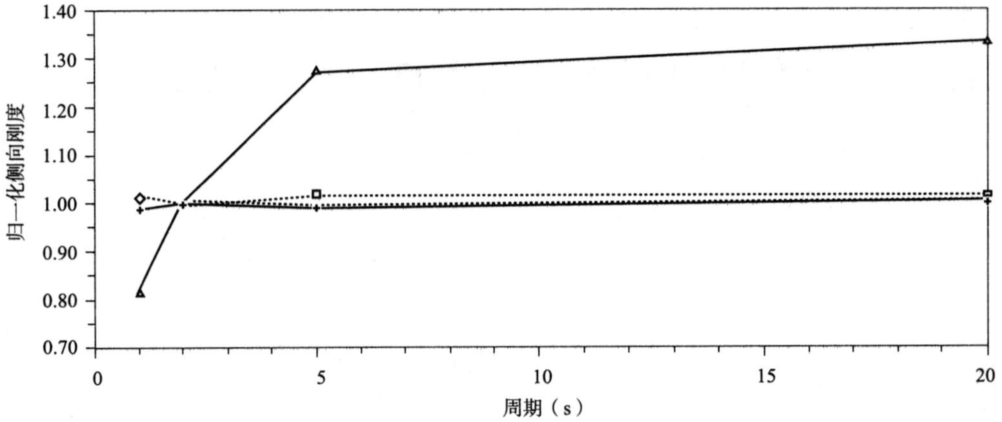

归一化后的刚度频率相关性

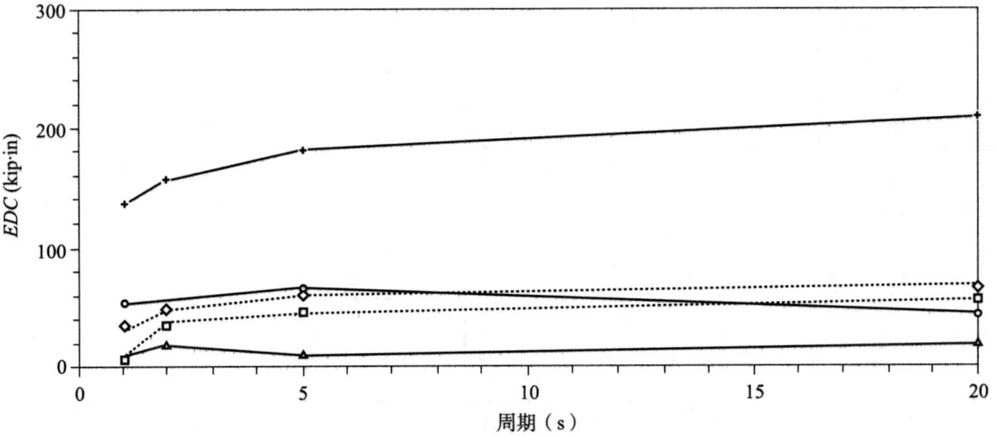

一个运动周期内能量消散的频率相关性

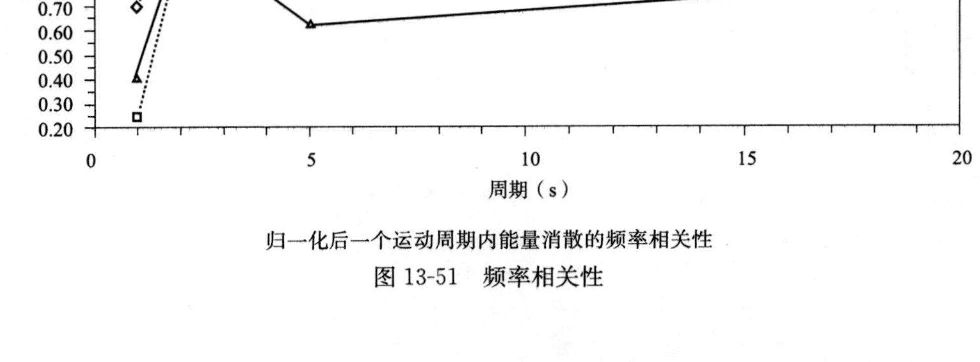

归一化后一个运动周期内能量消散的频率相关性

图 13-51　频率相关性

Earthquake Protection Systems 公司

表 13-45 Earthquake Protection Systems 公司产品频率相关性能(第二循环)

测试产品编号	周期(s)				
	20.0	5.0	2.0*	1.0	0.5**
刚度(kip/in)					
试样 1(150 kip)	2.8	3.2	3.3	3.4	5.9
试样 2(500 kip)	7.9	7.7	7.8	8.0	11.4
试样 3(500 kip)	7.6	7.2	7.1	6.4	12.4
试样 4(500 kip)	7.3	7.7	—	7.6	10.8
试样 5(750 kip)	11.1	10.7	10.8	8.6	17.0
阻尼比(%,临界)					
试样 1(150 kip)	49.7	45.7	45.6	42.9	51.5
试样 2(500 kip)	28.2	26.0	25.5	24.7	32.8
试样 3(500 kip)	29.8	27.4	27.6	28.7	30.6
试样 4(500 kip)	30.2	27.1	—	25.4	34.0
试样 5(750 kip)	25.0	24.7	25.4	31.5	32.8
EDC(kip · in)					
试样 1(150 kip)	314.5	320.1	328.9	319.1	171.7
试样 2(500 kip)	1 108	995.7	968.8	940.1	475.8
试样 3(500 kip)	1 125	982.6	953.3	873.9	482.1
试样 4(500 kip)	1 097	1 014	—	916.9	467.7
试样 5(750 kip)	2 428	2 271	2 361	2 133	1 059

* 测试位移在 100%设计压力荷载、2 s 周期情况下的数据。

** 50%设计位移情况下的性能。

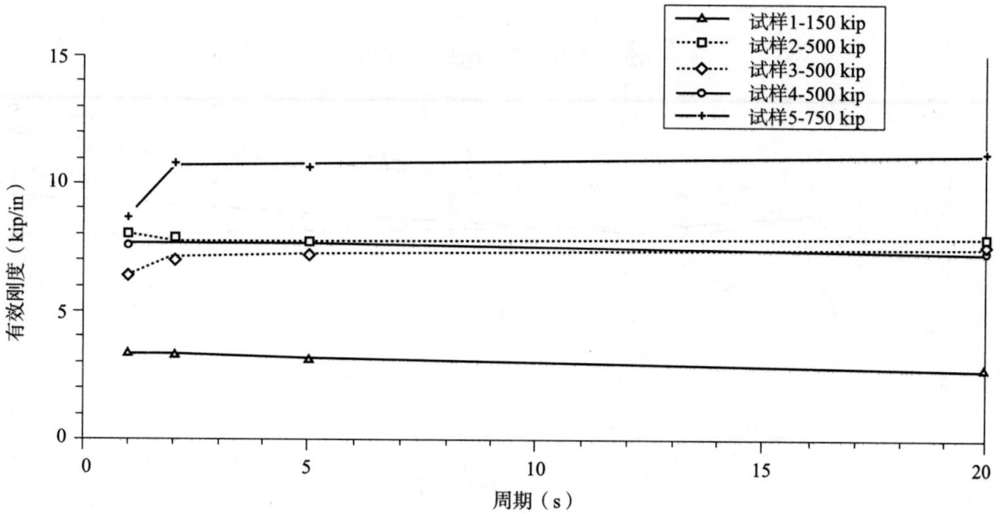

刚度频率相关性

图 13-52

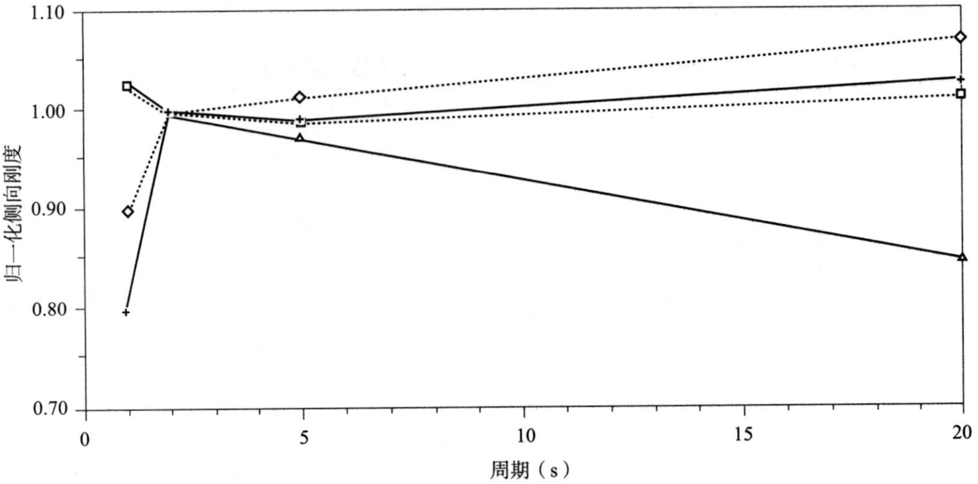

归一化后的刚度频率相关性

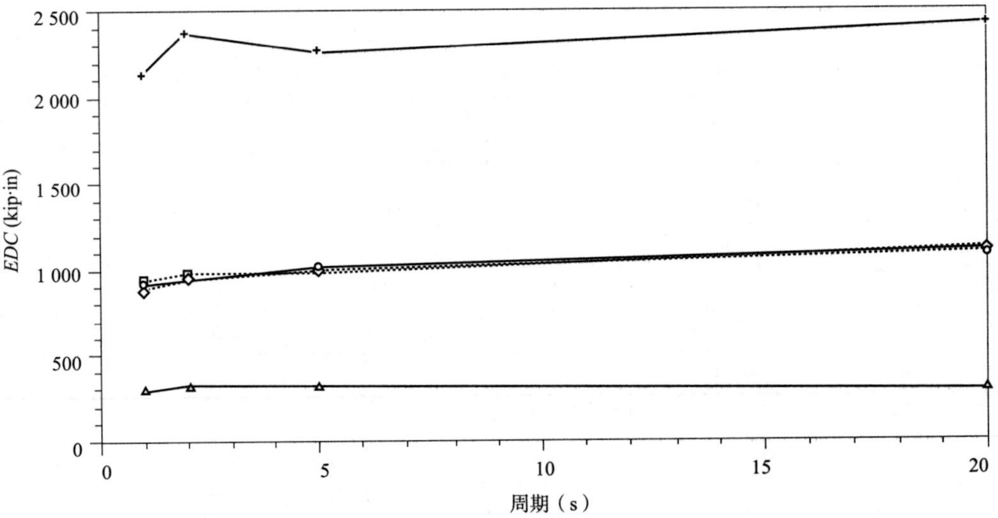

一个运动周期内能量消散的频率相关性

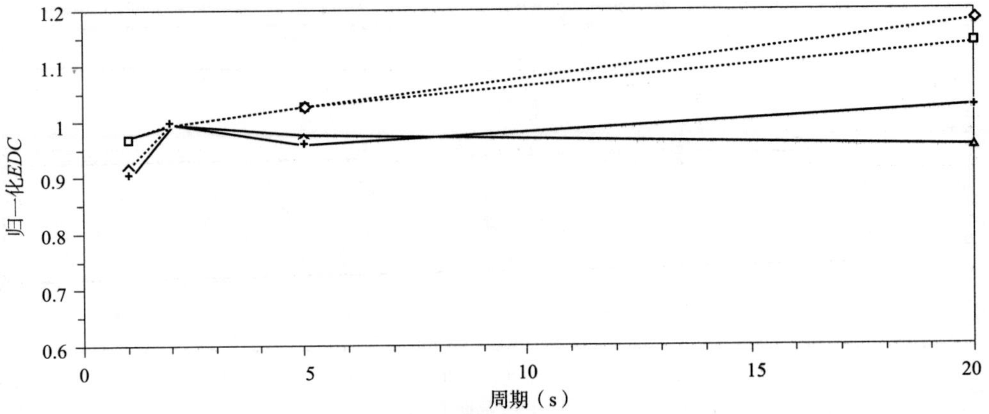

归一化后一个运动周期内能量消散的频率相关性

图 13-52　频率相关性

13.7.6 附件 F 测试 4 结果——阻尼器频率相关性测试

该附件包含的图表显示了测试 4 所有 3 个消能系统的测试结果。

Olies 公司

表 13-46 Olies 公司产品测试 4 ——频率相关性(第二周期)

测试产品	周期(s)	位移(in)	速度(in/s)	速度指数 *n*	阻尼系数 *C*	*EDC*(kip · in)
试样 1(50 kip)	20.0	2.95	0.92	0.54	9.1	87.7
	5.0	2.95	3.7	0.53	7.5	154.9
	2.0	2.95	9.2	0.57	6.1	216.1
	1.0	2.95	18.5	0.68	3.7	257.4
	0.5	1.66	20.8	1.29	0.6	157.2
试样 2(150 kip)	20.0	2.95	0.92	0.59	13.4	130.8
	5.0	2.95	3.7	0.55	13.6	279.7
	2.0	2.95	9.2	0.55	12.3	407.0
	1.0	2.95	18.5	0.70	7.0	501.2
	0.5	1.66	20.8	1.25	1.25	300.0
试样 3(150 kip)	20.0	2.95	0.92	0.58	20.8	203.0
	5.0	2.95	3.7	0.58	19.0	416.6
	2.0	2.95	9.2	0.84	8.9	533.3
	1.0	2.95	18.5	0.88	5.2	614.0
	0.5	1.66	20.8	1.31	1.4	358.5
试样 4(150 kip)	20.0	2.95	0.92	0.56	16.5	157.7
	5.0	2.95	3.7	0.66	13.7	315.3
	2.0	2.95	9.2	0.55	13.1	433.2
	1.0	2.95	18.5	0.70	7.3	534.0
	0.5	1.66	20.8	1.29	1.3	315.5
试样 5(250 kip)	20.0	2.95	0.92	1.46	60.3	442.4
	5.0	2.95	3.7	2.40	4.7	755.4
	2.0	2.95	9.2	2.80	0.3	973.7
	1.0	2.95	18.5	2.79	0.1	1 077.6
	0.5	1.66	20.8	1.77	0.6	568.6

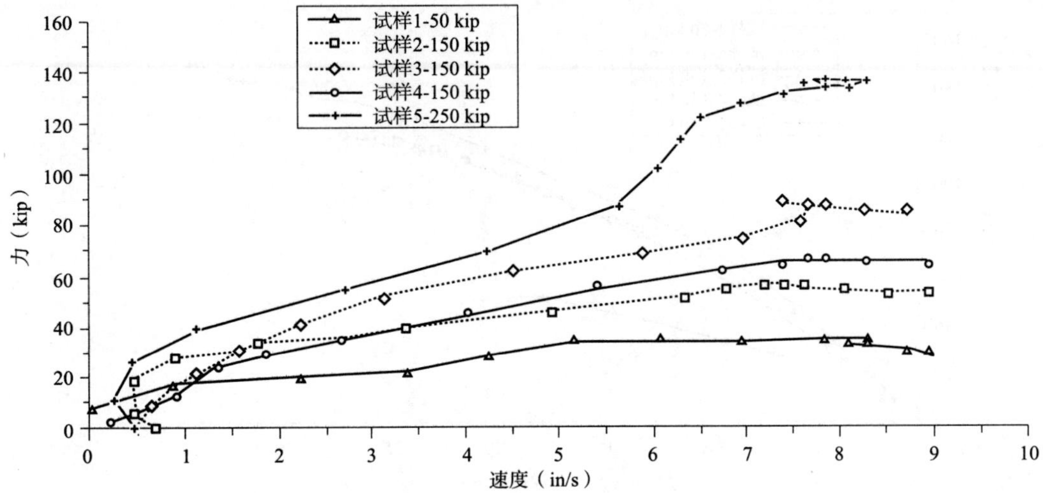

图 13-53 频率测试数据:力和速度

Taylor 公司

表 13-47 Taylor 公司阻尼器测试 4——频变频率相关性(第二周期)

测试产品	周期(s)	位移(in)	速度(in/s)	速度指数 n	阻尼系数 C	EDC(kip·in)
试样 1(50 kip)	20.0	6.0	1.8	1.21	2.9	110.0
	5.0	6.0	7.5	0.97	3.6	483.9
	2.0	6.0	19.0	0.78	5.0	959.0
	1.0	3.0	19.0	0.68	6.4	452.0
	0.5	1.5	19.0	0.83	4.1	228.2
试样 2(150 kip)	20.0	9.0	2.8	0.57	12.4	698.3
	5.0	9.0	11.3	0.80	9.0	1 822
	2.0	9.0	28.0	0.64	13.4	3 404
	1.0	4.50	28.0	0.66	12.5	1 595
	0.5	2.25	28.0	0.67	11.9	810.8
试样 3(150 kip)	20.0	9.0	2.8	0.92	7.3	546.9
	5.0	9.0	11.3	0.85	8.1	1 821
	2.0	9.0	28.0	0.64	13.3	3 390
	1.0	4.50	28.0	0.65	13.1	1 624
	0.5	2.25	28.0	0.65	12.7	824.0
试样 4(150 kip)	20.0	9.0	2.8	1.05	5.4	450.9
	5.0	9.0	11.3	0.88	7.2	1 772
	2.0	9.0	28.0	0.66	12.4	3 351
	1.0	4.50	28.0	0.70	10.6	1 542
	0.5	2.25	28.0	0.70	10.6	792.3
试样 5(240 kip)	20.0	12.0	3.77	0.76	9.9	1 076
	5.0	12.0	15.1	0.82	9.3	3 298
	2.0	12.0	38.0	0.60	16.8	6 010
	1.0	6.05	38.0	0.66	13.0	2 287
	0.5	3.02	38.0	0.57	17.1	1 366

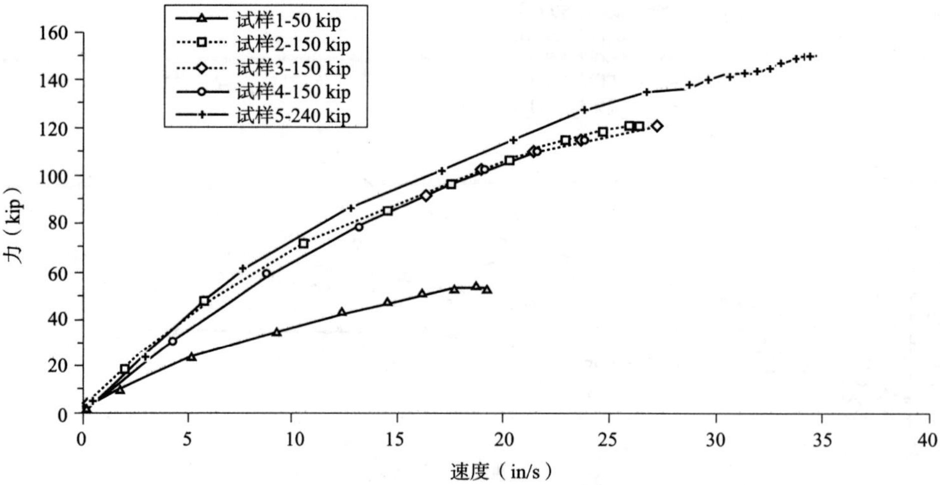

图 13-54 频率测试数据:力和速度

Enidine 公司

表 13-48 Enidine 产品测试 4——频率相关性(第二周期)

测试产品	周期(s)	位移(in)	速度(in/s)	速度指数 n	阻尼系数 C	EDC(kip · in)
	20.0	6.0	1.9			
	5.0	6.0	7.5			
试样 1(50 kip)	2.0	6.0	18.8		*	
	1.0	3.18	20.0			
	0.5	1.59	20.0			
	20.0	9.0	2.8	0.86	7.5	533.1
	5.0	9.0	11.3	0.76	8.0	1 486
试样 2(150 kip)	2.0	6.37	20.0	0.76	7.5	1 515
	1.0	3.18	20.0	0.82	6.3	704.5
	0.5	1.59	20.0	0.78	7.1	370.7
	20.0	9.0	2.8	1.53	5.2	652.7
	5.0	9.0	11.3	1.27	3.2	1 836
试样 3(150 kip)	2.0	6.37	20.0	1.17	2.8	1 740
	1.0	3.18	20.0	0.94	5.8	913.0
	0.5	1.59	20.0	0.88	6.7	459.0
	20.0	9.0	2.8	0.77	17.9	118.7
	5.0	9.0	11.3	0.62	19.5	2 707
试样 4(150 kip)	2.0	6.37	20.0	0.75	12.9	2 506
	1.0	3.18	20.0	1.04	5.5	1 137
	0.5	1.59	20.0	1.96	0.3	484.8
	20.0	12.0	3.77			
	5.0	12.0	15.1			
试样 5(240 kip)	2.0	6.37	20.0		*	
	1.0	3.18	20.0			
	0.5	1.59	20.0			

* 试样 1 和试样 5 由于在前面的测试中发生破坏,所以没有进行。

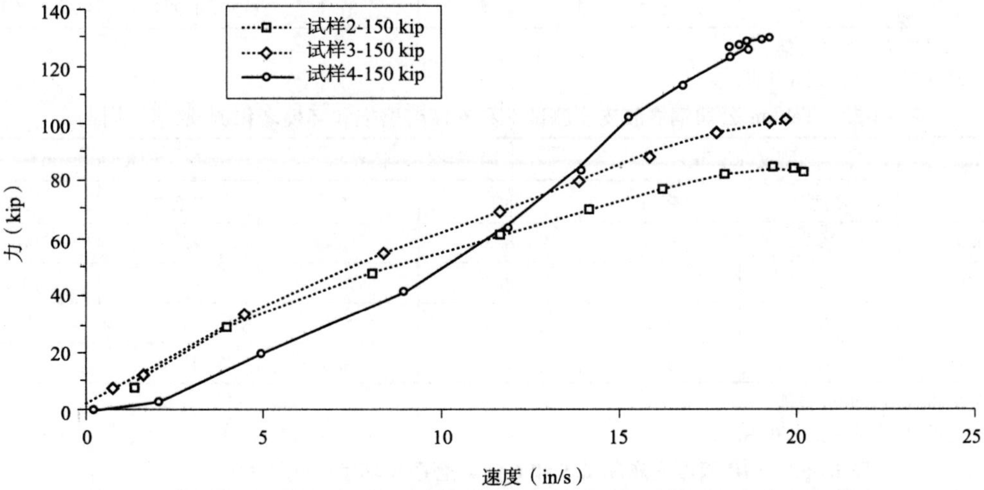

图 13-55 频率测试数据:力和速度

13.7.7 附件 G 测试 5 和 6 疲劳磨损和环境老化的测试结果(第二周期)

该附件包含的表格显示了 9 个系统测试 5 和 6 的测试结果。

表 13-49 Dynamic Isolation Systems 公司产品测试 5 和 6 疲劳磨损和环境老化测试(第二周期)

周期(s)	刚度(kip/in)		阻尼比(%,临界)		EDC(kip · in)	
	之前**	之后	之前**	之后	之前**	之后
20.0	9.2	8.6	17.7	19.6	811.5	841.0
5.0	10.2	9.0	18.3	18.8	905.8	823.9
1.0	1.09	9.5	17.3	17.5	896.5	790.7
0.5*	14.4	13.7	14.8	17.5	259.1	291.8

* 50%设计位移时的性能。

** "之前"数据从测试 3 获得。

表 13-50 Scougal 橡胶公司产品测试 5 和 6 疲劳磨损和环境老化测试(第二周期)

周期(s)	刚度(kip/in)		阻尼比(%,临界)		EDC(kip · in)	
	之前**	之后	之前**	之后	之前**	之后
20.0	4.8	5.1	12.2	11.8	292.0	299.2
5.0	5.1	5.4	11.9	11.4	302.0	306.9
1.0	5.7	5.9	11.8	11.5	327.8	321.4
0.5*	8.0	8.2	10.5	10.4	106.9	108.0

* 50%设计位移时的性能。

** "之前"数据从测试 3 获得。

表 13-51 Skellerup Industries 公司产品测试 5 和 6 疲劳磨损和环境老化测试(第二周期)

周期(s)	刚度(kip/in)		阻尼比(%,临界)		EDC(kip · in)	
	之前**	之后	之前**	之后	之前**	之后
20.0	9.5	11.7	33.6	36.0	1 591	2 047
5.0	9.4	11..2	35.3	34.0	1 613	1 854
1.0	9.8	9.7	38.3	37.7	1 787	1 698
0.5*	21.3	18.4	39.5	37.6	1 024	804

* 50%设计位移时的性能。

** "之前"数据从测试 3 获得。

表 13-52 Tekton 公司钢橡胶支座测试 5 和 6 疲劳磨损和环境老化测试(第二周期)

周期(s)	刚度(kip/in)		阻尼比(%,临界)		EDC(kip · in)	
	之前**	之后	之前**	之后	之前**	之后
20.0	3.6	3.8	8.3	10.3	83.8	110.4
5.0	3.7	3.9	8.3	9.4	84.0	100.4
1.0	3.8	4.1	7.5	8.6	77.5	96.2
0.5*	4.0	4.7	5.4	6.8	15.6	23.3

* 50%设计位移时的性能。

** "之前"数据从测试 3 获得。

表 13-53 FIP 隔振支座测试 5 和 6 疲劳磨损和环境老化测试(第二周期)

周期(s)	刚度(kip/in)		阻尼比(%,临界)		EDC(kip · in)	
	之前**	之后	之前**	之后	之前**	之后
20.0	4.5	5.1	47.7	43.3	1 068	1 098
5.0	5.2	5.0	42.1	44.2	1 091	1 099

续上表

周期(s)	刚度(kip/in)		阻尼比(%,临界)		*EDC*(kip·in)	
	之前**	之后	之前**	之后	之前**	之后
1.0	5.1	5.0	46.1	46.6	1144	1133
0.5*	11.5	10.2	27.2	30.4	399	394.5

* 50%设计位移时的性能。

** "之前"数据从测试 3 获得。

表 13-54 Earthquake Protection Systems 公司产品测试 5 和 6 疲劳磨损和环境老化测试(第二周期)

周期(s)	刚度(kip/in)		阻尼比(%,临界)		*EDC*(kip·in)	
	之前**	之后	之前**	之后	之前**	之后
20.0	7.3	7.3	30.2	25.7	1097	933.2
5.0	7.7	7.0	27.1	26.0	1014	885.6
1.0	7.6	7.2	25.4	27.3	916.9	934.5
0.5*	10.8	10.0	34.0	34.1	467.7	434.3

* 50%设计位移时的性能。

** "之前"数据从测试 3 获得。

表 13-55 Oiles 公司产品测试 5 和 6 疲劳磨损和环境老化测试(第二周期)

周期(s)	刚度(kip/in)		阻尼比(%,临界)		*EDC*(kip·in)	
	之前**	之后	之前**	之后	之前**	之后
20.0	0.56	0.64	16.5	28.4	157.7	287.7
5.0	0.66	0.77	13.7	17.9	315.3	486.1
1.0	0.70	1.07	7.3	3.6	534.0	765.6
0.5*	1.29	2.11	1.3	0.1	315.5	469.9

*减少位移时的性能。

** "之前"数据从测试 4 获得。

表 13-56 Taylor 阻尼器测试 5 和 6 疲劳磨损和环境老化测试(第二周期)

周期(s)	刚度(kip/in)		阻尼比(%,临界)		*EDC*(kip·in)	
	之前**	之后	之前**	之后	之前**	之后
20.0	1.05	0.91	5.4	7.3	450.9	542.0
5.0	0.88	0.82	7.2	9.5	1772	2053
1.0*	0.70	0.61	10.6	15.5	1542	1696
0.5*	0.70	0.69	10.6	11.5	792.3	838.3

*减少位移时的性能。

** "之前"数据从测试 4 获得。

表 13-57 Enidine 公司产品测试 5 和 6 疲劳磨损和环境老化测试(第二周期)

周期(s)	刚度(kip/in)		阻尼比 (%,临界)		*EDC*(kip·in)	
	之前**	之后	之前**	之后	之前**	之后
20.0	0.77	0.86	17.9	20.9	1 187	1 494
5.0	0.62	0.69	19.5	19.2	2 707	3 056
2.0*	0.75	0.77	12.9	13.0	2 506	2 659

续上表

周期(s)	刚度(kip/in)		阻尼比(%,临界)		EDC(kip·in)	
	之前**	之后	之前**	之后	之前**	之后
1.0*	1.04	0.93	5.5	7.4	1 137	1 116
0.5*	1.96	1.88	0.3	0.5	484.8	541.0

* 减少位移时的性能。

** "之前"数据从测试 4 获得。

说明:R. J. Watson 支座和 Tekton 支座没有完成试验是因为实验室的问题,参阅单独报告的细节。

13.7.8 附件 H 测试 7 结果——极限稳定下的动力测试

该附件包含的表格显示了所有 11 个系统的测试 7 的测试结果。

表 13-58 Earthquake Protection Systems 公司产品测试 7——在极限温度下的动力性能特点(第二循环)

性能参数	在低温 -15℉下 48 h	周围温度 70℉	在高温 120℉ 30 h
刚度(kip/in)	14.4(+23%)*	11.7	10.7(-90%)
阻尼比(%,临界)	22.6(+43%)*	15.8	14.2(-10%)
EDC(kip·in)	1 550(+72%)*	902.1	741.1(-18%)

* 和()表示与常温状态下测试结果对比的百分比改变。

表 13-59 Scougal 橡胶公司产品测试 7——在极限温度下的动力性能特点(第二循环)

性能参数	在低温 -40℉下 95 h	周围温度 70℉	在高温 120℉下 29 h
刚度(kip/in)	未达到设计位移*	4.9	4.5(-9%)**
阻尼比(%,临界)	未达到设计位移*	12.9	11.9(-8%)**
EDC(kip·in)	未达到设计位移*	306.6	278(-9%)**

* 最大激振荷载达到 300 kip,位移小于 2 in。

** 和()表示与常温状态下测试结果对比的百分比改变。

表 13-60 Skellerup Industries 公司产品测试 7——在极限温度下的动力性能特点(第二循环)

性能参数	在低温 -20℉下 49 h	周围温度 70℉	在高温 120℉下 23 h
刚度(kip/in)	17.0(+56%)*	10.9	10.4(-5%)*
阻尼比(%,临界)	36.7(-3%)*	37.8	35.1(-7%)*
EDC(kip·in)	2 900(+45%)*	2 004	1 777(-11%)*

* 和()表示与常温状态下测试结果对比的百分比改变。

表 13-61 Tekton 公司钢橡胶支座测试 7——在极限温度下的动力性能特点(第二循环)

性能参数	在低温 -20℉下 49 h	周围温度 70℉	在高温 120℉下 24 h
刚度(kip/in)	6.0(+88%)*	3.2	3.9(+22%)*
阻尼比(%,临界)	13.4(+46%)*	9.2	6.8(-26%)*
EDC(kip·in)	230(+185%)*	80.7	76.7(-5%)*

* 和()表示与常温状态下测试结果对比的百分比改变。

表 13-62 FIP 隔振支座测试 7——在极限温度下的动力性能特点(第二循环)

性能参数	在低温 -20℉下 22 h	周围温度 70℉	在高温 120℉下 24 h
刚度(kip/in)	5.7(+30%)*	4.4	5.2(+18%)*
阻尼比(%,临界)	43.2(-13%)*	49.5	42.9(-13%)*

续上表

性能参数	在低温－20°F下 22 h	周围温度 70°F	在高温 120°F下 24 h
EDC(kip·in)	1 199(＋13%)*	1 060	1 085(＋2%)*

*和()表示与常温状态下测试结果对比的百分比改变。

表 13-63　R. J. Watson 公司产品测试 7——在极限温度下的动力性能特点(第二循环)

性能参数	在低温－40°F下 24 h	周围温度 70°F	在高温 120°F下 28 h
刚度(kip/in)	17.2(＋213%)*	5.5	6.5(＋18%)*
阻尼比(%,临界)	39.2(－44%)*	70.1	67.7(－3%)*
EDC(kip·in)	975.3(＋68%)*	581.4	636.9(＋10%)*

*和()表示与常温状态下测试结果对比的百分比改变

表 13-64　Tekton 公司滚动支座测试 7——在极限温度下的动力性能特点(第二循环)

性能参数	在低温－15°F下 22 h*	周围温度 70°F	在高温 120°F下 24 h**
刚度(kip/in)	7.0	7.2*/7.5**	7.3
阻尼比(%,临界)	1.5	1.2*/1.6**	3.5
EDC(kip·in)	44.1	35.3*/49.5**	117.3

* 测试结果来源于试样 2。

** 测试结果来源于试样 3。

表 13-65　Earthquake Protection Systems 公司产品测试 7——在极限温度下的动力性能特点(第二循环)

性能参数	在低温－40°F下 22 h	周围温度 70°F	在高温 120°F下 24 h
刚度(kip/in)	7.9(＋0%)*	7.8	7.1(－9%)*
阻尼比(%,临界)	23.9(－6%)*	25.5	22.9(－10%)*
EDC(kip·in)	1044(＋8%)*	968.8	917(－5%)*

*和()表示与常温状态下测试结果对比的百分比改变。

表 13-66　Oiles 公司产品测试 7——在极限温度下的动力性能特点(第二循环)

性能参数	在低温 23°F下 55 h(试样 2)	周围温度 70°F(试样 2)	在高温 120°F下 24 h(试样 2)
刚度(kip/in)	2.3	0.55	0.77
阻尼比(%,临界)	1.1	12.3	4.8
EDC(kip·in)	1 384	407.0	270.2

表 13-67　Taylor 阻尼器测试 7——在极限温度下的动力性能特点(第二循环)

性能参数	在低温－40°F下 24 h(试样 2)	周围温度 70°F(试样 2/试样 3)	在高温 120°F下 24 h(试样 3)
刚度(kip/in)	0.64	0.64/0.64	0.67
阻尼比(%,临界)	20.1	13.4/13.3	12.3
EDC(kip·in)	5 052	3 404/3 390	3 464

表 13-68　Enidine 公司产品测试 7——在极限温度下的动力性能特点(第二循环)

性能参数	在低温－40°F下 20 h(试样 2)	周围温度 70°F(试样 2/试样 3)	在高温 120°F下 24 h(试样 3)
刚度(kip/in)	0.60	0.76/1.17	1.09
阻尼比(%,临界)	22.3	7.5/2.8	4.1
EDC(kip·in)	2 930	1 515/1 740	2 079

13.7.9　附件 I　测试 8 结果——耐久性测试

该附件包括的图表显示了测试 8 的所有系统的测试结果。

Dynamic Isolation Systems 公司

表 13-69　Dynamic Isolation Systems 公司产品耐久性能

测试产品	F_1(kip)	F_5(kip)	F_{10}(kip)	F_{15}(kip)	F_{20}(kip)
试样 1(150 kip)	50	46	42	39	38
试样 2(500 kip)	106	95	86	83	81
试样 3(500 kip)	100	89	83	80	78
试样 5(750 kip)*	115	96	—	—	—
*	—	113(F_6)	95	87	83

* 分段测试(5 个循环和 15 个循环)。

F_i 为第 i 循环过程中的峰值侧向力。

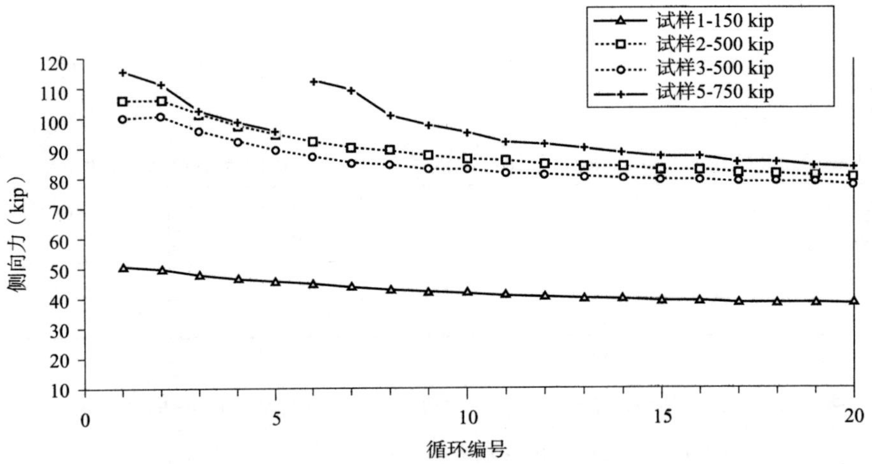

力的退化

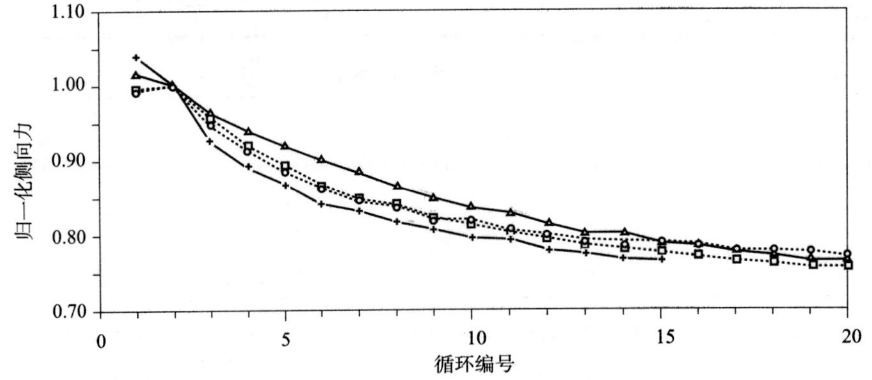

归一化力的退化

图 13-56　耐久性测试过程中力的退化*

* 试样 5 归一化的点分成两段，一段对应 5 次循环，另一段对应 15 次循环。5 次循环的点根据第二次循环的最大力值 F_2 进行归一化，15 次循环的点根据第七次循环的最大力值 F_7 进行归一化。

Scougal 橡胶公司

表 13-70 Scougal 橡胶公司产品耐久性能

测试产品	F_1(kip)	F_5(kip)	F_{10}(kip)	F_{15}(kip)	F_{20}(kip)
试样 1(150 kip)	22	19	18	18	18
试样 2(500 kip)	57	49	48	47	46
试样 3(500 kip)	48	44	42	41	41
试样 5(750 kip)*	115	105	—	—	—
*	—	112(F_6)	104	102	100

* 分段测试(5 个循环和 15 个循环)。

F_i为第 i 循环过程中的峰值侧向力。

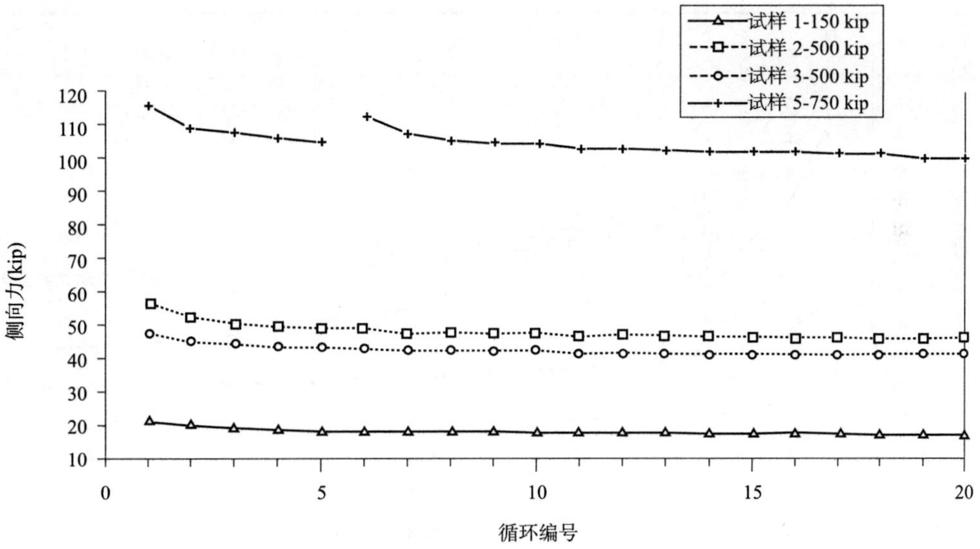

力的退化

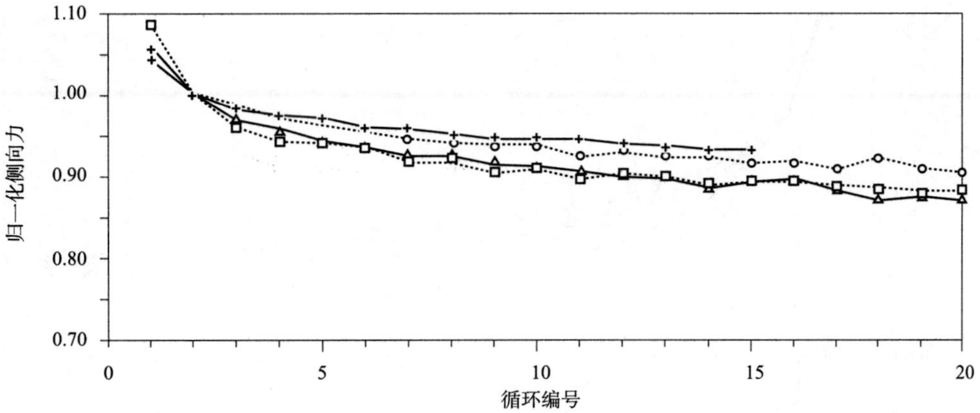

归一化后力的退化

图 13-57 耐久性测试过程中力的退化*

* 试样 5 归一化的点分成两段,一段对应 5 次循环,另一段对应 15 次循环。5 次循环的点根据第二次循环的最大力值 F_2 进行归一化,15 次循环的点根据第七次循环的最大力值 F_7 进行归一化。

Skellerup Industries 公司

表 13-71 Skellerup Industries 公司产品耐久性能

测试产品	F_1(kip)	F_5(kip)	F_{10}(kip)	F_{15}(kip)	F_{20}(kip)
试样 1(150 kip)	58	40	34	32	30
试样 2(500 kip)	143	86	76	69	64
试样 3(500 kip)	132	81	71	66	63
试样 5(750 kip)*	116	62	—	—	—
*	—	117(F_6)	59	47	41

* 分段测试(5 个循环和 15 个循环)。

F_i为第 i 循环过程中的峰值侧向力。

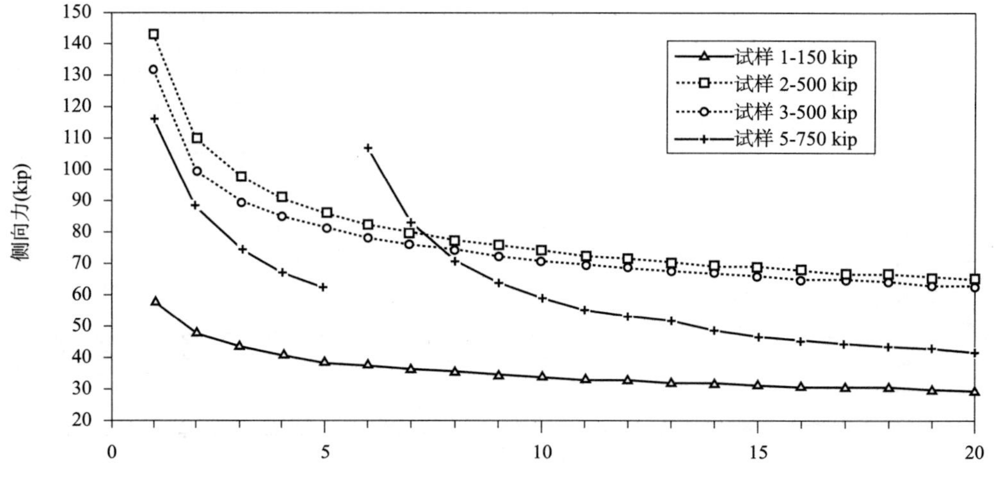

力的退化

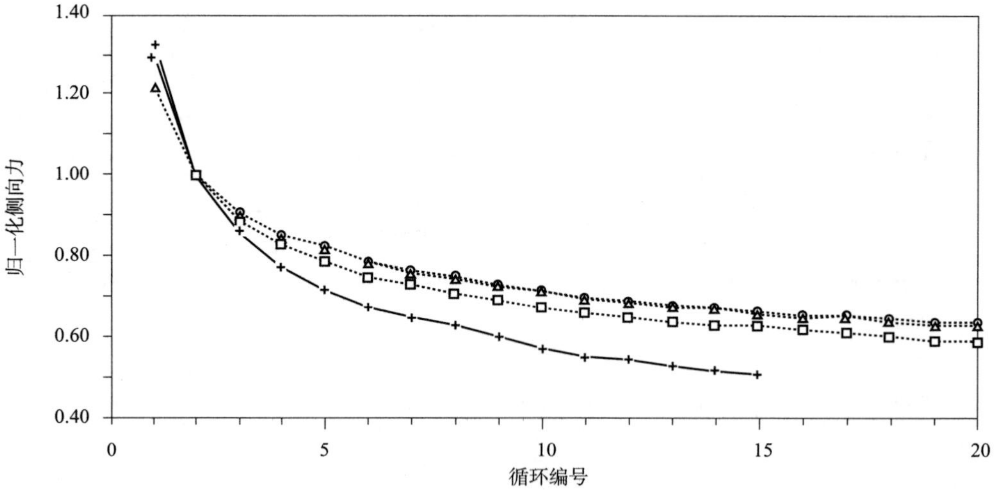

归一化后力的退化

图 13-58 耐久性测试过程中力的退化*

* 试样 5 归一化的点分成两段,一段对应 5 次循环,另一段对应 15 次循环。5 次循环的点根据第二次循环的最大力值 F_2 进行归一化,15 次循环的点根据第七次循环的最大力值 F_7 进行归一化。

Tekton 公司

表 13-72 Tekton 公司钢橡胶支座耐久性能

测试产品	F_1(kip)	F_5(kip)	F_{10}(kip)	F_{15}(kip)	F_{20}(kip)
试样 1(150 kip)	*	*	*	*	*
试样 2(500 kip)	28	26	25	25	24
试样 3(500 kip)	44	41	40	39	38
试样 5(500 kip) **	60	54	—	—	—
**	—	57(F_6)	52	49	47

* 试样 1 没有进行测试 8,因为测试 1 失败。

** 分段测试(5 个循环和 15 个循环)。

F_i为第 i 循环过程中的峰值侧向力。

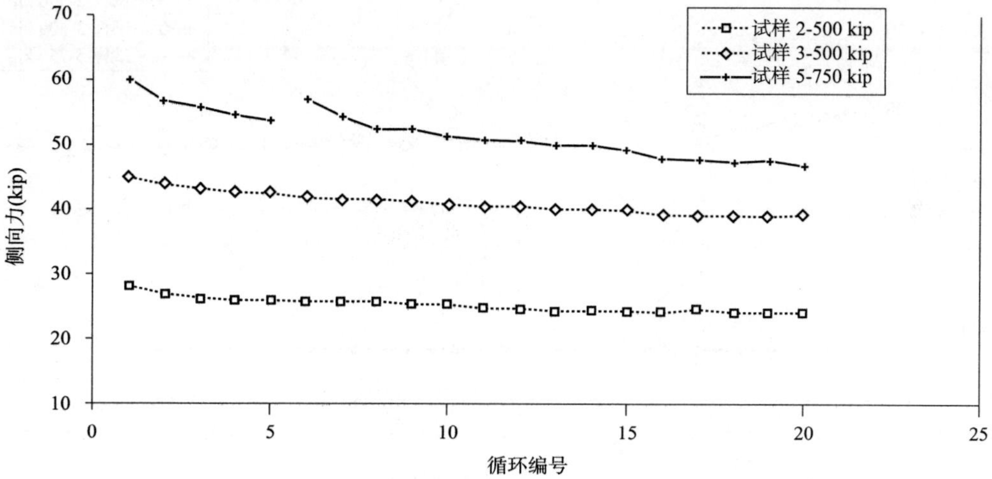

力的退化

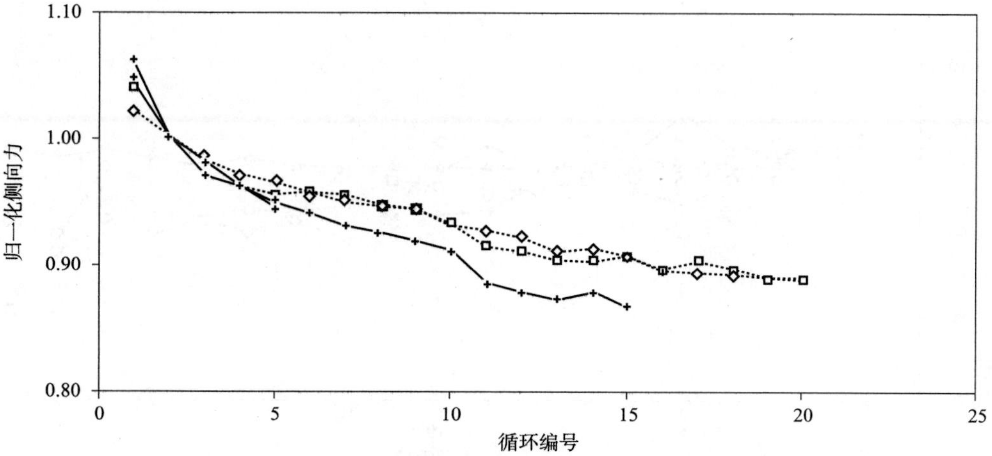

归一化后力的退化

图 13-59 耐久性测试过程中力的退化*

* 试样 5 归一化的点分成两段,一段对应 5 次循环,另一段对应 15 次循环。5 次循环的点根据第二次循环的最大力值 F_2 进行归一化,15 次循环的点根据第七次循环的最大力值 F_7 进行归一化。

FIP 公司

表 13-73　FIP 隔振支座产品耐久性能

测试产品	F_1(kip)	F_5(kip)	F_{10}(kip)	F_{15}(kip)	F_{20}(kip)
试样 1(150 kip)	17	17	17	17	17
试样 2(500 kip)	49	47	46	44	38
试样 3(500 kip)	48	46	48	44	43
试样 5(750 kip)*	46	45	44	—	—
*	—	—	46(F_{11})	48	45

* 分段测试(5 个循环和 15 个循环)。
F_i 为第 i 循环过程中的峰值侧向力。

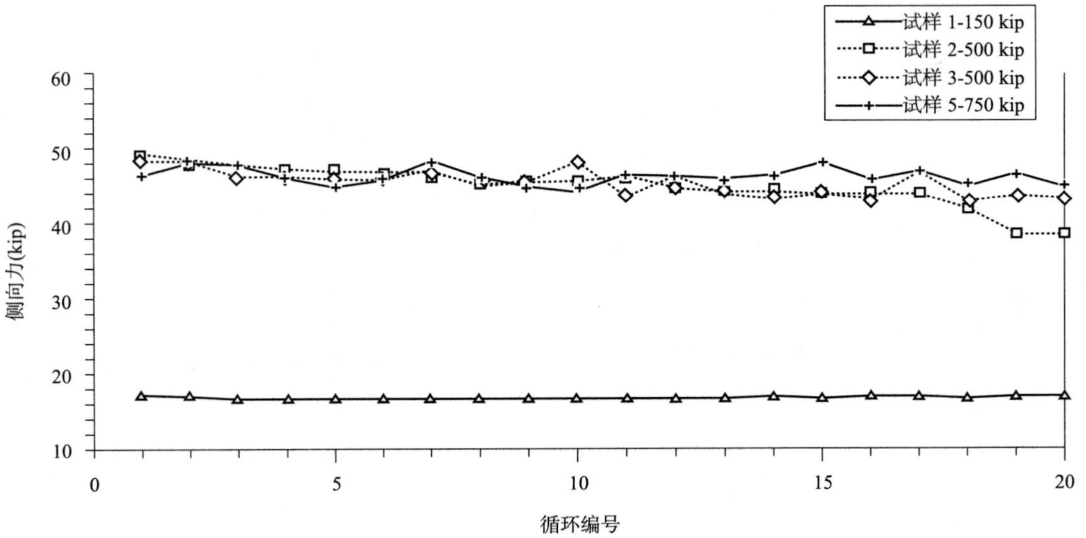

力的退化

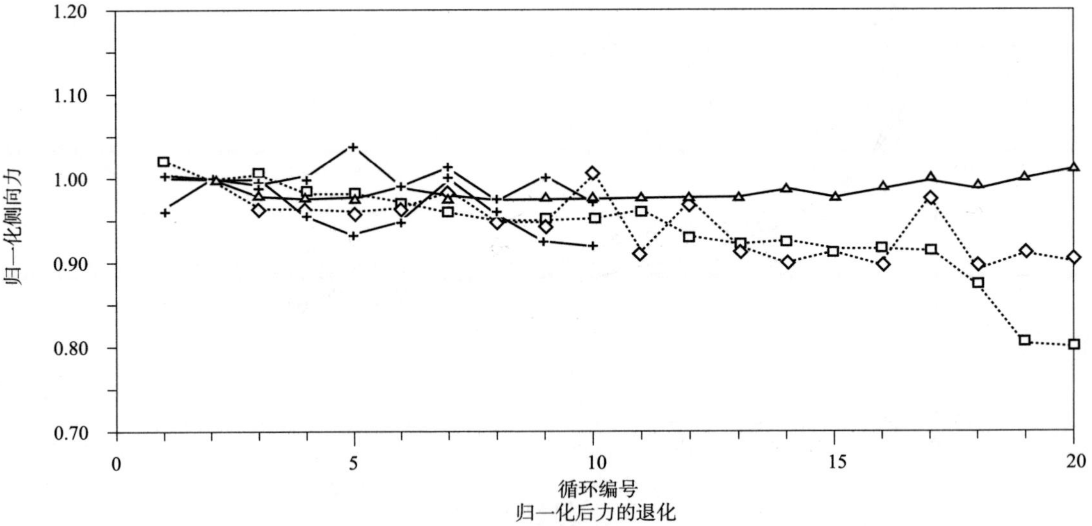

归一化后力的退化

图 13-60　耐久性测试过程中力的退化*

* 试样 5 归一化的点分成两段，一段对应 5 次循环，另一段对应 15 次循环。5 次循环的点根据第二次循环的最大力值 F_2 进行归一化，15 次循环的点根据第七次循环的最大力值 F_7 进行归一化。

R. J. Watson 公司

表 13-74 R. J. Watson 公司产品耐久性能

测试产品	F_1(kip)	F_5(kip)	F_{10}(kip)	F_{15}(kip)	F_{20}(kip)
试样 1(150 kip)	21(19)*	16	15	14	14
试样 2(500 kip)	52(73)*	36	32	30	29
试样 3(500 kip)	53(63)*	38	34	32	30
试样 5(750 kip)	86(96)*	61	54	51	49

F_i为第 i 循环过程中的峰值侧向力。

* 在最初给 R. J. Watson 隔振器加载时，需要克服静摩擦力。所提供的力的大小在括号的 F_1 列。

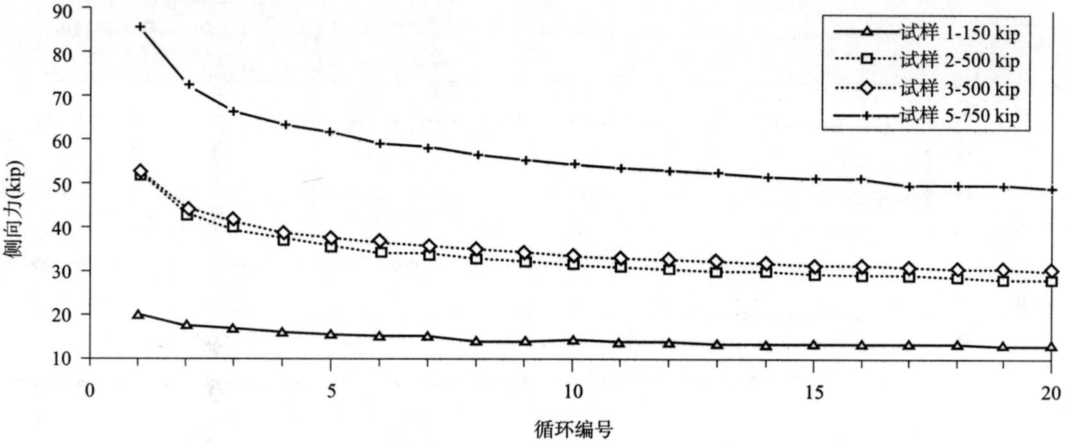

力的退化

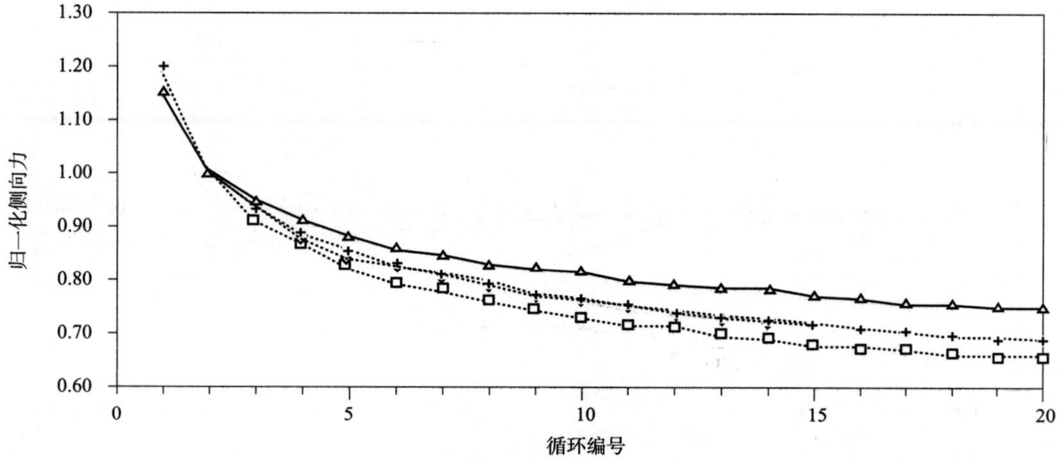

归一化后力的退化

图 13-61 耐久性测试过程中力的退化

Tekton 公司

表 13-75　Tekton 公司滚轴支座耐久性能

测试产品	F_1(kip)	F_5(kip)	F_{10}(kip)	F_{15}(kip)	F_{20}(kip)
试样 1(150 kip)	30	29	29	29	29
试样 2(500 kip)	*	*	*	*	*
试样 3(500 kip)	60	61	61	61	61
试样 5(750 kip)**	99	100	—	—	—
**	—	100(F_6)	100	100	101

* 由于在以前的测试中破坏，试样 2 没有进行测试 8。

** 分段测试(5 个循环和 15 个循环)。

F_i为第 i 循环过程中的峰值侧向力。

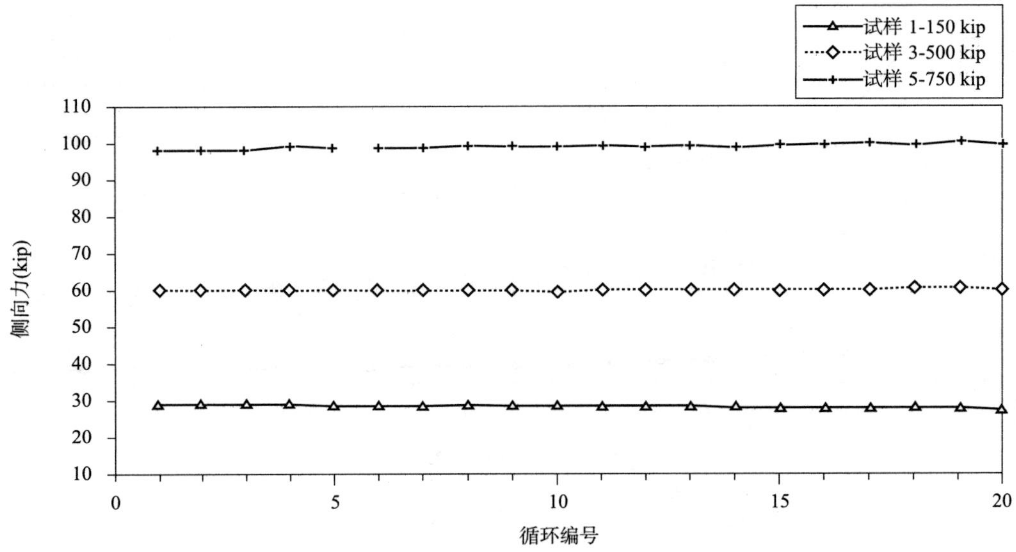

力的退化

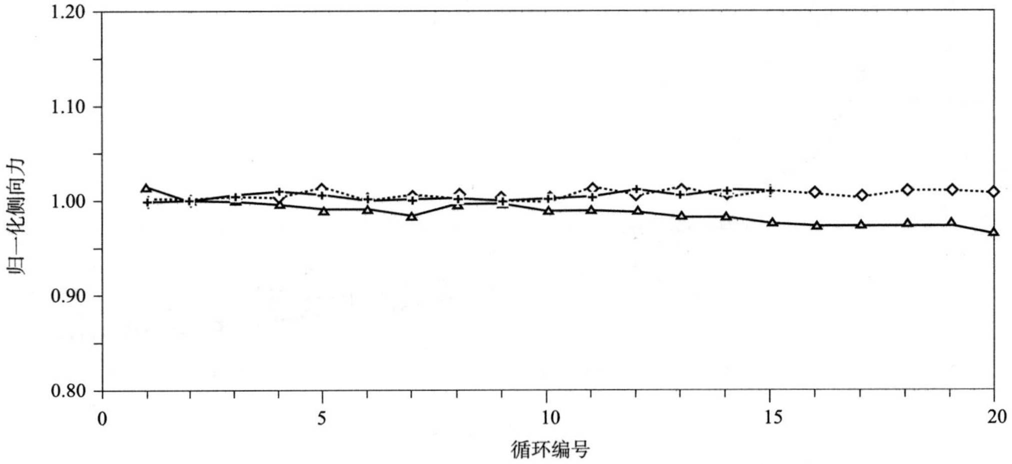

归一化后力的退化

图 13-62　耐久性测试过程中力的退化*

* 试样 5 归一化的点分成两段，一段对应 5 次循环，另一段对应 15 次循环。5 次循环的点根据第二次循环的最大力值 F_2 进行归一化，15 次循环的点根据第七次循环的最大力值 F_7 进行归一化。

Earthquake Protection Systems 公司

表 13-76　Earthquake Protection Systems 公司产品耐久性能

测试产品	F_1(kip)	F_5(kip)	F_{10}(kip)	F_{15}(kip)	F_{20}(kip)
试样 1(150 kip)	24(32)*	18	17	17	17
试样 2(500 kip)	82(74)*	64	63	64	68
试样 3(500 kip)	81(72)*	66	66	67	72
试样 5(750 kip)**	150(106)*	132	—	—	—
**	—	150(107)*(F_6)	130	128	124

* 在最初的给 EPS 隔振器加载时,需要克服静摩擦力。所提供的力的范围在括号 F_1 或按 F_5 栏。

** 分段测试(5 个周期和 15 个周期)。

F_i 为第 i 循环过程中的峰值测向力。

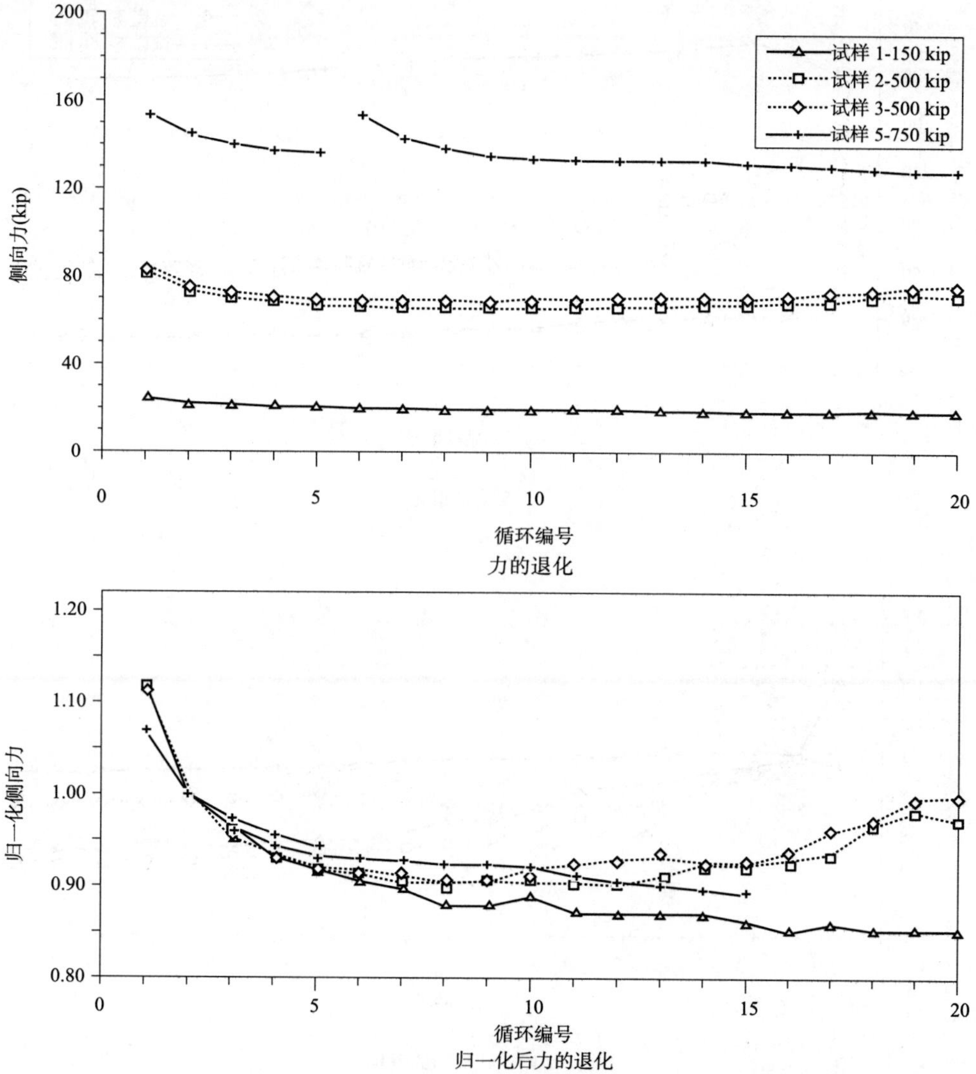

图 13-63　耐久性测试过程中力的退化*

* 试样 5 归一化的点分成两段,一段对应 5 次循环,另一段对应 15 次循环。5 次循环的点根据第二次循环的最大力值 F_2 进行归一化,15 次循环的点根据第七次循环的最大力值 F_7 进行归一化。

Oiles 公司

表 13-77　Oiles 公司产品耐久性能

测试产品	F_1(kip)	F_5(kip)	F_{10}(kip)	F_{15}(kip)	F_{20}(kip)
试样 1(50 kip)	30	18	13	10	9
试样 2(150 kip)	145	62	41	38	35
试样 3(150 kip)	70	42	40	41	38
试样 5(250 kip)	121	130	125	121	117

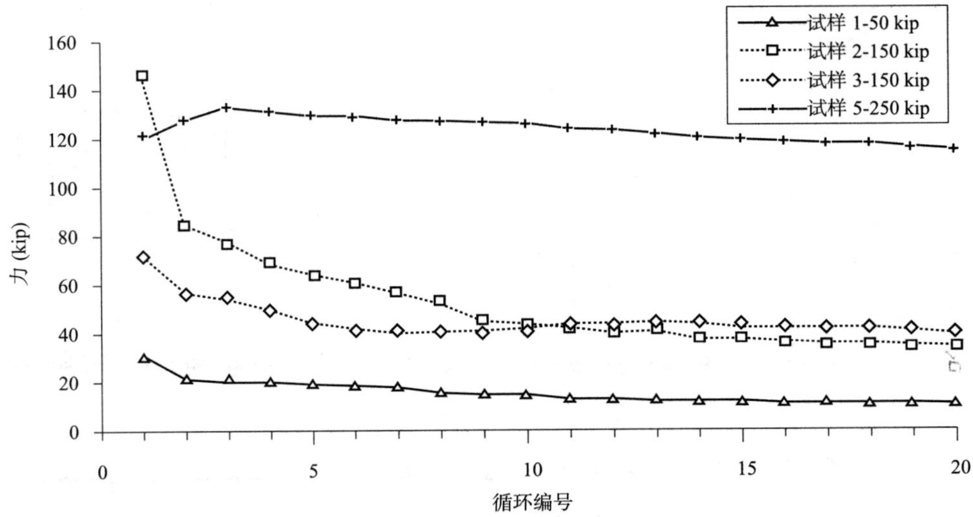

力的退化

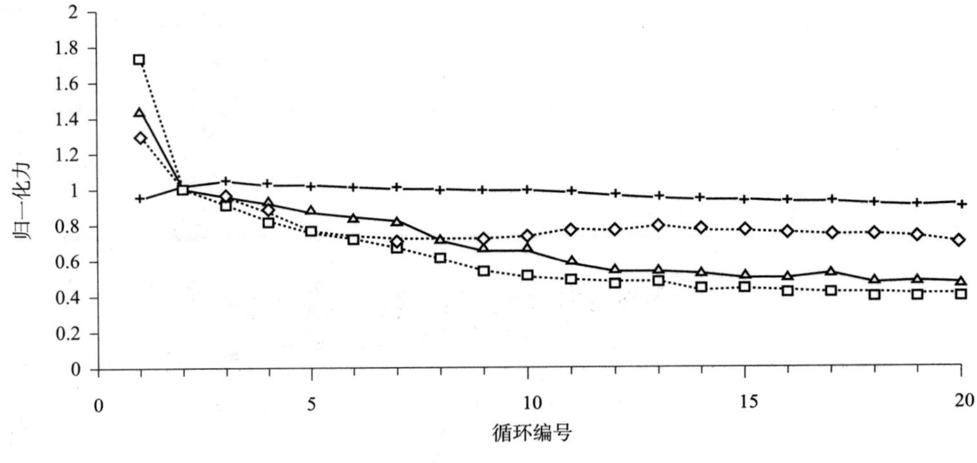

归一化后力的退化

图 13-64　耐久性测试过程中力的退化

Taylor 公司

表 13-78 Taylor 阻尼器耐久性能

测试产品	F_1(kip)	F_5(kip)	F_{10}(kip)	F_{15}(kip)	F_{20}(kip)
试样 1(50 kip)	48	42	38	35	33
试样 2(150 kip)*	130	110	100	93	◆
试样 3(150 kip)	120	110	109	109	107
试样 5(240 kip)**	145	140	—	—	—
**	—	143(F_6)	131	122	112

* 在这个测试之前,产品可能在低温测试中受到损伤。

** 分段测试(5 个周期和 15 个周期)。

◆ 试样 2 产品在第 15 个循环测试时发生停止(详见针对这个产品的单独报告)。

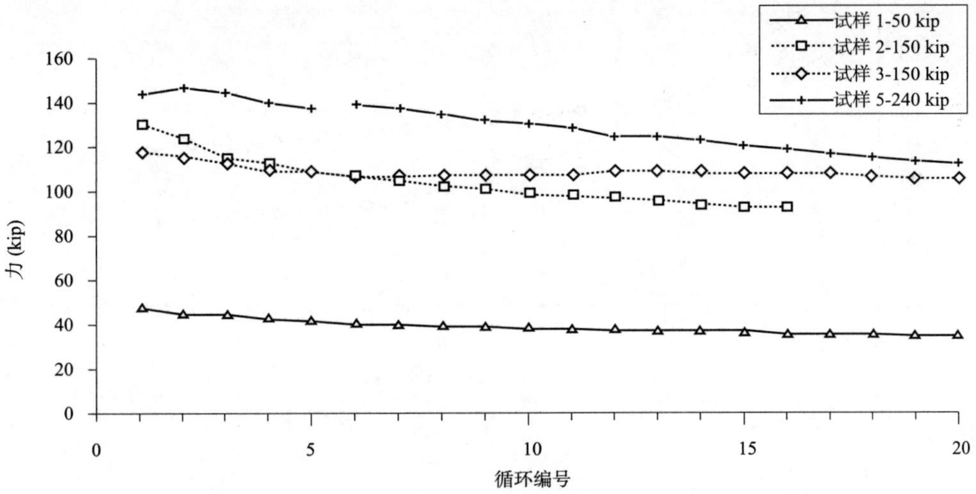

力的退化

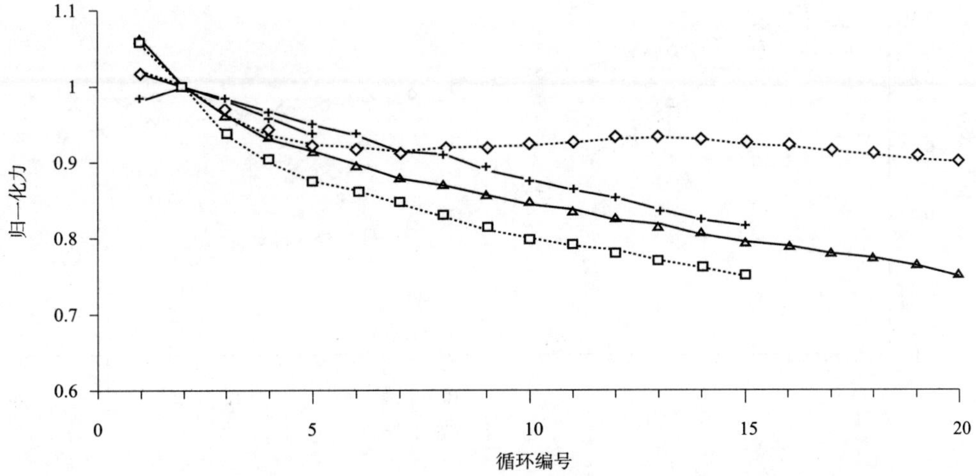

归一化后力的退化

图 13-65 耐久性测试过程中力的退化

Enidine 公司

表 13-79　Enidine 公司产品耐久性能

测试产品	F_1(kip)	F_5(kip)	F_{10}(kip)	F_{15}(kip)	F_{20}(kip)
试样 1(50 kip)	**	**	**	**	**
试样 2(150 kip)	101	66	37	29	**
试样 3(150 kip)	80	65	58	51	47
试样 5(240 kip)	**	**	**	**	**

** 由于早期的破坏,这些循环都测试没有完成。

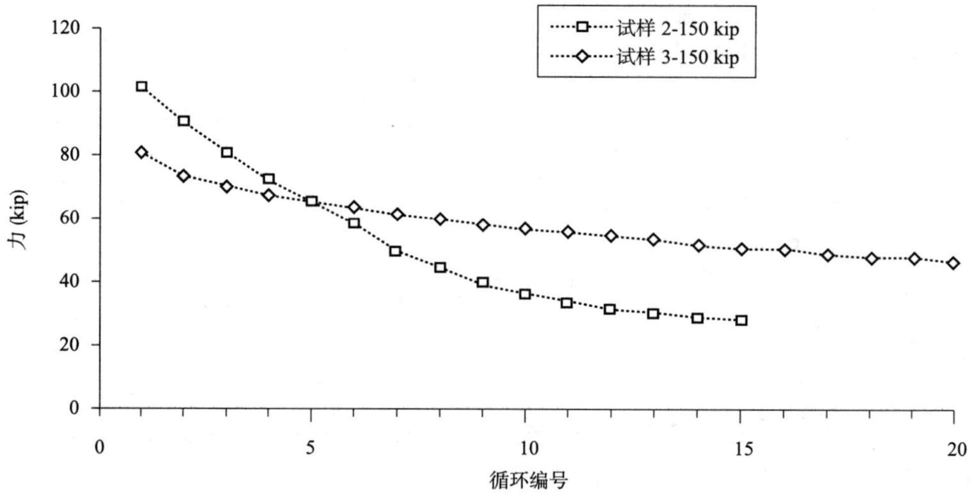

力的退化

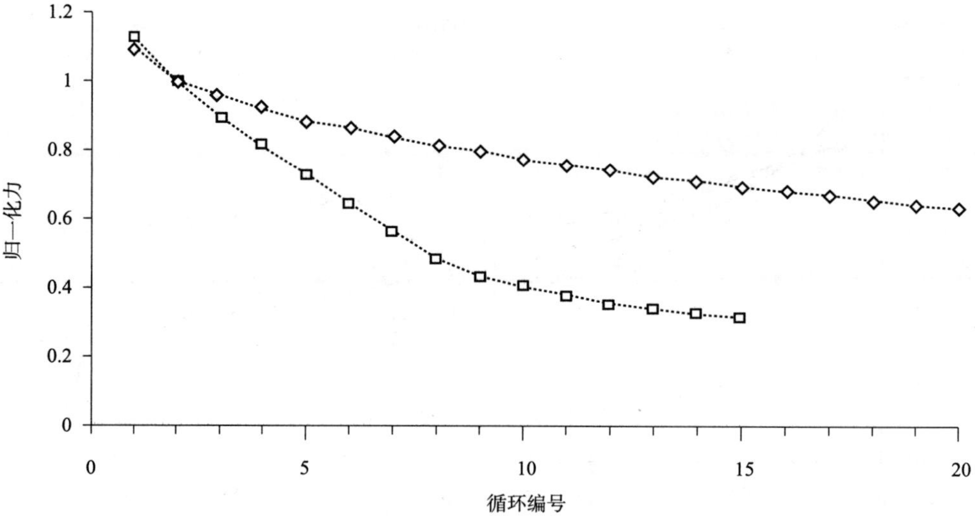

归一化后力的退化

图 13-66　耐久性测试过程中力的退化

13.7.10　附件 J　测试 9 结果——极限性能

该附件包括的表格显示了所有 11 个系统的测试 9 的测试结果。

表 13-80　Earthquake Protection Systems 公司产品测试 9——极限性能

测试产品	设计位移 *DD*(in)	失效位移 *FD*(in)	安全储备(*FD*/*DD*)
试样 1(150 kip)	6.0	20.0	3.33
试样 2(500 kip)	9.0	>22.0	>2.44
试样 3(500 kip)	9.0	>22.0	>2.44
试样 4(500 kip)	9.0	22.0	2.44
试样 5(750 kip)	12.0	*	*

* 失效位移没有确定是由于测试设备的有限。

表 13-81　Scougal 橡胶公司产品测试 9——极限性能

测试产品	设计位移 *DD*(in)	失效位移 *FD*(in)	安全储备(*FD*/*DD*)
试样 1(150 kip)	6.0	10.6	1.76
试样 2(500 kip)	9.0	>22	>2.44
试样 3(500 kip)	9.0	>22	>2.44
试样 4(500 kip)	9.0	>22	>2.44
试样 5(750 kip)	12.0	*	*

* 失效位移没有确定是由于测试设备的有限。

表 13-82　Skellerup Industries 公司测试 9—极限性能

测试产品	设计位移 *DD*(in)	失效位移 *FD*(in)	安全储备(*FD*/*DD*)
试样 1(150 kip)	6.0	13.2	2.2
试样 2(500 kip)	9.0	15.0	1.7
试样 3(500 kip)	9.0	17.1	1.9
试样 4(500 kip)	9.0	20.0	2.2
试样 5(750 kip)	12.0	*	*

* 失效位移没有确定是由于测试设备的有限。

表 13-83　Tekton Inc. Steel 橡胶支座测试 9——极限性能

测试产品	设计位移 *DD*(in)	失效位移 *FD*(in)	安全储备(*FD*/*DD*)
试样 1(150 kip)	6.0	*	*
试样 2(500 kip)	6.75	14.5	2.15
试样 3(500 kip)	6.75	16.7	2.47
试样 4(500 kip)	6.75	13.1	1.94
试样 5(750 kip)	10.0	**	**

* 失效位移没有数据是因为测试 1 的失效。

** 失效位移没有确定是由于测试设备的有限。

表 13-84 FIP 隔振支座测试 9——极限性能

测试产品	设计位移 *DD*(in)	失效位移 *FD*(in)	安全储备(*FD*/*DD*)
试样 1(150 kip)	6.0	12.9	2.15
试样 2(500 kip)	9.0	*	*
试样 3(500 kip)	9.0	21.5	2.39
试样 4(500 kip)	9.0	14.2	1.57
试样 5(750 kip)	12.0	14.5	1.21

* 失效位移没有确定是由于早期的失效。

表 13-85 R. J. Watson 公司产品测试 9——极限性能

测试产品	设计位移 *DD*(in)	失效位移 *FD*(in)	安全储备(*FD*/*DD*)
试样 1(150 kip)	2.5	5.2	2.1
试样 2(500 kip)	5.0	9.3	1.9
试样 3(500 kip)	5.0	9.3	1.9
试样 4(500 kip)	5.0	*	*
试样 5(750 kip)	5.0	8.4	1.7

* 失效位移没有确定是由于测试 6 中的作废。

表 13-86 Tekton 公司滚动支座测试 9——极限性能

测试产品	设计位移 *DD*(in)*	失效位移 *FD*(in)	安全储备◆(*FD*/*DD*)
试样 1(150 kip)	5.5	**	1.09
试样 2(500 kip)	8.25	**	1.09
试样 3(500 kip)	8.25	**	1.09
试样 4(500 kip)	8.25	**	1.09
试样 5(750 kip)	11.0	**	1.09

* 基于第一个测试结果修改设计位移。

** 失效位移没有确定是由于之前减少设计位移，见章节 4.8(单独产品报告)关于测试差异。

◆ 根据单独产品报告章节 4.8 测试差异计算的安全系数，不同的单独报告测试差异。

表 13-87 Earthquake Protection Systems 公司产品测试 9——极限性能

测试产品	设计位移 *DD*(in)	失效位移 *FD*(in)	安全储备(*FD*/*DD*)
试样 1(150 kip)	6.0	20*	3.38
试样 2(500 kip)	9.0	20*	2.22
试样 3(500 kip)	9.0	20*	2.22
试样 4(500 kip)	9.0	20*	2.22
试样 5(750 kip)	12.0	20*	1.67

* 由于测试产品的物理限制滑动点决定的失效的位移。

表 13-88　Oiles 公司产品测试 9——极限性能

测试产品	每个循环的最大激振力(kip)*					
	1.0×*DD*	1.1×*DD*	1.21×*DD*	1.33×*DD*	1.46×*DD*	1.61×*DD*
试样 1(50 kip)	24	18	17	17	15	14
试样 2(150 kip)	70	60	70	78	92	102
试样 3(150 kip)	60	65	76	84	93	100
试样 4(150 kip)	108	75	76	78	80	87
试样 5(250 kip)	135	165	190	200	205	212

* 循环中发生的最大力，大概发生在最大位移点附近。

表 13-89　Taylor 阻尼器测试 9——极限性能

测试产品	*DV*(in/s)	获得最大速度(in/s)	选定速度下(in/s)的激振力(kip)			
			0.5×*DV* 激振力(速度)	1.0×*DV* 激振力(速度)	1.5×*DV* 激振力(速度)	2.0×*DV* 激振力(速度)
试样 1(50 kip)	19	35.4	30(9.5)	46(19)	62(28.5)	76*(38)
试样 2(150 kip)	28	◆	◆			
试样 3(150 kip)	28	44.3	78(14)	122(28)	153(42)	182*(56)
试样 4(150 kip)	28	43.5	80(14)	125(28)	160(42)	188*(56)
试样 5(240 kip)	38	42.0	110(19)	169(38)	222*(57)	**

* 测试设备并不能达到的目标速度，激振力通过测试数据推断决定。

** 超过了测试设备能力，所要达到的速度通过现有数据不足以允许推测。

◆ 并未测试。详见单独测试报告章节 4.6 中的讨论。

表 13-90　Enidine 公司产品测试 9——极限性能

测试产品	*DV*(in/s)	获得最大速度(in/s)	选定速度下(in/s)的激振力(kip)			
			0.5×*DV* 激振力(速度)	1.0×*DV* 激振力(速度)	1.5×*DV* 激振力(速度)	2.0×*DV* 激振力(速度)
试样 1(50 kip)	20	**	**			
试样 2(150 kip)	20	**	**			
试样 3(150 kip)	20	37	45(10)	69(20)	103(30)	115*(40)
试样 4(150 kip)	20	34.6	45(10)	145(20)	176(30)	200*(40)
试样 5(240 kip)	20	**	**			

* 测试设备不能达到的目标速度，激振力通过测试数据推断决定。

** 由于之前的破坏未能测试。

13.8　泰勒公司阻尼器测试结果

在 HITEC 的测试中每种阻尼器测得的曲线多达 80 多条。下文节选出有代表性的部分泰勒阻尼器试样 1(50 kip)、试样 3(150 kip)以及试样 5(240 kip)的测试曲线(图 13-67～图 13-81)。此外，图中的测试序号为测试设备的内部编号，对于本报告的内容并无实际意义。这些曲线的名称请参阅列出的图表。

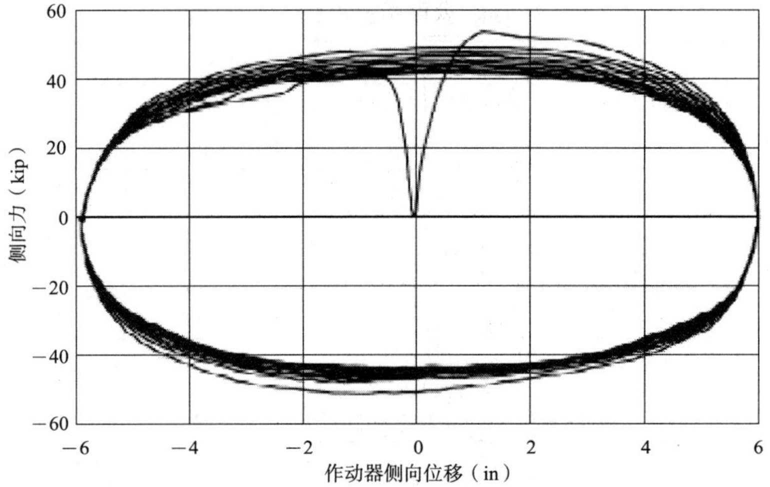

图 13-67　试样 1(50 kip)10 个周期循环力-挠度的稳定性细节

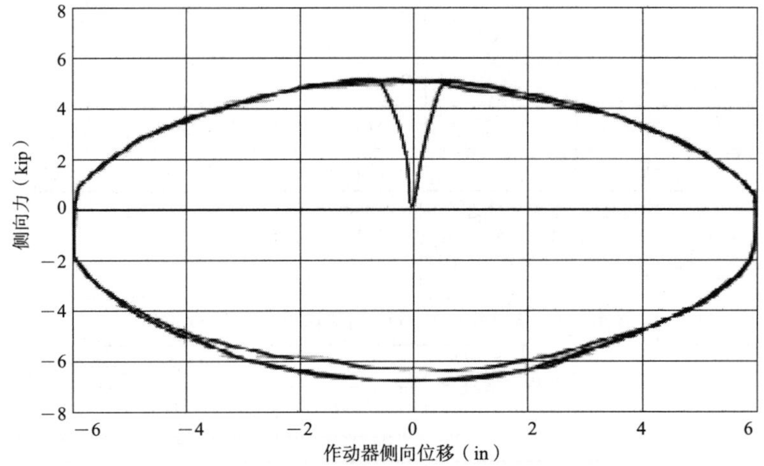

图 13-68　试样 1(50 kip)0.05Hz 力-挠度响应细节

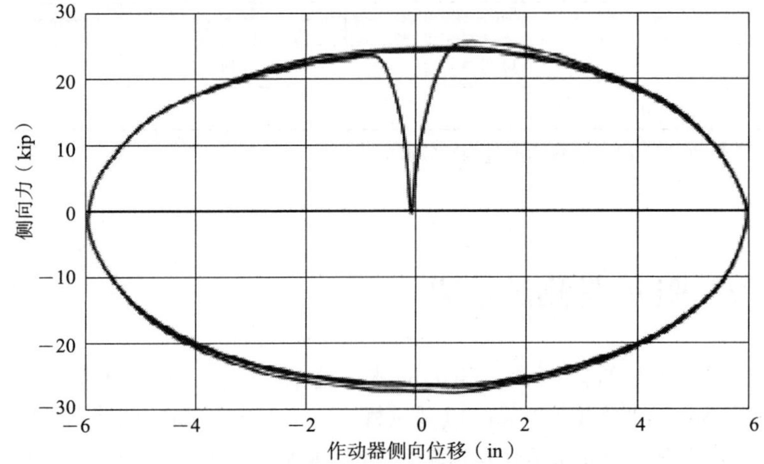

图 13-69　试样 1(50 kip)0.2Hz 力-挠度响应细节

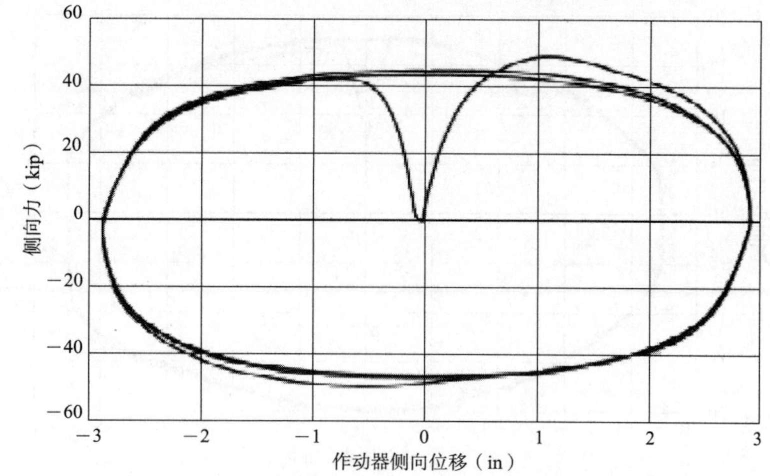

图 13-70 试样 1(50 kip)1.0Hz 力-挠度响应细节

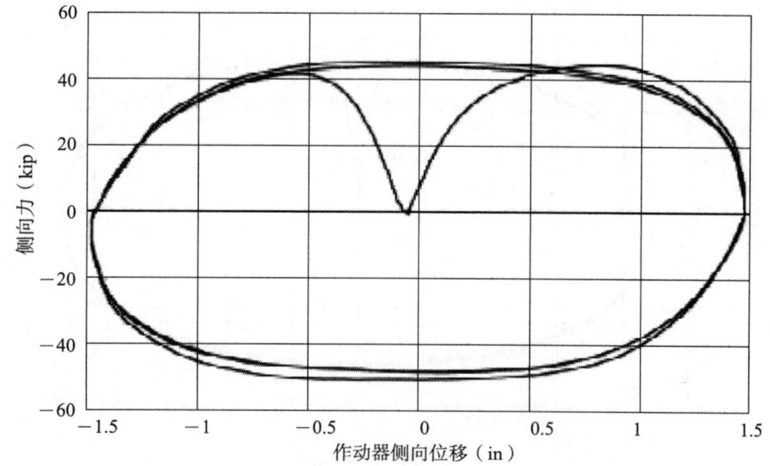

图 13-71 试样 1(50 kip)2.0Hz 力-挠度响应细节

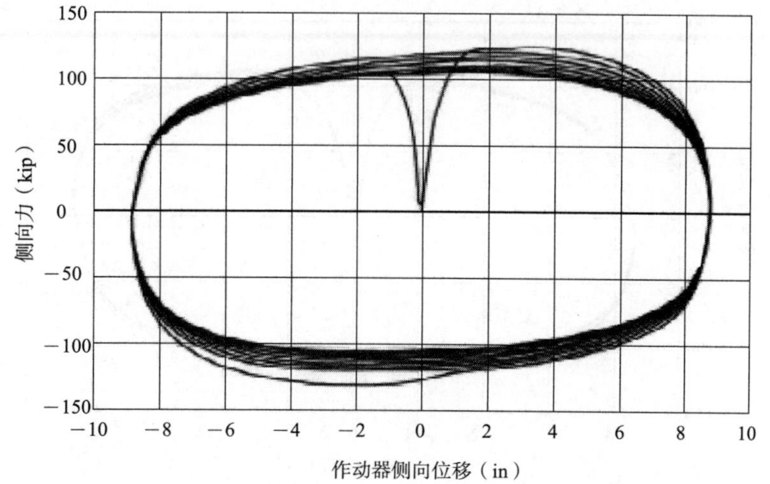

图 13-72 试样 3(150 kip)10 个周期循环力-挠度的稳定性细节

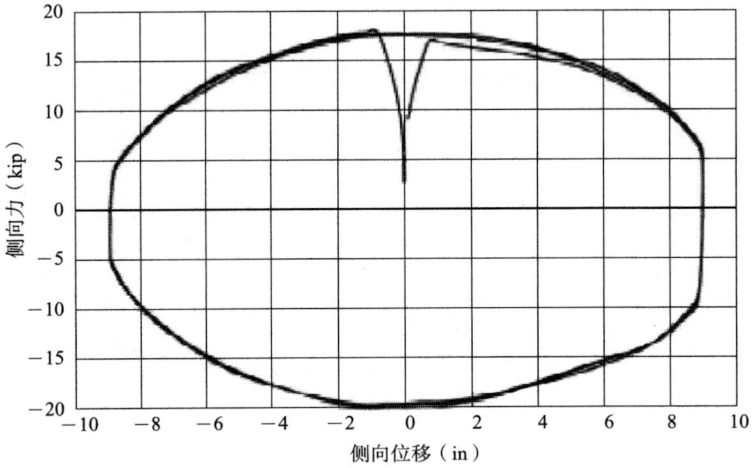

图 13-73　试样 3(150 kip)0.05Hz 力-挠度响应细节

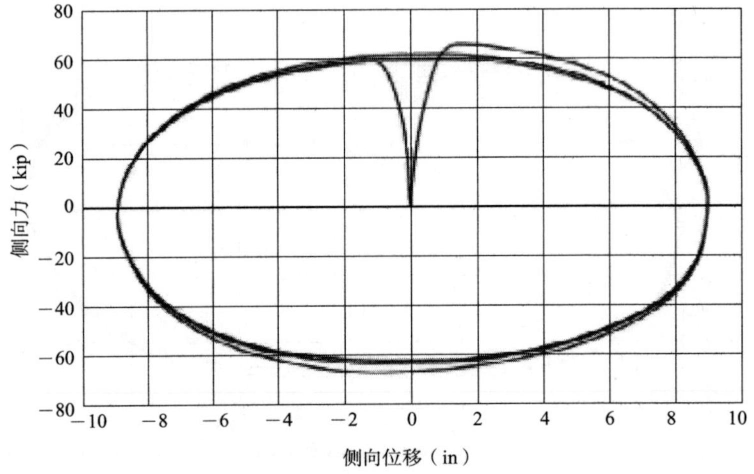

图 13-74　试样 3(150 kip)0.2Hz 力-挠度响应细节

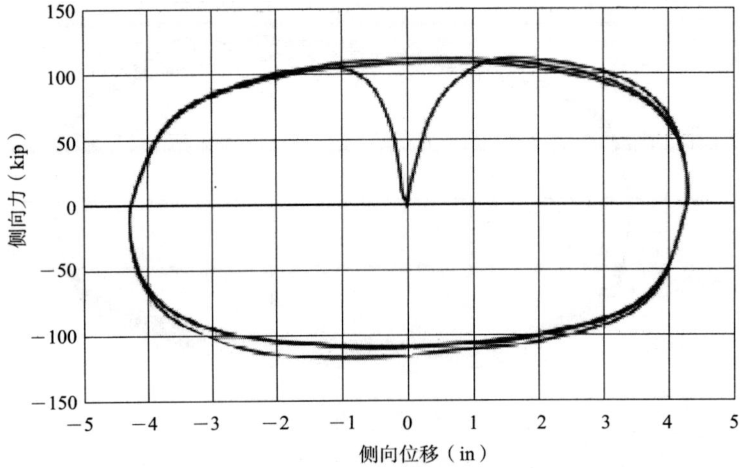

图 13-75　试样 3(150 kip)1.0Hz 力-挠度响应细节

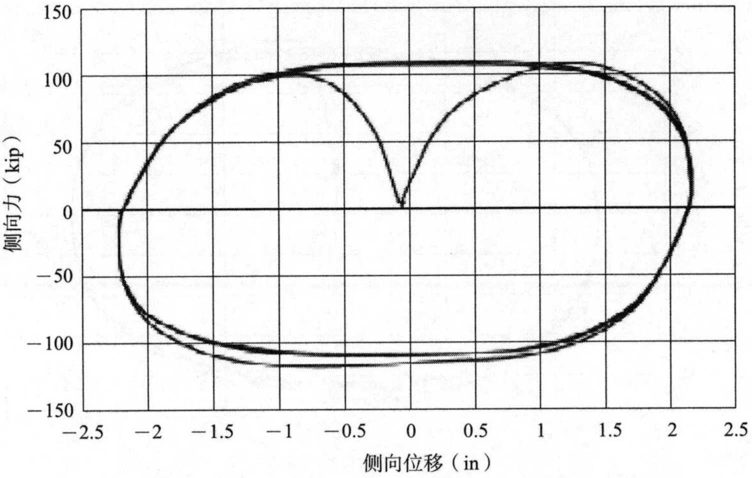

图 13-76　试样 3(150 kip)2.0Hz 力-挠度响应细节

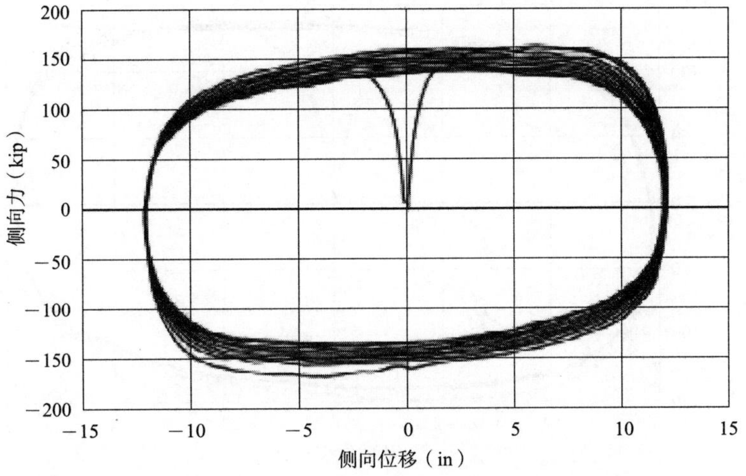

图 13-77　试样 5(240 kip)10 个周期循环力-挠度的稳定性细节

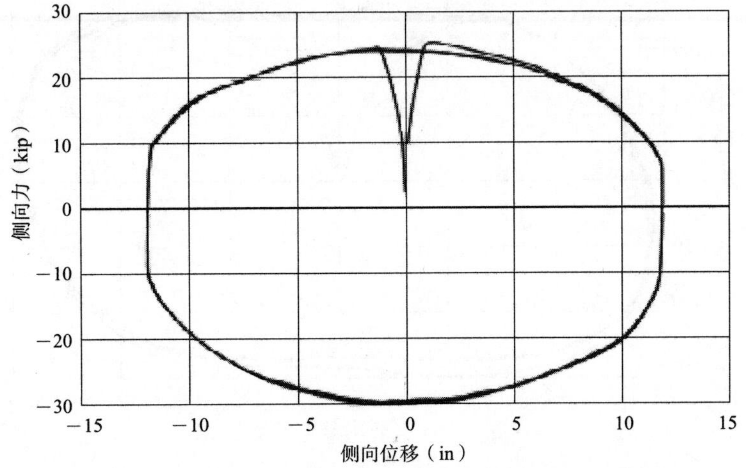

图 13-78　试样 5(240 kip)0.05Hz 力-挠度响应细节

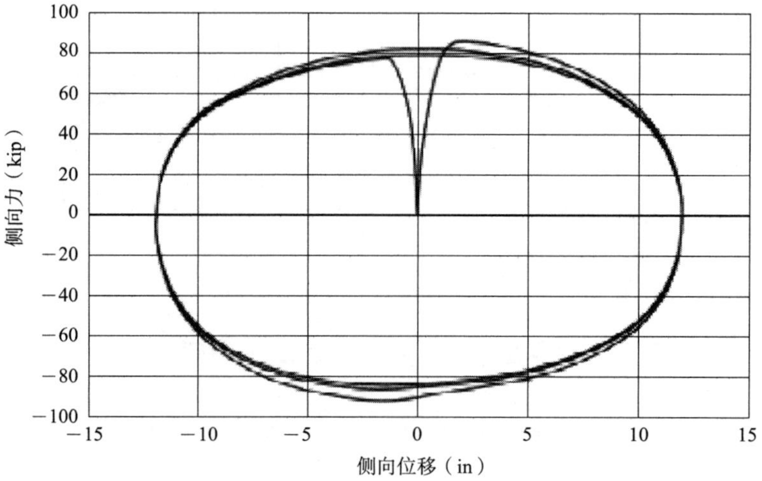

图 13-79　试样 5(240 kip)0.2Hz 力-挠度响应细节

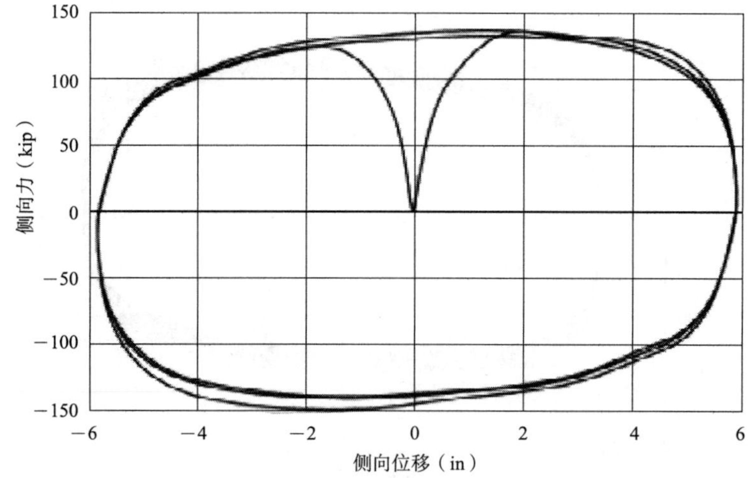

图 13-80　试样 5(240 kip)1.0Hz 力-挠度响应细节

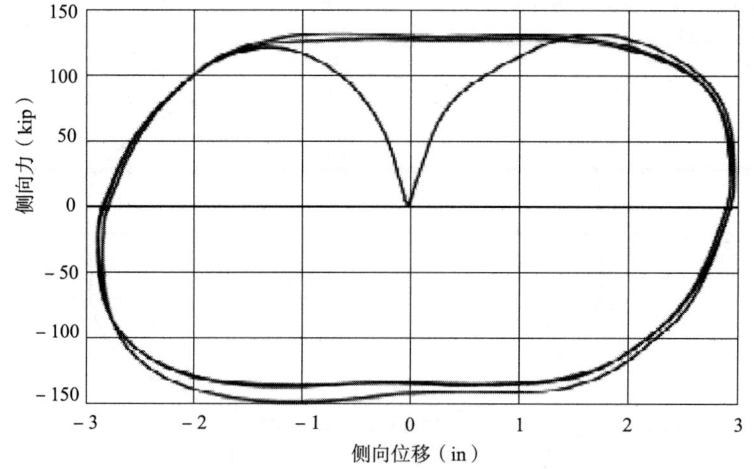

图 13-81　试样 5(240 kip)2.0Hz 力-挠度响应细节

14 摩擦摆支座测试

14.1 介　　绍

本文件给出了三层摩擦摆支座(Triple Pendulum Bearings,TP)拟采用的测试标准。提出的测试包括 ASCE7-05(及 2007 加州建筑规范修订版)所要求的原型测试、实时的原型测试以及实时质量控制(产品)测试。

实时原型测试目的是在给定的轴力和侧向位移区间确定每类 TP 支座的力-位移关系。这些测试的运行速度与实际地震激励类似。假定边界分析时,这些测试的结果可作为确定最大和最小有效刚度和耗能。

注册结构工程师根据本章 14.3.2 和 14.3.6 给出支座荷载和变形能力,制造商应对所生产的支座的荷载和变形能力负责。根据本文给出的测试规程并满足下面章节 14.3.2 和 14.3.6 的支座目标特性,制造商也应对支座的测试负责。制造商应向注册结构工程师提供所有本文件要求的所有文件。

14.2 总体要求

在 TP 测试过程中应满足如下条件:

(1)所有测试的支座样本应采用全尺寸,隔振支座图的尺寸可参见本章结尾的图 14-1 和图 14-2。

(2)在加工制造原型支座前,制造商应向注册结构工程师提供质量确认/质量控制(QA/QC)技术程序。

(3)所有测试环境温度应在 40℉和 80℉之间。

(4)所有用于隔振测力装置应根据校准标准进行校对,该校准标准可追溯到美国国家标准技术研究院(NIST),并应符合本测试标准。制造商应提供测试设备的操作说明,并提供用于力、位移和速度测试的设备校对信息。

(5)根据 2007CBC 章节 1707A.10 要求,应有专门检查人员观看所有原型测试和产品测试。专门检查人员的职责,包括但不限于如下方面:对产品的生产设备和测试设备以及包括第 4 项校对要求的周期检查,材料测试报告的审查以及对原型测试和产品测试不间断的特殊检查和审查。专门检查人员应尽其所能完成最终的署名报告,向注册结构工程师和 OSHPD 申述所监督的工作满足所达成的合同文件。对本工程的更多信息可参阅 OSHPD T. I. O. 。

(6)一名来自 OSHPD 和同行业评审小组的代表应有机会观察原型测试和产品测试。因此,在预先计划进行测试前的不少于 15 天之内,应向 OSHPD 和同行业评审小组提交测试通知。这份通知应包括日期、时间以及计划进行测试的地点。

(7)为获得 OSHPD 批准，应向注册结构工程师提交支座设计图纸、力-位移滞回曲线和每种支座的技术要求。

(8)制造商应由一名加州注册结构工程师提交设计技术文件，该文件作为提交原型测试文件一部分，向注册结构工程师提交原型隔振样品，以便 OSHPD 审阅并获得 OSHPD 批准。计算应最少包括根据下面章节 14.3.2 中第 2 条和第 4 条列出的位移和竖向荷载下，结构完整性和避免屈曲的稳定性，支座与混凝土垫石的锚固。计算报告应给出完整的计算额定载荷能力的假定，隔振支座设计公式的总结。

(9)对于每次测试，制造商所提交的报告应包括力-位移曲线，测得的摩擦系数、有效刚度、有效阻尼和每一周的耗散能量。制造商应提交用于医院总体计算模型的支座特性。所提供的参数值应包括设计地震和最大考虑地震下分析(DE 和 MCE)。支座特征应根据实时原型测试结果，应适用于并联模型。该并联模型指为在 ETABS 软件中 TP 支座采用两个连接单元模拟其多线性行为。制造商应提供所有测试的原始测试数据。

(10)由制造商提供的所有支座应符合本测试标准文件的要求。如隔振样本不符合要求，应进行维修或置换，并获得注册结构工程师和 OSHPD 的认可。经维修或置换的支座应重新测试，其性能符合测试验收要求。

(11)在原型支座装配和产品支座装配前，应提交测试、检查和观测计划，上报注册结构工程师和 OSHPD 审阅批准。在原型测试和产品支座测试前，制造商应向注册结构工程师和 OSHPD 提交测试计划。

(12)制造商应书面确保产品隔振支座与测试的原型支座在制造中采用相同的材料和办法，并符合本文件的产品支座验收标准。这份书面材料应由制造商公司领导进行签字确认。

(13)质量控制、原型和产品检测的费用应由制造商负责。对未能满足本文件要求而进行的重新制造、维修或重新测试的费用应由制造商负责。根据项目工程师的判断，为证明需替换而建议采用的测试程序或材料的可行性，可要求进行额外的原型测试。这些额外原型测试费用由业主支付。

(14)在隔振支座两相对立面和每一包装表面，均应对隔振支座永久性标记识别。每一获批的支座产品应标有类型、制造日期和序列号，以便识别。

(15)除本文件所注明的支座产品外，制造商应根据每种支座类型，额外提供两个支座作为备用支座，储存在建筑物中。

14.3　测试标准

本章概述了 TP 支座所有要求的原型和产品测试。

14.3.1　测试参数

在对测试进行说明中，所定义的测试参数采用了多种不同变量，这些变量以及其定义如下：

DL：恒载

LL：活荷载，根据 CBC 可折减

L_r：屋面活荷载

T_D：在设计地震位移(D_D)下的有效周期

T_M：在最大考虑地震位移(D_M)下的有效周期

D_W：在设计风载荷下隔振支座位移量

D_D：隔振支座的设计地震位移量

D_M：隔振支座的最大考虑地震(MCE)位移量

D_{TM}：隔振支座最大考虑地震(MCE)位移量(包括扭转效应)

D_{UP}：隔振支座的最大抗拔位移

K_{eff}：有效刚度(如 ASCE7-05 章节 17.8.3 定义)

P_{EM}：隔振支座最大考虑地震(MCE)竖向荷载，根据 ASCE7-05 章节 17.8.2.5 含竖向加速度效应

β_{eff}：有效黏滞阻尼(如 ASCE7-05 章节 17.8.3 所定义)

14.3.2　隔振支座要求

原型隔振支座的制造应满足本章给出的标准要求。

1. 目标侧向刚度和阻尼特性

在 14.3.4 节给出了名义轴向荷载下(见表 14-1 所示的支座概述)每一原型隔振支座应符合下列动态有效侧向刚度和阻尼特性：

(1)在设计地震位移 D_D下。

支座 TP-1

最小 K_{eff}=0.006 87 kip/in(注：假定 $\mu_2=\mu_3=0.02$，$\mu_1=\mu_4=0.06$)

最小 β_{eff}=31.9%

最大 K_{eff}=0.008 90 kip/in(注：假定 $\mu_2=\mu_3=0.02$，$\mu_1=\mu_4=0.095$)

最大 β_{eff}=36.9%

支座 TP-2

最小 K_{eff}=0.006 74 kip/in(注：假定 $\mu_2=\mu_3=0.02$，$\mu_1=\mu_4=0.06$)

最小 β_{eff}=29.4%

最大 K_{eff}=0.008 59 kip/in(注：假定 $\mu_2=\mu_3=0.02$，$\mu_1=\mu_4=0.095$)

最大 β_{eff}=32.3%

(2)在最大地震能力位移 D_M下。

支座 TP-1

最小 K_{eff}=0.005 08 kip/in(注：假定 $\mu_2=\mu_3=0.02$，$\mu_1=\mu_4=0.06$)

最小 β_{eff}=21.9%

最大 K_{eff}=0.006 08 kip/in(注：假定 $\mu_2=\mu_3=0.02$，$\mu_1=\mu_4=0.095$)

最大 β_{eff}=28.1%

支座 TP-2

最小 K_{eff}=0.005 06 kip/in(注：假定 $\mu_2=\mu_3=0.02$，$\mu_1=\mu_4=0.06$)

最小 β_{eff}=20.4%

最大 K_{eff}＝0.006 02 kip/in(注：假定 $\mu_2=\mu_3=0.02$，$\mu_1=\mu_4=0.095$)

最大 β_{eff}＝25.5%

在原型测试中，制造商应采用上述所列出的有效刚度和有效阻尼限值作为验收标准。每一原型支座的上述界限值，对于 D_D测试为 3 圈测试结果平均值，对于 D_M测试为 1 圈的测试值。原型测试给出的产品刚度和阻尼结果应满足上述验收规定。

如果测试结果不能满足上述刚度和阻尼限定值的要求，制造商应根据要求调整支座，重新测试直到达到要求，期间发生费用与业主无关。测试的峰值速度和轴向荷载应根据表 14-5 和表 14-6 取值。两个摩擦面的外侧半径应相等，两个摩擦面的内侧半径应相等。

2. 最小侧向位移

在不考虑第 5 摩擦阶段下，隔振支座应在最低程度上，具有下列侧向位移能力：

支座 TP-1：35.2 in。

支座 TP-2：35.7 in。

3. 重力荷载要求

在均布荷载形式下，考虑最小为 1 的安全系数，隔振支座所能承受 14.3.3 节给出的最大无调整参数的重力荷载。

4. 地震荷载要求

在最低安全系数为 1 的最大侧向位移下，隔振支座可承载根据 14.3.3 节给出的最大无调整参数的重力载荷。

5. 额定剪切荷载能力

隔振支座应能够承载如下最大水平剪切荷载，由原型测试经加载至破坏验证：

支座 TP-1：300 kip(竖向载荷最大 1 800 kip 及侧向位移最低 37.2 in)。

支座 TP-2：450 kip(竖向载荷最大 2 500 kip 及侧向位移最低 37.5 in)。

6. 水平轴向转动能力

水平轴向转动能力应达到±2°(在安装和负载状态上下表面转动)。

7. 尺寸限定

隔振支座最大的平面和高度尺寸不应超过图 14-1 和图 14-2 所示的最大尺寸值。

8. 运输用固定板和螺栓

制造商应在每一支座所有四边提供固定板和螺栓。

9. 抗剪键和锚栓连接

制造商应提供用于支座与混凝土底座连接用的带丝扣抗剪键和锚栓连接。

10. 周圈保护密封

制造商应提供连接在内部滑块两端的橡胶套。橡胶套在设计中所采用的位移量应能够适应并保证内部滑块位移能力。

14.3.3 隔振类型

新斯坦福医院采用的隔振装置根据所支承的轴向荷载可分为两种不同的类型。表 14-1 中汇总了这两种隔振装置，并包括了额定竖向荷载能力。

额定竖向载荷能力是根据制造商技术标准定义的支座所能够安全承载的上部载荷。支座制造商应对所设计的支座达到测试标准负责。风限位系统不应包含在这些装置中。

表 14-1 各类隔振支座汇总

支座信息			最小额定竖向载荷能力*	
支座类型	支座编号	支座数量**	$DL+LL$	$DL+LL+P_{EM}/1.4$***
TP-1(裙房)	FPT15651-16	153	2 170 kip	2 170 kip
TP-2(主楼)	FPT15663-28	36	3 900 kip	8 550 kip

* 非厂家提供荷载,由 EPS 根据计算验证的能力。

** 不包括额外用于测试的两件支座,这两件采用与量产支座相同的技术要求制造。

*** 不包括竖向加速度效应。

14.3.4 竖向荷载定义

测试规定中所指定的竖向荷载组合由下面的表 14-2 进行定义。这些竖向荷载工况可参照原型和产品测试次序的说明。依据 ASCE7-05 第 12.4.2 节,在最大考虑地震工况(MCE)时的地震力 P_{EM},包括水平和竖向效应。

表 14-2 竖向荷载组合

竖向荷载定义	符号	荷载组合
名义重力荷载(平均)	P_{nom}	$DL+0.5LL$
最大竖向荷载(平均)	P_{max}	$1.2DL+0.5LL+P_{EM}$
最小竖向荷载(平均)	P_{min}	$0.9DL-P_{EM}$

14.3.5 原型测试要求

所给出的原型测试要求基于 ASCE7-05 第 17.8.2、17.8.3 和 17.8.4 节。

1. 一般要求

(1)每种测试共计两套。

(2)原型支座不能运输并用于工程。

ASCE 7-05 原型测试程序和验收标准。根据 ASCE7-05 17.8 节,下文表 14-3 给出了每一原型试件完整的测试程序。表 14-3 中每一测试的程序和循环次数参照 ASCE7-05 17.8.2.2。对应这些标准的验收标准序号见表 14-3,表 14-4 给出了每一测试的参数值。

表 14-3 ASCE 7-05 原型测试程序

测试	参照标准	平均竖向载荷	侧向位移	峰值速度	循环测试	验收标准序号
FPT-1	ASCE 7-05 17.8.2.2#1	P_{nom}	D_w	≥2 in/s	20	1,4,5
FPT-2	ASCE 7-05 17.8.2.2#2	P_{nom}	$0.25D_D$	≥2 in/s	3	1,2,3,4,5
FPT-3	ASCE 7-05 17.8.2.2#2	P_{nom}	$0.5D_D$	≥2 in/s	3	1,2,3,4,5
FPT-4	ASCE 7-05 17.8.2.2#2	P_{nom}	$1.0D_D$	≥2 in/s	3	1,2,3,4,5
FPT-5	ASCE 7-05 17.8.2.2#2	P_{nom}	$1.0D_M$	≥2 in/s	3	1,2,3,4,5
FPT-6	ASCE 7-05 17.8.2.2#2	P_{max}	$0.25D_D$	≥2 in/s	3	1,2,3,4,5
FPT-7	ASCE 7-05 17.8.2.2#2	P_{max}	$0.5D_D$	≥2 in/s	3	1,2,3,4,5

续上表

测试	参照标准	平均竖向载荷	侧向位移	峰值速度	循环测试	验收标准序号
FPT-8	ASCE 7-05 17.8.2.2#2	P_{max}	$1.0D_D$	≥2 in/s	3	1,2,3,4,5
FPT-9	ASCE 7-05 17.8.2.2#2	P_{max}	$1.0D_M$	≥2 in/s	3	1,2,3,4,5
FPT-10	ASCE 7-05 17.8.2.2#2	P_{min}	$0.25D_D$	≥2 in/s	3	1,2,3,4,5
FPT-11	ASCE 7-05 17.8.2.2#2	P_{min}	$0.5D_D$	≥2 in/s	3	1,2,3,4,5
FPT-12	ASCE 7-05 17.8.2.2#2	P_{min}	$1.0D_D$	≥2 in/s	3	1,2,3,4,5
FPT-13	ASCE 7-05 17.8.2.2#2	P_{min}	$1.0D_M$	≥2 in/s	3	1,2,3,4,5
FPT-14	ASCE 7-05 17.8.2.2#3	P_{nom}	$1.0D_{TM}$	≥2 in/s	3	1,4,5
FPT-15	ASCE 7-05 17.8.2.5	P_{max}	$1.0D_{TM}$	≥2 in/s	1	1,4,5
FPT-16*	CBC 1614A1.19	P_{nom}	$D_{TM}/2$, D_{TM}	≥0.1 in/s	NA	4,5
FPT-17*	CBC 1614A1.19	P_{nom}	$D_{TM}/2$, D_{TM}	≥0.1 in/s	NA,3	1,2,3,4,5
FPT-18	ASCE 7-05 17.8.2.2#4	P_{nom}	$1.0D_{TD}$	≥2 in/s	15	1,4,5

* 根据 CBC 章节 1614A1.19 要求,追加抗拔测试程序,定义如下:

FPT-16:加载 P_{nom},施加侧向位移到 D_{TM},而后复位至零。卸载支座,上抬 D_{UP} 并施加位移 $D_{TM}/2$,重新加载至 P_{nom},增大位移到 D_{TM},复位至零。

FPT-17:加载 P_{nom},施加侧向位移到 D_{TM}。卸载支座,上抬 D_{UP} 并复位至零。重新加载至 P_{nom},施加侧向位移幅值到 $D_{TM}/2$,循环三周。

2. 项目给定测试参数值

表 14-3 所使用的测试参数值通过下文表 14-4 对每种支座类型给出定义。每一值经校验后将作为货物包装许可的计算部分进行提交,这些所提供的值仅供参考。

表 14-4 ASCE 7-05 原型测试参数值

参　数	TP-1	TP-2
P_{nom}	652 kip	2 108 kip
P_{min}	300 kip	357 kip
P_{max}	1 180 kip	5 116 kip
D_W	2 in	2 in
D_D	16 in	16 in
D_{TD}	17.6 in	17.6 in
D_M	32 in	32 in
D_{TM}	35.2 in	35.2 in
D_{UP}	1.75 in	1.75 in

(1)ASCE 7-05 原型测试验收标准

如下验收标准的定义可参照表 14-3 中给出的数字,这些定义基于 ASCE7-05 的 17.8.4 章节的要求。

1)所有测试的荷载-位移曲线需要具有正向递增的承担载荷的能力。

2)在每一竖向荷载工况,对于每次位移的增长,三周循环测试的有效刚度之间的偏差和有效刚度的平均值不大于 15%。

3)在每一竖向荷载工况，对于每次位移的增长，一个类型和尺寸相同的支座，其两个测试样本在每次循环测试中的有效刚度差别与平均值差别不大于15%。

4)支座应保持稳定。

5)滑块应始终保持在上下凹盘的挡圈内。

6)初始循环的 K_{eff} 与最后一周循环的 K_{eff} 偏差不大于±20%。

7)初始循环的 β_{eff} 与最后一周循环的 β_{eff} 偏差不大于±20%。

(2)ASCE7-05 原型测试测试后检查标准

对所有完成测试的每一原型支座，支座各部件均按如下验收标准进行检查：

1)不应出现支座不稳定或结构强度能力的永久损失。

2)所有四个滑动表面中，至少50%的支座薄层材料应保持在70%的滑块滑动面积之上。在测试前和测试后，由业主的专门检查人员对11个测点采用量器对薄层材料的厚度进行测量。测量点应根据图14-3确定。测试前，应按要求对支座加载并循环，以便将支座的薄层坐实，确保在开始测试时薄层厚度更为均匀。11个测点薄层材料厚度的测量应在坐实支座后、开始测试之前进行。

3. 原型支座质量控制检测

在实时的原型测试程序之前，对于每个原型试样都应进行适当的质量控制测试。质量控制测试参数与隔振产品进行的产品测试相同，详见14.3.6章节。这些测试，即QC-1和QC-2，应用于验证支座性能在章节14.3.2给出的许可范围之内，并作为验证此后的产品测试结果的基准。表14-5和表14-6分别描述了测试QC-1和QC-2。

表 14-5 TP-1 型隔振支座原型质量控制测试

测　试	目　的	平均竖向载荷(kip)*	侧向位移(in)**	最小频率(Hz)	循环次数
QC-1	抗震性能	P_{nom}	D_D	0.20	3

* 平均允许偏差±10%。

** 每周偏差±1 in。

表 14-6 TP-2 型隔振支座原型质量控制测试

测　试	目　的	平均竖向载荷(kip)*	侧向位移(in)**	最小频率(Hz)	循环次数
QC-2	抗震性能	P_{nom}	D_D	0.20	3

* 平均允许偏差±10%。

** 每周偏差±1 in。

原型支座质量控制测试验收标准：

(1)如章节14.3.2所述，三周平均有效刚度应在 K_{eff} 目标限定值内。

(2)如章节14.3.2所述，三周平均的每个循环有效阻尼在目标有效阻尼限值内。

4. 实时原型测试

实时原型测试将对每种支座类型中的两个试件进行，即TP-1和TP-2。表14-7和表14-8给出了测试参数。这些测试专门针对产品，测试参数对于支座型号是标准的，与工程特定的力和位移需求无关。对于所有测试，随着每次指定位移量的增大，通过测量的侧向荷载除以测量的竖向荷载，除以测量的侧向位移，经计算得到有效刚度。进而，计算得到的有效刚度单位为1/in。每个支座的第一周和第一个四分之一特性(K_{eff}，β_{eff}，最大剪切系数)应在测试报告中给出。有效阻尼可从实验得到的力-位移滞回曲线的面积计算得到。此外，摩擦系数的平均值以及每次测试中每一循环的最大速度应在报告中给出。关于测试的程序和测试结果的处理应在报告中给出。测试频率基于支座自然摆动，大致周期为 5 s，可通过产品的滑块高度、凹盘的弧度几何尺寸得到。由于实时测试中潜在的热效应，制造商可根据需要对试件进行冷却。

由于实时原型测试的目的是在不同轴向荷载下，基本确定目标支座的最大和最小刚度和阻尼特性，与 ASCE7-05 测试所列的项目类似，此处没有给出验收标准。

5. 原型测试程序

TP-1 和 TP-2 测试程序总结如下：

TP-1：QC-1，P-1～P-5，FPT-1～FPT-18。

TP-2：QC-2，P-1～P-5，FPT-1～FPT-18。

根据制造商的判定，在所有质量控制和所有实时测试完成后，支座薄层可以进行替换。

表 14-7　试样 TP-1 实时原型测试程序

测　试	目　的	平均竖向载荷(kip)*	侧向位移(in)**	最小频率(Hz)	循　环
P-1	抗震性能	652	(8,16,24,32)	0.20	在相应位移下循环 1 周
P-2	抗震性能	300	(8,16,24,32)	0.20	在相应位移下循环 1 周
P-3	抗震性能	900	(8,16,24,32)	0.20	在相应位移下循环 1 周
P-4	抗震性能	1 200	(8,16,24,32)	0.20	在相应位移下循环 1 周
P-5	抗震性能	1 800(最小)	37.2	0.004 17	1

* 平均允许偏差±10%。

** 每周偏差±1 in。

表 14-8　试样 TP-2 实时原型测试程序

测　试	目　的	平均竖向载荷(kip)*	侧向位移(in)**	最小频率(Hz)	循　环
P-1	抗震性能	2 108	(8,16,24,32)	0.20	在相应位移下循环 1 周
P-2	抗震性能	600	(8,16,24,32)	0.20	在相应位移下循环 1 周
P-3	抗震性能	1200	(8,16,24,32)	0.20	在相应位移下循环 1 周
P-4	抗震性能	2500	(8,16,24,32)	0.20	在相应位移下循环 1 周
P-5	抗震性能	2 500(最小)	37.5	0.004 17	1

* 平均允许偏差±10%。

** 每周偏差±1 in。

14.3.6　产品测试标准

安置到建筑中的每个支座都应进行产品测试。与原型阶段成功完成测试的原型支座相呼应，所测试的支座应采用同样的尺寸、类型以及相同材料。报告中应给出每次测试中每周和三圈的平均摩擦系数。针对 TP-1 的表 14-9 和 TP-2 的表 14-10 分别列出产品测试内容。

制造商应对每一测试过的支座逐次给出在位移 D_D 下的有效刚度。如任意连续十个支座(如，支座号 1～10、2～11，3～12 等)刚度平均值超出或低于所有支座平均刚度的 10%，应将结果向设计师报告并审查。实际测试结果经检查后确定是否需要将支座不连续设置，以便降低摩擦值不均衡贡献的可能性。

表 14-9 试样 TP-1 实时产品测试

测 试	目 的	平均竖向载荷(kip)*	侧向位移(in)**	最小频率(Hz)	循 环
TP-1	验证产品量产支座抗震性能	P_{nom}	D_D	0.20	3

* 平均允许偏差±10%。

** 每周偏差±1 in。

表 14-10 试样 TP-2 实时产品测试

测 试	目 的	平均竖向载荷(kip)*	侧向位移(in)**	最小频率(Hz)	循 环
TP-2	验证产品量产支座抗震性能	P_{nom}	D_D	0.20	3

* 平均允许偏差±10%。

** 每周偏差±1 in。

14.3.7 产品测试验收标准

(1)所有测试的荷载-位移曲线需要具有正向递增的承担载荷的能力。

(2)所有四个滑动表面中，至少95%的支座薄层材料应保持在95%的滑块滑动面积之上。应对每种支座头两个量产支座，以及5%的所有产品支座(随机抽取)采用目测和仪器检测两种方式进行评估，对其余支座可采用目测方式评价本条规定。对需要采用仪器测量的支座，应采用量规，有业主的检测人员对支座11个测点分别在测试前后对薄层材料厚度进行测量，测量位置参见后面图3。在测试前，应按要求对支座加载并循环，以便将支座的薄层坐实，确保在开始测试时薄层厚度更为均匀。对5%随机挑选的支座产品，11个测点薄层材料厚度的测量应在坐实支座后、开始测试之前进行。

(3)每个支座单元平均三周循环的动态有效刚度和有效阻尼应在如下限定值以内。

支座 TP-1：

最小 K_{eff}=0.006 537 kip/in

最小 β_{eff}=30.3%

最大 K_{eff}=0.009 53 kip/in

最大 β_{eff}=38.7%

支座 TP-2：

最小 K_{eff}=0.006 40 kip/in

最小 β_{eff}=27.9%

最大 K_{eff}=0.009 02 kip/in

最大 β_{eff}=33.9%

(4)对某组类型的隔振支座，所有支座的平均三周循环的动态有效刚度和有效阻尼应在如下限定值以内：

支座 TP-1：

最小 K_{eff}=0.006 87 kip/in

最小 β_{eff}=31.9%

最大 K_{eff}=0.008 90 kip/in

最大 β_{eff}=36.9%

支座 TP-2：

最小 K_{eff}＝0.006 74 kip/in

最小 β_{eff}＝29.4%

最大 K_{eff}＝0.008 59 kip/in

最大 β_{eff}＝32.3%

(5)每一周循环测试的有效刚度与平均三周循环的刚度之间的偏差不大于±15%。

(6)在周长 4 in 覆盖层范围内不应出现非焊接断裂或大于 1/4 in 的出平面变形。如果出现非焊接断裂或大于 1/4 in 的出平面变形，应要求对支座进行修补并重新测试以证明其完好。

14.4　提交文件

本章列出所有需要提交的文件。

14.4.1　综　　述

在项目开工前，根据此处所提要求，应向项目设计师提交书面文件。关于涵盖项目细节特征以及验证符合性能要求的审查文件；对未能涵盖的数量、比例或尺寸进行审查；依照本章节这一复核审查不能免除制造商在项目实施中的责任。所提交的文件包括尺寸采用英制单位并采用英语进行书写。

14.4.2　设计计算

计算结果应附有完整表格形式的合订本。计算结果应逐页编排序号，应采用编号进行章节划分；计算文件应由制造商具有加州注册结构工程师资质的结构工程师进行准备、盖章并签名。

14.4.3　支座图纸

(1)支座图纸应包括总体的尺寸、螺栓孔位置、偏差以及其他便于配合的必要信息。支座图纸应盖章并由制造商的结构工程师签名，并给出足够的信息以便在采用时程反应分析中建立隔振支座模型。

(2)所提交的各隔振支座图纸应包括支座总体尺寸、板厚、螺栓孔位置和大小、支座重量和组件材料类型。

14.4.4　产品数据

隔振支座产品数据：

(1)产品技术规范。

(2)质量控制标准和规范。

(3)产品储存、运输和安装指导。

(4)五十年的例行维护和检查要求时间表。

(5)用图表表明支座耐久性的技术资料，耐久性包括支座抵御温度效应、湿度、老化、蠕变、疲劳以及其他环境效应的能力；文件包括技术资料或计算，用图表表明支座在火灾情况下可足以承载竖向荷载。

卖家应保证在从提交支座之日起的最低十年的周期内，隔振支座在设计、材料、工艺和性能等方面的缺陷免除。

14.4.5 鉴定证书

(1)测试设备校准要求:所有进行支座测试的荷载度量设备应符合相关规范,进行的校核应按照校核测试标准,并有确定的关系可追溯至美国国家标准与技术研究院(National Institute of Standards and Technology,NIST)。制造商应提供测试设备操作说明,提供关于力、位移和速度测试仪器校核的信息。

(2)材料:制造商应具有包括不锈钢叠合层在内的钢棒和钢板的原始材料测试报告,并有特殊检验人员审查。铸造部件的材料测试鉴定应包括拉伸强度、屈服强度和延伸能力,并符合现行的 ASTM 材料规范。一种材料的检测证书最低要求应提供各自的铸造日期。

14.4.6 检测计划

在开始进行支座的原型测试前至少 7 个自然天,向工程师提交每一阶段测试大致的时间安排计划,并根据变化对计划进行更新并提交。

14.4.7 原型支座测试办法

在开始进行支座的原型测试前至少 7 个自然天,向工程师提交草拟的说明,包括建议的测试设备和本文件所指定的详细的测试步骤。测试办法应符合本文件给出的荷载、位移和速度要求。

14.4.8 支座产品测试程序(质量控制)

在开始进行支座的产品测试前至少 7 个自然天,向工程师提交草拟的说明,包括建议的测试设备和本文件所指定的详细的测试步骤。测试办法应符合本文件给出的荷载、位移和速度要求。

14.4.9 测试报告

所有支座的原型和产品测试报告应由制造商负责,测试工程师签字认可。制造商提供的力-位移特征值应根据曲线 ASCE7-05 第 17.8.3 节的公式给出。

(1)原型支座测试报告:在完成测试后的 14 个自然日内向工程师提交原型支座测试报告。在工程师对原型支座测试报告批准前对产品进行安装将视为制造商自身的风险。报告应包括本文件所指定的支座测试的所有测试数据以及原始的数据文件。

(2)支座产品测试报告:在完成测试后的 14 个自然日内向工程师提交每一支座的产品测试报告。报告应包括本文件所指定的支座测试的所有测试数据以及原始的数据文件。

(3)最终支座产品测试报告:在完成所有支座产品测试后,支座产品测试的所有测试报告应以合订本形式给出文件,标题为“最终支座产品测试报告”。在完成所有支座产品测试后的 14 个自然日内向工程师提交每一支座的产品测试报告。

(4)证书:制造商应书面确定隔振支座产品符合所有适用的标准和技术要求。证书应由制造商的公司领导以及制造商的测试工程师负责人签署并负责。

14.4.10 排　　序

制造商应对每一测试过的支座逐次给出在位移 D_D 下的有效刚度。如任意连续十个支座(如,支座号 1~10、2~11,3~12 等)刚度平均值超出或低于所有支座平均刚度的 10%,应将结果向设计师报告并审查。实际测试结果经检查后确定是否需要将支座不连续设置，以便降低摩擦值不均衡贡献的可能性。

14.4.11　支座特性

在采用DE和MCE分析复核时，制造商应提交推荐的支座特性值。这些特性应基于实时原型测试结果。

14.4.12　维护和检查计划

对于TP支座，制造商应提交维护和检查计划。

14.5　测试和检查

14.5.1　注意事项

(1)承包人应通知工程专门检查人员进行测试和检查。所发通知应给出足够的准备时间，以便安排计划进行测试和检查，不应少于48 h。

(2)如专门的检查人员指出质量保证测试和进行检查的要求没有得到满足时，承包人应立即通知项目工程师。

14.5.2　质量担保检查

(1)质量担保检查应属于业主的职责。业主应雇佣专门的检查人员，负责进行所要求的检查，准备审查的书面总结报告，并审查提交文件。

(2)由专门检查人员进行的检查应根据CBC第17章以及本文所述由制造商所进行的工作。

(3)制造商应提供条件，在普通工作期间的任何时间让专门检查人员进入加工和测试场地，执行特定的检查工作。

(4)专门检查人员应对制造的如下阶段和方面以及隔振支座的测试进行审查：

1)生产装置。

2)测试设备。

3)原型和产品支座。

①产品支座加工过程的检查应遵循制造商的质量控制标准和规程进行。

②对支座的原型和产品测试的检查应连续进行。

(5)专门检查人员应向项目工程师提交检查报告。如工程未能遵守本文件项目应立即通知工程师和制造商。

(6)专门检查人员应对材料测试报告、原型支座测试报告和产品支座测试报告进行审查，专门检查人员也应对所有属于隔振支座组装和测试的所有递交的材料进行审查。

(7)专门检查人员应向项目工程师提供最终署名的报告，证明所有需要检查的工作符合据CBC以及本章要求。

14.5.3　质量控制测试

(1)质量控制测试属于制造商的职责。关于质量控制测试有三种类型：

1)在支座制造的不同阶段对支座组件进行测试。这些测试是按制造商的质量控制标准和规格要求进行的。

2)对全尺寸原型支座所执行的测试,用于建立和验证隔振系统的设计特性。这些测试在章节 14.3.5 中给出。

3)结合压缩-剪切测试对全尺寸支座进行实时测试。测试要求参见章节 14.3.5。

(2)制造商应根据他们的质量控制标准和规范实施需要的测试。测试结果应提交给专门检查人员进行审核。

(3)应根据本文实施支座的原型和产品测试。

(4)制造商应支付质量控制、支座的原型和产品测试的费用。由于支座不能满足本文的要求引起的重新制造、维修或重新测试支座的费用由制造商支付。根据项目工程师的判断,为证明需替换而建议采用的测试程序或材料的可行性,可要求进行额外的原型测试。这些额外原型测试费用由业主支付。

(5)在装配和测试工作中,除一些专利信息外,办公期间业主的检查人员应能够无障碍进入支座装配车间和支座测试场地。

14.6　包装、存储和交付

(1)支座产品的包装应安装临时固定装置,包装应允许铲车加载和运输。

(2)应小心运输隔振支座和各部件,以免破坏、毁损,不得有压痕或划痕。不应递交损坏的隔振支座或部件,有损坏时应采用新的更换。

(3)将支座存储在干燥整洁的地方。保护支座远离灰尘、烟气、建筑垃圾和物理性损坏。

(4)承包人应提供条件,以便支座在安装时的次序与装配和交付的顺序不同。任何次序的要求将基于支座的产品测试结果。

14.7　材　　料

(1)支座凹面和滑块组件:ASTM A536,A576 1045 级或相当材料。

(2)主凹面滑动表面:不锈钢 ASTM A240,304 级或相当材料,最小厚度为 0.10 in。

(3)铸造材料:可锻铸铁材料 ASTM A536,最小极限强度 60 ksi,最小屈服强度 40 ksi,最小延伸率 12%。

(4)支座薄层:主滑动凹面薄层材料应采用非金属、自牺牲固体润滑型,为阻尼和刚度提供需要的性能和偏差。支座薄层最小厚度 0.03 in,可为消能、连续的磨损和连续执行在测试规程中注明的所有测试,满足规范的要求提供预期的性能。支座薄层材料的压缩强度最低 40 ksi。

(5)外围保护密封:二元乙丙(Ethylene Propylene,EPDM),用不锈钢箍与挡圈相连。内部与滑块凹面相连的密封采用二元乙丙。

(6)锁定板:ASTM A36,A572 或相当材料。

(7)锁定板螺栓和锚固螺栓:A490N 或 A354N BD 或相当材料。

(8)用于锚固螺栓的螺纹插件:圆 1045(冷拔)或相当材料。

(9)底漆:富锌聚氨酯底漆,90-97 系列富锌或相当材料。

(10)涂装:除不锈钢和支座薄层表面外,所有暴露表面和内部钢表面应采用喷砂清洁至SSPC/SP-6,喷涂聚氨酯富锌底漆,最小 DFT 3 mil,聚氨酯面漆,最小 DFT 2 mil。临时锁定板以及与在安装后与其他钢板、砂浆或混凝土相接触的上下支座外表面,应采用喷砂清洁至SSPC/SP-6,采用一层最小 DFT 2mil 的底漆喷涂。

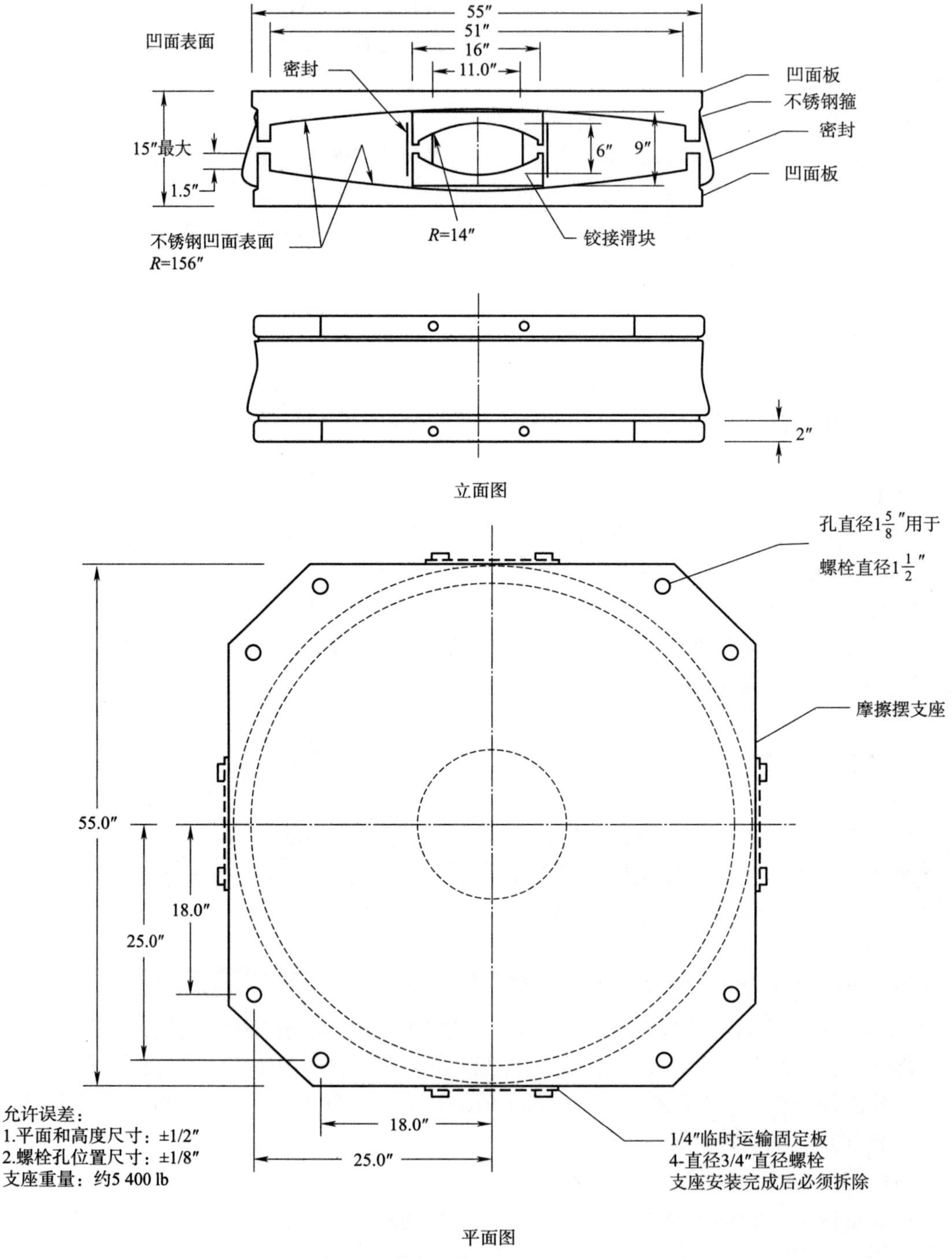

图 14-1 支座 TP-1(裙楼),EPS 型号-FPT1561/16-14/11-6

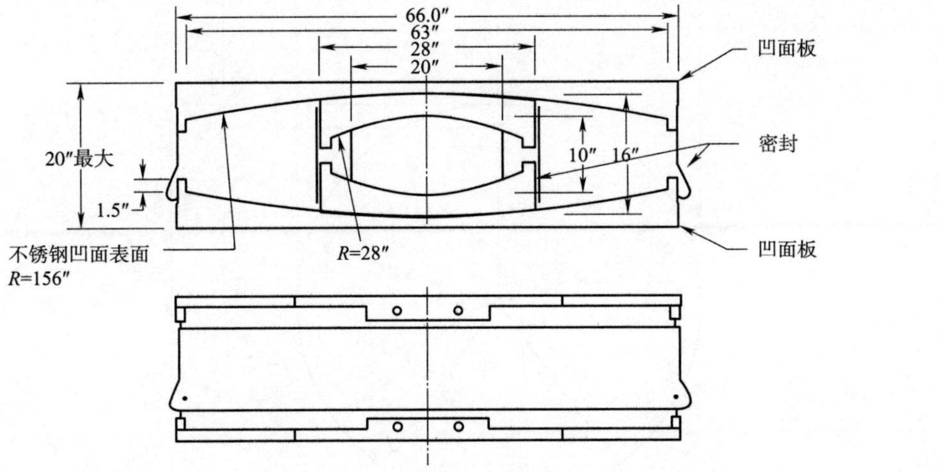

立面图

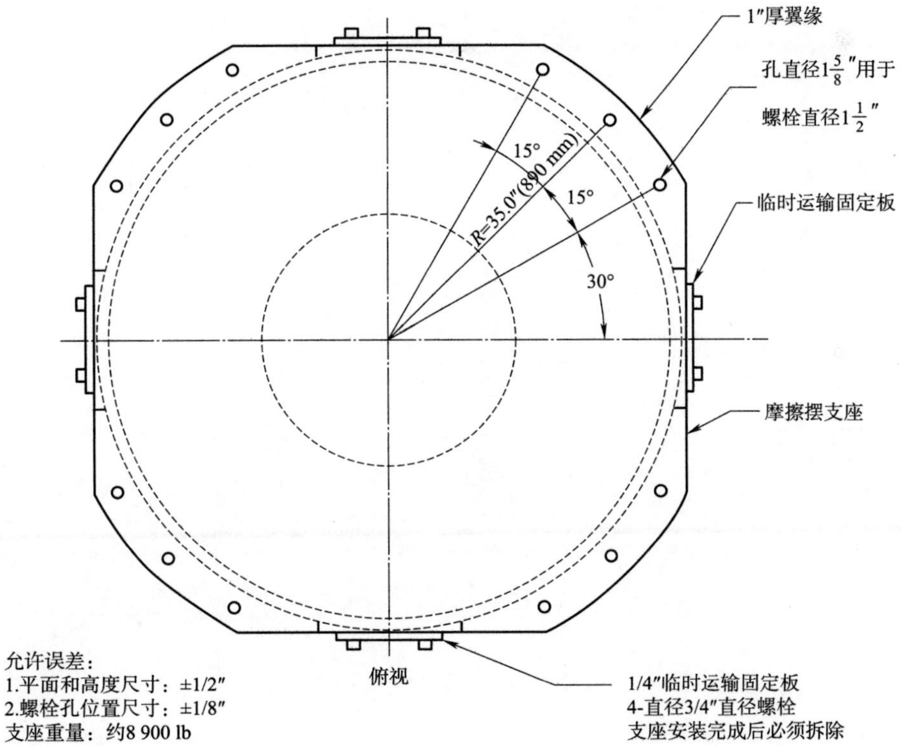

平面图

图 14-2 支座 TP-2(主楼),EPS 型号-FPT1566328-28/20-10

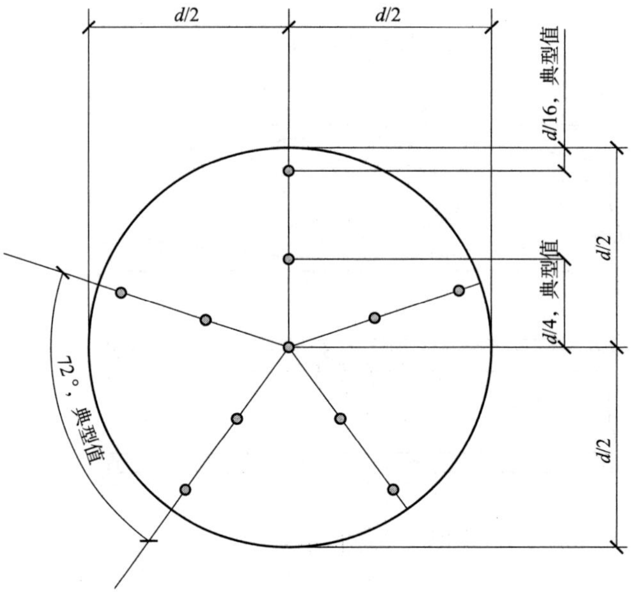

图 14-3　支座薄层测量位移

参考文献

[1] Alarm as engineers find potential for disaster on Thelwall viaduct [J]. New Civil Engineer, 18, April, 2004.

[2] American Association of State Highway and Transportation Officials(AASHTO). Guide specifications for seismic isolation design [S]. Washington, D. C. USA: AASHTO, 1991.

[3] American Association of State Highway and Transportation Officials(AASHTO). Guide Specifications for Seismic Isolation Design Interim 2000 [S]. Washington, D. C. USA: AASHTO, 2000.

[4] Applied Technology Council(ATC). NEHRP guidelines for the seismic rehabilitation of buildings. Rep. FEMA 273 [S]. Prepared for the Building Seismic Safety Council, Federal Emergency Management Agency, Washington, D. C. , 1997.

[5] ASCE. ASCE/SEI 7-05 Minimum Design Loads for buildings and other Structures[S]. New York: American Society of Civil Engineering, 2006.

[6] Baber, T. T. and Noori, M. N. Random Vibration of Degrading, Pinching Systems [J]. Journal of Engineering Mechanics, 1985, 111(8):1010-1026.

[7] Building Seismic Safety Council(BSSC). NEHRP Recommended Provisions for Seismic Regulations for New Buildings and Other Structures, 2000 Ed Rep. FEMA 368[S]. Federal Emergency Management Agency, Washington, D. C. , 2001.

[8] California Department of Conservation. CSMIP strong-motion records from the Northridge, California earthquake of 17 January 1994, Rep. No. OSMS 94-07 [R]. Div. of Mines and Geol. , Sacramento, Calif. 1994.

[9] Campbell, T. I. ,Fatemi, M. J. , and Manning, D. G. Friction in bridge bearings with contaminated TFE slide surface [J]. Journal of Structural Engineering, 1993, 119(11), 3169-3177.

[10] Ciampi, V. , and Marioni, A. New types of energy dissipating devices for seismic protection of bridges// Proc. , 3rd World Congr. on Joint Sealing and Bearing Sys for Concrete Struct. , Vol. 2, Nat. Ctr. For Earthquake Engrg. Res. , State Univ. of New York at Buffalo, N. Y. , 1225-1245. 1991.

[11] Civil Engineering Research Center (CERC). Temporary manual of design method for base-isolated highway bridges[R]. Tokyo, Japan(in Japanese), 1992.

[12] Civil Engineering Research Foundation St, Highway Innovative Technology Evaluation Center(HITEC) of a service Center of the Civil Engineering Research Foundation (CERF). Summary of Evaluation Findings for the Testing of Seismic Isolation and Energy Dissipating Devices, CERF Report 40404. USA: American Society of Civil Engineering, July 1999.

[13] Douglas P. Taylor. History, Design, and applications of Fluid Dampers in Structural Engineering// Proceedings of the 2002 Passive Control Symposium. Tokyo Institute of Technology, Tokyo.

[14] Eleni Pavlou, Michael C. Constantinou. Response of Nonstructural Components in Structures with Damping Systems [J]. Journal of Structural Engineering, July 2006.

[15] FEMA. Prestandard and Commentary for the Seismic Rehabilitation of Buildings, FEMA356 [S]. Washington, D. C. , Federal Emergency Management Agency, 2000.

[16] Filiatrault, A., Tremblay, R., and Wanitkorkul, A. Performance evaluations of passive damping systems for the seismic retrofit of steel moment-resisting frames subjected to near-field ground motions [J]. Earthquake Spectra, 2001 17(3): 427-456.

[17] Gates, J. H. Factors considered in the development of the California seismic design criteria for bridges [C] // Proc., Workshop on Earthquake Resistance of Hwy. Bridges, Appl. Technol. Council, Redwood City, Calif., 141-162, 1979.

[18] GERB Schwingungsisolierungen GMBH & Co. Test Certificate No. T08-84-01[R]. 2007-11.

[19] GERB Vibration Control. Pipework Dampers[R]. 1986.

[20] Henry A. Sodano, Jae-Sung Bae. Daniel J. Inman, W. Keith Belvin. Improved Concept and Model of Eddy Current Damper. Journal of Vibration and Acoustics [J]. 2006(128): 294-302.

[21] Henry A. Sodano, Jae-Sung Bae. Eddy Current Damping in Structures [J]. The Shock and Vibration Digest, 2004(6)36:469-478.

[22] Higshino, M., Aizawa, S., Hayamizu, Y. The Study of Base Isolation System for Actual Use[C]// Proc. 9th World Conference on Earthquake Engineering. Tokyo, Japan, 1988:V705-V710.

[23] Kazuhiko Kasai,Full-scale Shake Table Tests of 5-story Steel Building with Various Dampers [C] // Tokyo Institute of Technology. 7th International Conference on Urban Earthquake Engineering(7CUEE) and 5th International Conference on Earthquake Engineering(5ICEE). Tokyo, 2010.

[24] M. C. Constantinou, A. S. Whittaker, Y. Kalpakidis, D. M. Fenz and G. P. Warn. Performance of Seismic Isolation Hardware under Service and Seismic Loading, MCEER-07-0012[M]. Buffalo, New York: The Multidisciplinary Center for Earthquake Engineering Research, 2007.

[25] M. C. Constantinou, T. T. Soong, G. F. Dargush. Passive Energy Dissipation Systems for Structural Design and Retrofit [M]. Buffalo, New York: The Multidisciplinary Center for Earthquake Engineering Research(MCEER), 1998.

[26] M. C. Constantinou, Tsopelas, P., Kim, Y-S., and Okamoto, S. NCEER-Taisei Corporation Research Program on Sliding Seismic Isolation Systems for Bridges: Experimental and Analytical Study of a Friction Pendulum System(FPS) NCEER 93-0020 [M]. Buffalo, New York: The National Center for Earthquake Engineering Research, 1993.

[27] Makris, N., Constantinou, M. C. Spring-Viscous Damper Systems for Combined Seismic and Vibration Isolation[J]. Earthquake Engineering and Structural Dynamics, 1992(21): 649-664.

[28] Makris, N., Constantinou, M. C. Viscous Dampers: Testing, Modeling and Application in Vibration and Seismic Isolation, NCEER-90-0028 [M]. Buffalo, New York: National Center for Earthquake Engineering Research, 1990.

[29] Makris, N., Dargush, G. F., Constantinou. M. C. Dynamic analysis of generalized viscoelastic fluids [J]. Journal of Engineering Mechanics, 1993, 119(8): 1663-1679.

[30] Makris, N., Constantinou, M. C. Fractional-Derivative Maxwell Model for Viscous Dampers[J]. Journal of Structural Engineering, 1991(9)117: 2708-2724.

[31] Marioni, A. Antiseismic devices for bridges in Italy // Proc., 3rd World Congr. on Joint Sealing and Bearing Sys for Concrete Struct., Vol. 2, Nat. Ctr. for concrete Struct., Vol. 2, Nat. Ctr. for Earthquake Engrg. Res., State Univ. of New York at Buffalo, N. Y., 1991, 1263-1280.

[32] Martelli, A., Parducci, A., and Forni, M. State-of-the-art on development and application of seismic isolation and other innovative seismic design techniques in Italy//Proc., ATC-17-1 sem. On Seismic Isolation, Passive Energy Dissipation and Active Control, Appl. Technol. Council, Redwood City, Calif, 1993.

[33] Mayes, R. L. Seismic isolation of bridges in the U. S. A//Proc., 3rd U. S.-Japan Workshop on Earthquake Protective Sys. of Bridges, Rep. No. NCEER-94-0009, Nat. Ctr. for Earthquake Engrg. Res., State Univ. of New York at buffalo, N. Y, 1994.

[34] Medeot, R. The evolution of aseismic devices for bridges in Italy//Proc., 3rd World Congr. On Joint Sealing and Bearing Sys. for Concrete Struct., Vol. 2, 1295-1320, Nat. Ctr. for Earthquake Engrg. Res., State Univ. of New York at Buffalo, N. Y, 1991.

[35] Meyes, R. L. The evolution of aseismic devices for bridges in Italy//Proc., 3rd World Congr. On Joint Sealing and Bearing Sys. for Concrete Struct., Vol. 2, Nat. Ctr. for Earthquake Engrg. Res., State Univ. of New York at Buffalo, N. Y, 1994.

[36] Miyamoto, H. K., and Singh, J. P. Performance of structures with passive energy dissipators [J]. Earthquake Spectra, 2002 18(1): 105-119.

[37] Nicos Makris, G. F. Dargush, M. C. Constantinou. Dynamic Analysis of Viscoelastic-Fluid Dampers [J]. Journal of Engineering Mechanics, 1995(10):121.

[38] Pavlou, E. A., and Constantinou, M. C. Response of elastic and inelastic structures with damping systems to near-field and soft-soil ground motions [J]. Eng. Struct., 2004(26): 1217-1230.

[39] Pavlou, E. A., and Constantinou, M. C. Response of nonstructural components in structures with damping systems. Rep. MCEER 04-XXXX [R]. Multidisciplinary Center for Earthquake Engineering Research, State Univ. of New York, Buffalo, N. Y., 2004.

[40] Pavlou, E. A., and Constantinou, M. C. Response of nonstructural components in structures with damping systems. Rep. Univ. of New York, Buffalo, N. Y., 1996.

[41] Pekcon g. Mander J. B. and Chen S. S. The seismic Response of a 1:3 Scale Model R. C.. Structure with Elastomeric Spring Dampers [J]. Earthquake Spectra, 1995 11(2): 249-267.

[42] Ramirez, O. M., Constantinou, M. C., Kircher, C. A., Whittaker, A. S., Johnson, M. W., Gomez, J. D., and Chrysostomou, C. Z. Development and evaluation of simplified procedures for analysis and design of buildings with passive energy dissipation systems., Rep. MCEER 00-0010, Revision, 1 [R]. Multidisciplinary Center for Earthquake Engineering Research, State Univ. of New York, Buffalo, N. Y., 2001.

[43] Rorbt J. McNamara, Douglas Taylor. Fluid Viscous Dampers for High-rise Buildings [J]. Structure Design of Tall and Special Building, 2003(12): 145-154.

[44] Roussis P C, Constantinou M C, Erdik M, Durukal E, Dicleli M. Assessment of Performance of Isolation System of Bolu Viaduct [J]. Journal of Bridge Engineering, ASCE, 2003, 8(4): 182-190.

[45] Sabnis, G. M., Harris, H. G., White, R. N., and Mirza, M. S. Structural modeling and experimental techniques [M]. Prentice-Hall, Inc., Englewood Cliffs, N. J. 1983.

[46] Sato M, Nishi H, Kawashima K andUnjoh S. Response of On-Netoh bridge during Kushiro-Oki Earthquake of January 1993 [C]. Proceedings of the third U. S.- Japan Workshop on Earthquake Protective Systems for Bridges. Berkeley, California, U. S. National Center for Earthquake Engineering Research, 1994: 63-78.

[47] Skinner, R. I., Kelly, J. M., and Heine, A. J. Hysteretic dampers for earthquake-resistant structures [J]. Earthquake Engrg. And Struct. Dyn., 1975:287-296.

[48] Somerville, P., Smith, N., Punyamurthula, S., and Sun, J. Development of ground motion time histories for phase 2 of the FEMA/SAC steel project. Rep. SAC/BD-97-04[R]. Sacramento, Calif., 1997.

[49] Soong, T. T., andConstantinou, M. C. Passive and active structural vibration control in civil engineering [M]. Springer-Verlag New York, Inc., New York, N. Y., 1994.

[50] T. T. Soong, G. F. Dargush. Passive Energy Dissipation Systems in Structural Engineering [M]. John Wiley & Sons, Ltd. (UK), 1997.

[51] T. Y. Lin International, Inc. Earthquake Engineering Research Center. Pre-qualification Testing of Viscous Dampers for the Golden Gate Bridge Seismic Rehabilitation Project, Report No EERCL/ 95-03. University of California at Berkeley, 1995.

[52] The American Association of State Highway and Transportation officials. LRFD-CONS-2-M AASHTO LRFD Bridge Construction Specifications 2002 Interim Edition Section 32 Shock Transmission Units[S]. Washington, D. C. USA: AASHTO, 2002.

[53] Thelwall roller bearings to be replaced again [J]. New Civil Engineer, April 3, 2003.

[54] Tsopelas, P., and Constantinou, M. C. NCEER-TAISEI Corporation Research Program on Sliding Seismic Isolation Systems for Bridges-Experimental and Analytical Study of A System Consisting of Lubricated PTFE Sliding Bearings and Mild Steel Dampers. Rep. No. NCEER 94-0014 [R], Nat. Ctr. for Earthquake Engrg. Res., State Univ. of New York at Buffalo, N. Y, 1994.

[55] Tsopelas, P., Constantinou, M. C., Kircher, C. A., and Whittaker, A. S. Evaluation of simplified methods of analysis for yielding structures. Rep. NCEER 97-0012[R]. National Center for Earthquake Engineering Research, State Univ. of New York, Buffalo, N. Y., 1997.

[56] Tsopelas, P., Okamoto, S., Constantiou, M. C., Ozaki, D., and Fujii, S. NCEER-TAISEI Corporation Research Program on Sliding Seismic Isolation Systems for Bridges-Experimental and Analytical Study of Systems Consisting of Sliding Bearings, Rubber Restoring Force Devices and Fluid Dampers. Rep. No. NCEER 94-0002 [R]. Nat. Ctr. for Earthquake Engrg. Res., State Univ. of New York at Buffalo, N. Y, 1994.

[57] Uriz, P., and Whittaker, A. S. Retrofit of pre-Northridge steelmoment-resisting frames using fluid viscous dampers. Struct. Des. Tall Build., 2001(10): 371-390.

[58] Valles, R. E., Reinhorn, A. M., Kunnath, S. K., Li, C., and Madan, A. IDARC2D Version 4.0: A computer program for the inelastic damage analysis of buildings. Rep. NCEER-96-0010 [R]. National Center for Earthquake Engineering Research.

[59] Wen, Y. K. Method for Random Vibrationof Hysteretic Systems [J]. Engrg. Mech. Div., ASCE, 1976, 102(2):249-263.

[60] YinXue-jun, Zhang Bao-Cai, Sha Zeng-xin. Principle of Tuned Mass Damper(TMD)and Its Application in Bridge Vibration Control [J]. Noise and Vibration Control, 2005 11(S1): 307-310.

[61] Yong qi Chen, Cao Tie zhu, Ma Liang zhe, and Chao Ying Luo. Seismic Protection System and Its Economic Analysis on the Beijing High-rise Building Pangu Plaza[C]// International Association for Earthquake Engineering(IAEE). The 14th World Conference on Earthquake Engineering. Beijing, China: China Seismological Press, 2008.

[62] Yongqi Chen, Ma Liangzhe, Cao Tiezhu, Robert Schneider, Craig Winters. Shock Control of Bridges in China Using Taylor Devices'Fluid Viscous Devices of Bridges in China Using Taylor Devices' Fluid Viscous Devices[C]// International Association for Earthquake Engineering(IAEE). The 14th World Conference on Earthquake Engineering. Beijing, China: China Seismological Press, 2008.

[63] 周福霖. 卷首语[J]. 减震技术通讯，2014(5).

[64] 宫海，王新娣，胡成功. 中国大陆屈曲约束支撑产品应用与展望[J]. 减震技术通讯，2014:25-31.

[65] 陈永祁. 世界银行对中国一冶处罚决议和骗子公司 Techstar. 新浪网. http://blog.sina.com.cn/s/blog_4c35ddb80100xiwl.html.

[66] 陈永祁，耿瑞琦，马良喆. 桥梁用液体黏滞阻尼器的减振设计和类型选择[J]. 土木工程学报，2007(7):

63-69.

[67] 周锡元，阎维明，杨润林. 建筑结构的隔震、减振和振动控制[J]. 建筑结构学报，2002(4).

[68] 欧进萍. 结构振动控制-主动、半主动和智能控制[M]. 北京：科学出版社，2003.

[69] 周福林，张雁，等. 防震减灾工程研究与进展[M]. 北京：科学出版社，2005.

[70] 周云. 耗能减震设计理论及应用丛书[M]. 武汉：武汉理工大学出版社，2006.

[71] 陈永祁，杜义新. 液体黏滞阻尼器在结构工程中的最新进展[J]. 工程抗震与加固改造，2006(3)：65-72.

[72] 陈永祁. 工程结构用液体黏滞阻尼器的漏油剖析[J]. 钢结构，2008(9)：53-58.

[73] 陈永祁. 工程结构用液体黏滞阻尼器的结构构造和速度指数[J]. 钢结构，2008(9)：53-58.

[74] 陈永祁，王静，刘林. 国外减隔震桥梁和阻尼器的失效分析[J]. 工程抗震与加固改造，2008. 30(5)：41-47.

[75] 陈永祁，杨风利，刘林. 摩擦摆隔震桥梁的设计及应用[J]. 工业建筑，2009(SI).

[76] 陈永祁，马良喆. 斜拉索用阻尼器应用情况的调查及建议[J]. 桥梁科学与技术，2008(2).

[77] 马良喆，陈永祁. 金属密封无摩擦阻尼器介绍及工程应用[J]. 工程抗震与加固改造，2009(5)：49-54.

[78] 马良喆，陈永祁. 江阴长江大桥用液体黏滞阻尼器的测试鉴定和结果初分析[J]. 建筑结构，2007(SI)：257-260.

[79] 陈永祁，马良喆. 苏通长江大桥限位阻尼器的设计与测试[J]. 现代交通技术，2008，5(4)：20-24.

[80] 马良喆，陈永祁. 对液体黏滞阻尼器动力性能及测试要求的研究及探讨[J]. 建筑结构，2008(6)：70-74.

[81] 中华人民共和国住房和城乡建设部。JG/T 209—2012 建筑消能阻尼器[S]. 北京：中国标准出版社，2012.

[82] 马良喆，曹铁柱，陈永祁. 具有特殊功能的液体黏滞阻尼器的设计与使用[C]//中国公路学会桥梁和结构工程分会. 2010 年全国桥梁学术会议论文集. 北京：人民交通出版社出版，2010.

[83] 彭程，陈永祁. 液体粘滞阻尼器和 TMD 应用于高层结构的抗风效果对比[J]. 工程抗震与加固改造，2013，35(3)：54-61.

[84] 黄林根，徐斌，王心方. 桥梁减震装置(大吨位阻尼器)的开发应用[J]. 城市桥梁与防洪，2004，11(6)：106-109.

[85] 马良喆，陈永祁. 油阻尼器与黏滞阻尼器的性能差异探讨[J]. 工业建筑，2013(S1).

[86] 陈永祁. 桥梁工程用液体黏滞阻尼器设计与施工[M]. 北京：中国铁道出版社，2012.

[87] 姚攀峰. 砌体结构抗高烈度地震的探讨[J]. 建筑结构，2009(SI)：653-655.

[88] 朱闰平，杨军. 缓冲减振用弹性胶泥阻尼材料[R]. 株洲：株洲时代新材料科技股份有限公司.

[89] 刘军龙. 双出杆空隙式粘滞流体阻尼器的定型化设计与实验研究[D]. 哈尔滨：哈尔滨工业大学硕士学位论文，2004.

[90] 社团法人，日本隔震结构协会. 被动减震结构设计 · 施工手册[M]. 中国建筑工业出版社，2008.

[91] 武田寿一，纪晓惠，鄢宁. 建筑物隔震防振与控振[M]. 北京：中国建筑工业出版社，1997.

[92] 陈永祁. 从工程的眼光看结构保护系统的应用和发展[J]. 现代学术研究杂志，2010(10)：41-49.

[93] 尹学军，张宝才，沙曾炘. 调谐质量减振器(TMD)在桥梁振动控制措施的理论和应用[J]. 噪声与振动控制. 2005. 11 S1：307～311.

[94] 汪志昊，陈政清. 自供电磁流变阻尼器减振系统与永磁式电涡流 TMD 的研制及应用[D]. 武汉：湖南大学博士学位论文，2011.

[95] 方重，吴和霖，楼梦麟. 电磁涡流耗能调谐质量阻尼器研制与性能试验[J]. 同济大学学报(自然科学版)，2001(6)：752-756.

[96] 法国 Jarret 公司破产给我们的教训和湖北靳岳长江大桥. http://blog. sciencenet. cn/blog-534208 - 497009. html.

[97] 惊人的国际大骗子-美国 Techstar 公司. http://okok. org/forum/viewthread. php? tid＝241093&extra＝page%3D1.

[98] 又一骇人听闻的重大事件-意大利 ALGA、FIP 公司总裁等 6 人被起诉. http://blog. sciencenet. cn/blog-534208-609187. html.

[99] 梁栋,孙利民,程纬,等. 斜拉桥拉索减振油阻尼器的耐久性试验研究[J]. 同济大学学报(自然科学版),2007,35(10):1326-1330.

[100] 陈水生,秦鸣,陈勇. 斜拉桥拉索的振动及控制现场试验[J]. 长安大学学报(自然科学版),2003,23(2):48-51.

[101] 黏滞阻尼器的测试. http://www. bluelakeint. com/chinese/kangzhen/qitai/shiyanguocheng. html.

[102] 叶爱君,胡世德,范立础. 超大跨度斜拉桥的地震位移控制[J]. 土木工程学报,2004,37(12):38-43.

[103] 卢桂臣,胡雷挺. 西堠门大桥液体黏滞阻尼器参数分析[J]. 世界桥梁,2005,2:43-45.